张正隆 著

★

# 一将难求

## 四野名将录 ①

白山出版社

**图书在版编目（CIP）数据**

一将难求：四野名将录：全2册 / 张正隆著 . – 沈阳：白山出版社，2011.9

ISBN 978-7-80687-898-9

Ⅰ.①一… Ⅱ.①张… Ⅲ.①第四野战军－将军－生平事迹 Ⅳ.① K825.2

中国版本图书馆 CIP 数据核字 (2011) 第 160937 号

书名：一将难求（1、2 册）
　　　——四野名将录
作者：张正隆 著

责任编辑：孙伶丽
策　　划：念念文化 NBooks
特约编辑：刘玉浦　李江华
装帧设计：Metis 灵动视线
　　　　　010-85983452

出　版　白山出版社
发　行　白山出版社
社　址　沈阳市沈河区二纬路 23 号
邮　编　110013
开　本　710×1000　1/16
印　张　37.5
字　数　650 千
版　次　2011 年 9 月第 1 版
印　次　2011 年 9 月第 1 次印刷
印　刷　山东省肥城新华印刷有限公司
书　号　ISBN　978-7-80687-898-9
定　价　69.90 元（1、2 册合计）

# 目 录

## 第一章 "打铁的"梁兴初

梁兴初，高个，长脸，浓眉下一双眼睛不大，却动不动就瞪得老大。最惹眼的是那张大嘴，上颚门齿前突，张不张口，都显一口大牙，早在红军长征时就得名"梁大牙"。首批入朝的4个军的军长，奉命回国向毛泽东汇报工作。当邓华介绍到梁兴初时，毛泽东握着他的手，高兴地说：久仰，久仰，"万岁军"军长。

黑山阻击战。"要在25公里正面，抗击五倍于我的敌人，困难多大，不用我说。各师团任务都明确了，纵队党委决心就是一条：在我们10纵的阵地上，决不允许一个敌人过去！谁的阵地丢了，不用请示，立即反击，反击不下来，别来见我。我'梁大牙'先把话扔在这里：打剩一个团，我当团长；打剩一个连，我当连长。或者功臣，或者罪人，没有别的选择。战后如果见不到我了，那就是'光荣'了，或是军法从事了。"

电话里，贺庆积沙哑着嗓子报告，说部队伤亡太大，非常疲劳，准备等到晚上再发起反击。梁兴初火了：你疲劳，敌人不疲劳？你伤亡大，敌人伤亡不大？你休息过来了，敌人也喘过气了，工事也修好了，你说这个账怎么算合算？马上给我组织反击，夺下"101"高地天就黑了，黑夜就是我们的天下了！

## 第二章　儒将李天佑

李天佑，中等个头、黑、瘦，精干利落，文质彬彬，稳稳当当。平时讲话，交代任务，声音不高，极有条理，绝少重复。东野1纵的人，有人说他不像个将军，有人则说他更像个学者。

四平攻坚战。李天佑的指挥所，就在主攻部队攻击出发地的一片小树林里，炮弹不时从头上掠过。一声巨响，参谋陈锦渡被掀翻在地，一个警卫员当时就牺牲了。李天佑的身子晃了晃，抹把脸上的灰土，再用衣襟把望远镜头擦了擦，擎到眼前继续观察。

天津攻坚战。前线总指挥刘亚楼的指挥所，刚在杨柳青镇药王庙东大街扎下，李天佑就来了。"参谋长，我来就要你一句话，把主攻任务给我们1纵，"儒将语音不高，语速不紧不慢，却是一副你不答应我就不走了的架势，"你知道，辽沈战役我们1纵当了预备队，到头来只'预备'上个尾巴，跑去沈阳放了几枪。大伙嗷嗷叫，说这样的大仗让我们干待着，看别人过瘾，太不公平了。这回再捞不上主攻，我这司令也难当了。"

# 第三章　旗官丁盛

丁盛，中等个头，话语不多，挺文静，浓眉下挺大的眼睛，目光也挺温和，枪声一响立刻变得炯炯有神，透出一股逼人的杀气。长征途中攻打娄山关，丁盛率连扑关，首先撕开口子，又一口气打到乌江江边。毛泽东看得高兴，问彭德怀冲在前面的那个连的连长叫什么名字，彭德怀说只知道指导员外号"丁大胆"。毛泽东笑着说：晓得，晓得，就是那个旗子打得蛮好的小老表嘛。

1947年，丁盛率师部急急奔往六道沟附近的梨树沟门，准备在那里开设指挥所，黑灯瞎火刚进去，就见闹哄哄的都是带钢盔的敌人。丁盛倒吸一口凉气，命令号兵用号音调来部队。一场激战，首先集中3个团的兵力吃掉一个团，又将另一个团大部歼灭。

天津攻坚战。夜色漆黑，车灯的光柱在土路上颠簸。突然，他觉得忽悠了一下，人旋转着飞了出去。老韦，伤了没有？没有，你怎么样？丁盛啐着嘴里的泥土，道：娘卖×的，没事。8纵主力都是从24师撕开的口子进去的。插上突破口那面战旗，又飘向城里。战斗结束，枪打火烧，已经破烂得没个模样了。如今，这面战旗陈列在中国军事博物馆。

# 第四章 "好战分子"钟伟

钟伟,中等个头,眉目清秀,瞅着挺文静,却性格倔犟,爱打仗,气魄大,决心硬。一提打仗,钟伟眼睛放光,后脑勺都乐开花,争硬仗,没争到就"娘卖×的"。他这边打胜了,别人还在那儿唠,就去讲人家坏话:我说他不行吧,怎么样?这回该我们上了吧?或者我保证两小时拿下来,拿不下来,提头来见!在东北野战军中,钟伟是唯一一个由师长直接提为纵队司令员的。

国民党军新22师号称"虎师"。毛泽东指示林彪,尽早打掉这个"虎师"。林彪几次精心设计,调集兵力,都未得手。1947年冬季攻势,钟伟率领5师与新22师在铁岭的冰天雪地中开始了一场马拉松大赛。新22师是汽车轮子,5师是"11"号,那也追上了,猛追上去就是猛打。首先冲上去的15团,把1个营围困在娘娘庙,将其大部歼灭。接着13团冲进冯家岭,全歼1个加强连。

庐山会议后的北京军委扩大会上,北京军区参谋长钟伟,听着那么多人瞪着眼睛说瞎话,当即拍起桌子,当即被捕。之后又拒不认错,就成了"彭黄反党集团的积极追随者",蒙冤20年。

# 第五章 虎将胡奇才

"胡奇才,真勇敢,

指挥八路打冶源，

打死鬼子三十三，

活捉一个翻译官。"

　　林彪曾经说过，守住塔山，胜利就抓住一半，塔山必须守住。攻不下锦州，军委要我的脑袋。守不住塔山，我要你的脑袋。没查到这话是在什么场合说的，也没听说战争年代林彪要过谁的脑袋。他那性格，说这话时似乎也用不着"！"，却不能不让人感到一股冷飕飕的杀气。名曰塔山，无塔无山，一片退海小丘陵。塔山阻击战，是一场举足轻重的典型的拼命仗。国民党军那么强大的火力，那么优势的兵力，那么不要命地一波一波地冲锋，怎么能拿不下个无险可守的弹丸之地塔山呢？就是拿不下来。几十年来，一些中外军事专家，包括国防大学来这里实习的学员、教授，面对这个历史事实，有人也难免疑惑。

　　胡奇才擎望远镜胳膊都僵硬了，也没觉出来。硝烟战火中什么不觉得，打完仗不行了，这肚子怎么这么疼呀？送去医院，医生说再晚点就危险了——急性阑尾炎，差点穿孔了。

# 第六章　"旋风部队"司令韩先楚

韩先楚，个头不高、黝黑精瘦、平时少言寡语、自然也就不怎么引人注目。可是他却是四野里出名的"好战分子"。

第四次临江保卫战。韩先楚时任4纵副司令员，却受命统一指挥3、4纵作战。他一反过去夜间攻击的老战法，大白天发起攻击，示弱于敌，只准使用轻武器，六〇炮以上火器一律不准开火。待到89师一路趾高气扬追来，先是子弹、手榴弹、六〇炮弹泼水般地泻来，榴弹炮弹炸起烟尘雪柱搅暗了半边天。接着就是四下里狂潮般扑涌过来的人海，嘹亮的号音伴着雷鸣般的杀声，山呼海啸，摇天撼地。10小时结束战斗，全歼国民党1个加强师，并俘虏89师代理师长张孝堂以下7500余人。肖劲光司令心里有些没底，急于了解前线战况。3纵作战参谋侯乐孔，在电话那边乐颠馅似的使劲喊着："战斗快结束了，部队都扑下去了，漫山遍野抓俘虏哪！"肖劲光瞪大眼睛："什么？什么？快结束了？你再给我讲一遍，给我找韩先楚讲话。"侯乐孔说："韩副司令也下去了，我们马上要拆线了，指挥所要前移了。"肖劲光拿着话筒自言自语："这仗怎么打的？怎么打得这么快？"旁边陈云也惊异地道："怎么打得这么快？"

后来有人问韩先楚为什么选择并消灭了89师，他只讲了8个字："他不知道我的厉害。"

# 第七章　战将刘震

中上个头的刘震，据说百米速度很快。……两次负伤。先是左手，后是右颊，被子弹击中。后一次虽未致命，那张挺英俊的脸上，却留下了永久的伤痕，从此得名"歪嘴子政委"。

一下江南，2纵奉命到农安县南40里的伏龙泉破坏铁路。从农安出来的52军一个营，与先头4师遭遇，一阵猛打，将其歼灭，并活捉敌营长。刘震赶上来，审讯营长，得知3里外的竭家窑还有新1军1个营。吃掉他！刘震当即下定决心。黑灯瞎火中，刘震亲自带人到前边侦察敌情。快接近竭家窑时，被敌人发现了。机枪打得像刮风似的，子弹头上嗖嗖飞，两米多高的高粱一溜溜齐刷刷被截断，沉甸甸的穗头砸在脸上、身上。穿过一段土路，一只马蹄铁被子弹打中，像团火球飞向半空中。炮弹也咣咣地砸过来，硝烟、尘土呛得人喘不过气来。那个40多岁的向导吓得坐在地上，抱着脑袋，浑身筛糠样抖成一团。刘震让警卫员架起他，说：别怕，有我就有你。又钻进一片高粱地，向导说什么也不肯走了。4个警卫员也把刘震围在中间，说什么也不让他往前走了，他一动，就被死死按住。这回没辙了，刘震让侦察参谋带几个人摸进去，找个老乡带回来。老乡来了，刘震和那个老乡坐在深秋的高粱地里，周围还不时有枪声，两个人就唠起来。村子多大，南北、东西有多长，街道走向、长宽，有多少人家，有无油坊、烧锅，等等，等等。

提起刘震，笔者采访到的老人都说：跟他打仗，心里有底。

# 第八章　文武邓华

邓华，“一副清秀白皙的面孔，颧骨很高，而且有些突出，两眼奕奕有神，嘴上微微有这么一抹稀疏的胡髭，身材瘦长，走起路来斯斯文文，没有什么膂力，看上去简直是一个文人；但在火线上却狮子一样的勇猛、睿智，望见从他那双眼睛里发出具有摧毁一切力量的光芒，指战员就好像有了依靠，得到胜利的保证，文人和武士在他身上得到谐和的统一。”周而复如此写道。

从长白山打到海南岛，没有比1947年6月的四平攻坚战打得再惨烈的了。战前，邓华认为仅有两个纵队攻城，兵力不够，致电林彪，建议再增加一个纵队，实在不行，两个师也可以。林彪未置可否，只增调个6纵17师。激战两星期，两个纵队伤亡惨重，有的简直快打残了，才把6纵另两个师调来参战，形成“添油战术”。邓华还曾建议推迟攻击时间，未获同意。战后总结，林彪和刘亚楼讲了两点教训：一是对敌情判断不明，守军有3万多人，却判断为不到两万人，攻城兵力显然不足；二是打急了，有的部队没看地形就发起攻击，违背了“四快一慢”中“慢”的原则。打了半个月的四平攻坚战，已经控制四分之三的市区。守敌71军的军直属队都打光了，军长陈明仁把卫队都派上去了，他已经把手枪放到桌上，等解放军攻进地下室就自杀了。世上许多事情，都是差那么一点点就成功了——如果邓华的两个建议获准了，是不是就不会差那么一点点了？

## 第九章 威猛贺晋年

1934年,谢文东参加过吉林省依兰县(今属黑龙江省)土龙山万余农民举行的抗日"土龙山暴动",后来成为东北抗日联军第8军军长。有一手好枪法的李华堂,当过抗联第9军军长。后来,这两人都跪到日本人脚下,成了癞皮狗。再后来,一个成了国民党的第15集团军上将总司令,一个成了国民党东北挺进军第1集团军上将总指挥,又穷凶极恶地打共产党。"四大旗杆"倒后,一听到"贺晋年"这个名字,一些"胡子"就望风而逃了。有的老人说,后来在江西剿匪,一听到"贺晋年"的名字,土匪也恨爹娘少生了两条腿。

1948年,贺晋年为11纵司令员。出手第一仗,是攻打隆化。打隆化中学,出了董存瑞。据说,战后有人认为董存瑞没带支架,违犯规定,是起"事故"。贺晋年火了:舍身炸碉堡,英雄!

# 第十章　黄永胜曾获"免死牌"

1968年3月23日，黄永胜突然接到紧急通知，要他去北京"受领任务"。当天深夜，乘北京来的军用专机进京。24日晚，驻京军事机关、部队团以上干部近万人，齐集人民大会堂。明眼人立刻发现没了军委办事组组长、代总参谋长杨成武，却出现了身材高大、一些人并不熟悉的黄永胜，就听到有人情不自禁地道：这人是谁呀？林彪主持会议，并作报告。开口就讲杨成武和空军政委余立金、北京卫戍区司令员傅崇碧出了问题，宣布经毛泽东批准的对杨、余、傅的处理决定，和任命黄永胜为总参谋长、任副总参谋长的温玉成兼任卫戍区司令员的决定。这就是当时的"杨余傅"事件。会议进行4个小时，将结束时毛泽东亲临会场，接见与会人员，让人感觉是一锤定音了。

战斗到了关键时刻，黄永胜想抽烟，一屁股坐在山坡上，从衣袋里掏出盒揉搓得纸团似的10支装"小粉包"：抽支烟，神仙神仙。8纵副政委邱会作和参谋长黄鹄显见了，上去就抢。黄永胜大喊：别抢，我不是土豪呀。黄鹄显按着，邱会作搜身，一盒"小粉包"变戏法似的不见了。3个人嘻嘻哈哈滚成一团，参谋、干事和警卫员哈哈大笑。指挥所距敌只有几千米，一阵炮弹飞来。1发据说口径不下100毫米的炮弹，就落在离他们不到10米处，溅起的泥土石块，冰雹样砸在身上。是发臭弹。不然，"9·13"事件后林彪的"五虎上将"，可能就缺头没尾只剩吴叶李了。

厉家窝棚阻击战，堪称辽沈战役和东北解放战争中最惨烈的战斗之一。126师有9个连打剩10来个人，46团牺牲300多人，伤亡过半，牺牲团政委、参谋长和两个营长。战斗打响，黄永胜扫视着身边的人员，"这些日子该说的话都说了，等的盼的就是这个时刻。眼前的形势大家都清楚，我就说一句话：我的指挥位置就在这里，打剩一个人也在这里！"黄永胜要求各级指挥员靠前指挥，这时他的位置是在16师指挥所。

# 第十一章　"林罗刘"——刘亚楼

刘亚楼，中等个头，英俊潇洒，精明干练，性格火烈。任空军司令员时，人称"雷公爷"。

1941年6月22日凌晨，德国军队突然袭击，侵入苏联西部地区，并迅速推进。德军的重要目标，当然是占领莫斯科。关于德军的进攻路线，斯大林认为希特勒还会沿着当年拿破仑的老路，沿着乌克兰和顿涅茨河流域东进，一路占领经济作物地区，掠夺乌克兰的粮食、顿涅茨克的煤和高加索的石油，逼近莫斯科。苏军将帅没有疑义，刘亚楼觉得不妥。

林彪时在苏联莫斯科近郊的库契诺庄园疗养，伏龙芝军事学院培训外籍学员的特别部，也设在那里，在特别部学习结束后，刘亚楼仍是那里的常客。刘亚楼和林彪分析研究，认为乌克兰、顿涅茨河流域农田、水网较多，掌破仑以骑兵为主的远征军，选择这条路线自有许多便利。而希特勒德军是机械化部队，从白俄罗斯到莫斯科距离最近，更适合希特勒的闪电战。两个人把自己的见解报呈共产国际，待到被实践证明后，自然被刮目相看，据说斯大

11

林亦赞赏有加。

消息传到中国，版本有些变化也属自然，待到林彪"永远健康"时就神乎其神了。说斯大林要用5个师的苏军换林彪，还说要用15个（还有说3个、5个的）苏联将军换林彪。

# 第十二章　参谋长解方

解方，出生于吉林省东丰县小四平街。解家为东丰县第二号有钱人家，在小四平街则有"解家趟子"之称，即有一条大山沟的地产。彭德怀爱"训人"是有名的，却从未"训"过"诸葛亮"解方。解方博闻，记忆力惊人，那种风度、气质，是不多见的。为人他是楷模，作为参谋长，他走到哪里，哪里就是支参谋训练队。在他手下工作，心情舒畅、痛快，能学到好多东西。1955年，解方被授予少将军衔。据说，最后审定时，有人说他是旧军人出身，背景挺复杂。彭德怀听说了，火了，说：我也是旧军人出身，元帅中有几个不是旧军人出身？见到毛泽东，彭老总说：司令员是元帅，参谋长是少将，我就当个中将，顶多上将吧。毛泽东道：你还是要当元帅的嘛。

解方也提高了声音，"我要你解释，你方是否不愿意谈判？你今天的发言是否为最后的发言？如果你方拒绝以公平对等的态度进行谈判，完全可以走离会场,宣布终止谈判。"美国人本来是被打到谈判桌前的,岂能轻易走开?美方代表腾纳又谈起"中美友谊"来。解方有理有据地回敬了他的"中美友谊"后,连提6个问题,腾纳一律回答"没有",引起包括一些美方代表在内的全场大笑。临阵指挥,但未公开露面的外交部第一副部长兼中央军委情报部长李克农,后来评说这次唇枪舌剑的谈判时,给予解方的评价是:"立场坚定,善于动脑子,讲话有水平,非常机敏,是个难得的人才。"彭德怀则不止一次地对他的办公室主任杨凤安说:"回国后,我要把'诸葛亮'推荐给周总理,让他干外交,这样的军事外交人才不多呀。"美国军事史专家赫姆斯说,解方在谈判桌上"足智多谋",令人"望而生畏"。而亲身领教了解方的厉害的"联合国军"首席代表乔埃,在他的回忆录中说,中朝方面谈判的"主要对手是解方",解方"思维敏捷","很难对付","有外交才华,无八股气"。

# 第十三章 "苏静能当十万兵"

苏静,中等个头,清瘦儒雅,讲话一字一句,不紧不慢,双目炯炯有神。

秀水河子战斗,林彪到东北不久,就想在运动中抓个机会,给敌人点颜色瞧瞧。这时的敌人很猖狂。全美械的13军1个加强团,由阜新、彰武向法库攻击前进,占领广裕泉、鹜欢池,孤立突进到了秀水河子镇。苏静和他的情报处都搞清楚了,林彪就下定决心,调集兵力,在秀水河子把这个加强团吃掉了。两个月后，情报处又以准确的情报，保障了大洼战斗的胜利，歼敌71军87师4400余人。战后，林彪对秘书季中权说："苏静能当十万兵。"

"9·13"事件后，江青把苏静的材料直接送给毛泽东了，在"引火烧身"大会上，这位严谨、精明、精细、机智、灵活的原四野副参谋长，仍然直通通地说："我与林彪的关系最密切。"周恩来问苏静："你就去过林彪家两次？你夫人和孩子就没去过林彪家？"苏静回答："据我所知，他们都没去过。"

苏静曾说：那时在林彪身边工作的人多了，我和他就是工作关系。

# 第十四章 群像：吴克华及其他

# 第一章 『打铁的』梁兴初

梁兴初将军（1912-1985）

## 军职简历

土地革命战争时期,任红4军班长、排长、连长、营长,红一军团2师2团团长。

抗日战争时期,任八路军115师343旅685团营长、副团长,苏鲁豫支队副支队长,山东军区教导5旅旅长,新四军独立旅旅长,山东军区1师师长。

解放战争时期,任东北民主联军1师师长,6纵副司令员兼16师师长,10纵司令员,38军军长。

中华人民共和国成立后,任中国人民志愿军38军军长,20兵团代司令员,西海岸指挥所代司令员,中国人民解放军海南军区司令员,广州军区副司令员,成都军区司令员。

1955年被授予中将军衔。

# 1．一身伤疤打上来

梁兴初，高个，长脸，浓眉下一双眼睛不大，却动不动就瞪得老大。最惹眼的是那张大嘴，上颚门齿前突，张不张口，都显一口大牙，早在红军长征时就得名"梁大牙"。

从山东到东北，好多人不知道梁兴初这个大号，倒晓得打铁的、铁打的"梁大牙"——包括战场上的那些对手。

1912年出生，1930年参军，家乡江西省吉安县陂头街，千余户人家都姓梁。梁家祠堂叫永慕堂，红4军总部曾设在永慕堂，毛泽东和贺子珍就在堂内成的亲。

小镇青山绿水好风光，那也只能是富人的目光。梁兴初的父亲是个篾匠，苦劳苦作，供他读了3年书，一病不起。这个家要塌天了，12岁的少年就成了顶梁柱，去到一家铁匠铺。五六斤重的大锤，一抡就是几个小时，直到3年后红军来了。

通红的炉火，铁锤砸在铁砧上的响亮，火星四溅中挥汗如雨。比那把大锤高不了多少的稚嫩身材，比风箱还沉重的喘息，脖子、太阳穴鼓突的青筋，好像随时可能爆裂开来。火星子溅在脸上，溅在赤裸、黝黑的瘦巴巴的肩背胳膊上。汗水凷进炉火里，在被锤打得通红的铁活上哧啦哧啦地溅起轻烟。

在后来打仗、不打仗的日子，在行军也能睡着的梦里，那个少年铁匠的影像，应不会不在梁兴初的脑幕上映现。那稍显的驼背，就是那时留下的印记，也锤炼了强韧的筋骨和打铁的性格。

从通常被称为战士的士兵，到班长、排长、连长、营长、团长，红军时期的梁兴初一步一个台阶，都是军事主官。

1932年冬，在第四次反"围剿"中，梁兴初荣获"模范连长"称号，并被授予红星奖章。[1]

梁兴初所获为"三等红星奖章"。

红星奖章是红军时期一种非常高的荣誉，获得者少之又少，只是今天我们已经说不出他这枚奖章的具体来历了。

之后不久，在于都河[2]附近的一次遭遇战中，红一军团2师5团9连连长梁兴初，率连猛打猛冲，将敌击溃，并顺势抢占制高点。激战中，一颗子弹从左腮打入，从头上穿出。毫无疑问，这是致命伤，可他仍在呼喊着指挥战斗。

没人说得清这是一种什么力量，这是个什么特殊材料制成的人。血从头上、腮上流着，随着喊叫声从口中喷溅着，血人似的。直至打退敌人的第七次、也是最后一次进攻，才不支倒地，昏死过去。

官兵都说：咱们连长是铁打的。

---

[1] 红星奖章，全称是中华苏维埃共和国红星奖章。是授予中国工农红军有功人员的一种证章。红星奖章由赤金做成，分为三等。一等红星奖章"授予领导全部或一部革命战争之进展而有特殊功绩的人员"；二等红星奖章"授予在某一战役当中曾经转移战局而获得伟大胜利的人员"；三等红星奖章"授予经常表现英勇坚决的人员"。——编者注，全书同

[2] 于都河，即贡江河在于都境内的河段。它是于都人对贡江在于都境内的称呼。贡江是赣江主要支流，发源于福建长汀新乐山，在赣州八境台汇入赣江。

铁打的也不行了，棺材都做好了，就放在后方医院的院子里。第三天夜里，有人听他喊饿了，要吃饭，大呼小叫说诈尸了。医生跑来一看，也吓了一跳。

个把月就出院了，他说谢谢医生，救我一命。

医生说：不是我救的，是你这人真是铁打的呀。

枪伤，刀伤，手榴弹、炮弹、炸弹炸的，从头到脚，梁兴初身上伤痕累累，坑坑洼洼。

仅红军时期就负伤7次。

不想当将军的士兵不是好士兵。梁兴初和像他一样的开国将军，那时没这话。他们中的许多人，是为了解决肚子问题投身革命的，用枪杆子去揍那个不平的世界。

本书写到的四野名将，大都是一身伤疤打上来的。

## 2. 把刘志丹根据地"抓"回来了

梁兴初参加的第一次战斗,是攻打吉安县城,之后则参加或指挥了所在连营团从江西到陕北的所有战斗。

其间不可忽略的一笔,是长征途中为毛泽东获取"精神食粮"。

1935年9月,红一军团攻下腊子口[①]后,挺进到甘肃岷县,军团直属侦察连长梁兴初,奉命率连去哈达铺侦察敌情、筹集粮食。

军团首长交代完了,毛泽东开口了:我还有个特殊任务,搞些"精神食粮"回来,就是国民党的报纸,多多益善,要近期的。

毛泽东表情严肃,强调两遍"要近期的"。

当晚掌灯时分,只有一条小街的哈达铺小镇,来了一队中央军,为首的是佩戴中校军衔的梁兴初。镇长、镇党部书记和保安队长等等,赶紧迎接,赶紧遵命派人筹办粮草。国民党驻县城鲁大昌师的一个少校副官,刚从省城回来路过这里,也过来拜访。

镇公所里,梁兴初见负责控制保安队的副连长回来了,微微一笑,起身道:告诉各位,我们是共产党,就是你们常说的"共匪",但绝不是你说的那个样子,请不要害怕。

屋子里的敌人,大眼瞪小眼,全傻眼了。

---

① 腊子口,位于甘肃省迭部县东北部。是川西北进入甘肃的唯一通道,是甘川古道之"咽喉"。整个隘口长约30米,宽仅8米,两边是百丈峭壁,周围是崇山峻岭,自古就有"天险门户"之称。

去邮局搞"精神食粮"的指导员，垂头丧气回来了。只找到几张已经发黄的报纸，都看不清猴年马月了。

别说这甘南小镇，就是那岷县县城，也实在太偏远、闭塞了。也就难怪那位少校副官去趟省城，也要不辞辛苦地带回一些报纸了。

少校副官显然见过"世面"，也挺乖巧，乘机赶紧表现，表示愿意将报纸"献给贵军"。

用旧年画包裹着的一捆报纸，有《大公报》①、《山西日报》②，都是个把月前的，其中有这样两条消息：一是7月下旬，陕甘红军打破国民党军队"围剿"，使陕甘根据地连成一片③；二是徐海东率领的红25军，北上与刘志丹的陕北红军会师。

毛泽东喜出望外，称之为把刘志丹根据地"抓"回来了。

毛泽东兴奋地高声道：同志们，陕北有刘志丹的红军，有现成的根据地，咱们北上抗日，到陕北去！

举世闻名的长征，当时称之为"转移"。第五次反"围剿"失败了，中央苏区待不下去了，准备转移到湘西，与二、六军团会师。之后不断改变计划，先是决定到川黔边，以遵义为中心建

---

① 《大公报》，1902年，由清末保皇党英敛之创办于天津法租界。辉煌于1926年至1949年，即所谓"新记"大公报时期，其"四不主义"（不党、不卖、不私、不盲）最为出名。张季鸾、胡政之等优秀报人让它成为当时中国新闻界的翘楚。

② 《山西日报》创刊于1918年6月20日，为山西省军政两署的机关报，由五台县人王青田任经理负责出版。1938年2月终刊。

③ 指的是1935年5月，红26军和红27军会合后组成西北革命军事委员会和总指挥部，刘志丹任总指挥。红26军、红27军在陕北游击队配合下，以围点打援、出敌不意、各个击破等战法，经两个多月机动作战，攻克延长、延川、安定、安塞、保安、靖边6座县城，在20余县建立起工农民主政权，使根据地扩大到东临黄河，西接环县，南至淳化、耀县，北抵长城的广大地区，把陕北、陕甘边两块苏区连成一片。

参加陕甘革命根据地斗争的部分同志合影。前排左起第二人为王世泰；第二排左起第一人为郭洪涛；第三排左起第一人为龚逢春，第三人为吴岱峰，第六人为张邦英；第四排左起第一人为黄罗斌，第二人为张达志。左上图为刘志丹。

立新的根据地。遵义会议后，又决定到川西北去，到川西去，到甘南去。这时，已经历时11个月，行程两万余里，战斗、非战斗减员三分之二以上。前有堵截，后有追兵，长征的目的地，红军的落脚点，到底在哪里？仍是个凶险的未知数。毛泽东和党中央，也不知道陕北有刘志丹的红军和根据地。

没人说，如果不是梁兴初率连获取的"精神食粮"，长征就不止两万五千里，党和红军可能遭遇不测，一部中国现代史就可能改写。但是，我们经历的历史，有时就是在这种貌似不经意的偶然中缀连起来的，并一直通连到今天。

而梁兴初戎马一生，战争年代经意或不经意间，经常站到战斗、战役乃至改变历史进程的关节点上，并不辱使命，则是确定无疑的了。

# 3．"兔子吃鸡"

1938年秋，115师685团改编为苏鲁豫支队（支队长彭明治[①]、政委吴法宪[②]），梁兴初也由副团长而副支队长兼4大队大队长，随后东进苏鲁边的微山湖西部。

又一个秋天，梁兴初从前线回到湖西根据地，刚进驻地，在家留守的支队政治部主

抗战时期的吴法宪

---

① 彭明治（1905-1993），湖南常宁人。黄埔军校毕业。1925年入党。曾任叶挺独立团排长。参加过南昌起义。历任红一军团红1师参谋长，八路军115师685团参谋长、团长，苏鲁豫支队司令员，东北民主联军3师7旅旅长，四野13兵团副司令员兼参谋长。1955年被授予中将军衔。

② 吴法宪（1915-2004），原名吴文玉。江西永丰人。1930年加入中国共产主义青年团，同年参加中国工农红军。1932年转入中国共产党。土地革命战争时期，即为林彪老部下，任红一军团2师2团政委。抗战时期，任八路军115师343旅685团政治处副主任，685团政委，苏鲁豫支队政委，新四军3师政治部主任。解放战争时期，任东北民主联军2纵政委，四野39军政委。1955年被授予中将军衔。"文化大革命"中积极参与林彪篡党夺权和国家最高权力的阴谋活动。1973年被开除党籍、撤销党内外一切职务。1981年被中华人民共和国最高人民法院特别法庭确认为林彪反革命集团案主犯。

"湖西肃托"时期，罗荣桓对吴法宪的胆小和失职行为，给予了严肃的批评，报请上级批准，将其由支队政委降职为支队政治部主任。

任兼大队政委王凤鸣一声令下,几个人上前扭住梁兴初,下了他的枪。

一身征尘的梁兴初,以为是开玩笑,笑着说:娘卖×的,闹什么闹,老子这身子骨都乏得透透的了。

王凤鸣[1]厉声道:谁跟你开玩笑? 你是"托匪"。

"托匪"即"托派"[2],原是苏联共产党内以托洛茨基为首的一个派别,苏共30年代曾开展大规模"肃托"斗争,许多人被杀

---

[1] 王凤鸣,又名王宏鸣,江西人,1932年参加红军,曾任罗荣桓元帅的警卫员,参加过长征和著名的平型关战役。红军时期的王宏鸣作战勇敢,为人很机警,也有一定的政治水平,在每次政治运动中,他都表现得很积极。所以,他一帆风顺从战士一直升到八路军苏鲁豫支队政治部主任兼4大队政委。"湖西肃托"之后,叛变投靠汪伪71旅,并改名杨步仁。后来,又投靠国民党,在淮海战场上被我军击毙。

[2] "托派",本来是苏联共产党内以托洛茨基为首的反对列宁主义的一个政治派别。托洛茨基被"联共"开除并被驱逐出苏联后,曾在国外指使一些"托派"分子进行过反苏活动。20世纪30年代,苏联曾进行过大规模的反"托派"斗争,使许多无辜的人惨遭杀害。在中国,1931年5月陈独秀曾组织过"托派中央",进行反党活动。但1932年10月,陈独秀被国民党逮捕后,"托派"组织即发生了分化。抗战时期,"托派"并无统一的组织,在共产党内更没有潜藏着一个从上到下的"托派"组织。可是,1937年11月,王明和康生从苏联一回国,就依苏联葫芦之样画瓢,在国内鼓吹"肃托"。1938年1月,康生在《解放》周刊上抛出题为《铲除日寇侦探民族公敌托洛茨基匪徒》的长文,把"肃托"和抗日相提并论。后来,康生又担任了中央情报部和中央社会部部长,直接掌管"肃托"大权,错捕、错杀了一些好同志,其恶劣影响波及全国。康生的"肃托"文章印成了小册子,曾在党内干部中广为流传,使许多人产生了对"肃托"的恐惧感与神秘感,造成思想混乱。当时广大干部乃至于许多领导"肃托"的人,其实并不清楚托洛茨基其人及其政治观点,他们看了康生的小册子,就把"托派"这个词当作"汉奸"那样来理解,或者土地革命战争时期的"AB团"、"改组派"来理解。——编者摘引自《党员干部之友》2008年第5期王卫红《湖西"肃托"事件始末》一文。

害。中共"肃托"，据说是1937年11月王明、康生从苏联回到延安后开始的，将其与锄奸相提并论，滥杀无辜，波及全党。

湖西"肃托"，始作俑者是湖边地委组织部长王须仁。他怀疑湖西干部学校教员魏定远是"托派"，严刑逼供，就有了第一批"托派"名单。再逼再供，如此反复，上至区委，下到县委、支部，"托派"越抓越多，同时大开杀戒。

王凤鸣支持王须仁"肃托"，这股妖风迅速刮到部队，4大队营连干部也一个个被投进监狱。

梁兴初的罪名，是勾结徐州日寇，企图围歼4大队。

压杠子，上老虎凳，灌辣椒水，把人吊起来用鞭子抽。几十年后，梁兴初说最难以忍受的是电刑。那种摇把子电话机一摇起来，电流针扎般刺遍全身，雷劈火烧似的，头痛如裂，心如箭穿。

自"肃托"后，4大队每天都要转换宿营地。湖西出了这么多"托匪"，特别是抓了梁兴初这等级别的"托匪"，敌人能不报复吗？当然更得提高警惕了。夜幕下，部队悄没声地在村头集合，只有这时官兵才能见到他们的大队长，被剪绑着双手，从关押处带出来。铁打的汉子，弓背偻身，已经被折磨得没了模样。

电台、译电员是王凤鸣掌管，梁兴初一直带兵打仗，怎么可能与徐州的鬼子勾结？4大队营连干部，大都是经历了长征的红军，怎么会通敌叛国？国难当头，大敌当前，共产党本来就这么点力量，再自己抓杀自己人，怎么得了呀？

梁兴初要求与王凤鸣面谈。跟敌人没法讲理，跟自己人还有什么讲不清的呢？这个打铁的，还真有点不服这个劲儿。

唯一一次见面，是转换宿营地时的不期而遇。梁兴初正色道：

老王，咱们不能忘了在江西打"AB团"①的教训，不能搞逼供信，不能随便杀人，杀人要向支队和师首长请示报告。

未等梁兴初讲完，王凤鸣就喝斥押解的士兵：把这个"托匪"带走。

又冷冷地扔出一句：死到临头，你还嘴硬？

娘卖×的！老子拎着脑袋打鬼子，倒把自己打成了什么"托匪"，天底下有这样的道理吗？你小子是缺心眼，还是瞎了眼？

梁兴初能骂人，他的部下，少有没被他骂过的。那个时代不骂人的不多。只是这"梁大牙"骂得明白，骂得痛快，骂得舒服，骂完就完，没小鞋大帽子。有时也骂得人想跟他对骂，过后再一想，又恨不得再让他骂一顿。

可现在，他可是牙根痒痒得真骂了——那又能怎样呢？

在一次次转移途中，在一个个成了牢房的民房里，心灵和肉体都遍体鳞伤的梁兴初，终于明白了。当一股什么妖风袭来时，根本就没有你说话的份儿。就是铁打铜铸的，也只有引颈受戮又受辱。

他早已想好、并唯一可行的，就是被绑赴刑场时，要尽力戳穿王凤鸣一伙滥杀无辜的罪行。

梁兴初第一次见识日本鬼子，是在平型关的十里长沟，那时他是685团3营营长。战斗打响，他拖过一挺机枪猛扫。冲锋号响，他操起一支上着刺刀的步枪冲下山去。战斗结束，累得浑身散了架似的，晃晃悠悠就瘫那儿了。小通信员见营长躺在死人堆里，浑身是血，以为"光荣"了，哭起来。梁兴初坐起来：号什么号，

---

① AB团的名字来自英文"反布尔什维克"（Anti-Bolshevik）的缩写，全称为"AB反赤团"。

八路军115师343旅685团3营营长梁兴初（1937年平型关战斗前）

老子一块皮都没破。

身上伤疤摞伤疤，眉头皱都不皱一下，九死一生还是铁打的。没想到这回却要死在自己人手里，无论被自己人杀死是什么滋味儿，他能甘心吗？能不"娘卖×"的把这帮东西骂个痛快吗？

就在这时，115师政委罗荣桓急如星火地赶来湖西了。

猛然见到老首长，梁兴初愣了一下，随即扑上去抱住罗荣桓，双腿一软，跪了下去：罗政委呀，你再晚来一步，就见不到你了！

福将。

梁兴初参军时，正赶上打"AB团"，经常抓人、杀人。有的刚从战场上下来，打仗那么勇敢，来人就给抓走了，就没影了。

什么"黑皮团"、"黑屁团"的，到底是怎么回事儿呀？

梁兴初倒是认识些中国字，更多的人是斗大字不识一个，那"A"呀"B"的，简直就是天书。

这回，官兵则把"托洛茨基"弄成了"兔子吃鸡"——这兔子还能吃鸡吗？

真就吃了，而且吃得鲜血淋漓。

湖西"肃托"，不到3个月抓600余人，杀300余人，许多人脱离队伍，或是跑去别的队伍。

# 4．节骨眼上的胜仗

1946年5月，四平保卫战失利后，共产党人就在闯到关东后的第一个春天，步入了严酷的冬天。

在南满，民主联军被挤压到临江、濛江（今靖宇）、长白、抚松，4个濒临朝鲜的巴掌大的小县。

拉法、新站战斗，就在这种节骨眼上打响了。

吉林中部蛟河县的小镇拉法，是拉吉（林）、拉图（们）、拉（哈尔）滨三条铁路线的枢纽。6月4日，梁兴初率1师越过老爷岭退入蛟河。国民党71军占领吉林市后，88师263团和264团1个营，随即跟进占领新站、拉法等地。

看准两坨远离主力的敌人，梁兴初咬钢嚼铁一声打。

电报总部，林彪同意，并决定由梁兴初统一指挥1、2师作战。

7日晚，两支精干小部队利用夜色掩护，悄然摸上拉法东西两侧制高点。敌人毫无防备，一个突袭，将其拿下。轻重机枪火力居高临下，向小镇敌人倾泻，部队随之发起攻击。激战一夜，将守敌1个营全部歼灭。

新站打僵了。

拉法敌人也很顽强，但地形不利，兵力也少，又被打了个冷不防。新站就不同了，天上还有飞机助战。8日下午，先来7架空投弹药、粮食，9日又来5架狂轰滥炸。3团攻击受阻，1团占领镇东北角后被顶住。5团突入镇内，伤亡很大，不能前进，由2团接守阵地。敌人不断实施反击，双方胶着厮杀。

国民党闯关东部队，都是精锐，开头却被当成"土顽"。像盘山县沙岭战斗，3纵、4纵和1个炮团，围打新6军新22师1个团，另有1个旅打援，兵力、火力绝对优势。在关内谁没打过"土顽"呀？炮弹放出去，手榴弹投出去，再一个冲锋，不就结束战斗了吗？一打，不对了。这美械装备的火力，小鬼子根本没法比，那炮打得比小鬼子还准，有的专在你头上米把远爆炸。沙岭没打下来，伤亡一大堆，就传说新1军、新6军的兵都是大学生。

71军虽然比不上国民党军五大主力中的新1军、新6军，但也带着远征军的傲气，没把东北民主联军部队放在眼里。弹药不缺，援军将至，士气不减。而攻击部队3个团的番号，四平保卫战伤亡很大，每个团只有千把人，兵力优势并不大多少。

这仗还能不能打了？

打？要能很快结束战斗，伤亡再大也值得。否则，敌援到了，即便能够脱身，新站也将变成小四平。

不打？几百人白伤亡了，前功尽弃，灰心丧气地撤退。

这仗算是打到节骨眼上了。有人觉得不能打，趁早撤吧。

"打铁的"咬钢嚼铁就是一个字："打！"

笔者采访到的1师老人说，梁兴初可不是脑瓜子一热，就不管三七二十一了，他有办法，说打就能打下来。

当晚调整部署，将6团调到攻击、打援位置上，其余全力攻击。

这一锤子打响了。

拉法、新站一战，歼敌4个营，毙伤俘敌团长以下1800余人。

关键不在于歼敌多少，以及保障了拉滨铁路畅通等等。辽沈战役中的辽西会战，枪炮声平息后，宣传队的女兵喊一嗓子，身

东北民主联军1师师长梁兴初（1946年秋）

边也能聚拢一堆俘虏。至于四野南下过江后，许多秋风扫落叶般的顺风仗，怎么打怎么有理，那仗谁都能打。

之前的秀水河子战斗，歼敌也是4个营，人数还少300余。所以著名，因为那是对全美械装备敌人的第一个歼灭战。而拉法、新站之战的不同凡响，在于这是共产党在东北处于全面劣势时的一次逆风仗，其对敌我双方军心士气的影响，自不待言。后面将写到，打铁的"梁大牙"，常打这种节骨眼上的胜仗。

沧海横流，方显英雄本色。

逆风取胜，才见名将风采。


正在兴头上的国民党，战略方针是"南攻北守，先南后北"，即先吃掉南满的对手，再夺取北满。共产党的战法，是你在南满动手，北满部队就南下松花江揍你，劁猪割耳朵，让你两头遭罪。这就是扭转了东北战局的"三下江南、四保临江"战役。

一下江南最漂亮的战斗，是张麻子沟伏击战。

松花江南岸小镇其塔木，是国民党防守吉林、长春的重要外围据点。林彪的战术，是屡试不爽、使对手吃尽苦头的围点打援。1纵3师围打其塔木，诱敌出援，1纵主力和2纵、6纵及几个独立师、炮兵团，则分别在九台、德惠、吉林援敌来路张网等上了。

大雪飘飘，天地皆白，1纵副司令员兼1师师长梁兴初，带领部下看地形。

张麻子沟距其塔木10余公里，南至九台30余公里，一条公路从沟底穿过。四周为起伏山地，东侧有座百余米高馒头形双顶山，离公路只有1公里左右，正好发扬火力。

这等地形地物，如何排兵布阵，以及打响后的情形，以梁兴初的目光，已经一目了然了。问题是敌人到底来不来呀？

公路旁电线杆子下，几个侦查员正在窃听敌人电话。也巧了，梁兴初刚接过话筒，就听见九台敌团长要其塔木守军营长"镇静"，他会亲自率队增援，明天中午就能赶到。

当晚，梁兴初又向九台方向派出侦察，以防敌人有变。

同时三令五申，各级干部到连队去，采取各种措施防止冻伤。

这是1947年1月6日，眼看就是"冻掉下巴"的腊七腊八，零下四十来度，滴水成冰。这时睡在热炕头上，也是要裹紧被子的，何况趴冰卧雪地设伏了。实际情况是，一下江南，参战部队两昼夜即冻伤8000余人。而张麻子沟打得那么干脆、利落，重要原因之一，是没有因冻伤造成的非战斗减员。

拉法、新站战斗，抓住战机，转身迎头痛击，最要紧的是敢打必胜的决心、信心。同样为节骨眼上的胜仗的张麻子沟伏击战，更多的则是谋略、智慧、严谨，胆大心细。不是事无巨细，而是关节点上的认真、精细，一丝不苟。

来送死的是新1军新38师113团（欠一个营），附山炮、装甲车各1个排，另有两个保安中队。前面说过，新1军是国民党军五大主力之一，新38师则是主力中的主力，113团又是主力中的头牌，一路上气势汹汹。前面8辆装甲车，见到可疑地形，就是一通轰击。

结果，一个没剩，全部被歼。

# 5."宁当鸡头，不做牛尾"

1947年8月，6纵副司令员兼16师师长梁兴初，奉命来到东北民主联军总部。进屋，敬礼，报告：林总、罗政委，我来了。

罗荣桓点头示意，让他坐下，问道：早饭吃得怎样？

一碗豆浆，一碟黄豆，两个馒头。到你总部来,也不给点"六"吃。

梁兴初的江西口音，把"肉"说成"六"。

罗荣桓笑笑，把谈话引入正题：独1师和独3师，都是359旅的老底子，不能老当独立师。我们想再加上东满独立师，组建第10纵队，让你去当副司令员，把10纵带成能打硬仗、恶仗的一流部队。

梁兴初问：这是组织决定，还是征求意见？

罗荣桓说：听听你的意见。

梁兴初直通通地道：我不去。让我去，就把那个"副"字拿掉。

又道：我是宁当鸡头，不做牛尾。

望着这个"打铁的"背影，罗荣桓道：这个梁兴初就这脾气，让他当1纵副司令员，非要兼1师师长不可，到6纵当副司令员，又要兼16师师长。

一直在踱步的林彪，停住脚步：好钢就该用在刀刃上。

林彪到东北不久，就在闯关东的10万八路军、新四军中，把

1师、7旅抓在手里。著名的秀水河子歼灭战，就是指挥1师、7旅打的。

7旅即这时梁兴初兼师长的6纵16师，和1纵1师都是从平型关下来的部队，115师343旅的老底子。在中国共产党武装斗争的各个历史时期，从长白山打到海南岛，屡有上佳表现，从来都是主力中的主力。而梁兴初在山东就是1师师长。从1纵到6纵，虽然一直拖着个"副"字，断不了那条"牛尾"，那"鸡头"却是高昂、雄壮，响当当、硬邦邦的。

再看《东北三年解放战争军事资料》中，是怎样评述10纵28师的：

> 系东北各部队中历史基础最老的部队之一，其中有不少为土地革命及抗日战争时期之骨干成分，连以上干部绝大多数为关内参军之老干部，部队作风甚疲塌，缺乏朝气，保守性大，进步慢，战斗作风被动，战斗力未能充分发挥，其部队历史应列入东北各部队中之主力师，但战斗力还不如一般老部队及进步较快之新部队。

没人说梁兴初到10纵，还会兼这个28师的师长。只是从主力中的主力，调到这个新组建的小兄弟10纵，仍是"牛尾"、"鸡头"，我老梁是哪一仗没打好，还是犯了什么错误怎么的？

当然，这极可能是用今人的思维，替代了当年的心理。战争年代，人们所思所想，与和平时期是有差异的，甚至大不同。像有的读者冷丁看到这里，会不会想这不是嫌官小了、要官吗？

唯其如此，才见"打铁的"个性：我就是要当这个"鸡头"，我"梁大牙"就能把10纵打成铁、打成钢！

东北民主联军秋季攻势第三阶段吉林市外围战斗，10纵为参战主力部队之一。

　　而林彪、罗荣桓原想让他当"牛尾"，当然也有他们的考虑。

　　10纵所属3个师的师长，都是老资格。有的红军时期是军、师级干部，有的是有名的"模范师长"，那时梁兴初才是连、营干部。改编为八路军时最嫩的，也是团政委，梁兴初只是个营长。不知道10纵司令员原先的人选，是不是3位师长中的某一位，也是不能不考虑资历的。

　　但是，战争毕竟是最实际的，那就是谁能打谁上。

　　这是战争的铁律。

# 6 . 黑山阻击战

辽沈战役，锦州攻坚战炮火连天，塔山阻击战血肉横飞，梁兴初带领10纵在沈阳西北及长春、沈阳间转悠。

10纵的任务，是与5纵、6纵等兄弟部队，阻止沈阳敌人向锦州或长春增援，并随时准备参加攻锦作战，或歼灭长春突围之敌。

具体地说，就是对付那个从沈阳出来的廖耀湘[①]兵团。

廖耀湘的新6军。

---

① 廖耀湘（1906-1968），湖南邵阳人，曾参加过中国远征军，任新6军军长。1948年10月被俘，1961年被特赦。1964年当选第四届全国政协委员。

　　当年被称为"最后攻势"的辽沈战役,毛泽东执意先取锦州,要把东北敌人就地歼灭。蒋介石呢? 先要撤退东北,以期保住一个战略集团,并加强华北防线。待到东北野战军云集辽西,他也看中了锦州这个热点中的热点,调兵遣将,由关内调第17兵团等部连同原在锦西的部队共11个师组织个东进兵团,同时严令廖耀湘出沈阳、奔辽西。你毛泽东不是要"关门打狗"吗? 我就来个东西对进,会战锦州,看谁把谁关住、打掉。

　　西边侯镜如[①]的那个东进兵团,是卖力真进真打的。东边廖耀湘的这个西进兵团,包括新1军、新6军共5个军10余万人,磨磨蹭蹭出了沈阳,就磨磨蹭蹭地开始了20天武装大游行。

　　你老蒋都认为东北难保,还奢谈什么会战锦州? 廖耀湘看好的是营口。以营口为依托,经盘山往西打,进可攻,退可守,守不住,上船就溜。共产党没有海军,他认为出营口连口行军锅都不会丢。

　　共产党惯会围点打援,3年了,出得去、回得来的有几多? 他认定此行凶多吉少,又不能违命,就在虚张声势的西进中拨弄

　　① 侯镜如 (1902-1994),河南永城人。黄埔一期毕业。1925年由周恩来、郭俊介绍加入中国共产党。参加过北伐,任国民革命军第17第3师党代表兼师政治部主任。参加过上海工人第三次武装起义,为暴动指挥成员之一。参加过"八一"起义。1928年,到中共河南省委负责军委工作,在接关系时被捕入狱,监押14个月。1931年因中共中央保卫局局长顾顺章叛变,党组织遭到破坏,与党失去联系。不久,到山西晋城国民党第41军孙殿英部,出任该军驻南京办事处代表。1933年起,侯镜如历任国民党军第30军30师参谋长、第30师89旅旅长、第92军21师师长,参加台儿庄会战、武汉会战、枣宜会战。1941年,率部进攻豫皖苏边区抗日民主根据地。1943年任92军军长兼北平警备司令。后升任第17兵团司令官。后受我党中央指示,侯镜如策动92军等部队,在福州起义。侯后来又去香港,在党中央直接领导下,继续对台工作。1952年侯镜如奉周恩来总理批示回到大陆。

着自己的算盘，随时准备掉头奔营口。

结果是到了那一刻，连他都当了俘虏。

10月20日，即锦州这扇大门砰然一声被关闭后5天，"林罗刘"（即林彪、罗荣桓、刘亚楼）发出关于部署围歼廖耀湘兵团的电报，其中与本节有关的文字如下：

> 我十纵队，应于今日黄昏出发，于明日拂晓前到达黑山县以北之头道镜子一带隐蔽。如新立屯之敌不动，则该纵队亦不动。如敌进，该纵队应向黑山、大虎山撤退。如发现敌有撤退征象，即不管日夜立即出发，插进新立屯以东之小东山、古台子一线，截断新立屯之敌退路。

21日夜，又接到"林罗刘"电报：

> 令你们即返黑山、大虎山，选择阵地，构筑工事顽强死守，阻击敌人，掩护主力到达后，聚歼西进之敌。

自廖耀湘兵团出动后，10纵就在辽西与这个国民党阵营中顶尖的精锐兵团周旋，意在使其不敢贸然西进。

辽河、新开河、饶阳河，以及其间那些大都叫做"窝棚"的村镇，两只敌对武装都在大摇大摆地大游行，就那么几十里、十几里的如影相随。有时也打上一阵了，脱离后依旧不即不离地保持相当距离。梁兴初当然明了如此这般在全盘棋中的意义，只是听着（也能听到）北宁线上枪炮声都打沸了，"梁大牙"那牙早痒痒得受不了了。

这一刻，终于可以甩开膀子大干了，"打铁的"周身的每个细胞，都被激动、兴奋充溢了。

黑山县中学一间教室，被10纵团以上干部挤满了。黑板上挂幅五万分之一的军用地图，"打铁的"手中的教鞭在上面指点、逡巡着，话出口就像铁锤砸在铁砧上：

黑山是进出大洼、营口、沈阳、锦州的唯一走廊，敌人无论向何方进退，都必须首先拿下黑山。总部首长电报说了，这次大战关键在于切断敌人的退路。现在，咱们10纵就处在这样一个关系全局成败的关节点上，10纵的表现将决定这场大战的命运。

同志们！我们要在25公里正面，抗击五倍于我的敌人，困难多大，不用我说。各师团任务都明确了，纵队党委决心就是一条：在我们10纵的阵地上，决不允许一个敌人过去！谁的阵地丢了，不用请示，立即反击，反击不下来，别来见我。

同志们要心中有数，做好打前所未有的大仗、恶仗的准备。没有不能打的兵，只有不能打的将。我"梁大牙"先向大家表个态，把话扔在这里：打剩一个团，我当团长；打剩一个连，我当连长。或者功臣，或者罪人，没有别的选择。战后如果见不到我了，那就是"光荣"了，或是军法从事了。

黑山城东长约3公里的丘陵，最高的山头海拔101米，被称为"101"高地，其余依次为"97"、"94"、"92"、"90"高地。漠漠秋色中，稀疏的茅草、灌木，裸露的黄褐色的岩石，一镐下去，一个白点。抢修工事的28师官兵不解，说这山也不黑，怎么叫个"黑山"呀？

现在黑了。

从10月24日始，连续3天，在空地火力掩护下，由营而团而师的敌人，一波波地攻击。仅一个"101"高地，敌人每天就丢

黑山阻击战我军炮兵部队。左上为贺庆积。

下数百具尸体，28师要伤亡一个营的兵力。

　　硝烟弥漫中，没人说得清究竟落下了多少炮弹、炸弹，反正山头被硬生生地削去2米。成了"99"高地的"101"高地，火烧血浸变色了。

　　25日晚上，梁兴初在28师指挥所吃饭，一口饭送进嘴里觉得不对劲儿，一咬，硌牙，是块弹片。娘卖×的，没有"六"，倒有骨头。

　　第一天上午，青年军207师3旅连攻三次，中午新1军也加入战斗。石头山、"92"高地、"101"高地相继失守，官兵全部战死。

　　28师师长贺庆积[①]，立即调上预备队，前仆后继，连续猛攻，将阵地全部夺回。

　　第二天上来的是新6军——这一天是最激烈、也最危险的。

　　同为王牌、主力，新1军这个团、那个团地曾多次被歼，而这个新6军，特别是王牌中的王牌、号称"虎师"的新22师，想吃掉他一个连都不容易。先是炮击，还有十几架飞机投弹，这样折腾个把小时后，步兵就上来了。两个团编成三个梯队，眼见着

---

　　① 贺庆积（1909-1998），江西永新人。1928年加入中国共产党。1929年参加中国工农红军。土地革命战争时期，任红六军团第17师师长。抗日战争时期，任八路军120师359旅719团团长，旅参谋长。解放战争时期，任东北野战军第10纵队28师师长。"文化大革命"期间，贺庆积曾因是贺龙的部下而遭受到林彪、江青反革命集团的残酷迫害。从1968年就被停止了工作，一直闲置10年之久。1955年被授予少将军衔。

1982年，梁兴初重返战地

还是上去下来，就组织"敢死队"。当然不是白死，每人10万金元券，第一个冲上去的加倍。这一招也不灵，再组织"军官敢死队"。这些人多为有钱人家子弟，对共产党仇恨大，不用金元券，冲锋枪啸叫着，红了眼睛往上冲。

下午4点左右，"101"高地再次失守。

电话里，贺庆积沙哑着嗓子报告，说部队伤亡太大，非常疲劳，准备等到晚上再发起反击。

梁兴初火了：你疲劳，敌人不疲劳？你伤亡大，敌人伤亡不大？你休息过来了，敌人也喘过气了，工事也修好了，你说这个账怎么算合算？

又道：一刻也不能等，马上给我组织反击，夺下"101"高地天就该黑了，黑夜就是我们的天下了！

听到贺庆积喊着明白了，梁兴初抓起望远镜就往外跑。

28师指挥所里，师政委晏福生①猛然见到梁兴初，吃了一惊，说司令你怎么来了？梁兴初问老贺呢，晏福生说师长昨晚就上东高地了。梁兴初转身就走，晏福生追出来大喊：梁司令，那不是你去的地方。

---

① 晏福生（1904-1984），原名晏国金。湖南醴陵人。1926年加入中国共产党。1928年参加红军。土地革命战争时期，任红六军团18师政委、第16师政委。在罗家堡战斗中，右臂被敌人的子弹打断。抗日战争时期，任八路军120师359旅717团政委、359旅政委。解放战争时期，任东北民主联军10纵28师政委，四野47军副军长。1966年，由于晏福生在广州军区党委常委会议上曾多次对军区司令员黄永胜提出过严肃的批评，黄永胜乘机报复，指令对晏福生立案，内定为"贺龙死党"。1968年，黄永胜以晏福生支持妻子马忆湘写长篇小说《朝阳花》为借口，先把马忆湘抓了起来。接着，以在留园七号楼召开党委常委会为由，把晏福生骗到一个不知名的院子，关进一间9平方米的居室，进行车轮式逼供，并用大灯泡烘烤，使他的身心受到了极大的摧残。1955年被授予中将军衔。

见到梁兴初，贺庆积也吃惊不小，说司令，你来干什么？

梁兴初说：我不放心。

贺庆积如何能受得了这4个字，暴跳如雷：我贺庆积不是孬种，28师也不会拉稀！

望着那双急红的眼睛，梁兴初动情地拍拍这员虎将的肩膀，同样通红的眼睛有些潮了。

1939年秋，晋察冀军区某次祝捷大会上。左起彭清云、左齐、晏福生。

贺庆积说：梁司令，你在这我怎么能放开指挥呀？真要信不过我这个师长，就干脆撤了，我下去，你在这指挥。

梁兴初笑骂道：娘卖×的，要撵我走呀？

贺庆积忙道：我哪敢撵司令呀。

即便在毛泽东说出"把刘志丹的根据地'抓'回来了"后，当时梁兴初也难以全部明了所获取的"精神食粮"的价值、意义。他毕竟只是个连长。可现在，站在这场大战中的一个举足轻重的关节点上，这位纵队司令员什么都明白。而且，又是他们并不擅长的防御战，对手又那么强大，10纵又是东北野战军中的小兄弟，从未打过这等恶仗。

两天来，25公里的弧形防线上枪打炮轰，廖耀湘兵团的5个军几乎都用上了。但是，正像梁兴初战前预料的那样，攻击重点是城东"101"高地一线。因为敌人要南逃营口，就必须从城东打开缺口。"打铁的"把28师放在这里，因为这里太重要了，也是对贺庆积这员虎将、老大哥太信任了。唯其如此，也就不能有半点闪失。

26日，即黑山阻击战的第三天，也是最后一天，"101"高地再次失而复得。

炮火急袭后，官兵从被"犁"过多少遍的泥土、碎石中，扭动着拱出来。文书、卫生员、司号员、炊事员，都操枪战斗。连长牺牲排长代理，排长牺牲班长指挥，班长倒下士兵挺身而出。正面挡不住往侧翼突击，只要有一口气，就把子弹射向敌人。

廖耀湘在回忆录中，这样描述守军：

　　他们攻击前进时，均一律持枪上刺刀和投手榴弹，直接冲向我军阵地，前仆后继，非常英勇。

二流部队打成一流部队，打成铁，打成钢。

# 7."万岁军"

抗美援朝，38军出师不顺。

作为首批入朝作战部队，1950年10月下旬，38军从铁岭经辑安越过鸭绿江。24日，南朝鲜6师、8师、1师进占熙川、宁远、宁边等地，英27旅、美24师由新安州渡过清川江，分别向定州、秦川推进。25日，40军在温井地区打响第一枪，将南朝鲜1师、6师先头部队几百人全歼。志愿军总部即命令38军迅速向军隅里、熙川方向穿插，断敌退路，而以39军、40军向正面突出冒进之敌

首批入朝作战部队跨过鸭绿江。

攻击。

按照梁兴初的部署，112师穿插到位了，担任主攻的113师却出了岔头。开进途中，碰上个刚从前线撤下来的朝鲜人民军师部，说熙川有美军千余人，都是黑人。而总部的通报上说，熙川只有南朝鲜军1个营。

平型关战斗，冲锋时，许多人喊"老乡，缴枪呀"。一不是老乡，二是这样喊鬼子也听不懂，可多少年都是这么喊的，到时候自己就出溜出来了。而这一刻，这世上还有黑人，无论觉得多么稀奇古怪，这都是个不能不予以考虑的新情况。刚出国门，人生地不熟，一时难以查实，但出国第一仗必须打好这个原则，则是无须置疑的。那就宁可信其有，不可信其无，当作一个黑人团来打，以期获得更大的把握。

梁兴初一面向总部报告，一面考虑重新部署战斗，同时派副军长江拥辉①赶去113师，加强指挥。

结果，29日傍晚发起攻击时，熙川已是一座空城，南朝鲜8师主力这天凌晨刚经熙川南撤。

11月13日，志愿军司令部在大榆洞②召开党委扩大会议。司令员兼政委彭德怀进入作战室，将军们起立敬礼。39军军长吴

---

① 江拥辉（1917-1991），原名江祥桂。江西瑞金人。1935年加入中国共产党。1933年参加红军。他长期以来一直在红一军团林彪麾下任特派员、保卫局巡视员、政治干事。1940年任686团副政委。解放战争时期，任东北民主联军1纵1师2团团长，1师师长。1949年任解放军38军参谋长、副军长，系继梁兴初之后38军第二任军长。他上任后的"第一炮"——白马山之战，由于叛徒谷中蛟（114师340团3营7连文化教员）的出卖，38军付出了重大伤亡的代价，苦战九昼夜，不得不放弃了白马山。1955年被授予少将军衔。

② 大榆洞，位于朝鲜平安北道东仓郡，原为朝鲜四大金矿之一，后来成了一座废矿。抗美援朝初期，彭德怀看中了这个地方，于是成了志愿军司令部所在地。

信泉①，40军军长温玉成②，42军军长吴瑞林③，66军政委王紫峰④，彭德怀与之一一握手。临到梁兴初时，只是冷冷地瞥了一眼。

名为党委会议，实是作战会议，总结一次战役的经验教训。

彭德怀说：有的部队出现问题，不是没有作战经验，而是拖拖拉拉，执行命令不坚决。

讲到这里，彭德怀脸色变了，厉声道：梁兴初来了没有？

到。梁兴初起立。

你个梁兴初，胆大包天！都说你是员虎将，什么虎将？我看

---

① 吴信泉（1912-1992），湖南平江人。1930年参加红军，同年加入中国共产党。历任红三军团保卫局执行部部长，红15军团师政治部主任，八路军115师新编2旅政委，新四军三师8旅政委，东北民主联军2纵6师师长兼政委，纵队副司令员，四野39军政委。1955年被授予中将军衔。杜平将军说，吴信泉将军个子不高，豪气冲天。入朝鲜之前，吴将军于东北军区召开师以上干部会议，发言铿锵有力，声震屋宇："怕个熊，美国鬼子又不是三头六臂。我们要打它个人仰马翻，给世界人民看看！"

② 温玉成（1915-1989），江西兴国人，曾用名温振兴。1932年加入中国共产党。曾任红八军团21师62团政委，新四军6师18旅旅长兼政委，东北民主联军、东北野战军独立2师师长，12纵34师师长。1950年任第40军军长。1955年9月被授予中将军衔。"文革"中任副总参谋长兼北京卫戍区司令员，"9·13"事件之后即被调任为成都军区第一副司令员。

③ 吴瑞林（1915-1995），四川巴中人，原名吴尚德，曾用名杨昆。1932年加入中国共产党。曾任红四方面军总政治部共青团团委副书记，大金川省干部大队大队长兼政委，东北野战军5纵副司令员，四野42军军长。1955年被授予中将军衔。"文革"中任海军常务副司令员。

④ 王紫峰（1905-1994），湖南耒阳人，1927年加入中国共产党。1928年参加湘南起义，随朱德部上井冈山。历任红14军41团政委，红一军团直属队总支部书记、教导队总支部书记，晋察冀区第3军分区10团团长兼政委。1939年因患贫血病休养，病愈后担任平西挺进军第11支队政治部主任、晋察冀军区第4军分区政治部主任。解放战争时期，任66军政委。1950年入朝作战。1955年被授予中将军衔。

是鼠将！老鼠的鼠！告诉你们熙川敌人只有1个营，你们说熙川有"黑人团"，什么"黑人团"？"赫"（黑）了你们自己！推迟了进攻时间，没有消灭这股敌人，更重要的是迟延了向军隅里、新安州猛插的时间。照此下去，还打什么鸟仗！

彭德怀越说火气越大，副司令员兼副政委邓华赶紧插话：38军这仗没打好，下一仗一定要打好。38军还是主力嘛，一定会重振军威。

彭德怀火气更大了：什么主力？主力个鸟！

梁兴初站在那里，终于忍不住嘟囔了一句：不要骂人嘛。

彭德怀怒不可遏，一拍桌子：不要骂人？你梁兴初贻误战机，按律当斩！我彭德怀别的本事没有，斩马谡的本事还是有的！

作战室的空气好像要爆炸了。

美式吉普驰离大榆洞，回到军部，政委刘西元①道：有什么好消息呀？

梁兴初一屁股坐到凳子上：屁好消息，挨了一顿臭骂！

如今讲"吸烟有害健康"，那时是"饭后一支烟，赛过活神仙"。梁兴初是每天未起床先点支烟，把昨晚临睡前考虑的战斗、战役，从宏观到微观再过滤一遍。而这一刻，那张嘴和两个鼻孔，简直成了烟筒。桌上那个朝鲜特色的大铜碗，烟头堆得小山似的。

枪林弹雨20年了，"打铁的"什么时候这么窝囊呀？

刘西元劝道：彭总那脾气，全军有名，咱这仗也确实没打好

---

① 刘西元（1917-2003），原名刘熙元。江西吉安人。1931年加入中国共产党。土地革命战争时期，任红一军团第4师12团政委。抗日战争时期，任八路军115师343旅686团政委。解放战争时期，任东北野战军3纵副政委。抗美援朝期间，任中国人民志愿军第38军政委。1955年被授予中将军衔。

身着朝鲜人民军服装的38军军长梁兴初（左）、
副军长江拥辉（中）、政委刘西元

嘛。再说了，你"梁大牙"这张嘴就多干净吗？

梁兴初狠狠地吸口烟：节骨眼上的仗没打好，是我梁兴初的责任，怎么骂我都行，不能骂部队，骂38军我受不了。

梁兴初是平津战役后，从47军（10纵）调到38军（1纵）的。每个人都有自己的故乡，而他的军人的故乡、摇篮，就是从红4军、红一军团和八路军115师走来的38军，从来都是中国共产党的武装力量中的主力。每个军人都不能不为他置身的部队自豪，无论其间怎样不无偏执，38军都实实在在是值得自豪的，怎么能"主力个鸟"？

同年参军、也是吉安人的政委刘西元说：38军是不是主力，过去的战绩明摆在那里。在东北作战，除新1军、新6军外，咱们还得掂量掂量对手是全美械装备，还是半美械装备——美械装备就是现代化的代名词呀！这回连人都是USA了，又是出国作战，初次对阵，心里没底，上上下下都有压力，彭总这话也是气头上冒出来的。

"梁大牙"把牙咬得咯咯响：他美国人两个脑袋两个鸟呀？抗美援朝也不是这一仗就完了，下回若不让他尝尝38军的厉害，我就不姓梁！

二次战役，38军的任务是诱敌北进，然后穿插敌后，堵击逃敌。

具体拖后诱敌的112师，先在飞虎山东北无名高地摆出坚守架势，打退两次进攻后，主动北撤。接着，梁兴初又命令夺回院里以东的"998"高地。334团将其拿下后，坚守两天两夜，打退17次进攻，亦主动撤离，沿途丢弃些破烂东西，不能用的枪支。

"998"高地正卡在军隅里通往球场公路的中段，这等必争之地轻易放弃，敌人岂不生疑？但又必须把握分寸，不能把他打得太疼了，那样他就不会上钩了。军事科学难以成为精准的科学，却可以拿捏成艺术。

对于消灭了800万国民党军队的中国人民解放军，特别是首批入朝的四野的几个军，美国人是不能不认真掂量一番的。只是从一开始就陷入了一场错误的战争，这一刻又错误地判断，认为对手是"怯战退走"。第8集团军司令沃克中将也曾怀疑、顾忌，到底还是被胜利的欲望鼓动着，而这种欲望绝对是建立在实力的基础上的。对手没有海军，那点空军简直可以忽略不计，而陆军无论有着什么样的辉煌战绩，就凭手里那些破铜烂铁似的家什，又能强大到哪里去？

11月21日，美2师和南朝鲜7师先后被诱至球场以南和东仓、阳地站、新兴里以北的预定地域。

按照总部部署,待南朝鲜7师、8师、6师进至球场后,再发起攻击。梁兴初认为不妥,因为那时美2师和骑1师也会上来了。南朝鲜3个师到球场必经虎狼岭、妙香山、下杏洞,那里正是38军集结地域,像平型关大战那样,来场伏击,岂不更好?

在38军坐镇指挥38、42两个军的志愿军副司令员韩先楚①说,咱俩想一块了。

梁兴初再建议:要打开战役缺口,我认为应该打德川。

韩先楚点点头:说下理由。

梁兴初道:一是德川为敌人西线一翼,合乎战役要求。二是德川是南朝鲜军,好打。三是德川为敌人东西线的接合部,两线敌人间隔几十公里,难援。四更重要的是,打下德川,撕开口子,可向敌后穿插、迂回,为战役争取更大的胜利。

27日,即打下德川第2天,毛泽东在给志愿军总部的电报中,称德川之战为"大胜利",当然是明了其在后续大战中的妙处。

攻占德川当天,总部即令42军向顺川、三所里攻击前进,截断南朝鲜2军团和美9军、1军退路;38军向价川、军隅里攻击前进,阻敌南逃北援。

位于德川、价川中间的嘎日岭,在两侧高地间形成个40余米的垭口,德川通往价川的公路从岭东盘山而上,当地人称"十八盘"。38军要插向价川、军隅里,首先要占据这个咽喉要道。而沃克中将得知德川失守,急令其预备队西进嘎日岭,夺回德川,恢复战役态势。

114师急行军、强行军,连夜赶到岭下时,垭口处已是篝火

---

① 韩先楚,后文专章介绍。

通红。敌人毕竟是汽车轮子。该师当即派出两个连，一个从侧面爬山攀岩，迂回敌后，一个从正面摸近敌人。手榴弹在火堆中爆炸，枪声啸叫着就冲了上去。几十辆汽车在公路上挤着撞着，有十几辆调过头来，向西逃去。114师官兵急了，枪抱怀里，"坐飞机"从80来度的雪坡上往下滑、滚，终于在"十八盘"下抢到前面，将首车打瘫，就抓开俘虏了。

接着，又打下价川东面的屏障阳站。

42军在北仓遭遇敌人顽强阻击，眼看着难以按时插到三所里了，梁兴初顺手牵羊把这个任务拿了过来——本来就站在节骨眼上的"打铁的"，就又把自己向节骨眼上推了一把。

三所里是价川南30公里处的一个小村庄，北依妙香山，南临大同江，平壤至价川公路从村西通过，为清川江方向美军主力南逃的"闸门"，双方必争的要点，也是二次战役成败的关键

4条腿换成汽车轮子和钢铁履带的美军第一骑兵师

所在。

113师是27日11时接到命令，70多公里山路，28日拂晓必须插到三所里。一律轻装，只携带枪支弹药。团长带前卫营，营长带前卫连，副连长带前卫班。遇到敌人，前面打，后面走，不恋战，每个营、连都随时准备当尖刀、做前卫。敌机来了，开头还躲，进入敌后干脆扔掉伪装，大摇大摆前进。敌机真就把113师当成了从德川逃出来的南朝鲜军，通知沿途敌人准备米饭、咸鱼、开水。

113师338团前卫连，刚把三所里地方治安队和美骑1师①先遣队30人歼灭，5辆满载敌人的卡车，也从大同江南赶到了。

美军的先进、现代化，是体现在方方面面的。338团在三所里向军和总部报告，刚打开报话机，就被美军监测到了。沃克立即命令骑1师5团由价川杀奔三所里，无论如何也要打开这道"闸门"，结果连他也在随后的大溃退中翻车毙命了。

这个骑1师，是华盛顿的"开国元勋师"。当年的4条腿早已换成汽车轮子和钢铁履带了，仍保留着个"骑"字，昭示的是他的荣誉、战绩和王牌、主力，当然还有世界头号强国的骄狂。

美骑1师臂章

先是炮击，然后10余辆坦克喷吐炮火，

---

① 美军第1骑兵师，是美国陆军部队中历史悠久的部队之一，它的历史可以追溯到1855年创建的第二骑兵团。是华盛顿开国时组建的部队。过去是骑兵，后来改成陆军，但番号一直没变，部队虽然没有马，但是士兵的臂章上还留着一个马头符号。

目前隶属于陆军第3集团军，驻美国得克萨斯州胡德堡，其编制装备与装甲师基本相同，是美军快速反应部队中的两个重型师之一。先后参加过第二次世界大战、朝鲜战争、越南战争和海湾战争。

掩护1个营的美军发起攻击。42军是日式装备，38军是美式，是蒋介石这个"运输大队长"在东北战场给"装备"的，只是这一刻的骑1师，根本没把对手那美式放在眼里。一次攻不动不服气，甚至有点急眼了、红眼了。两次三次，仍是上去下来，就不明白这对手是怎么回事了，腿肚子抽筋了。

南援的敌人上来了。南北1华里，一枪能打透，从日出打到日落，两厢敌人硬是未得寸进。

三所里向西一条公路，15公里处有个龙源里，有公路、铁路通往平壤——自然也是一道决不允许开启的"闸门"。

29日4时，113师预备队337团前卫连赶到龙源里时，就见一溜车灯由远而近，正是那个在三所里撞了南墙的骑1师。

抢占三所里，先敌5分钟。龙源里没有确切时间，也只是比那汽车轮子快那么一点点。就这么一点点就见出分晓、高下了，美军第二次世界大战后最大的噩梦就开始了。

黑山阻击战，梁兴初从未见过那样猛烈的炮火。跟那个廖耀湘兵团一样，这一刻的骑1师、美2师、美25师等等，也是要突围、逃命，也是狗急跳墙玩命了。只是那空中、地面倾泻的火力，那种以钢铁为代表的高科技的摧毁力，根本不可同日而语。多少次，

我军在龙源里痛击美军

披挂着最现代化装备的军人，以为那阵地上不会有任何生命了，就像实在搞不懂汽车轮子和钢铁履带，怎么竟会跑不过最原始的"11"号一样。

战后战场上，除星条旗、太极旗和冻得僵硬的尸体外，最壮观的依然是以钢铁为代表的"美国力量"。汽车、坦克、大炮，有的翻进沟里，有的完好地停放着，在多山的朝鲜半岛北部一条条蜿蜒曲折的公路上，长龙似的望不到头。从长白山打到海南岛，四野一路缴获美式装备。在这里，世界头号强国再一次显示了它的空中力量，大都炸成破铜烂铁了。

二次战役[①]歼敌3万6千余人，其中美军2万4千余人，收复了三八线以北除襄阳（朝鲜半岛地名）外的全部土地，并拿下了三八线南的甕津、延安半岛。

自1840年鸦片战争后，凡是沾点"洋"字的国家，就有资格欺负中国。

而自二次世界大战后，能把美军打成这等模样的，也只有中国军队了。

这次战役使38军赢得了"万岁军"的美誉。它的由来即缘于如下的嘉奖令。

---

① 二次战役，是指抗美援朝战争第二次战役。1950年11月25日-12月24日，中国人民志愿军在朝鲜人民军配合下，将美国为首的"联合国军"及其指挥的南朝鲜军诱至预定战场后，对其突然发起反击的战役，是扭转朝鲜战局的一次战役。此役，志愿军取得超出预定计划的胜利。志愿军毙伤俘敌3.6万余人，其中美军2.4万余人；缴获与击毁各种炮1000余门、汽车3000余辆、坦克与装甲车200余辆，缴获飞机6架。并将战线推至"三八线"南北地区，粉碎了"联合国军"迅速占领朝鲜北半部的企图，迫使其由进攻转入防御。

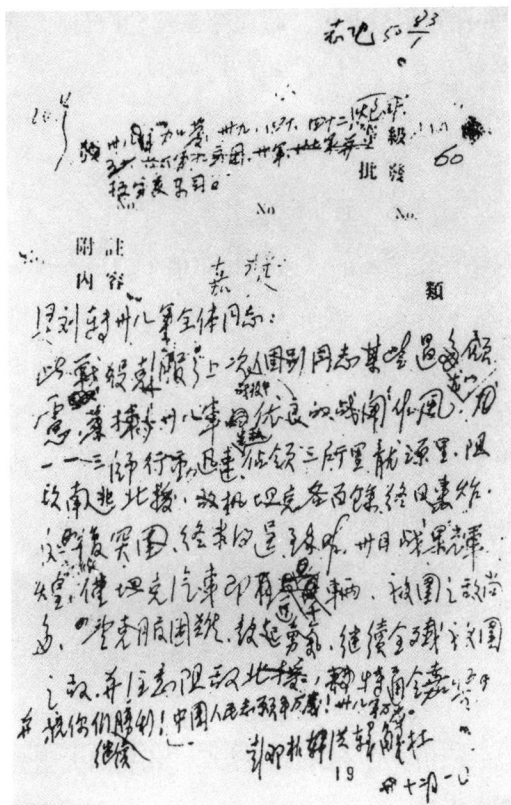

电报原稿复印件

## 嘉奖

梁刘转三十八军全体同志：

　　此次战役，克服了上次战役中个别同志的某些过多顾虑，发扬了三十八军优良战斗作风，尤以一一三师行动迅速，先敌占领三所里、龙源里，阻敌南逃北援，敌飞机坦克各百，终日轰炸，反复突围，终未得逞。至昨卅日，战果辉煌，缴获仅坦克、汽车即近千辆。被围之敌尚多，望克服困难，鼓足勇气，继续全歼被围之敌，并注意阻敌北援。特通令嘉奖，并祝你们继续胜利！中国人民志愿军万岁！三十八军万岁。

彭邓朴洪韩解杜

十二月一日

这是由彭德怀亲笔写的，以他和邓华（副司令员兼副政委）、朴一禹（中朝联军副政委、朝鲜人民军次帅）、洪学智（副司令员）、韩先楚（副司令员）、解方（参谋长）、杜平（政治部主任）名义签发的嘉奖令。

拿下德川，韩先楚说：老梁，我不说你也明白，战前彭总对38军很不放心，才派我来的。

梁兴初道：事情明摆着的，再打不好，彭总是要斩马谡了，可我梁兴初不是马谡。

韩先楚道：打下德川，彭总一定会很高兴，《失空斩》这出戏就不用唱了。

梁兴初说：德川算什么，一帮伪军。让美国人尝尝38军的厉害，那才叫真本事！

而这一刻，捧着电报，"打铁的"网满血丝的眼睛潮了。

不过也不无疑惑：参军前就见过"红军万岁"的标语，"中国人民解放军万岁"也喊多少年了，这一个军，他的38军，也能"万岁"吗？古今中外，有这等事吗？

1951年5月下旬，首批入朝的4个军的军长，奉命回国向毛泽东汇报工作。当邓华介绍到梁兴初时，毛泽东握着他的手，高兴地说：久仰，久仰，"万岁军"军长。

# 抗美援朝战争第二次战役战斗序列表
## （1950年11月25日－12月24日）

### 中国人民志愿军

一、西线地区部队

　　第38军(辖第112、113、114师) 军长梁兴初

　　第39军(辖第115、116、117师) 军长吴信泉

　　第40军(辖第118、119、120师) 军长温玉成

　　第42军(辖第124、125、126师) 军长吴瑞林

　　第50军(辖第148、149、150师) 军长曾泽生

　　第66军(辖第196、197、198师) 军长肖新槐

　　炮兵第1师

　　炮兵第2师

　　炮兵第8师

二、东线地区部队

　　第20军(辖第58、59、60、89师) 军长张翼翔

　　第26军(辖第76、77、78、88师) 军长张仁初

　　第27军(辖第79、80、81、94师) 军长彭德清

### 美国远东军

一、西线地区部队

　　美国第8集团军

美军第1军（辖美军第24师、英军第27旅、伪军第1师）

美军第9军（辖第2师、第25师、骑兵第1师、土耳其旅）

伪军第2军（辖伪军第6师、伪军第7师、伪军第8师）

预备队（辖英军第29旅、美军空降第187团）

二、东线地区部队

美军第10军（辖第3师、第7师、陆战第1师）

伪军第1军团（辖伪军首都师、伪军第3师）

第二章 儒将李天佑

一手大刀，一手驳壳枪

一个团打掉一个团

平型关战斗主攻团长

拿下哈尔滨

攻坚战

眼力

李天佑将军 (1914—1970)

## 军职简历

土地革命战争时期，任红7军排长、连长，红三军团副团长、团长、师长，红一军团2师副师长、4师师长。

抗日战争时期，任八路军115师343旅686团团长、副旅长、代旅长。

解放战争时期，任北满军区参谋长，松江军区司令员，1纵司令员，38军军长，13兵团副司令员。

中华人民共和国成立后，任广西军区副司令员、司令员，广州军区第一副司令员、代司令员，总参谋部副总参谋长。

1955年被授予上将军衔。

# 1.一手大刀，一手驳壳枪

　　李天佑，中等个头，黑，瘦，精干利落，文质彬彬，稳稳当当。平时讲话，交代任务，声音不高，极有条理，绝少重复。讲完了问你清楚没有，有时会让你重复一遍，有时还会问问你的意见，特别是不同意见，一定要说出来。说得对，点头，赞许、鼓励的目光。说错了，给你解释、说明。没有问题了，说你可以走了。进屋请坐，临走送出门，然后踱步、思考、看地图。

　　以上是东北野战军1纵的几位老人，对他们司令员的印象。有人说他不像个将军，有人则说他更像个学者。

　　这就与本节题目有些对不上号了。

　　广西临桂县人李天佑，1914年出生，1928年参军，1929年参加百色起义，任红7军军部特务连连长时，只有15岁。

　　1930年4月，红7军攻打贵州军阀王家烈 ① 的后方基地榕江县

---

① 王家烈 (1893-1966)，字绍武，贵州桐梓人。曾参加护国战争、护法战争。国民党统治时期，任贵州省政府主席、第25军军长。曾派兵参加"追剿"长征中的红军。1935年被蒋介石所迫辞去省主席、25军军长职务。后回老家闲居。解放后，王家烈在人民政府感召下，由怀疑观望转变为拥护共产党领导。在土改中，他将贵阳的"虎峰别墅"私宅卖掉，以偿还在旧社会对农民欠下的剥削债。同时，他还努力工作，以亲身经历和所知贵州史事，撰写成大量宝贵史料文章，供给历史学界研究。历任贵州省第一、二、三届人民代表大会代表，贵州省政协副主席。

城，从清晨打到黄昏，也未拿下。其因职责关系，军部特务连是轻易不出手的，这工夫也不能不上了。李天佑早全身披挂准备好了，带着精选的十几个老兵，两个人一架竹梯就冲上去了。

两丈来高的竹梯颤悠悠的，若不靠在城墙上根本擎不住人，又滑。头上是脚，脚下是头，城头上的敌人枪口朝下射击，手榴弹在城墙根炸响着，弹片、砖头石块和气浪一阵阵扑拥上来。左侧一架竹梯垮了，两个人影从半空中摔下去。接着隐约又是一声惊叫，头上那个兵也跌下来，差点把李天佑也砸落下去。那梯子本来够高的，可是由于几个人的重量，压坠得不断往下出溜，手攀脚蹬上最后一级时，那人距城头还有半人来高。他把驳壳枪往腰带里一插，顺手甩上去两颗手榴弹，再从腰间拔出2尺来长的大竹钉子，用手榴弹当锤子往墙缝里砸。砸一阵子，觉得是时候了，再向城头上投去两颗手榴弹，不顾一切再砸。左一个，右一个，上一个，下一个，手抓脚蹬竹钉子，身手敏捷得飞檐走壁似的，终于上得城头，驳壳枪上手，正面、两侧几个点射，一梭子子弹打光了，手榴弹也投光了，伸手去背后抽出大刀，一挥：冲啊！

大腿什么时候负伤了也不知道。

红7军最年轻的连长，人称"小老虎连长"。

1931年2月，红7军挺进粤北，在乳源县梅花村与敌遭遇。战至黄昏，敌人越来越多，部队伤亡很大，弹药所剩无几。敌人上来了，李天佑一手大刀，一手驳壳枪，大喊：跟我上！子弹打光了，大刀一挥，大吼："抓人摊！"（广西方言，即"肉搏"、"白刃战"）

杀开一条血路。

1932年2月，红三军团和红4、红7军攻打赣州①。已经划归三军团建制的红7军，从东城门发起攻击。

把坑道挖到城墙下，放进去3口棺材，填满炸药。一声巨响，城墙被炸开一道缺口，部队即跃起冲击。敌人火力很猛，也很顽强，拼命封堵缺口，攻击受阻。再挖坑道，再送棺材、炸药。这回轮到特务连了。李天佑挑选70多人，组成敢死队（当时叫"先锋队"），借着烟尘的掩护冲了上去。

冲上去，被反击下来，敢死队伤亡惨重。再冲上去，短兵相接，李天佑枪打刀砍，消灭几个敌人，自己身中3弹，从两丈多高的城墙上摔了下来。

通信员在死人堆里翻呀，找到血人似的连长，哭着喊着，一点反应也没有。连长死了！ 14岁的通信员背着18岁的连长，泣不成声。

准备安葬时，那人活了。

多亏摔在死人堆里——真天佑也。

---

① 赣州战役，1932年2月至3月，中央红军对国民党军驻守的赣州进行的城市攻坚战役。第三次反"围剿"胜利后，中共临时中央和中共苏区中央局多次提出夺取中心城市，争取一省数省的胜利。据此中革军委下令，要求中央红军夺占赣州。并决定以红三军团并指挥红7军和红4军为主作战军，担任攻城和阻援，由红三军团团长彭德怀任前敌总指挥兼政委；江西、闽西军区共6个独立师为支作战军，以游击战配合行动，由江西军区总指挥陈毅负责指挥。红军围城以后，曾两次爆破攻城，均未成功。后红军主作战军发起总攻。爆破队将东门附近的一段城墙炸塌，红7军冲锋队攻占了城楼。守军以密集火力封闭突破口，阻止红军后续梯队入城。经数小时激战，主攻部队进攻受挫，撤出战斗。此役历时33天，不仅城未攻破，反遭很大伤亡，而且丧失了发动群众，扩大红军，巩固与扩展苏区的宝贵时间。

## 2. 一个团打掉一个团

1933年夏，红三军团东征福建，取连城，围南平。军团长彭德怀的部署是，围住南平县城，诱歼从沙县出援的敌人。

8月下旬，5师前卫13团在团长李天佑率领下，按照预定计划渡过沙溪河到达西芹时，得知沙县敌人出动了，是19路军的61师366团。

19路军装备精良，能攻善守，淞沪抗战赫赫有名，没把红军放在眼里。红三军团进入福建后，没少与这个对手打交道。19路军戴钢盔，以红7军为基础改编的13团官兵，之前没见过钢盔，称其为"铁帽子军"，说这个"铁帽子军"不好打。而这个366团，又是19路军最精锐、最有战斗力的。

分析对手行军作战特点，李天佑判断应该在第二天天亮后，在片山主峰附近与这个团遭遇，而那里正是歼敌的好战场。

简单动员，连夜出发。

阴天，黑得锅底似的，连绑在胳膊上的白毛巾都看不清。更糟糕的是突降暴雨，都是山路，一跐一滑，尽摔跟头，不时有人滑落沟里。从西芹到芹山不到20公里，翌日8点多钟爬到芹山主峰半山腰时，前面侦察排与敌尖兵打响了。

这个敌人果真不一般。李天佑立即命令1营，不惜代价，抢占主峰。然后命令2营从1营左翼迂回山后，又命令通信员下山，调3营上来。他知道，敌人主力很快就会上来了。

1营先头连抢上主峰，两路敌人离那儿也只有几十米了。敌人当然晓得主峰的作用，火力也猛，炮弹不断在上面爆炸，轻重机枪子弹扫得枝叶纷飞。衬着阴沉的天空，暗绿色的钢盔覆满主峰下的山坡，像股洪流向上涌动着。

眼看着1营小个子营长赵壁，带两个连冲上去了，李天佑心头踏实了。可是，很快就见先头连顶不住了，有人往后退。后来得知，是赵壁中弹牺牲，一时间阵脚就有些乱了。

随1营冲上去的李天佑，大吼：共产党员、共青团员，跟我上！

见团长上来了，官兵士气大振。这时，从左翼迂回的2营，在敌人侧背打响了。3营也上来了。刀光闪闪，杀声雷动。敌人硬顶了一阵子，钢盔就像翻车的西瓜似的在山坡上滚动起来。

敌人被压在个山沟里无法动弹，却不投降，仍在顽抗。一问俘虏，原是不懂红军政策，怕缴枪后被杀，就让俘虏喊话。

芹山之战，13团歼敌一个精锐团。


刚参军时，唱《国民革命军军歌》，"打倒列强"、"除军阀"，李天佑问老兵"列强"、"军阀"是什么。老兵瞪他一眼，不耐烦地道：叫打倒就打倒，关你屁事？当兵吃粮，用你管尿？

"将者，智、信、仁、勇、严也。"兵圣孙子将"智"排在为将之首，而这时的李天佑还不是将军，也不论他想没想过有朝一日会成为将军，而且是战将如云的共和国开国将军中的名将，他都不乏智谋才干。

不是凡事都要问个"为什么"，而是那些必须搞清楚的决不

红一方面军一军团4师师长李天佑（1936年冬）

放过。他聪明、悟性好，与这种与生俱来的天分同步的，是那种不动声色的勤奋。只要醒着，那脑子就没有闲着的时候。无论身临何种境地，乃至千钧一发，通常都会做出上佳选择。他精明、果断，还因为早已思谋出了一二三，胸有成竹了。

一手大刀、一手驳壳枪地"冲啊"，会让人想到喝断当阳桥的猛张飞，或是手执两把板斧一路砍杀的黑李逵。可在当年熟悉他的人的心目中，却全无这种印象。无论何时，在需要勇猛时，他瞬间就会变得猛勇无比，但其为军为将的主旋律，却是智谋、果断、冷静。

战争年代，拼刺刀，抱着炸药包去炸碉堡，攻城爬城，无疑是最危险的，伤亡率也最大。而在敌人炮火下爬城，还要往城墙里砸竹钉子，不失时机地向城头投去手榴弹，消灭敌人，保存自己，不辱使命。在那可以死几十次的几分钟里，不像个将军、这时也不是将军的李天佑，那是怎样敏捷的身手、冷静的头脑，又是何等大气的大智大勇？

芹山之战，原计划应是一场伏击战。他知道这个对手的分量，那就把地形也变成敌人的敌人。结果天公不作美，伏击战变成遭遇战。可若以为人算不如天算，两军相逢勇者胜的勇，只是二杆子①式的豁出去了，还会有常胜将军李天佑吗？

在军团表彰会上，李天佑被授予三等红星奖章。难得表扬谁的军团长彭德怀，把19岁的团长拉到身旁坐下，拍着他的肩膀说：小鬼，你真有本事呀！

---

① 二杆子，在北方话中，有莽撞、粗鲁、火爆之意，这里无贬义。

# 3.平型关战斗主攻团长

平型关战斗，梁兴初是685团（团长杨得志[①]）3营营长，李天佑是686团团长。

这天是1937年的9月25日。昨夜雨好大，天亮后雨停了，太阳跟着就出山了。

眼前的十里长沟，沟底是通往平型关的公路。东边是687团，从灵丘来的日军将首先从那里通过，任务是截尾，断敌退路。西边是685团，距平型关仅5公里，对付先头部队，打头，一下子就砸烂它的脑袋。中间为686团，那就是中心突击、主攻了。

团指挥所设在沟上土崖的庄稼地头，不用望远镜，三分之一的长沟收在李天佑眼底。脚下一滩黄浊的雨水，旁边一棵两人来高的榆树，3台电话挂在树枝上，3条电话线通往3个营。左腿旁还有1台，连接东侧高地的瞭望哨，从那里用望远镜可看到东河南镇至灵丘的公路。林彪、聂荣臻的师指挥所和334旅指挥所，

---

① 杨得志（1911-1994），原名杨敬堂。湖南醴陵人。1928年参加湘南起义武装组成的工农革命军第7师，随部队到井冈山。同年加入中国共产党。曾任红一军团第1师1团团长。长征又组织"十七勇士"突击队强渡大渡河。抗日战争爆发后，任八路军第115师343旅685团团长，率部参加平型关战役。曾任八路军第2纵队司令员，晋察冀野战军司令员，中国人民解放军第19兵团司令员。抗美援朝战争时期，任中国人民志愿军第19兵团司令员，志愿军副司令员、司令员，参与指挥上甘岭战役。1955年被授予上将军衔。

平型关战斗最激烈的地点——乔沟

就在李天佑身后不到半公里的山坡上。

一夜豪雨后，还要用侵略者的血再洗一遍的十里长沟，静得仿佛能听见趴伏在草丛中的官兵的心跳。

对于只读过两年私塾的李天佑，"列强"、"军阀"这样的名词，毕竟有些生涩。"阶级"、"革命"，共产党领导穷人闹革命，这样的道理很快搞懂了，开头难免也觉得多少拐点弯儿。而对于眼下即将出现在视野中的强盗，则是太简单、直白了，那就是把它灭掉！

他知道肩头的分量，就不能不有些激动，只是那神情永远都是那么专注、冷静。

8点左右，先是瞭望哨报告敌人来了，接着就传来汽车的马达声。

前面汽车上是鬼子，后面汽车、马车上满载辎重。山路坑坑洼洼，车辆颠簸着，速度不快，就有种永远望不到头的感觉。第一辆车上飘面膏药旗，在深秋漠漠的枯黄中，像只饿狼血红的独眼。鬼子身着黄呢大衣，头上暗绿色的钢盔，怀里三八大盖上的刺刀，在阳光下一闪一闪。刚下过雨，卷不起尘土，可以看到鬼子军官的"鼻涕胡"，有的还在比比划划地说着什么，全无戒意。

从军10年了，抗战军人李天佑，仿佛就在等待这一刻！

3发信号弹腾空，机枪、步枪啸叫起来，迫击炮弹在敌群中爆炸，手榴弹则像下饺子似的投下去。20至30米的距离，居高临下，那是扔下块石头也能把人砸倒的。

古今中外，无论多么强大的军队，都抗不了这种劈头盖脑的，具有强大震撼力、杀伤力的突然袭击。不过，先期侵华日军的军事素质确实很好，不能说个个都是神枪手，那射击、刺杀、单兵战术动作，以及应对突然袭击的能力，都是一流的。在一阵屁滚尿流的蒙头转向后，反应过来，就利用汽车和地形地物，顽强抗击。

李天佑手拿电话，眼里望着敌人，大喊：出击！冲锋！

部队潮水般冲下沟去，远了举枪射击，近了白刃格斗。几个八路围住一个鬼子，几个鬼子围住一个八路，或者单兵对刺。三八大盖的刺刀要长些，八路军许多枪上还没有刺刀，那就抡起枪托打。有的连支土造步枪也没有，只有一把大刀，那大刀就是为这工夫预备的。大刀向鬼子们的头上砍去，向鬼子们的肩背胳膊上砍去，受伤倒地了，也向穿着皮鞋的腿脚上抡去。

主攻团长正在指挥战斗，师部一个参谋跑来，说师长让他去一趟。李天佑跑到师指挥所，林彪指着对面山上的老爷庙，说：你要用一个营的兵力，抢占老爷庙。拿下这个制高点，就能把敌人消灭在沟里。

李天佑看到几个鬼子正在往那儿爬。

林彪道：你们动作要快，要坚决。

右侧山上的3营，在营长邓克明[①]、教导员刘西元率领下，向老爷庙冲去。

敌人火力很猛，686团的火力根本压不住它，冲上去的官兵一个个倒下。

李天佑眼里迸出火星子，命令侧翼部队加紧攻击，吸引敌人

① 邓克明（1906-1983），湖南省安化县人。1930年参加中国工农红军，同年加入中国共产党。土地革命战争时期，任红8军4师12团团长。参加了长征。抗日战争时期，住中国人民抗日军政大学区队长，八路军115师343旅686团营、独立团团长，黄河支队副支队长，教导第4旅旅长兼湖西军区司令员。解放战争时期，任吉林军区吉东军分区司令员兼25旅旅长，东北野战军独立第6师师长，第四野战军43军156师师长。中华人民共和国成立后，任福州军区副司令员。1955年被授予少将军衔。

火力，支援3营冲锋。同时命令3营，不要怕伤亡，一定要拿下老爷庙。

副团长杨勇[1]负伤，仍坚持指挥。官兵前仆后继，猛打猛冲，终于将老爷庙拿下。

之前敌人分兵抢夺老爷庙，却好像并未十分看重它，不懂山地战的特点，挤在公路上被动挨打。这回两面居高临下往下打，鬼子苦头吃大了，指挥官好像才醒悟过来，挥着指挥刀嗷嗷叫着，指挥士兵拼命抢夺老爷庙制高点。穿着大皮鞋的鬼子，一群群黄乎乎的，狗爬兔子喘地刚爬到阵地前，就被打下来，每次都是白白送死。

飞来两架敌机，李天佑命令接敌近战，团指挥所也转移到老爷庙附近山坡上。两军厮杀在一起，敌机使不上劲，干瞪眼，呜呜叫着回去报丧了。

激战后的十里长沟，躺倒着1000多具鬼子尸体，坑洼处的积水血糊糊的。燃烧的汽车、马车和车上装载的被装、食品，遗留的枪支、弹药、火炮，写着"武运长久"的军旗，一片狼藉。官兵搬动尸体，捡拾战利品，仅大衣就够全师官兵每人一件。

1937年10月初，日军沿平汉路南下，企图配合大同日军，迂回夺取太原。李天佑和杨勇奉命率团随主力进至正太路，在广阳

---

① 杨勇（1912-1983），原名杨世峻。湖南浏阳人。1930年加入中国共产党。同年参加中国工农红军。土地革命时期，红三军团第4师10团政委，红一军团第1师政委。抗日战争时期，任115师343旅686团副团长，冀鲁豫军区司令员。解放战争时期，任第二野战军第5兵团司令员。抗美援朝战争时期，任中国人民志愿军第20兵团司令员、志愿军第3副司令员兼参谋长、志愿军司令员职务。1955年，被授予中国人民解放军上将军衔。"文化大革命"中，杨勇受林彪、江青反革命集团诬陷和迫害，被无休止地揪斗和投入监狱达6年之久。

左起谢觉哉、李天佑、林彪、赵品山、邓小平。
（1938年冬在八路军驻陕北办事处）

附近设伏，突然向日军发起猛攻。经激战歼敌千余，缴获战马数百。

1938年3月，平型关大战主攻团长出任343旅代旅长，率部开赴吕梁山区。先是夜袭午城，引蛇出洞，然后在井沟一个漂亮的伏击战，将出援之敌大部歼灭。

其时，国民党第2战区副司令长官卫立煌①的指挥所，在石楼、白儿岭被围。李天佑闻知，率686团2营5连赶至白儿岭，构筑野战工事，顽强抗击3小时，将800余敌击退。

看着敌人在飞机、大炮轰击掩护下轮番攻击，卫立煌原以为阵地上有几个团，得知实情后，感叹：强将手下无弱兵，八路军真能干！

---

① 卫立煌（1897-1960），安徽合肥人。国民党陆军二级上将。曾任国民党第一战区司令长官，中国远征军司令长官等。

## 4.拿下哈尔滨

有"东方莫斯科"之称的哈尔滨,是黑龙江省的政治、经济、文化中心,也是北满的铁路、公路和航运枢纽。

1945年8月8日,苏联对日宣战,之后苏军进入并控制东北,中国共产党和八路军、新四军闯关东。11月中旬,苏联为履行与国民党政府签订的协定,通知中共党和军队退出东北各大中城市,准备将其移交给国民党政府。

中共是11月23日退出哈尔滨的,翌年1月东北局决定夺回这座北满最大的城市,由北满军区参谋长李天佑为总指挥。

当时,国民党军队主力还在沈阳一带,哈尔滨除"东北行营"派来的一帮接收大员和少数武装人员外,大量的是各色杂乱武装。

像曹兴武和祝安石的中央先遣军[①],关铁良的东北救国军第6路军[②],郭世祯的东北挺进军第2纵队,刘立权[③]的松江地区保

---

① 系由国民党东北联络部部长陈新民委任的杂牌武装,号称30余万人马,实有5万余人。曹兴武被加委为中央先遣军第5战区总指挥,祝安石是他下辖的第1军军长。这股政治土匪多次策划武装占领哈市,皆被平息。

② 系由东北行辕抗日战争胜利后任命收编的土匪军,关铁良受衔为上将。

③ 刘立权,国民党哈尔滨市党部专员办事处书记长。其主要任务是调查敌伪财产,调查苏联与哈尔滨之间未经火车运送的物质等,积极发展组织,进行地下建军活动。

李天佑在莫斯科学习留影

李天佑在东北留影（1946年）

安军，等等。

这些人自封"司令"，国民党也不吝啬腰包，授了一堆"中将"、"少将"什么的，用其暂时维持局面。因东北还在苏军掌控之下，不便公开反共，国民党采取"先八路，后中央"手段，趁八路军扩军时打入内部，伺机作乱。哈尔滨周围10余县先后建立的地方武装，大都发生叛乱，政权也垮了，仅宾县、呼兰、巴彦、双城还在共产党手里。

总指挥部设在宾县，李天佑在研究攻城作战方案。

1938年底，李天佑受组织派遣，从延安取道新疆去苏联，入伏龙芝军事学院①特别班学习，1944年春几经辗转回国。7年了，久疏战阵的将军，心头又荡起那种熟悉的旋律。他知道对手只能算作乌合之众，但这并不妨碍他认真研究敌情、排兵布阵。

4月28日5时，李天佑下达了攻击令。以359旅为主力的三路部队，分头从东西南三个方向攻入，只在南岗、道外遇到少许抵抗。

就战斗而言，无论从哪方面讲，都实在算不得什么，但是拿下哈尔滨的意义却是非凡的。

纵横1946年春到辽沈战役前的中国，在依然的传统的农村包围城市的一盘棋中，这实在是个独特的现象了。

有了哈尔滨的工业，著名的"北大仓"的农业以及更重要的

---

① 伏龙芝军事学院（Военная академия генеральног о штаба вооруженных），苏联武装力量培养诸兵种合成军队军官的高等军事学校，与美国西点军校、英国桑赫斯特皇家军事学院、黄埔军校并称世界"四大军校"。该院不仅为苏军培养了数万名军事指挥和军事科学研究干部；还帮助一些国家的共产党培训了大批军事指挥干部，许多毕业生先后成长为苏军和社会主义国家军队的统帅和高级将领。如赫赫有名的朱可夫元帅、科涅夫元帅、崔可夫元帅、刘伯承元帅、八路军副总参谋长左权将军、刘亚楼上将等。黄埔军校在建校中借鉴了它许多有益的经验。

人力资源，黑土地上的共产党人就有了深厚的根基。

就像最先红了的东北，对于1949年的共和国的作用一样。

1946年的哈尔滨

哈尔滨解放后，市委机关在南岗区红军街的办公楼。

# 5．攻坚战

"三下江南、四保临江"战役后，共产党人开始反攻了。

首先是1947年的夏季攻势，其间最著名、重要，其惨烈度也应该加个"最"的，又意义深远的，是四平攻坚战。

四平位于东北平原中部，沈阳、长春之间，是中长、四（平）齐（齐哈尔）、四（平）梅（河口）三条铁路的交会点，连接东西南北满的交通枢纽，又是著名的粮食集散地，自然是兵家必争之地。一年前的春天，东北民主联军在这里进行了一场著名的、

1纵司令员李天佑（左三）与政委万毅（左二）在东北前线（1947年）。

也是惨烈的保卫战，如今形势变了，攻守互换了。

总部决定，以1纵、辽吉纵队（即邓华[1]纵队）和6纵17师，另有总部直属炮兵5个营，攻取四平，由1纵司令员李天佑、政委万毅[2]统一指挥。另有几个纵队和独立师，分头阻击沈阳、长春出援之敌。

6月11日开始扫清外围战斗，14日20时炮火准备17分钟，各突击部队即分头发起总攻击。

这是东北战场上第一次大规模攻坚战。

四平城被铁路分割成道东、道西两区，守军71军将主力置于道西。李天佑以1个师对道东区实施钳制，集中6个师首先歼灭道西之敌，主突方向的1师、2师，直指71军军部所在的核心守备区。

2师首先突破守军阵地，翌日2时1师也突破了。敌人立即调集预备队，拼命反击，封堵缺口。15日、16日，1师、2师打退10余次反击，伤亡很大，进展不大。而3师和辽吉纵队一直未能突破，

---

① 邓华，后文专章介绍。

② 万毅（1907-1997），满族，原名万允和，字倾波，辽宁金县人。29岁成为东北军最年轻的团长。"西安事变"后因发表"张学良把蒋介石扣留，又亲自送回去，他这个事情做得不对，未免太重义气了"的言论，被缪澄流扣押。抗战爆发后获释，曾参加南京保卫战，全团战没，只身幸免。1938年秘密加入中国共产党。1941年被东北军中的反动分子逮捕，在蒋介石密令处决的前夕，从监禁地逃出，进入滨海抗日民主根据地。旋即被派回东北军，组织领导、改造第111师，任师长。1944年新111师改编为八路军滨海支队，任八路军山东军区滨海军区副司令员兼山东军区滨海支队支队长。1945年但中共七大当选为中共第七届中央候补委员（此时，他参加中国共产党仅仅几年时间）。同年奉命率东北挺进纵队2支队进军东北。曾任东北民主联军7纵、1纵司令员（后改任政委）、5纵司令员，中国人民志愿军特种兵司令员、中国人民志愿军炮兵司令员。1955年9月被授予中将军衔。

四平攻坚战。我军冲向四平街敌纵深阵地。

双方就这么顶住了。更糟糕的是最需要炮火支援的时候没炮弹了，敌人火力却是不减，其兵力数量也明显不对头了。

根据侦察，战前判断守军为1万8千人，结果打出3万5。

17日，李天佑先将预备队6纵17师46团，放到辽吉纵队的攻击方向，第二天即突破敌人阵地。19日，又将17师全部放了出去，在主攻方向投入战斗。这17师号称"攻坚老虎"，善使炸药，"手中炮"轰轰隆隆，一路毁墙炸堡，终于突破敌核心守备区。

历时半个月的四平攻坚战还未开始，国民党军就飞来20来架飞机，对我攻击部队集结地和炮兵阵地轰炸、扫射。最多一天达30架次。攻击部队每扩展一块地域，飞机就扩大一片轰炸地域，有的炸弹投在守军阵地上。地面则是人对人的巷战。步枪、冲锋枪、轻重机枪啸叫着，手榴弹冰雹样砸，炸药包爆炸的气浪灼人，六○炮这院打那院，炮管几乎与地面垂直。夜里满城火光，照耀如同白昼。白天浓烟滚滚，满眼火红和血红。

李天佑的指挥所，就在主攻部队攻击出发地的一片小树林里，炮弹不时从头上掠过，有的就在附近爆炸。一声巨响，参谋陈锦渡被掀翻在地，一个警卫员当时就牺牲了。李天佑的身子晃了晃，抹把脸上的灰土，再用衣襟把望远镜头擦了擦，擎到眼前继续观察。

无论多么从容、镇定，那心头都不可能不动声色。

身经百战的将军，之前经历的最惨烈、危急的战斗，是长征途中的湘江阻击战。红天血地打了3天，从师参谋长到团营连干部非伤即亡，红三军团5师3000多人损失2000多。一向重视预备队使用时机的师长李天佑，把两个团全部摆上前线。那是打剩一兵一卒，也要掩护中央机关渡过湘江，保证中央首长的安全。而此时与彼时无论有多少不同，我们都看不出他有什么失误。如果他有足够的兵力可以投放战场，都会胸有成竹。

拿下西区，1师、2师伤亡太大，已失去战斗力。21晚对东区发起攻击，3师和17师从西南方向突破铁路后受阻，辽吉纵队独3师由西向东攻击，遭敌火压迫，也未达到预期目的。

23日，总部调打援的6纵两个师加入战斗，仍未奏效。


四平攻坚战失利，首先是轻敌。

夏季攻势，无攻不克，有些人脑子热了，只看到守军几个正规师的番号，又是刚打败的溃军。可城里警察、特务多，这些人在督战队枪口下，躲在碉堡里都会朝外放枪。那些跑进城里的保安团之类地主武装，打野战是乌合之众，依托强固工事打防御战就不一样了。

由于轻敌，以为几天就能打下来，打着打着有的部队弹药接济不上了。

由于轻敌，就未集中绝对优势兵力。兵力不足，就难以实施多路突破，突破后也难以迅速发展，结果到处顶牛。后来增加兵力，亦形成添油战术。

　　西区守不住了,跑去东区。直属队打光了,把卫队派上去抵挡。后来与李天佑同为共和国上将的71军军长陈明仁[①],坐在地下室的指挥所里,听着枪炮声越逼越近,掏出手枪放在桌子上,准备"成仁"了。那工夫,李天佑哪怕还有1个团的生力军,一锤子砸下去,那战斗是不是就结束了?

　　而在更大的宏观上,最重要的还是缺乏攻取坚固设防的大中城市的经验——如果不说"没有"的话。

　　追不上、打不垮的共产党人,一直是在"你打你的,我打我的"、"打得赢就打,打不赢就走"的跑动中,与对手斗力斗智——主要是斗智,发挥自己的优势、强项。朝气蓬勃、却是弱势的共产党人,现在发展了、强大了,可以凭实力拉开架势跟对手争斗、较量了。他们不失时机地表现了这一点,并凭借一贯的英勇、顽强,不怕牺牲,啃下了大半座城市,震撼了对手。但是,不光在东北,就是在全国,这都是最初的实打实的攻坚战,他们还缺乏经验,也缺乏教训。

　　战后,在总部召开的高干会议上,据说林彪曾三次检讨:这次四平没打下来,不要你们负责,主要是我情况了解得不够,决心下得太快。不马上攻城,围城打援最好。我们缺乏经验,攻坚技术也差,这也主要是我平时研究得不够。

　　战争中到处都有第一次,特别是在以"攻坚战"为代表的新时期刚刚开始时——而这个第一次的学费,刚巧让李天佑

　　① 陈明仁(1903-1974),湖南省醴陵县人。黄埔军校1期毕业。国民党军中将。1949年8月与程潜率部在长沙起义,后编入中国人民解放军,任第四野战军21兵团司令员,第55军军长。1955年被授予中国人民解放军上将军衔。任国民党军71军军长期间,因守四平有功,被蒋介石提升为兵团司令官,并颁发青天白日勋章,被人称为"干城之将"。其指挥的四平战役成为国民党军事研究破防围点打援战略的重要和基本根据。

交了。

认真研究战史，会发现有这样的将军：他打胜了，换了别人会大胜；别人败了，换上他会一败涂地。可他好像从未败过（起码我们不知道），老天爷下多大雨，那雨点也淋不到他头上。

还有一种将军，脑瓜一热，二杆子式的不顾一切了，结果却是各种偶然的运气都巧合到一块儿去了。一场恶战，一战成名。

李天佑可不是这类"福将"。

同年12月中旬开始的冬季攻势，再战四平，仍由李天佑挂帅前线总指挥，统一指挥1纵、3纵、7纵和独2师，另有总部炮兵8个营，23小时即将其拿下。

由此，就知道上次那学费交得怎样。

天津攻坚战，前线总指挥刘亚楼①的指挥所，刚在杨柳青镇药王庙东大街扎下，李天佑就来了。

刘亚楼赶紧给这位伏龙芝军事学院的老同学让座。

参谋长，我来就要你一句话，把主攻任务给我们1纵。

儒将语音不高，语速不紧不慢，却是一副你不答应我就不走了的架势。

刘亚楼哈哈大笑：老同学是来走后门的呀。

李天佑道：你知道，辽沈战役我们1纵当了预备队，到头来只"预备"上个尾巴，跑去沈阳放了几枪。大伙嗷嗷叫，说这样的大仗让我们干待着，看别人过瘾，太不公平了。这回再捞不上主攻，我这司令也难当了。

---

① 刘亚楼，后文专章介绍。

辽沈战役，关键是必须守住塔山，担负塔山防御的是4纵，战役总预备队1纵（欠3师），就在塔山后面的高桥蹲着，一旦4纵没顶住，1纵就扑上去厮杀。官兵当然知道这是好钢用在刀刃上，我们是"东北第一纵"呀，开头摩拳擦掌挺自豪，后来就干憋气窝火了。

前面说了，抗美援朝一次战役没打好，梁兴初让彭德怀骂一顿，结果二次战役逮着机会，一口气痛快无比地都发泄到了美国人头上。

这回，辽沈战役没打上，就轮到天津的敌人倒霉了。

战前，李天佑带各师师长和参谋长，把城西主攻方向突击地段看了个遍。有些重要位置正面看，侧面看，反复看，恨不得跑去城里再倒过来看看。

他告诉大家，看地形，特别是选择突破口，一定要精细，要从多个角度看看。有时从正面看着挺合适，到侧面再看看，就会发现新情况。

他说：大家要稳住神，别光急着打仗，恨不能今晚就去城里开饭。现在最要紧的是把敌情、地形搞清楚，还有可能出现些什么意外情况，谁也不能料事如神，但也得琢磨个八九不离十。咱们都是带兵打仗的，屁股后头少说跟着万把人，光打胜仗是不够的，还得打得漂亮，少流血。

一个让李天佑不能不着急的情况，是护城河水位愈涨愈高，不断向城西南洼地倾泻，几个预定的突击方向都被淹没了。

天津地势低洼，运河、子牙河、金钟河、墙子河和海河，一条条将市区切割成条片。四平攻坚战，陈明仁在铁路天桥上撒豆成兵，后来被活捉的天津警备司令陈长捷①，则来个以水代兵。他下令在三元村附近将南运河与护城河沟通，再在赵各庄、陈圹庄附近堵塞护城河出口，使河水有进无出，大量漫溢。再以数百人每天在河上挥镐破冰，以防结冻。

护城河前后碉堡林立，火力配系严密。突破护城河，原本是天津攻坚战的关键所在，陈长捷的这一手，更使难度陡增几倍。1948年底，零下5至10度的天气，先漫出来的冻结成冰，再漫出来的在上面流淌，泼油似的，那人别说冲锋，连站住脚都难。

李天佑心急如焚，却也心中有数。有水就有源。我们不熟悉天津地区水系，当地群众熟悉。1纵5万多人散住老乡家里，每人问一个老乡，不信碰不上个明白人。果然，有老乡讲南运河上有个水闸，水闸一关，那护城河就断流了。

真得感谢陈长捷的这个"以水代兵"战法：那条深3米、宽10米的护城河，在敌火下跳下爬上，那得耽误多少时间，伤亡多少人呀？

这下子好了，许多地方被河水漫平了、冻实了，几步就冲过去了。

---

① 陈长捷（1897-1968），福建闽侯人。他早年考入保定军校，后来在阎锡山的部队中服役。抗日战争中他率部参加过南口会战。后任第六集团军总司令及天津警备司令部司令。在平津战役中被俘。1959年获特赦。"文化大革命"中受冲击，与妻子双双自杀。他对于傅作义一直耿耿于怀。有一次，傅作义到功德林监狱看他，他怒目而视。傅作义走到他的面前，他故意低头不语，似乎有许多的怨恨。他曾对人说："他在北平和平谈判，命令我坚守不投降。他成了和平解放的将领，我却成了战犯。我上了大当！"傅作义对陈长捷的处境觉得很内疚，曾多次以书面或口头形式向毛主席、党中央报告，要求赦免在押的陈长捷等人，并通过监狱管理人员向陈长捷作了解释，使陈长捷心中的怨恨烟消云散。

# 6. 眼 力

1949年底，广西战役结束，李天佑调任广西军区副司令员。

当年那个一手大刀、一手驳壳枪的红7军特务连长，杀出广西已经20年了。亲切的乡音，熟悉的山水，一草一木也动情。更令人欣喜、激动的，自然是这一切都抚照在新中国的阳光下了，却又难掩这位四野名将心头的焦灼。

1950年1月25日，"湘桂边区反共救国军总司令"钟祖培[①]，以"反北佬"、"反征粮"为名，煽动群众闹事，纠集几千土匪，在恭城县栗木、嘉会地区发动暴乱，攻打县区乡政府，杀害政府工作人员及家属128人。接着，平乐、玉林、柳州、宜山、龙川、宾阳等地，又发生更大规模暴乱。

广西素以多匪著称，历代统治者都为匪患头痛。新桂系崛起之初，广西"卖牛买枪"。之后几十年推行"自治自给自卫"，培训30余万村甲长以及行政人员，这些人得势为官，下野为匪。而穷苦人想出头的，或兵或匪，少有他途。衡宝战役后，白崇禧发动"一甲一兵一枪"运动，当时潜伏下来的正规军就有3万多人，广西战役打散的溃兵就更多了。境内102个县，土匪势力蔓延到97个，有的县城竟被盘踞一年之久。

---

① 钟祖培(1890-1951)，广西恭城人。与李宗仁是广西陆军小学的同窗。曾参加讨袁护国军、北伐。因组织"反共救国军"，被判处死刑，被处决于桂林。

李天佑在丹东视察某侦察分队（1964年）。

时称："天下太平，广西大乱！"

问题是剿匪方针也有些乱。

当时，广西军区以50%以上兵力，守备城市和交通线，其余分散农村剿匪。兵力不足，战线长，哪里暴乱调往哪里，被动应战。

1948年3月，东北野战军提出"大兵团、正规化、攻坚战"，其他野战军无论有无何种说法，迟早也要进入这个阶段，而今在十万大山、六万大山、大容山、大明山、大小瑶山等等，土匪蜂起，匪民难辨，这个仗还真不大好打，一些人也难免手生。

李天佑不是这样。

副总参谋长李天佑（前中）陪同陈毅元帅、张云逸大将接见部队（1963年）。

在3月底召开的省委、军区高干会议上，李天佑主张把军事进剿与发动群众结合起来，而发动群众的关键在于坚决镇压匪首。政权还不巩固，群众还在土匪的淫威之下，对那种罪大恶极的土匪也抓了就放，只能助长他的气焰，群众更难发动起来。

李天佑认为不能平均使用兵力，应该实行"重点进剿"的战略方针和灵活机动的战术，军事进剿与驻剿相互交错、结合。土匪集中，即集中兵力进剿。土匪被击溃或分散活动，即适时分散驻剿。

在如何处理"民枪"上，有人认为广西民间向来枪多，一些枪是防匪自卫的，收枪要分清民枪还是匪枪。李天佑认为，地主富农的枪曾是用来防匪的，可现在许多人成了匪首、骨干，应该把地主富农的枪收上来，转到基本农民手中。后来他又主张见枪就收，因为反动势力还很强大，无论枪在谁的手里，都会被匪乱所用。民匪难分，收上来打个收条，证明确属民枪，再交还本人。

　　无论置身瞬息万变的战场，还是面对地图的战略沉思，大凡名将，都有过人的眼力，能够迅速窥透事物的本质，做出符合客观实际的判断，并付诸行动。

　　1950年8月，毛泽东批评广西是全国剿匪工作成绩最差的一个省，领导方法有严重的缺点。11月10日，毛泽东又指出广西剿匪镇反存在"宽大无边"倾向。4天后，再次批评广西剿匪成绩全国最差，其原因必是领导方法有严重缺点，并要叶剑英去广西帮助工作。

　　李天佑升任广西军区司令员。

　　接下来的就不用说了。

## 四平攻坚战战斗序列表
### （1947年12月15日-1948年3月15日）

### 东北民主联军

第1纵队 司令员李天佑

辽吉纵队 司令员邓华

第6纵队17师 师长龙书金

东总直属炮兵

### 国民党军

71军（两个师）军长陈明仁

13军54师 师长史松泉

保安团（5个）

公主岭保安大队

第三章 旗官丁盛

『丁大胆』

『游击师』出手不凡

打烂的军旗

点了白崇禧的死穴

常挂在嘴上的是『作风』

丁盛将军（1913-1999）

## 军职简历

土地革命战争时期，任班长、连指导员、团政委。

抗日战争时期，任八路军120师358旅政治部科长，冀热察挺进军团政委，晋察冀军区教导2旅1团政委。

解放战争时期，任热辽纵队27旅旅长，东北民主联军8纵24师师长，45军135师师长。

中华人民共和国成立后，任45军副军长、军长，54军军长，新疆军区副司令员兼新疆生产建设兵团司令员，广州军区司令员，南京军区司令员。

1955年被授予少将军衔。

# 1．"丁大胆"

丁盛，中等个头，话语不多，挺文静，浓眉下挺大的眼睛，目光也挺温和，枪声一响立刻变得炯炯有神，透出一股逼人的杀气。当年的老部下说他精明、果断，脑子快，决心硬，跟他打仗你就打吧，能学到好多真本事。

与梁兴初一样，也是"江西老表"的丁盛，1913年生于于都县新陂乡上水排村。兄弟姐妹7人，他最小，自然最受疼爱，那也不到10岁就去放牛，外出打工，砍树放排。没办法，穷啊。

1929年，朱毛红军从井冈山下来，路过丁盛家乡。第二年快收谷子的时候，红1纵队（纵队长林彪）来了，丁盛和一起放牛的小伙伴，也没告诉家人，就跟红军走了。

约半个世纪后，丁盛说：我当时也不知道什么部队，只知道是红军就行了。我们有6个小孩平时在一起玩、放牛，觉得家里太穷太苦太累，就想去当兵，脱离这个环境，找个地方有饭吃。打土豪我们都是看见了的，分地主的浮财，杀猪宰羊的，我们就去当兵！

参军就在连部当通信员，不久赶上第一次反"围剿"，待到第三次反"围剿"就到团部当了旗官。

红军军团有团旗，就编制旗官。叫个"旗官"，其实还是个兵，却又不是个一般的兵。行军时扛着团旗，战斗中高擎红旗跟定团

87

娄山关。1935年2月下旬，红军在这里和遵义一带共击溃和歼灭了贵州军阀王家烈的八个团和吴奇伟的两个师，这是遵义会议后红军打的第一个大胜仗。

长，形影不离。旗进人进，旗退人退，红旗指引战斗，红旗飘到哪儿，全团官兵打到哪儿。

一次冲锋中，团长中弹牺牲了。丁盛毫未犹豫，高举红旗，奋勇向前，终于把红旗插到山头上。

战后，大家都说这一仗多亏旗官胆子大，旗子打得好。

从此得名"丁大胆"。

长征途中攻打娄山关，丁盛率连扑关，首先撕开口子，又一口气打到乌江江边。毛泽东看得高兴，问彭德怀冲在前面的那个连的连长叫什么名字，彭德怀说只知道指导员外号"丁大胆"。毛泽东笑着说：晓得，晓得，就是那个旗子打得蛮好的小老表嘛。

而笔者采访到的当年45军的老人，则说：丁盛带的部队，见到敌人就红眼睛了，就嗷嗷叫着往上冲。

# 2 ."游击师" 出手不凡

"丁大胆"这个外号，让人想到李天佑那种一手大刀、一手驳壳枪的猛张飞形象。勇敢是军人的第一品性、要素，但这丝毫也不妨碍李天佑平时温文尔雅的学者风度。而与丁盛"丁大胆"成正比，并使他成为名将的，则是他的聪慧、精明和机灵。

战争年代，特别是红军时期，有时去营部送个报告，也要跑上十几里，甚至几十里。有的通信员瞅着也挺机灵，一走夜道就蒙，枪一响就更蒙了。不知丁盛的百米速度是多少，娄山关扑关，他冲在最前面。而这时还没有"丁大胆"外号的丁盛，则是营里要他去当通信员，团里要他去当旗官。据说团长最后是下了命令的，连长才不得不放人。

而丁盛则说，一块参军的6个放牛娃，两个后来开小差回家了，另3个在战斗班排，都牺牲了。那时的红军指挥员，好多都是通信员、司号员、文书出身——这些人伤亡少呀。

当通信员还有机会学习，而他又非常爱学习。

他首先认识的两个字是"革命"，然后是自己的姓名"丁盛"，是王稼祥教的。第三次反"围剿"后，他被调到红4军政治部当通信员，1932年又调到红军总政治部当通信班长，经常给毛泽东、朱德、周恩来送信。第四次反"围剿"时，总政治部主任王稼祥负伤，由他负责照料，闲来没事就教他学文化。见他学习勤奋，进步神速，王稼祥愈发喜欢这个小鬼，就介绍他去公略中学（为纪念在第三次反"围剿"中牺牲的红3军军长黄公略[①]而得名）学习。

丁盛后来回忆，红军时期他有三步关键。首先当然是参加红军了，"当兵吃粮"如果吃到白军去了，那就毁了。二是王稼祥教他识字，让他读书，后来他才能当指导员。没文化，睁眼瞎，连命令、地图也不会看，怎么指挥作战？好多人亏在这上头了。三是娄山关战斗，"丁大胆"名声传到中央首长耳朵里了。没有这次战斗，后来能否去红军大学读书，应该是个问号。

丁盛晚年，还认为这个学习对他非常重要。

1944年初，丁盛是晋察冀军区教导2旅（旅长黄永胜、政委邓华）1团政委，有的资料说是团长。当时团部只有他和一个参谋长，还有个总支书记，他是既当政委，又当团长。

1945年8月底（或9月初），丁盛率1团从张家口出发，经宣化、承德到达锦州，已是10月中旬。当时锦州部队很多，由1团和从冀中来的1个团，还有新组建的1个团，编成27旅，部署在锦州西

---

[①] 黄公略(1898-1931)，湖南湘乡人。毛泽东在其著名诗词《蝶恋花·从汀州向长沙》中写道："赣水那边红一角，偏师借重黄公略。"足见其对杰出的红军将领、军事家黄公略的信赖和倚重。1928年与彭德怀共同领导平江起义，创建中国工农红军第5军。在中央革命根据地三次反"围剿"的斗争中，黄公略率领红3军英勇作战，屡立奇功，显示出卓越的指挥才能。活捉了张辉瓒，打垮了公秉藩，消灭了王金钰，俘获了韩得勤，赢得了"飞将军"的美誉。1931年行军途中，遇敌机扫射，壮烈牺牲。毛泽东亲自主持了黄公略的追悼会。会场上的挽联高度评价了他的一生："广州暴动不死，平江暴动不死，如今竟牺牲，堪恨大祸从天降；革命战争有功，游击战争有功，毕生何奋勇，好教后世继君来。"

27旅旅长丁盛（1946年）

部地区。

27旅旅长丁盛，带着队伍在锦州至山海关间转悠。没钱，没吃的，没穿的，就找有钱大户。对于土匪和保安团之类武装，你打我，那不客气。黄永胜把他的1团带去赤峰了，好歹让他留下两个连，不然就成光杆司令了。

当年是"当兵吃粮"，现在是考验他的共产党人的忠诚、信仰了。而他后来则说，这是他一生中最艰难、也最值得怀念的时期之一。

1946年12月，敌93军1个营从凌源县赶来，准备袭击已改称热辽纵队的27旅。纵队部驻在建昌县姚路沟，正巧离开了，敌人扑了空。丁盛指挥部队将姚路沟四面包围，再一寻思，又网开一面。敌人是美式装备，火力猛，强攻硬打伤亡大，援敌上来就吃亏了。留一口子，打溃军，冲上去近战，一会儿就结束战斗了。

接着又南进绥中，全歼12师1个营。

由通信班长而指导员，再团政委，一直为政工干部的丁盛，抗战时期基本没打过什么仗，此前也没有建立根据地的经历。在军旅的阶梯中，连长（指导员）、团长（政委）是非常重要、并能锻炼人的职务、岗位。当一些人随着迅速膨胀起来的部队而火箭般擢升，愈来愈感到力不从心时，也应列入"火箭干部"之列的丁盛，无论根据地建设，还是带兵打仗，都有板有眼，搞得有声有色。

丁盛将之归因为学习——从红军大学到军政学院、中央党校，延安时期他基本就是读书学习了。

而我还想说的是：有人天生就是来这个世界当将军的。

1947年7月底，冀察热辽军区前方指挥所在赤峰召开团以上干部会议，8月成立8纵，丁盛被任命为24师师长。

会没开完，敌人来了，两个师。这时，蒋介石在东北换将，以陈诚取代杜聿明[1]，陈诚上任首先要打通锦州至山海关这段铁

---

① 杜聿明（1904-1981），字光亭。陕西米脂人，国民革命军陆军中将。诺贝尔奖金获得者美籍华裔杨振宁博士为其大女婿。曾任第5军军长，率部参与桂南会战，获昆仑关大捷。在淮海战役中全军覆没，被俘。1959年获释。杜聿明是有名的"东北二瘸"之一。他当东北保安司令长官时，与东北行辕主任熊式辉都是有一条腿短1厘米。杜是左腿短，熊是右腿短。一个是负责军事，一个是负责行政。这两个东北大头头在一起开会时，一个向左拐，一个向右拐，曾使得许多见到这罕见场面的人，背地里不知笑过多少次。

路线。会不开了，马上回去打仗。24师的任务，是与配属的22师66团，消灭从绥中出来的暂50师两个团。

侦察报告，敌在凌源县六道沟。丁盛率师部急急奔往六道沟附近的梨树沟门，准备在那里开设指挥所，黑灯瞎火刚进去，就见闹哄哄的都是带钢盔的敌人。丁盛倒吸一口凉气，退出来，命令号兵用号音调来部队，迅速将敌割裂、合围。一场激战，首先集中3个团的兵力吃掉一个团，又将另一个团大部歼灭。

另一路从锦州出来的暂20师，也被8纵主力歼灭大部。

9月17日，陈诚又从锦州派出49军的两个师，一心要打通这段铁路。

这回，24师被用作预备队。

19日下午，49军进至杨杖子时，被8纵主力和独1师包围。

49军是不久前从江苏调来的，在秦皇岛下船时，官兵还穿着美式大裤衩子。此时东北已是深秋，明显不适应气候，却也挺顽强。外围阵地被攻占后，利用山头和当地工矿企业坚固建筑顽抗，在猛烈炮火掩护下，多次实施反冲锋。

22日中午，24师投入战斗。

71团被纵队派去警戒、打援了，丁盛手里只有两个团。70团为1梯队，1营先上，拿下敌人阵地后，2营再上去打纵深，3营接着2营继续往前攻。每支都是生力军。1梯队用完了，2梯队72团再上。"丁大胆"也没有指挥所，先是跟着1梯队往前攻，然后跟着2梯队往上冲，占领一处巩固一处，一股劲地挤压敌人，让敌人没有喘息的工夫。

49军指挥所设在黑鱼沟。纵队配给24师1门山炮，有30发炮弹，丁盛命令都向黑鱼沟砸过去。

敌人本来已经不行了，指挥所再被一顿炮击拿下来，就彻底

93

垮了，丁盛命令各师就开始追击抓俘虏了。

关于预备队的选择、使用，通常有两种。一种是最强的部队，好钢用在刀刃上，关键时刻打硬仗、恶仗。再一种是较弱的部队，先拿上去有点不大放心，待打得差不多了，再放出去来一下子，或者打胜了冲上去抓俘虏。根据这一仗和此前梨树沟门的表现，24师应该是前者。可再远点看，自1946年以后，8纵的另两个师就是野战师，24师则地方化了一年半——这就跟游击队差不多了。

战后总结，8纵政委刘道生 [①] 说：丁盛，你这个"游击师"不简单呀，上去就拿下来了。

---

① 刘道生（1915-1995），湖南茶陵人。1930年加入中国共产党。曾任东北民主联军8纵政委，参加了东北解放战争和进军中南的多次重大战役战斗。1955年被授予海军中将军衔。

# 3.打烂的军旗

攻打天津，各纵师向集结地域开进。丁盛和政委韦祖珍[①]在纵队受领任务后，坐车追部队。这时，有的野战军军长还骑马，东北野战军的师长就坐上美式吉普了。

1纵、2纵由西向东攻击，7纵、8纵由东向西攻。24师的任务，是与22师并肩突破民权门，然后向纵深发展，与1纵、2纵会师金汤桥。

任务明确，敌情清楚，沿途堡垒、工事，以及可以用作堡垒的坚固建筑，已在地图上背得烂熟于心。城里是不能实地看到的，可那民权门，还有外围攻坚呢？看不看是大不一样的，更不用说那时的地图与实地往往不一样了。

夜色漆黑，车灯的光柱在土路上颠簸，颠不断丁盛的思绪。突然，他觉得忽悠了一下，人旋转着飞了出去，车灯还亮着，满

---

① 韦祖珍(1912-1982)，壮族。广西东兰人。1932年加入中国共产党。曾任红一军团政治部保卫部科长，东北民主联军8纵24师政委。中共九大，连九大代表都不是的他，被突击选为中央候补委员。广播中宣读中央委员、候补委员名单，听到韦祖珍时，他的大儿问．"是丁是你啊？"韦管"别胡说，同名同姓的人多呢！"后来，中央通知他出席九届一中全会，方知彼韦祖珍即此韦祖珍也。"9·13"后他被认为是林彪的人，而接受了长达十年的隔离审查，1982年结论是"没有错误"。 1981年恢复大军区副职待遇。1955年被授予空军少将军衔。

天星斗不见了，就意识到翻车了。老韦，伤了没有？没有，你怎么样？丁盛啐着嘴里的泥土，道：娘卖×的，没事。

司机拼命按喇叭，附近老乡赶来，七手八脚把车翻过来。那车反扣路边沟里了，上路后照样跑，而人连点擦伤都没有。

名将不等于福将——可本书中的名将，战争年代都是福将。

但是，24师打锦州伤亡1000多人，打天津伤亡3000多。

炮火准备1小时后，部队就上去了。

首先是开辟通道，炸开鹿砦、铁丝网。百把米距离，一个上、一个下地接力，爆破筒、炸药包，一炸十几米，跟平时演习似的，只1个人轻伤。硝烟未散，70团1营尖刀连就冲上去了。

这时，纵队和师属炮兵还在射击，摧毁前沿工事，压制敌人炮火。尖刀连攻上去了，这炮就不好打了。这工夫，后续部队应该立即冲上去，可营长犹豫了一下，部队就被隔断了，封在里面了。在东北，敌人常搞的一手，是让你打进去，然后把口一封，把进去的部队全部消灭。战后总结，1营立功，营长撤职——这工夫就犹豫这么一下子，你就不称职。

天津攻坚战，没有比这一刻再让丁盛着急的了。他立即要求炮兵延伸火力，70团往上攻，71团也从左翼突击。看到红旗插上突破口，再把预备队72团放了出去。

8纵主力都是从24师撕开的口子进去的。

插上突破口那面战旗，又飘向城里。战斗结束，枪打火烧，已经破烂得没个模样了。

如今，这面战旗陈列在中国军事博物馆。

陈列在中国军事博物馆的登城先锋战旗。

# 4. 点了白崇禧的死穴

1949年9月13日，衡宝战役①拉开序幕。

遵照毛泽东"大迂回、大包围"的战略方针，西路四野13兵团的38军、39军，从常德、桃源取道沅陵、芷江，直插柳州，切断白崇禧集团西逃贵州之路。东路二野4兵团的13军、14军、15军，和四野15兵团的43军、44军，在湘粤边境向广东挺进，切断余汉谋海上退路，然后挺进广西。10月2日，兵力强大的中路军兵分三路，向衡宝地区桂军发起攻击。白崇禧环视左右，发现形势不利，遂调集13个师于衡宝一线，企图反击，挽回颓势。

10月4日23时，林彪电令中路12兵团各部"现地停止待命，严整战备，以俟我兵力之集中"。

战争中什么样的事情都可能发生——就是这封电报，让45军135师（原8纵24师）突然从林彪的视野中消失了，又突然在敌后出现了。

第二天下午，接到135师的电报，林彪立刻在地图上寻到135师的位置。好家伙，这个135师一昼夜行军80公里，从衡阳西北

---

① 衡宝战役，是人民解放军向中南进军中具有决定意义的战役之一，历时34天，歼灭国民党军4.7万余人，解放了湘南和湘西大部地区，为尔后第四野战军主力进军广西全歼白崇禧集团和第二野战军经湘西进军西南创造了有利条件。

的金兰越过衡宝公路，钻到敌人重兵设防的敌后，前卫团已进至佘田桥正南的沙坪、灵官殿地区了。

林彪立即电令：

丁韦并四五军十二兵团首长：

　　五日十四时电悉

　　（一）你师明日上午应在现地休息和待命准备下午向湘桂路前进于六号十二时左右突然进至洪桥大营市之线翻毁铁路

　　（二）你们暂时归我们直接指挥望告电台特别注意联络我们

　　（三）目前敌人甚空虚你们需采取机动灵活的独立行动袭击小敌截击退敌

林邓谭肖赵 [1]

五日十八时半

大战在即，一个师突然丢了，又突然冒了出来，就一下子把人的心弦绷得更紧了。

而135师无疑是掉进了虎狼丛中。

一个千载难逢的机会也同时出现了。

原计划，中路军的中路45军135师的任务，是越过衡（阳）宝（庆）（宝庆即今邵阳）公路直插洪桥，断敌退路。

洪桥是衡阳至桂林铁路线上的一个较大车站，占领洪桥，白

---

　　[1] 指司令员林彪、第二政治委员邓子恢、政治部主任**谭政**、参谋长肖克、第二参谋长赵尔陆。

崇禧的华中军政长官公署和在湖南的部队，就难以撤退广西，只有在湖南境内被迫决战了。

丁盛下令精简人员并轻装。病号留下，师团机关勤杂人员留下，机关干部能留下就留下。师文工队女兵多，都留下。师山炮营只去1个连，但要多带炮弹，1门炮当两门用。

2日出发，3日右翼的41军打响，枪炮声很激烈，山野间能看到桂军向那边运动。前卫403团报告，路边沟里有所敌人医院。那是手到拿来的肥肉。丁盛说不管它，咱们的任务是穿插，最要紧的是时间、速度，不能因小失大。

4日行军百余里，也未休息。5日中午，师部进至灵官殿，后卫部队也都过了衡宝公路，即开始架设电台。

自三下江南开始，各部行军休息第一件事是架设电台，报告所在位置。团报师，师报军（纵队），军（纵队）再报兵团、总部。这回开机就听到军里焦灼万分的呼叫，在依然很热的湘南10月的中午，"丁大胆"也不由得惊出些微冷汗。

得知情势突变后的第一个命令，是各团和师直属队立即抢占附近的制高点，并派出侦察、警戒，监视敌人，严防不测。

战前动员，丁盛讲要准备两面作战、三面受敌，随时准备打硬仗、恶仗，因为我们是尖刀师。没想到这一刀捅得这么深远，中路军各部都接到命令，在衡宝公路以北停止待命了，唯独135师依然依照原计划且动作神速地挺进。

孤悬敌后，四面受敌，随时可能发生不测，而机会也正孕育在这种险境之中——这当然是不用林彪提醒的。

"你们暂时归我们直接指挥（，）望告电台特别注意联络我们"——林彪在东北就常来这一手"越级指挥"，有时甚至直接指挥到团。一封电报，拿到译电员那儿变成密码发出去，那边收到再译成汉字，需要一两个小时。如果先兵团再军再师地一层层接力，到具体实施者那儿，半天就过去了，这期间战场会发生多少变化？而各师团都希望能越级指挥到自己头上——那就说明你已经处于一种举足轻重、甚至是牵一发动全身的位置上，那是比战前争个主攻师团更难得、更荣耀的呀。

四野南下过江后，林彪一心要与白崇禧决一雌雄，这个"小诸葛"连让三省，就是一个跑。宜沙战役，湘赣战役，两路大军一路拿下39个市县，就是跟着"小诸葛"的屁股捡些空城。"小诸葛"知道自己本钱不多，不跟你正面接触、硬打，一路退得有条不紊，透着杀机。看到哪支部队突出了，就寻机吃掉你。在青树坪，49军还真就让他咬了一口。毛泽东说"白崇禧是中国境内第一个狡猾阴险的军阀"，"小诸葛"绝非浪得虚名。

而这一刻，135师突然从深远的敌后冒出来，一个完全偶然的机会出现了，无论白崇禧想不想打都不得不打了。

当林彪把135师这枚棋子直接抓到手里时，在衡宝大战的一盘棋中，135师就成了号令各路大军的一面旗子了。

只是林彪再手疾眼快、足智多谋，还得看当年的旗官能否擎住这面旗子。

6日晨，天蒙蒙亮，部队吃罢早饭，集合队伍正待出发，突然从孙家湾405团住地传来激烈的枪炮声。

这时，敌人已经发现插到身后的这支部队，而这时机会对于对弈的双方都是平等的。135师在给白崇禧造成极大的威胁的同时，也给他提供了吃掉这支部队的机会，而且此前他也一直在寻求这样的机会。

上来的是7军的1个营。丁盛命令405团不得恋战，一个反击压下去，将敌人撵出几里地，继续赶路，奔洪桥。

丁盛让参谋长刘江亭[1]带403团，在左侧山里行进，他和韦祖珍率主力沿另一山路前进。南方山路容不下两人并行，一个师一路纵队拖出10多里，从灵官殿到洪桥近百里，一旦被腰击，将首尾难顾。两路行进，可加快速度，又能互相依托、掩护，一路受阻，另一路仍能前进。更重要的是还能起疑兵作用。当时四野各军师都有代号，135师叫"模"字部队，敌人认为是林彪的模范部队过来了。一打起来，这边响枪，那边开炮，不知道共产党过来多少部队，就有些蒙。

先是左路打响，接着右路前方也出现敌人。7军171师、172师，48军138师、176师，全是桂系主力，正向135师扑来，恨不能将这个心腹之患一口吞掉。

这时，林彪来电，说你们处境困难，洪桥去不了了，可自己选择道路向西走，占领有利地势阻击敌人，我们已令西面部队向你靠拢。

丁盛下令，向西奔黄土铺。

8日下午赶到严家庙时，前面一道山梁上，约一个营的敌人挥锹抡镐正在构筑工事。新翻的湿漉漉的红土，在满眼绿色中格外醒目。

前卫团请示打不打，丁盛上去看了看，吐出两个字：不打。

前卫变后队，绕过山梁上的敌人，由严家庙向西南翻一座大山，经由界岭至鹿门前的峡谷进至鹿门前，发现村前东北侧高地

---

① 刘江亭（1921-1994），河北蠡县人。1938年加入中国共产党。任四野24师参谋长、第135师副师长。1955年被授予大校军衔。1968年奉调入京，参加总政军管工作，任军管小组副组长（王宏坤任组长），后主动要求回部队，被调为21军军长。

上，又有约1个营敌人在抢筑工事。

丁盛决定天黑后发起攻击，由405团消灭这股敌人。

405团已经展开了，丁盛突然下令撤回，指挥部队紧贴西山脚行进，摆脱敌人和身后峡谷，进至官家嘴一带相机行动。

前一个"不打"，是因为白天一时难以结束战斗，影响穿插行动。

后一个"打"，又"不打"，是因为405团投入战斗，师直和404团就要窝在身后峡谷里。丁盛判断，此时南撤的7军主力，可能正从界岭方向压下来，两相夹击，135师将立刻陷入进退维谷境地。

又一次被他料中了。

本书最后将会写到，林彪可以破译敌台密码获取情报，并随时指示、调动部队。只是，谁也不可能要什么来什么，况且敌情也在不断变化。事实上，在135师陷入敌后的5天5夜里，对周围敌情始终都不是清晰、明了的。一切只能靠随机判断、处置。

从一开始就进入了一个凶险的死地，同时也把身后之敌置于死地。

置之死地而后生——谁死谁生？

兵法云："将失一令而军破身死。"

丁盛无一失招。


9日拂晓，135师进至鹿门前西北官家嘴一带，接到林彪电令，说敌人正向鹿门前一带撤退，135师就地选择地势，占领阵地，堵击敌人。

左路403团失去联系，这时丁盛手里只有两个团，404团在界岭、鹿门前阻击敌人，405团到黄土铺构筑第二道防线。

丁盛率部向白崇禧第7军军部发起攻击。

在衡宝战役庆功会上，135师师长丁盛授锦旗。

下午3时，405团团长韦统泰①和政委荆健，带营以上干部到沙木冲牛形山上看地形。刚上到半山腰，就见从鹿门前到双合亭10多里山路上，全是敌人，正在行进中。20倍望远镜里，清一色大裤子，全是美式武器。

当时就想到是7军，却没想到是军部。

参加北伐的8个军，最能打的是广东的4军和广西的7军，人称"铁4军"、"钢7军"。广东钱多，装备好，广西最穷，这就愈发突出了7军的特色，勇猛、强悍，敢拼刺刀，能打硬仗，是新桂系的起家部队，白崇禧的眼珠子、心尖子、命根子。

当即决定突袭、急袭，3个营9个连全放出去，不留预备队。

3营吃了块"豆腐"，冲进了7军卫生营。2营攻击的是172师后尾一个团，有得一打。1营碰上了钉子，是军直警卫营、工兵营、炮兵营和通信营，除通信营外都很强，炮兵营没炮了，全是轻武器。最难啃的是警卫营，大都是七八年的老兵，清一色冲锋枪，每人还有支驳壳枪，狂傲得很，连续7次反冲锋。有的负伤倒地被按

① 韦统泰（1918- ），山东曹县人。1938年参加八路军。历任晋察冀军区第25团参谋长，冀察热辽军区第27旅72团副团长兼参谋长，热东独立团副团长，东北野战军8纵24师72团团长。1955年被授予大校军衔。1964年晋升为少将军衔。1938年在被编入抗大6大队学习那天，毛泽东来讲话，讲完话后，青年学生们纷纷请毛主席题字，毛主席在韦统泰的本子上，挥笔写了"光明"两个大字。他一直珍藏着毛泽东的题字。

那儿了，也不投降，叫骂着跟你厮打。

战至第二天拂晓，将敌全歼，又赶到鹿门前助战。

404团在鹿门前撞上了7军172师（欠一个团）。404团控制了鹿门前西侧高地，当晚又攻占东侧高地，将敌压憋在北边峡谷中。敌人深知情势不利，纷纷奔向井冲山，刚爬上半腰就被打了下来。

井冲山是那一带最高的山，若被敌人占了，一时半会还真不大好办，伤亡也小不了。问题是那上面并未部署部队呀？原来左路403团电台坏了，与师主力失去联络，两天两夜没合眼，一路打到井头冲。听鹿门前、黄土铺一带枪炮声响成一锅粥，判断是师主力与敌激战，就奔了过来，并首先抢占了井冲山，关键时刻出了奇兵。

7军军部、172师被歼，7军171师和48军138师、176师，被迫向东南方向逃窜，又被40军119师在杨家桥堵了个正着。

衡宝战役的意义，不在于消灭了多少敌人，而在于解放战争中从未遭受重创的桂系，被打掉4个精锐师，被彻底打垮了士气。

正如7军副军长凌云上所云："这两个军被消灭后，白崇禧逃桂的残部虽号称30万，均闻风丧胆，一与解放军接触，即土崩瓦解。所以解放军入桂后，如秋风扫落叶般，在很短时间内即将白的部队全数消灭，新桂系随之完蛋。"

# 5．常挂在嘴上的是"作风"

衡宝战役后总结，丁盛开口就是批评，甚至骂人。

他说，有人吃块"豆腐"，吃完了就找个地方睡大觉。你是完成任务了，你也累，可谁不累？军人是什么？军人就是不怕死、不怕苦、不怕饿、不怕累，听到枪声嗷嗷叫。同志们在流血牺牲，跟敌人拼命，你在那儿呼呼大睡，这叫什么"娘卖×的"军人？

他说，405团一下子把3个营全放出去，非常正确。程咬金是三斧子，咱们那工夫是一锤子就要把敌人砸乱，把他的精神击垮。敌人是行军状态，路在山梁上，坡上杂树丛，坡下是300米宽窄的稻田，无遮无拦。这300米是最较劲的，最能显见一支部队的成色、作风。害怕牺牲，不果断、勇猛，在敌火下犹豫、停留，伤亡更大。405团不顾一切，前仆后继，一往无前，未等冲上去，那气势已把敌人压倒了。

丁盛最推崇"枪声就是命令"，像403团在井冲山出奇兵那样，向着枪声扑打。这样的部队无坚不摧，英雄辈出，懦夫也会变成勇士，嗷嗷叫，往前冲。

吊儿郎当是种作风，打滑头仗是种作风，动辄叫苦是种作风。丁盛眼里容不得这些作风。作风看不见、摸不着，又无处不在，发挥作用。他认为带兵治军，某种意义上就是打造作风，一种打胜仗的作风。怎么打造？首先一条，你带兵人就得成为一面旗子。

丁盛（右一）陪同徐向前元帅视察部队（1973年初）。

中等个头的江西老表，挺注意军人仪表。有人说不管什么时期的军装，同样的军装，穿在他身上就显得格外精神，包括刚闯到关东时被东北人称为"二大布衫子"的土布军装。

没经费，没粮食，没衣服，因为没有根据地，没有群众。连一个正儿八经的主力团，也几乎只是他这个政委、团长在那儿拳打脚踢。组建27旅，班子齐了，从此和韦祖珍搭档，直到5年后调离135师。丁盛说韦祖珍这个人非常好，讲原则，公正，还懂军事。有话当面说，两人也争论，从未面红耳赤过。在那种年代，生死胜负决定一言一念，两位个性都很强的军政主管，也实在难得了。

官不认识兵，兵不认识官，3个团长，丁盛只认识1个。旅长、政委、参谋长、主任，每个人都带着些人，只认识自己屁股后头那些人。所谓公正，就是一视同仁，没有亲疏，谁能打谁上，不能打就下。从27旅到24师、135师，战争年代就是这样。公正，风就正，就团结。

丁盛痛恨报喜不报忧，尤其不能容忍说假话。七十二行也好，三百六十行也罢，军人是个最需要诚实的职业，因为战争是不带一点儿虚妄的，军人要用生命付出代价，而生命只有一次。

谁说假话，丁盛就"娘卖×的"，你把部队作风带坏了，或者你把队伍往哪儿带？

话语不多的丁盛，常把"作风"挂在嘴上。他不批评士兵，对干部却很严厉，甚至苛刻，愤怒时还会来句粗口。

丁盛说他当师长、军长时骂过不少人，大家说他很严厉，他说我骂人、批评人，是让你长记性。兵熊熊一个，将熊熊一窝，你是带兵人，不是你自己。你的言行影响部队，你的一句话、一个决定，能决定战斗胜负，你手里攥着多少条人命呀，关系国家安危呀！

# 衡宝战役战斗序列表
## （1949年9月13日-10月16日）

### 共产党军队

第四野战军第12兵团　司令员肖劲光
　　第40军　军长罗舜初
　　第45军　军长陈伯钧（兼）
　　第46军　军长詹才芳
第四野战军第13兵团　司令员程子华
　　第38军　军长梁兴初
　　第47军　军长曹里怀
　　第49军　军长钟伟
第2野战军第5兵团　司令员杨勇
　　第16军　军长尹先柄
　　第17军　军长王秉璋
　　第18军　军长张国华

### 国民党军队

　　第46军　军长谭何易
　　第97军　军长马拔萃
　　第48军　军长张文鸿
　　第7军　军长李本一
　　第58军　军长鲁道源
　　第126军　军长张湘泽
　　第103军　军长王中柱

# 第四章 『好战分子』钟伟

钟伟将军（1915-1984）

## 军职简历

土地革命战争时期，任红三军团政治部宣传员，3师特务连政委，12团政委，红15军团78师政治部主任。

抗日战争时期，任抗日军政大学3大队政治处主任，鄂豫挺进军团政委，新四军3师10旅28团团长，淮海军区4支队司令员。

解放战争时期，任东北民主联军10旅旅长，2纵5师师长，12纵司令员，49军军长。

中华人民共和国成立后，任广西军区参谋长，解放军防空部队司令部参谋长，北京军区参谋长。

1955年被授予少将军衔。

# 1．成名战

1943年8月，新四军淮海军分区司令员钟伟，奉命率部攻打苏北地区重要据点高沟。

盛夏的淮北平原上的高沟小镇，驻守伪36师144团，还有一个保安团，共1400余人。问题不在于敌人多少，而是那5米来高的土城墙，上面的碉堡，外面还有8米多宽、2米来深的壕沟。

城墙无疑是冷兵器时代的产物，只是对于没有重火器的新四军，其威力又远远大于冷兵器时代。刀枪剑戟和滚木、礌石什么的，那是只有短兵相接时才能发挥效力的，弓箭的射程也就50来米。在轻重机枪和步枪火力下，在那无遮无拦的几百米开阔地上，就要伤亡多少人呀！

而日伪正是针对八路军、新四军的这种弱点，在各地大修城壕、碉堡。不知道新四军曾想过些什么招儿，笔者知道八路军山东纵队鲁中军区，曾把榆树掏空，用铁皮、铁丝裹缠当炮筒，装上火药和秤砣什么的,点火后炮筒即炸开。兵工厂改造过一种"平射迫击炮"，用生铁铸炮弹，因沙眼多，极易炸膛。有的部队还用辣椒面当"毒气"，待风向合适时向空中扬撒，或是点燃，期望能够呛得炮楼里的敌人鼻涕眼泪直咳嗽，趁机发动攻击。最终是炸药包成了攻坚的利器，这"手中炮"从山东轰隆到东北，再轰隆到海南岛和朝鲜半岛——留待后面详叙。

钟伟的办法是："娘卖×的"，给我挖沟！

拿枪的手挥锹抢镐，半夜工夫，几条一人来深的交通沟直通城下，人猫腰在里面跑，外面连影儿也看不到。

只伤十几个人，就将高沟拿下。

高沟之战，威震苏北，是钟伟的成名战。

高沟之战的重大意义，当然不在于拿下一个据点，而是发明了一种很土又很实际的攻坚战法。从苏北到东北，这种战法在战场上屡显效用，其中最典型的是辽沈战役中举足轻重的锦州攻坚战。

用东北"剿总"副总司令兼锦州指挥所主任范汉杰[①]的话讲，他看到一条条通到城下的交通沟，就觉得像一条条绳索套在脖子上，这回要完蛋了。

1945年4月，新四军3师副师长兼10旅旅长刘震[②]，指挥10旅、师特务团和淮阴、淮安、涟东、射阳、淮海等地方武装，攻取苏北重镇淮阴城，由钟伟率10旅28团担任主攻。

淮阴城墙近10米高，护城河和鹿砦、铁丝网等等，又非高沟可比。此前兄弟部队曾两打淮阴，均告失利。钟伟察看地形，总结教训，决定向地下和地上发展。你城墙不是高吗？我在城外搭

---

① 范汉杰（1896-1976），广东大埔人。黄埔1期毕业，入校前已经是上校军阶。毕业后，从头做起，在军中担任排、连、营职务，参加过讨伐陈炯明，参加过北伐，东北"剿总"副总司令兼锦州指挥所主任，国民革命军陆军中将。留学日、德学习军事。在锦州战役中被俘。据沈醉回忆，范逃跑时，身穿士兵衣服，解放军便把他和暂编第55师安守仁部被俘官兵放在一起。当他想到自己丧师失地，即使能溜出去，又怎能向蒋老先生作交代，十有八九要杀头，于是便自己向押送俘房的解放军坦白自己的身份。

② 刘震，后文专章介绍。

钟伟在新四军3师任职期间，摄于苏北。前排左二为吴信泉，左四为刘震，左五为钟伟，二排左三为黄克诚，左四为金明，三排左二为杨纯，左三为张彦。

建几个比城墙还高出几米的射击台，上去机枪和神枪手。前者火力掩护，压制敌人，后者专门射杀敌人指挥官和机枪手。向地下发展，是组织部队连夜挖出两条地道，直通城墙底下，放进几百公斤炸药。一声巨响，淮阴城被炸开个十几丈宽的口子，射击台上居高临下倾泻火力，部队冲上去，5分钟即突破城防。

战前，钟伟还研究、发明了迫击炮平射装置，既能吊射，又可平射，增强了攻城火力。

战后，副旅长钟伟升任旅长。

一个钟伟，一个韩先楚[1]，是四野有名的"好战分子"。

有人说，一提打仗，钟伟眼睛放光，后脑勺都乐开花，争硬仗，没争到就"娘卖×的"。他这边打胜了，别人还在那儿啃，就去讲人家坏话：我说他不行吧，怎么样？这回该我们上了吧？或者我保证两小时拿下来，拿不下来，提头来见！

中等个头，眉目清秀，瞅着也挺文静，却性格偏犟，爱打仗，气魄大，决心硬。刚任4支队司令员时，打日军，端两个炮楼，一个打下了，另一个打不下来。那连长不知钟伟脾气，有些犹豫。钟伟对特务连长说：你去告诉他，1个小时内打不下来，提头来见。特务连长跑去说：快打吧，司令要枪毙你了。那连长一咬牙，打下来了。

打仗不要命，从来不要蛮。战前亲自侦察，敌情我情，天候地形，能不能打，怎样打，会不会出现意外，出现意外怎么办，全都有数。打起来，不在旅（师）部，就在连部。战场瞬息万变，战机稍纵即逝，一般都脱不过他的眼睛。特别是打到节骨眼上，

---

① 韩先楚，后文专章介绍。

能不能再坚持一下，他的决断十有八九都是对的。用他的一些老部下的话讲，那脑袋，咱们十个八个捏一块也不如他一个，比电子计算机还灵快。

这样一个"好战分子"，善战分子，把心思、精明都用在打仗上，对自己人从来直来直去不会拐弯儿，任4支队司令员前一直是政工干部。

是不是就让人感到有些突兀？

比丁盛小两岁的钟伟，湖南省平江县人，和丁盛同年参加红军。或许因为读过几年书（前面说过，这就属于知识分子了），不久即到红三军团政治部当宣传员，之后任3师特务连政委、4师11团俱乐部主任、师政治部青年科长、12团政委、师政治部宣传科长、师政治部主任、抗日军政大学3大队政治处主任、鄂豫挺进军团政委。

## 2．打违抗命令的胜仗

1947年3月8日，东北民主联军北满部队兵分三路，越过冰封雪裹的松花江，开始了三下江南作战。

按照总部部署，2纵5师的任务，是配合1纵围歼大房身附近的新1军1个团。

第二天中午，雪花飘舞，侦察报告，敌71军88师在靠山屯一带，并有大批军用物资，正准备向德惠方向退去。

这是个意外情况。钟伟眼睛一亮：追上去，打！

几乎都不同意。道理明摆着，咱们是去大房身配合1纵的，这不是违抗命令，破坏战役统一部署吗？再说了，咱们孤军远出，吃亏了呢？

钟伟认为，敌人在退却中，对我毫无觉察，这是送上门来的机会，攻其不备，容易取胜。18师、独1师就在靠山屯东北不远，随时可以支援，5师并非孤军。如果按照总部命令继续东进，途中极可能与敌遭遇，打成击溃战，把这边的敌人也放跑了。

两种意见相持不下，钟伟道：事不宜迟，就这么定了。我是师长，出了问题，我负全责。

黄昏时分，5师急行军赶到靠山屯西南，就见姜家屯和王奎店那边乱哄哄的，都是敌人。一侦察，是88师262团的两个营。

东北民主联军14师一个冲锋攻进姜家屯，俘敌200多。

第2纵队第五师开往靠山屯。

王奎店连攻几次未下。

就在这时，林彪的电报到了，命令5师速去大房身。

钟伟回电：把这股敌人吃掉马上就去。

哪知这股敌人拼死突围，跑去靠山屯与264团一个营会合，拼命抵抗。

林彪又来电报，催促执行总部意图。

钟伟说：我这都快吃掉1个团了，一大堆俘虏，也拔不动脚啦！

15团连攻四次都未成功。这时，88师和87师主力分头从农安和德惠赶来增援，林彪的电报也到了。

有人说：这回不走也得走了。

钟伟拍起桌子：谁再说走，我就毙了他个"娘卖×的"！

边组织攻击、打援，边给林彪回电：现在正是抓大鱼的好机会，我就在这儿打了，快让他们都来配合我吧！

老人们说，这一仗打了个本末倒置，把其他部队都调动过来，把林彪都指挥了。林彪后来说：要敢于打违抗命令的胜仗，像钟伟在靠山屯那样，二次违抗命令。

有老人说，靠山屯战斗期间，林彪来了两次电报，不是三次。但是，记忆有误也好，有意演绎也罢，都是绝对符合钟伟这个人的真实性格的。

# 3．头等主力师

就在秀水河子战斗的同时，10旅、独立旅在法库县鹜欢池也打响了，歼灭全美械装备的13军89师1个营。

这是钟伟和他率领的10旅，闯到关东后第一次较大亮相。

1946年3月中旬，即一个多月后，钟伟指挥10旅28团、24旅70团、保1旅1团和万毅纵队56团，一举拿下战略要地四平。

在东北任10旅旅长时的钟伟。

一个月后，又和兄弟部队一道，在大洼、金山堡一带设伏，将进犯四平的71军87师大部歼灭。

四平保卫战中，10旅在中长路顽强阻击新1军，之后又屡屡和新1军交手。

前面说过，号称"天下第一军"的新1军，到东北后，成营成团地多次被歼。同为国民党五大主力的新6军，则颇有上佳表现。特别是号称"虎师"的新22师，能打又能溜，想吃掉他1个连都难，毛泽东曾指示林彪，尽早打掉这个"虎师"。林彪几次精心设计，调集兵力，都未得手。东北野战军各纵都渴望与这个"虎师"较量较量，钟伟和5师官兵自然更是摩拳擦掌，跃跃欲试。

1947年12月中旬冬季攻势中，2纵、7纵将法库守敌新6军暂62师包围。新22师从铁岭驰援，在铁岭、法库间的镇西堡、娘娘庙一线，被2纵阻击，5师则迂回侧后。这个"虎师"果真机灵，掉头就跑。黑土地上敌对双方最能打的两个师，就在冰天雪地中开始了一场马拉松大赛。新22师是汽车轮子，5师是"11"号，那也追上了，猛追上去就是猛打。首先冲上去的15团，把1个营围困在娘娘庙，将其大部歼灭。接着13团冲进冯家岭，全歼1个加强连。

战后，总部表扬5师，并特别表扬"我十五团战士英勇果敢，使敌人溃不成军"。

东北3年解放战争中，5师是被表彰最多的部队——这里用不着通常都会有的那个"之一"。

谈到5师，5师老人无不充满自豪。

那可不是自我欣赏、豪迈。

1949年10月，东北军区司令部编写的《东北三年解放战争军事资料》中，这样评述2纵5师：

该部队系东北部队中最有朝气的一个师，突击力最强，进步快，战斗经验丰富，攻、防兼备，以猛打、猛冲、猛追，三猛著称，善于运动野战，攻坚力亦很顽强，为东北部队中之头等主力师。

前左一为钟伟的警卫员，姓陈，侧后胸前挂
着望远镜的为钟伟（1947年夏季攻势中）。

在东北野战军的5个主力中的主力纵队（1纵、2纵、3纵、4纵、6纵，即后来的38军、39军、40军、41军、43军）中，是颇有几个头等主力师的。而无论头等，还是二等、三等，在12个步兵纵队48个师中，对5师的这个评价应该是最高的。

没人知道，如果钟伟那政工干部一直当下去会怎样。已知的是他改行任司令员的4支队，是由县大队之类的地方武装组建的。

强将手下无弱兵。从此，从4支队到10旅，钟伟就用自己的行为打造一支雄师劲旅，而他的作风就是这支部队的作风——所有的将军都是如此。

在黑土地上，更能显见这位头等主力师师长的作风：勇猛似虎，矫捷似鹿。

吴国璋 ①、汪洋 ②、彭金高 ③、晁福祥 ④、陈绍昆 ⑤、颜文斌 ⑥、张峰 ⑦、赵永夫 ⑧等等，5师的团长、政委，无论怎样性格各异，其战斗作风都带有钟伟的影子——就像本书这些名将的那些不能一一列举姓名的部下一样。

钟伟是1948年2月离开5师的。7个月后的辽沈战役，5师首攻义县，锦州攻坚还是主攻，天津也是一样。还有抗美援朝首战美军、收复平壤、解放汉城（今首尔），这个师都是举足轻重的角色。

① 吴国璋（1918-1951），安徽金寨人。1929年商城起义爆发后参加红军。曾任第25军青年干事，东北民主联军副师长，第四野战军师长。参加过援越抗法战争，任军事顾问团顾问。参加抗美援朝战争，任志愿军39军第一副军长。牺牲于美机的轰炸。是在朝鲜战场上牺牲的最年轻的副军级干部。

② 汪洋(1920-2001)，陕西横山人。1937年加入中国共产党。历任八路军115师344旅作战参谋，东北民主联军2纵5师参谋长，四野39军116师参谋长、师长，39军副军长兼参谋长、军长。1964年晋升为少将军衔。

③ 彭金高（1911-1994），江西会昌人。1933年参加中国工农红军，1935年加入中国共产党。曾任新四军3师10旅28团团长，中国人民志愿军39军117师师长。1955年被授予大校军衔。1964年晋升为少将军衔。

④ 晁福祥，江苏宿迁人。曾任宿迁沂河大队政委，宿迁县委书记，新四军3师10旅30团政委，四野2纵5师政治部主任，中国人民志愿军39军116师政治部主任。

⑤ 陈绍昆（1921-2008），江苏宿迁人。1939年入伍。1940年加入中国共产党。曾任新四军3师10旅30团政治处主任，东北野战军2纵5师15团政委，中国人民志愿军115师政委。1955年被授予大校军衔，1964年晋升为少将。

⑥ 颜文斌（1915- ），江西永新人。1932年参加中国工农红军。1934年加入中国共产党。曾任红六军团51连副指导员，晋察冀军区第4军分区7大队特务团营长，东北野战军2纵5师15团团长，第四野战军39军115师参谋长。1964年晋升为少将军衔。

⑦ 张峰（1922-1998），安徽太和人。1939年加入中国共产党，同年参加新四军。曾任东北民主联军2纵5师13团团长，中国人民志愿军39军116师副师长、师长。1964年晋升为少将军衔。

⑧ 赵永夫，曾任四野2纵6师副师长，49军（军长钟伟）第146师参谋长，青海省军区副司令员。

125

一位名将所到之处的最大遗产，就是他的战斗作风。

先有1纵、2纵、3纵、4纵、6纵，然后7纵、8纵、9纵、10纵、5纵、11纵、12纵是1948年3月最后一批成立的。

像梁兴初升任10纵司令员一样，林彪、罗荣桓照例也是要跟钟伟谈话的，意思是让他到12纵任副司令员。

这位"好战分子"的回答，跟"打铁的"梁兴初几乎一模一样：要是瞧得起我，就让我当司令员，我是宁当鸡头，不做牛尾。

在东北野战军中，钟伟是唯一一个由师长直接提为纵队司令员的。

# 4.雷霆万钧克沈阳

10月15日攻克锦州，20日辽西会战打响，25日4时钟伟接到总部转来中央军委急电："建议以十二纵及三个独立师由钟伟指挥，由四平以北上车，赶于二十四日以前全部运抵清原，以急行军开至鞍山、海城，堵塞敌向营口退路。"

辽沈战役，野战军主力南下北宁线，钟伟率12纵南下作战，11个独立师围困长春。这时，为防长春之敌南逃，四平至清原铁路全被破坏，钟伟即挥军沿中长路南下，3天3夜行程320多公里，28日下午抵达开原，又接到总部电令："十二纵以一个师围歼铁岭之敌，主力即向巨流河前进，坚决堵截廖兵团回沈阳的退路。"

30日清晨，刀子样凛冽的北风中，钟伟沿巨流河东的辽河勘察地形水情。河宽百余米，深2到3米，无任何船只，只有一条铁路桥可以通过。可用火力封锁，必要时也可炸毁，1个师的兵力足够了。

当即向总部报告，留1个独立师扼守巨流河，主力渡浑河抢占沈阳南面的苏家屯。

锦州战役，那是按部就班，军令如山。攻坚的，打援的，一切统一步调，不得有误。辽西会战，用林彪的话讲就是"打乱仗"了，动辄"前电作废"，经常连他都不知道一些纵队的位置，几乎全靠前线各级指挥员临机处置，独断专行。

包括捉到的俘虏，钟伟综合各方情报判断，沈阳敌人还未大批外逃，但这种紧迫性显然更强了。奔去鞍山、海城已来不及了，而且包围圈太大，兵力不足，难以堵截敌人南逃。现在最好的办法，就是逼近沈阳，并伺机发动攻击，粘住敌人，待主力到来。

有人觉得置军委和总部命令于不顾，不妥。

钟伟说：我是司令，我负全责。

30日10时，钟伟命令12纵34师、35师抢渡浑河，向苏家屯攻击前进。为防万一，命令36师进占沈阳机场待命，或增援巨流河独立师，或支援主力战斗，两头策应。

苏家屯距沈阳15余公里，如此宽大地带，敌人仍可到处突围。钟伟一边给总部发报请示，一边命令36师沿浑河北岸向沈阳逼近，又令南满3个独立师从东面进逼沈阳，34师、35师则于31日拂晓，从苏家屯沿铁路线向沈阳攻进。

浑河铁路桥南的小郭庄，为沈阳城南门户，驻守207师1个团，阵地前壕沟、铁丝网纵横交错，碉堡三五成群，还有30多个"钢帽堡"。这"钢帽堡"用3厘米厚的钢板焊接，下面还有4个轮子，人力推动，装甲车似的，里面1个班兵力，配备两挺机枪，还真不大好对付。

35师攻击受阻，有人建议停止攻击，待总部来电指示再说。

钟伟在回忆录《雷霆万钧克沈阳》中写道：

我认为战争形势的发展是千变万化的，任何指挥员绝不能只会死板地执行命令，而应该努力领会上级命令的精神，根据战场上的实际情况，灵活机动地去贯彻上级的意图。

有老人说，钟伟当时就是那句话：我是司令，我负全责。

一些老人说，当时沈阳有10来万敌人，钟伟也知道不可能将其攻克，他就是想抓住、拖住敌人，待辽西主力赶到后聚而歼之。但他绝不会蛮干。那时浑河结冰了，晚上更冷，拂晓时分，敌人在工事和"钢帽堡"里快冻僵了。这时，火炮调上来了，12个山野炮连，6个迫击炮连，还有各连的六〇炮，炮弹猛砸了1个小时，步兵上去就把小郭庄拿下来了。

过了浑河铁路桥，就是沈阳敌人的防御中心铁西区，守军是207师。207师是蒋介石的嫡系部队，全美械装备，曾远征缅甸。207师又称青年军，文化普遍较高，有钱人家子弟较多，对付共产党的劲头，也就跟一般部队不大一样。实际上，攻克沈阳这座东北最大的城市，也就207师垂死挣扎地为国民党卖了一阵命。

打退敌人几次反扑，钟伟并未下令跟踪追击。铁西区是著名的工业区，高楼林立，街垒层层，还有100多个"钢帽堡"。12纵又刚升主力不久、缺乏攻坚经验。钟伟指示每条街道用1个营的兵力，分散成班和战斗小组，沿街道搜索前进，遇到街垒和坚固据点，从两侧穿墙凿壁，迂回攻击。师团所属炮兵跟随前进，攻打据点，首先炮击。

11月1日下午4时，12纵拿下铁西区后，在辽西歼灭了廖耀湘兵团的野战军主力，陆续赶到。有的跑进沈阳放了几枪，有的连枪也没放，跑进城去就行了。

# 5.青树坪失利

1949年8月4日，国民党元老程潜[①]和长沙绥靖公署副主任兼湖南省主席陈明仁，在长沙通电起义。

此前有华中军政长官公署副长官兼河南省主席张轸[②]起义，没想到在四平跟共产党杀出血仇，又能叫老蒋校长的陈明仁，竟然也走了这条道，白崇禧这一闷棍挨得不轻。可"小诸葛"毕竟是"小诸葛"，出手很快，连续两天派飞机飞临长沙、株洲、湘潭、宝庆，轰炸扫射，飘撒传单。胡诌什么程潜、陈明仁被共产党软禁，在长沙的团以上军官被扣押，部队被缴械，煽动起义部队逃亡，只要跑回衡阳，见官升一级。由于起义前陈明仁把自己藏裹得太严实，部下不明真相，大河决堤样往南逃。陈明仁任司令的1兵团3个军共9个师，光成师成团的就跑了4个师加1个团，4个兵团副司令和3个军长全跑了。

---

① 程潜（1882-1968），湖南醴陵人。同盟会会员。日本陆军士官学校6期毕业。曾任非常大总统府陆军总长，广东大本营军政部部长，国民革命军第6军军长，国民党第一战区司令长官，国民党长沙绥靖公署主任兼湖南省政府主席。1949年，在长沙宣布起义。

② 张轸（1894-1981），河南罗山人。日本陆军士官学校毕业。曾任黄埔军校战术总教官，第11集团军副总司令兼66军军长，参加了台儿庄会战，并率部在缅甸对日军作战。1949年5月15日，率国民党军第19兵团所属2万余人在湖北金口、贺胜桥起义。

林彪立即调集4个军，分头追击叛军。命令要求各部，发现叛军须先完成迂回包围，断其退路，然后实施政治争取。如不听劝告，继续南逃，就追歼之。

结果，49军146师（即原12纵35师）轻敌冒进，在青树坪遭敌伏击。

8月8日接到命令，49军各师分头从驻地出发，146师从益阳奔宁乡，10日占宁乡，14日占永丰（今双峰）。前卫436团放几枪就抓俘虏，没处放，各连编个俘虏排。437团看着眼馋，要求到前边去。从永丰出发后，行军序列变成437团在前，并配属个山炮连，然后是师部、436团。

15日下午4时许，437团进至青树坪单家井，遭敌阻击，将敌击退。

这时，师部到达青树坪，师长、政委召集两个团主官开会，分析敌情，研究下一步如何动作。

13日，总部获悉，桂系7军主力进至永丰、界岭以南地区，企图反击突前的追击部队，即令46军停止前进，49军要切实查明敌情，不得盲目前进。钟伟的意见，是146师到永丰就行了。青树坪会议，一些人也觉得敌情不明，前面可能是个陷阱，不宜孤军深入。但是压倒性的意见，是我们还未完成追歼叛军的任务，眼看就要追上了，不应半途而废。报告军里，钟伟同意，同时命令145师向146师靠拢，以便支援。

当晚8时左右，437团前卫营进至界岭，遭7军伏击。营长很沉着，指挥部队迅速抢占有利地势，猛烈反击，将敌冲垮。

笔者采访到的436团老人说，界岭两山夹一沟，前面一打，两侧敌人开火了，照明弹把山野照得雪亮。师里命令我们团上去，抢占两侧高地。我们跑到那儿,见师直分队散在路边沟里,山炮、驮子、担架扔在路上。2营先到,向右边山上攻,我们1营上来向左边打,别让敌人压下来呀。别看他是什么"钢7军",夜战不行,白天攻得挺凶,他有飞机助战呀。

17日上午,145师赶到,猛打猛冲,顶开口子,掩护146师撤出战斗。

激战两昼夜,146师伤亡失踪800多人,145师是400多。

有亲历老人说:看影视,都是敌人走进咱们的伏击圈,这回让我们走进去了。这种突然袭击是很可怕的,况且敌人又是兵力优势,空中优势,炮火优势,地形优势。这要是换成我们,打他的伏击,不说全报销了,一个不剩,也剩不了几个。

但这毕竟是场败仗。

在东北,没打好的仗,首推南满沙岭战斗,然后是前面写过的四平攻坚失利,还有之前二下江南攻德惠未下。而青树坪战斗,则是进关、南下唯一的一次失利。

8月22日,146师师长、政委、副师长,在给军、兵团、四野总部的电报中,在谈了青树坪战斗桂系主力的"战斗特点"后,说:

> 此次战斗的几点检讨:1.首先是师领导上轻敌。明知界岭有桂军,地形不熟,敌情不明,而夜间冒进,遭敌伏击后,还以为敌人要退,而不迅速转移,还犹豫,撤离留恋,致遭受严重的打击,助长桂军的气焰。2.下层也轻敌。15日向界岭前进时,前卫营不找向导,又不严密搜索,重机枪不下驮子,整队沿公路去界岭宿营……

9月24日，四野大军江南休整期间，49军有一份给兵团和总部关于青树坪战斗的检讨报告：

3.军决定进到永丰即停止，并再三令各师不要冒进，情况不明则不前进。但我146师行动较为冒失，接到军的指示不加考虑，而又提议叛军尚在太平市一带，应进至界岭堵击。而我们认为他们在前面对情况了解比我们清楚，同时又想完成堵击叛军的任务，故同意他们的意见，并令145师向他们靠拢，以便有更大力量作战。但145师提议宝庆方面有桂系军队应该慎重，这种意见是对的，然而在行动上146师既然已经前进，而145师应当靠近，以便支援。因他们迟滞不前，所以我们告诉他们桂系军并没有什么可怕的，问题是怕我们不注意侦察、警戒，故严令他们向146师靠拢。4.青树坪战斗军应该负哪些责任：（1）既然已下决心在永丰以北停止前进，不应轻易地听146师的意见而改变决心。这表明军考虑不周。（2）在永丰已碰到桂系一个团被我击溃，认为一个团顾虑不大，未充分估计其中变化。这是轻敌的表现，故仍未令146师停止。（3）15日146师遭伏击，经反击后歼敌两个连，但整个敌人未退。该师第二次返界岭时，又被敌人反击阻回，当时他们为避免同敌人对峙消耗已稍微后撤，军认为敌人只一个团，东南虽有敌7军一个师只是听说，觉得还可以对付，未充分估计到情况的变化，果断地于16日晚令该师攻击敌人，这是麻痹的表现。依据上述三点，军犯了麻痹轻敌的错误。所以军对青树坪战斗的失利完全负责，请求上级批评和指示。

沙岭是轻敌，四平是轻敌，青树坪也是轻敌。平津战役后，四野大军浩荡南下，可谓一路顺风仗，谁都明白国民党没几天蹦跶的了。在这样的大背景下，一支常胜之师是难免轻敌麻痹的。这是当时部队一种比较普遍的情绪，而这种情绪迟早是要有人付出代价的。

"好战分子"、善战分子钟伟，一向精于算计，从不打莽撞仗，这回也未能脱俗——就让他赶上了。

本书写到的四野名将，以及古今中外那些耳熟能详的名将，有几多，甚至有谁没打过败仗？

关于青树坪失利，"文化大革命"前公开出版的战史、资料，均无记载。而钟伟则念念不忘，对部队、战友、后人，常是一句"娘卖×的"青树坪，就讲起这次"走麦城"。

这就是钟伟。

位于湖南省双峰县烈士公园内的"衡宝战役青树坪战斗纪念塔"。

# 6.性格决定命运

1947年秋，自夏季攻势（有人说是三下江南）后，东北野战军官兵贴身衣兜里都有张纸片，上面写着姓名、年龄、籍贯、部队番号，主要意在减少无名烈士。5师还多样纸条，上写"五师缴获"。打下一座城市，到处都是"五师缴获"。

人们常用"拍案而起"形容愤慨之极，起而抗争。1959年庐山会议后的北京军委扩大会上，北京军区参谋长钟伟，听着那么多人瞪着眼睛说瞎话，当即拍起桌子，当即被捕。之后又拒不认错，就成了"彭黄①反党集团的积极追随者"，蒙冤20年。

第五次反"围剿"，钟伟任政委的红12团，奉命在广昌一带死守。团长洪涛牺牲，临时代理的3个团长也陆续战死，官兵伤亡大半。钟伟红了眼睛，去找在附近指挥战斗的红军总参谋长刘伯承，说再这么蛮打下去，部队要打光了。刘伯承让他率团撤出战斗，清点人数，剩下不到三分之一了。后来，前敌总指挥彭德怀把钟伟叫去，狠狠批评一顿，还要追究指挥责任。25年后为彭老总仗义执言而祸从天降的钟伟，当即与彭德怀顶了起来，说我们的责任可以追究，我们还要一级级地往上追究，看看到底是谁瞎指挥，让我们打的这种败家仗。结果被撤职，调去红10团任总

---

① 指彭德怀、黄克诚。

新四军老张集战斗后参战人员合影，前排左侧半蹲者为钟伟。

抗大第四期三大队政治处全体合影一九三八一二于延安

二排右二为钟伟，前排左二为钟伟夫人刘挽澜。

钟伟将军与夫人、长子在苏北。

支书记。

1939年夏，钟伟参加新四军鄂豫挺进纵队，到豫南四望山一带开辟根据地。在朱堂店、憨山寺、新街等地打了几个胜仗，毙伤日伪军几百人，部队发展很快，一些人飘飘然了，决定将刚成立的3个团深入敌后开辟新区。钟伟和陶铸等人不同意，认为根据地尚不巩固，这样做是冒险。后来的实践证明，3个新团开到敌后不久，就被打散了。

纵队领导认为钟伟、陶铸等人，是"右倾机会主义分子"、"反党集团"，大会小会批判，还说钟伟的妻子是"特嫌"，父亲是"反动军官"。钟伟有口难辩，只有在你这儿才能革命、打鬼子吗？一天晚上，他带上妻子、孩子和1个警卫班走了，去苏北找陈毅。近千里路，几道封锁线，不时与敌遭遇，还不到10支长短枪，还拖着个吃奶娃儿。

千难万险，见到陈毅，陈毅感叹:你这个"逃兵"，是怎么"逃"到这儿的呀？

眼里揉不进沙子的钟伟，那也是把身家性命都豁出去了。

钟伟去了黄克诚任师长兼政委的3师，在这位心地敞亮、也同样屡遭磨难的"黄瞎子"手下，不久就改行为军事干部，甩开膀子大干，成了著名的"好战分子"。

成了"彭黄反党集团的积极追随者"，对钟伟最大的打击，莫过于让他离开军界了。用他自己的话讲，是"撵出军队"。

他说：我这人说话直来直去，战争年代打了胜仗都高兴，没仗打了就不行了。我倒霉了，有人就落井下石了——打政治仗，我甘拜下风。

被贬到安徽省任农业厅副厅长，后来又任农垦厅副厅长。

1975年钟伟在安徽省任农业厅副厅长，后任农垦厅副厅长。

一生只做过一套西装，米黄色，1949年初去苏联参观海军演习，出国前公家给做的。到安徽后把军装染成黑色、蓝色的便服，只有一件将军呢大衣还是原色，1960年冬去山东救灾，脱给灾民了。

不管穿什么，干什么，都是军人钟伟。

"文化大革命"中，先是"彭黄死党"接着又被中央文革小组公开点名，以"阴谋策划反革命武装暴乱"的罪名，在北京被捕。

批斗会上，几个人按他低头下跪，"向毛主席请罪"。他梗着脖子大叫：我有错误，没罪！

"9·13"事件后，钟伟绝食，得以走出牢门，又被送去部队农场"军管审查"。一个雨夜，他伺机逃离农场，去北京找中央上诉。

> 端阳时节雾半天，暗牢囚禁已六年。
>
> 结论已作该处理，诡计一来又拖延。
>
> 面包藏毒味不鲜，粽子包糯外角尖。
>
> 五花八门太可恶，坚持真理反奸贼。

这是钟伟写于1973年6月5日，自称为"打油诗"的《过端阳》。

钟伟被捕两年后，家人、战友得知他关在合肥监狱，赶去好歹见上一面。问询各自情况后，当年曾发明了迫击炮平射装置的钟伟，拿出几张关于如何改进多管火箭炮性能的设计草图，给大家讲解，让战友带出去送交有关部门。

有人当即泣不成声：老师长呀，这工夫你还有这心思呀！

"四人帮"垮台，钟伟平反，他去找黄克诚，要求工作。

黄克诚说：你就安分守己地待着吧，若是打仗会去找你的。

1984年4月24日，第五届全国政协委员钟伟病逝。

无论弥留之际，还是在那悲沉的哀乐声中，从未曾倒下，也永远不会被打倒的一代名将，那心头耳畔回荡着的，应该也只能是军歌的旋律：向前！向前！向前！

# 靠山屯战斗战斗序列表
## （1947年3月8日-3月14日）

### 共产党军队

东北民主联军　司令员林彪
第2纵队　司令员刘震
第5师　师长钟伟

### 国民党军队

71军 军长陈明仁　副军长向凤武
87师　师长张绍勋
88师　师长韩增栋
91师　师长王铁麟

第五章 虎将胡奇才

胡奇才将军（1914-1997）

## 军职简历

　　土地革命战争时期，任红四方面军班长、排长，红4军连指导员、营政委、团政委、师政委。

　　抗日战争时期，任八路军129师385旅770团副团长，山东纵队8支队副司令员，4支队政委，山东军区3师副师长。

　　解放战争时期，任东北民主联军3纵队司令员、4纵司令员。

　　中华人民共和国成立后，任辽东军区司令员，东北军区空军副司令员，解放军工程兵副司令员。

　　1955年被授予中将军衔。

# 1．大别山中放牛娃

1987年末的一天，笔者坐在胡奇才将军家的客厅里，任那一口鄂东话把我带去烽火硝烟的岁月。

老人中上个头，宽肩硕背，方面阔额，话语简洁果断，语声浑厚有力。一顶蓝呢帽戴在鬓发斑白的头上，步履已现明显老态，自然法则却掩盖不了久经沙场磨砺的英武和威凛，使人想见当年的雄姿英采。

地处大别山南麓的湖北省红安县，出过一位国家主席（李先念）、一位副主席（董必武）和200多位开国将军。

1914年，胡奇才生于红安（当时叫"黄安"）县高桥乡李家田村。如今6岁的孩子，有些已经背着书包上学了，他则与祖父、父亲当年一样，拿根棍子去放牛。砍柴、插秧、割谷、担稻推车、耙田、车水，什么农活都干，农忙时节还去地主家打短工。15岁参加红军前，从未穿过鞋。

> 有有无无且耐烦，劳劳碌碌几叫问。
> 人心曲曲弯弯水，世事重重叠叠山。
> 古古今今多变革，穷穷富富有循环。
> 将将就就随时过，苦苦甜甜命一般。

这是胡奇才从记事时起,就看到的挂在胡家正屋墙上的一幅"中堂"(即字画,这里为字)。

祖父胡克广常挂在嘴上的是"忍让",家里家外,事事忍让,邻里争执,首先退让。地主加租,从五成提到六成、七成,顶多说明两句,不行,一样认了。祖父心灵手巧,除租种土地外,还兼做银匠手艺,为人补锅锢碗。如果世道公平,这样一个人无论在何方地界,那生活都应该是可以的。祖父苦劳苦作,忍让谦和,为的就是家庭温饱,人事和平。结果却是只有过年才能吃顿干饭,冬天全靠红苕、萝卜度日,一到春天连这些东西也没了。眼见着5个儿子长大成人了,依然只能重复这种祖祖辈辈传下来的日子,那"中堂"依然挂在那儿,那希望呢?

> 小小黄安,人人好汉。
> 铜锣一响,四十八万。
> 男将打仗,女将送饭。

这是太平天国运动时期,流传于黄安地区的一首民谣。待到1927年11月"黄麻起义"时,又被走投无路的人们吼唱起来。

先是父亲参加了农会,哥哥参加了"鱼叉队"(即赤卫队,因为武器多为鱼叉,故有此名)。一年多后够年龄了,胡奇才参加了少先队,站岗放哨,盘查行人,跟着大人反"围剿"。

而本书中的十几位四野名将,无论写没写到他们从军前的身世,几乎都跟胡奇才一样,因为穷才拿起枪杆子去揍那个不平的世界,并开始了名将之旅的。

# 2．恶战连连

1930年8月，胡奇才参加红军。

第一次战斗，是同年9月跑去河南打信阳，攻城没成功，敌人援军从郑州、武汉赶来了，又往回跑。正是李立三"左"倾冒险主义时期，主张一省数省的首先胜利，攻取大中城市。胡奇才当时不知道这些，这次战斗感觉就是跑路了。

第一次负伤，是3个月后挺进豫南的叶家墩战斗，对手是吉鸿昌 [①] 的1个旅。这个敌人挺顽强，双方喊哩喀喳拼刺刀。胡奇才左手掌被流弹穿透，也没觉得怎么的，照样瞪圆眼睛拼杀。

第二次负伤，是两个月后攻打光山县大山寨。连长、政委（即指导员，之前叫党代表）带突击队爬城，让他和几个枪法好的士兵火力掩护。他顶张桌子当盾牌，运动到离寨墙30来米的一个沟坑里，举枪瞄准，敌人一露头就是一枪。敌人火力很猛，土炮把那张桌子轰碎了，铁砂、铁钉泼雨似的，突击队几乎都伤亡了，连长、政委也牺牲了。营里吹号，命令撤退。他不退，一支枪在

---

[①] 吉鸿昌（1895－1934），河南扶沟人。曾任冯玉祥部第19师师长，宁夏省政府主席兼第10军军长，国民党第22路军总指挥兼第30师师长，"察哈尔民众抗日同盟军"北路前敌总指挥兼第2军军长，率部取得多伦大捷。1934年11月天津法国工部局逮捕，后引渡到国民党北平军分会，临就义时赋诗："恨不抗日死，留作今日羞。国破尚如此，我何惜此头！"

后面掩护，敌人火力都转向他。一发土炮弹飞来，像股飓风，眼前一黑就什么也不知道了，醒来发现自己躺在担架上。医生说一块铁片从胸前钻进肺里。其余还有几处，那就不叫伤了。

第三次负伤，是半年后的红四方面军战史上著名的商（城）潢（川）战役，许世友[1]率34团据守豆腐店，对手是汤恩伯的2师。蒋介石的嫡系，装备好，也真凶，机枪、步枪火力阻不住，手榴弹在阵中爆炸也往上冲。官兵跃出工事，抢大刀，拼刺刀，把敌人杀回去。如是反复。最后一次刚冲出去不远，胡奇才就觉得像被抡了一棒子，手里的奉天造步枪一下子飞了出去，人向后跟跄几步仰倒了。一颗子弹穿过右前胸肌肉，穿透右上臂，是颗炸子儿，炸飞右臂上部一块肉，炸碎靠近肱骨头部位的一块骨头。医生说再向里1厘米，右臂就废了。

第四次负伤，是红四方面军撤离鄂豫皖西征途中，在陕南庞光镇撤出战斗时，旗官中弹牺牲。冷兵器时代讲"旗倒人散"，这工夫没有红旗引导，部队也跑散了。这时胡奇才是营政委（营长陈再道[2]），不顾一切冲上去，一颗子弹从左膝关节中间穿过，腿一软，当即倒地。他咬牙爬起，上前擎起红旗，也不知哪来的神力，一口气跑出几里地。

之后一年多，头、手又先后负伤。还有一次，背在身上的手

---

[1] 许世友（1906-1985），河南新县人。幼入少林寺习武，后到军阀吴佩孚部当兵。1927年加入中国共产党。同年参加黄麻起义，先后任红九军副军长兼第二十五师师长，红四军军长，八路军129师386旅副旅长，华东野战军第9纵队司令员，山东军区司令员，志愿军第三兵团司令员。1955年被授予上将军衔。

[2] 陈再道（1909-1993），湖北麻城人。1927年参加黄麻起义，1928年加入中国共产党。历任红4军11师师长，第4军军长，八路军129师386旅副旅长。中原野战军2纵司令员。1955年被授予上将军衔。

榴弹，被子弹打掉一半，居然没有爆炸。而无论多险多重，与死神怎样差之毫厘，最可怕、也最要命的，就是第四次负伤了。这次是腿伤，那时最伤不得的就是腿脚了。不能行军，就不能打仗，也就不能继续革命了。

团政委张成台①跟他谈话，给他几块大洋，让他留在当地老百姓家养伤，伤好后再去撵部队。

西征一路，伤员都是这么处理的，后来几乎都被敌人搜捕杀害了。当时胡奇才不知道，只是想部队让敌人撵得到处跑，伤好了上哪儿撵部队呀？这不就是脱离红军了吗？

胡奇才说：我不会拖累部队，我不离开部队。

团政委说：这是组织决定，照顾你养伤。

胡奇才说：要让我离队，那就给我补一枪！

老将军说：这是我一生中唯一一次没有服从组织安排，也是一生中最重要的一个决定。


红四方面军素以打硬仗、恶仗著称，西征路上更是恶战连连。而在胡奇才经历的负伤、未负伤的战斗中，显见的都是虎将本色。

徐向前将红四方面军的战斗作风，概括为"狠硬猛快活"5个字。狠是有我无敌，有敌无我，不消灭敌人，决不甘心。硬是不怕死，不要命，无论战斗多么惨烈，"泰山崩于前而色不变"，这种硬劲能转危为安，化险为夷，扭转战局。猛是两军相遇勇者胜，进若

---

① 张成台（1908 1946），河南新县人。1928年加入中国共产党。历任红四方面军12师32团政委，红30军政治部主任，红31军政治部主任，八路军南下第1游击支队干部大队政委，中共中央中原局组织部副部长。1946年中原突围时任干部旅政委，在陕西镇安黑水河边遭国民党地方反动武装袭击牺牲。

锋矢，战若雷霆，这是震慑与压倒敌人的突击性、摧毁性。快是兵贵神速，以运动战为主，练好"走"与"打"的本领。活是灵活，根据敌情我情地形等等，运用各种战术。

老将军说，红军人少，装备也差，靠什么打胜仗？就是一种精神。抗战打鬼子，抗美援朝跟美国人干，靠的都是一种精神。软的怕硬的，硬的怕不要命的。我是光着脚板、提着脑壳参加红军的，共产党的队伍，是为像自己的父母和兄弟姐妹一样的穷人打天下，情愿为理想、信念去死。关键时刻，师长、团长都上去抢大刀、拼刺刀。不怕死，不要命，再硬的敌人，顶一阵子也完蛋了。

参军就被这样一种战斗作风熏陶着，许世友当过他的团长，另一员虎将陈再道两次与他搭档（营师两级）。尽管每位名将都是不同的，也无论性格如何各异，胡奇才成为虎将也不足为奇了。

# 3．撤职与擢升

像中央红军一样，红四方面军的长征也不是事先周密计划好的，而是情势变化中的必然选择。

1935年6月，红一、红四方面军在夹金山下会师后，红4军11师33团奉命从茂州附近出发，半夜时分从雁门关过铁索桥。

命令是军长王宏坤[①]下达的，从茂州城打来的电话，团政委胡奇才接的。命令是清楚的，却忽视了音同字不同的两个地名：沿江北上是雁门关，顺河南下就是燕门关了。

正待问个明白，电话断了，电话兵撤线了。

当地都是藏族人，不了解红军，青壮年都跑了，老人、妇女、小孩没有懂汉话的。对当地地理不熟悉，又没有地图，更重要的是不清楚上级意图。别说团长、政委，就是军师领导，攻守进退，东南西北，一切都听命于方面军的。刚才还奔东呢，一道命令又向西了。

和团长张昌厚商量，决定到茂州问个明白。

黄昏出发，团长在前，政委殿后，马不停蹄，到茂州打个盹，忘了问路，那人也是太乏了，刚在千佛山打了两个月阻击，下来

---

① 王宏坤(1909-1993)，原名王宏春。湖北麻城人。1929年加入中国共产党。历任红4军10师师长，红4军军长，八路军129师385旅旅长，晋冀鲁豫军区第二副司令员兼6纵司令员。1955年被授予海军上将军衔。

就是急行军，那人走着走着就睡着了，只是机械地挪动着脚步。那时也没手表，天快亮了，猛然觉得不对，铁索桥呢？赶紧找老乡一问，快到汶川的燕门关了。

恰巧路边有别的部队的临时电话，正好方面军副总指挥王树声①打电话找张团长。听说33团走错路了，王树声大骂张团长，要杀他的头。胡奇才接过电话，不容分说，又被大骂一通。胡奇才说：要杀头就杀我的头，与张团长无关。

王树声命令立即把部队带回茂州：路上要注意防空，如果让飞机炸死了人，我让你胡奇才赔命！

那时行军，通常都是晚上，白天有飞机。这回顾不得了，飞机也真来了。3营1个伙夫暴露目标，这一通炸呀，山摇地动。

飞机投完炸弹走了，各营清点人数，竟然无一伤亡。

傍晚赶到茂州，胡奇才和团长立即赶去总指挥部。进屋，敬礼，报告，胡奇才一句话没说完，王树声就对旁边的警卫员吼道：卸下他的枪，送交通队关起来！

20多年后，一次两人在武汉见面，唠起这事，王树声大将不无歉意地说：咳，那时有点野蛮喽。

被关在禁闭室里的胡奇才，真想一头撞死，再一想这不是便宜了国民党吗？打完棍子还能打敌人，抬担架不也是为革命出力吗？

军长王宏坤、师长陈再道，都给总指挥部打电话，说胡奇才走错路有责任，也有客观原因。这个人打仗勇敢，是员虎将，很

① 王树声（1905-1974），原名王宏信，湖北麻城人。1926年加入中国共产党，参与领导麻城暴动和黄麻起义。历任红四方面军副总指挥兼第31军军长、西路军副总指挥兼第9军军长，晋冀豫军区代司令员，中原军区副司令员兼第1纵队司令员。1955年被授予大将军衔。

有前途，让他回来，我们好好帮助教育他，保证让他深刻认识错误。

千军易得，一将难求。

战争不等人。胡奇才被撤职不到一个月，即官复原职，调去12师35团任政委。

红四方面军曾三过草地，一过草地是8月中旬。然后过大渡河，翻夹金山，11月下旬红4军攻下川中的荥经县城，敌人就上来了。

对手是中央军薛岳①的装备精良的7个师，军长许世友决定用5个团在峡口一带阻击。方面军政委陈昌浩②，认为薛岳是堡垒政策，稳扎稳打，不会一下子把主力拿上来，1个团就够了。许世友再三陈述利害，降至3个团，还是不行，就是1个。那时同级军政主官意见分歧，政委有最后决定权，因为政委是党的代表。而陈昌浩是方面军政委，那就是命令了。

就苦了35团了。

团长张德发，小个，黄安人，人称"土地老汉"，忠厚勇敢，当司务长时用根扁担缴获1挺机枪，并打退敌人。他和胡奇才商量，首先抢占当地最高峰羊子岭，凭险据守，打退敌人一波又一波地进攻。怎奈敌人太多，左前左后的山头全是敌人，炮火也猛，夜里抢修的工事，白天很快被炸得稀烂，部队伤亡很大。

胡奇才或者在团指挥所指挥战斗，或者下到营连去督战，检

---

① 薛岳（1896-1998），广东韶关人。历任第1军1师师长，第5军军长，第19集团军总司令，在第三次长沙会战中，取得了长沙大捷。内战爆发，薛岳任徐州绥靖公署主任，因"指挥无力，名声低落"被撤职。1950年逃往台湾。

② 陈昌浩（1906-1967），湖北武汉人。1930年加入中国共产党。历任中共鄂豫皖中央分局委员兼共青团中央鄂豫皖分局书记，中国工农红军第四方面军政委，西北革命军事委员会副主席，中央革命军事委员会委员，中共中央马克思恩格斯列宁斯大林著作编译局副局长等职。

红4军12师政委胡奇才（1935年5月在延安）

查工事构筑情况。追击炮连就剩连长和几个兵了，胡奇才上前抱起1发炮弹，被连长抢了过去，装填进去，一声巨响，炸膛了，连长当场牺牲。

35团伤亡近半，预备队也没了，退到非阳关附近，构筑第二道防线，苦苦支撑。

这天，胡奇才在军部开会，防线被突破了。许世友听完电话报告，命令胡奇才：你去收容部队，坚决守住铁索桥，掩护军部撤退。

从军部到铁索桥不到5公里，胡奇才单枪匹马赶到那儿，老远就见部队迎头跑来——那也是兵败如山倒啊！

胡奇才打马飞奔，拔枪冲天叭叭鸣枪，大吼：站住！都给我站住！谁跑毙了谁！

算上伤员，约莫百人，都站住了，跟着胡奇才往回跑。

在铁索桥头硬顶了半天后，胡奇才指挥几个团的零散人员，边打边退。最终算上被扶架着的伤员，只带回去几个人——他记不得具体数字了。

胡奇才被调回11师，升任师政委。

撤职复职提职，不到两个月。

老将军说，我这还不算快的，有时只是几天的事。一仗没打好，撤了。马上又打仗，没人指挥，让你暂时代理。一场恶仗，打得漂亮，上级干部伤了亡了，就提上去了。

和平年代，机关干部3年调职一次（像笔者这样的文职干部是4年）。部队军官则有任职和年龄限制，或者到期提职，或者"到站下车"。

和平时期也出优秀的将军，还有著名的军事理论家——古今中外，都不乏这种先例。

但是，名将只能在硝烟战火中打出来。

# 4. 土门突围

1941年11月初, 胡奇才任八路军山东纵队1旅副旅长不久, 就赶上5万日伪军对沂蒙山根据地实行"铁壁合围", 历时两个多月的大"扫荡"。

当时1旅正在蒙阴进行反顽作战, 已将顽军包围在坡里, 上级指示尽快结束战斗。胡奇才认为现在不是反顽的时候, 日军先头部队距坡里只有半天路程, 就算今晚能够结束战斗也来不及了, 再说一堆俘虏怎么消化?

旅长王建安[①]当即电报山东纵队, 未等回电, 即开始分路突围。

胡奇才率2团奔泰安、泗水、宁阳方向。

晚饭后出发, 9点来钟到达南北莫庄附近, 侦察报告, 庄里都是敌人。打不打? 就算乘敌不备, 一个突袭打胜了, 伤员怎么办? 当即决定沿敌人来路向北走, 到敌人后方土门、龙廷去。

天黑得锅底似的, 尖兵在前面搜索前进。马蹄用麻袋片缠上, 个人的搪瓷饭缸, 炊事员的锅桶什么的, 都用布、毯子包裹起来,

---

① 王建安 (1907-1980), 湖北黄安人。1927年加入中国共产党, 参加黄麻起义。历任红4军政委, 八路军山东纵队副指挥兼第1旅旅长, 山东军区副司令员兼参谋长, 华东野战军8纵司令员兼政委, 第三野战军第7兵团司令员, 中国人民志愿军第9兵团司令员兼政委。1956年, 他被授予上将军衔。

八路军山东纵队4支队政委胡奇才

夜色中只有分不清个数的脚步声和粗重的喘息。

天亮了，来到土门东面的石人坡，百十户人家散落在山沟里。部队停下生火做饭，布置好警戒，胡奇才带着团长吴瑞林和一个司号员，上山顶看地形。好家伙，15倍望远镜里，大队鬼子正浩浩荡荡从土门方向走来。胡奇才略一思忖，命令司号员用号音调两个连上来，同时命令政委李伯秋[1]带队迅速向西转移。

胡奇才判断，敌人还未发现2团，也不清楚我方实力。两军走对头了，大天白日的，被盯上就难以脱身。两个连，几挺机枪和200多只步枪，把敌人放到30米左右突然袭击，杀伤、迟滞敌人，待它把炮兵调上来发起攻击，部队已经远去了，两个连也从山后走了。

一切都像他判断的那样。

当晚赶到土门附近，前面就是汶南公路，为从蒙阴至新泰的封锁线。附近有矿山，雪亮的灯光里，据点里炮楼的灯光鬼火似的。

这种地界，平时是轻易过不得的。但是，胡奇才认为这工夫敌人大都出去"扫荡"了，留守敌人不敢出动，就从他眼皮底下过去。

他又对了。

2团未伤1人，跳出"铁壁合围"。

谈到其他各路部队，包括山东纵队指挥部和115师师部，突围时都受些损失，老将军说：我这路运气挺好。

---

① 李伯秋（1916-2005），辽宁辽阳人。1936年加入中国共产党。1938年参加山东人民抗日救国军。历任山东军区3师政治部主任，东北民主联军3纵7师政委，第四野战军40军政治部主任。1955年被授予少将军衔。

# 5．围点打援

胡奇才，真勇敢，

指挥八路打冶源，

打死鬼子三十三，

活捉一个翻译官。

这是流传于山东临朐地区的一首抗战民谣，唱的是1944年6月胡奇才指挥的一次干净利索的围点打援。

冶源是临朐城南10公里的一个镇子，驻守伪清乡大队的1个中队300多人，中队长外号"马大牙"，是个铁杆汉奸，鲁中军区早就想拔掉这个据点了。

1944年8月，胡奇才曾和军区政委罗舜初①，指挥3个团攻克沂水城。9月，又在葛庄设伏，毙伤日军草野清大队300余人，俘虏20人。而这次，他盯着冶源，更看重的是从临朐出援的鬼子。

胡奇才指挥2团和临朐县大队，首先拔除外围据点，然后攻击冶源。围墙高，外壕深，壕外还有三道铁网，鹿砦里还拴些鹅

---

① 罗舜初（1914-1981），福建上杭人。历任红一方面军司令部参谋，红四方面军司令部2局科长、代局长，军委2局副局长，八路军总部作战科科长，山东纵队参谋处长，东北民主联军3纵队政委，第四野战军40军政委、军长。1955年被授予中将军衔。

鸭狗，想夜间偷袭摸近不可能，一时半会还真拿不下来。

胡奇才也不着急。这边速战速决了，临朐那边的敌人就不出动了，或是半道上又折回去了。

这天上午10点来钟，从临朐出动的敌人赶到马埠村一带，伪清乡大队和警察300多，鬼子只有1个小队。

"娘了个×的"，怎么就来这么几个鬼子？

胡奇才的指挥所，设在山坡上的关帝庙里，山下的大路小路，肉眼也看得清清楚楚。他擎起望远镜向北张望，希望能再看到一两面膏药旗。

1营埋伏在路边庄稼地里，放过先头伪军，枪就响了。然后跃起，手榴弹出手，人冲上公路，喊哩咔喳拼起刺刀。

世上少有像日军那样重视白刃战的，三八大盖的设计充分地考虑了这一点。八路军的拿手好戏是近战、夜战，夜战也是为了近战，利用夜暗摸近敌人，使敌人的空中、炮火优势无法施展，扬长避短。近战就难免白刃肉搏，八路军子弹金贵，也乐不得的。开头却不行，有时1个班围打1个鬼子，也挺费事儿。放下锄头拿起枪，那人还是个农民，那枪老洋炮、老套筒什么的，许多老掉牙了不说，根本没刺刀，抡起来还不如根棍子。而先期侵华日军训练有素，射击、刺杀及各种战术动作，堪称一流。但是，1944年后情形变了。小日本就那么大，人就那么多，兵员素质越来越差，老八路则越战越强，农民锤炼成战士，轻武器也今非昔比了。像2团，一半连队刺刀雪亮，清一色缴获的三八大盖。葛庄战斗消灭的鬼子，一半左右是刀下鬼。

这次马埠村打援也吃点亏。以往肉搏战，鬼子关上保险，一对一地就跟你拼刺刀。"武士道"嘛。这回喊哩咔喳中招架不住了，**就没"道"**了，开枪了，1营伤亡几个官兵。

冶源战后，战地部分日军尸体（此照片为胡奇才摄影）。

那边拿下冶源，活捉了"马大牙"。这边33个鬼子，打死32个，活捉1个。

1940年8月，胡奇才指挥4支队1个团攻打小张庄。敌人凭险据守，屡攻不下。胡奇才集中1个营的排以上干部，组织"奋勇队"（即"敢死队"），又集中全团号兵猛吹冲锋号，强攻强打，仍未得手。

而土门突围和这次围点打援，则让我们实实在在地看到了这员虎将的另一面。

# 6. 歼灭"千里驹"

前面说过，1946年5月四平失守后，国民党军猖狂到了极点。结果北满在拉法、新站挨了一闷棍，南满先是鞍（山）海（城）战役，184师师长率部起义，接着又在新开岭被吃掉了号称"千里驹"的52军25师。

国民党军的战略是"南攻北守，先南后北"，即在南满采取攻势，在北满暂取守势，先消灭南满民主联军的两个纵队，占领南满，再转兵北上，夺取北满，占领全东北。

10月初，国民党军队打通沈（阳）吉（林）线后，兵分三路向南满大举进犯。左路新1军30师、52军195师、71军91师，由兴京（今新宾）、柳河、营盘向辑安（今集安）、临江方向进攻，企图切断民主联军南北满之间联系。右路新6军14师、新22师，由海城、大石桥向庄河、大孤山攻击，迂回安东（今丹东）。中路52军2师、25师，又分成左右两翼，从本溪向辽东军区所在地安东进犯。

这时，4纵的3个师，10师和11师32团奉辽东军区命令，由副司令韩先楚率领，东去兴京地区配合3纵作战，11师两个团在凤城县赛马集一线布防，12师在本溪南面的南芬、连山关地区设防，兵力分散在100多公里长的战线上。

司令员胡奇才觉得不妥。

10月15日，25师74团占领本溪县小市镇，辽东军区首长命令胡奇才将其夺回，以保障10师后侧安全。胡奇才率11师两个团和军区警卫团、纵队炮兵团，从赛马集星夜赶去夺回，第二天25师即猛烈反扑。他认为这一路敌人是向赛马集、宽甸进攻，迂回安东，军区首长同意他的判断，让他立即赶回赛马集。

抄小路，急行军，星夜赶回赛马集，军区一位首长又电令11师31团速去草河口设第二道防线，阻击连山关方向的敌人。

胡奇才决定不执行这个命令。

四平保卫战期间，南北满的大中城市几乎被冠以"保"字，结果是保什么丢什么，因为实力摆在那儿。现在，掘壕据守，抢夺空间，争取时间，掩护军区机关转移是必须的，但这并不意味着就应该被动挨打。敌强我弱，100多公里的战线，迟早会被分割、围歼。沿安（东）沈（阳）线步步设防，在强敌压迫下也只能节节后退，在凤城地区被多路敌人围攻。现在的局面，是走与打都被敌人运动着。摆脱被动，应该是该顶住的坚决顶住，同时适当集中兵力在运动战中伺机消灭敌人，打击敌人的气焰。

在纵队司令部紧急会议上，有两种方案。一是遵照军区首长命令，屁股朝南，面向北来之敌节节抗击。二是屁股朝东，边打边撤，在掩护军区机关转移的同时，诱敌深入，选择有利时机、地势，集中主力歼灭突出冒进之敌。

反复比较，权衡利弊，胡奇才当机立断，选定第二种方案。

纵队政委彭嘉庆在安东开会，胡奇才与他通电话，说明决心、方案。彭嘉庆表示完全同意，并向军区报告。

立即调整部署。命令12师主力立即撤出连山关、摩天岭防区，向11师驻地赛马集迅速开进。命令12师副师长率35团，在安沈线正面边打边走，迟滞敌人，掩护安东后方机关转移。命令11师31

新开岭战役前，4纵司令员胡奇才（左）与10师29团政委
刘凌在安东（今丹东）火车站。

团，在赛马集以北的分水岭构筑阵地，必须坚守两昼夜，掩护12
师主力和纵队直属机关转移到新开岭地区。

老将军在回忆录中说，新开岭战役，并不是一开始就要那样
打的，而是随着战场的发展，敌我斗智斗勇的结果。战争瞬息万变，
尤其在敌进我退之时，只能根据敌我斗争实际情况适时做出决断。

23日，11师主动撤离赛马集，进至东北部的新开岭，与12师
主力会合。31团亦完成阻击任务，从容撤离分水岭。两天未得寸
进的25师，声称"突破"分水岭防线，当日黄昏进占赛马集。

　　25日，胡奇才调集5个团，一个回马枪，在纵队炮兵团炮火掩护下，激战一夜，又将赛马集拿下。这下25师被打疼了，师长李正谊①亲率主力赶来。27日进至赛马集西南15公里的双岭子，又被4纵一阵掩杀，这个"千里驹"就一路跟着进了新开岭。

　　新开岭位于凤城县境内，一条东西走向的袋形谷地，两边高山，一条矮阳河和宽（甸）赛（马集）公路，从谷底并行穿过。只要控制住周围制高点，任你"千里驹"、"万里驹"，都有来无去。

　　在地图上，李正谊应该看出这是个死地，但他被4纵的打斗激怒了，而且也没把对手放在眼里。25师为什么被称为"千里驹"，笔者没有查到具体出处。

　　这个"千里驹"也真不同寻常，31日上午几个冲锋，突破11师部分阵地，攻占了老爷岭和404高地。

　　老爷岭为最有价值的制高点，可以俯视、控制整个战区。李正谊集中炮火，拼力把它夺了下来。先以1个连守卫，后来增到1个营，11月1日又增到1个团。山顶有当年日军修筑的堑壕、工事、碉堡，碉堡内可容纳几十人。山很陡，70多度坡，林又密，大都是刺槐和山里红，扎人刮衣服。先是雪纷纷，后来雨夹雪，松软的腐叶上一层雪，腐叶下的泥土泡得水唧唧的，一趔一滑。这种天候地理，能够爬上去已属不易，更不用说还有美械守军的炮火弹雨了。

　　当天上午，10师也从兴京赶来了，赶到就打。28团连攻9次，都未奏效，伤亡500多人。

---

　　① 李正谊(1903-1990)，陕西乾县人。黄埔军校第4期学习，参加过北伐战争、古北口抗战、台儿庄战役。历任国民党军52军75旅团长，第52军25师师长。他所指挥的25师是国民党军的中央军嫡系，因其行军速度快，号称"千里驹师"。在新开岭战役中，全师尽没，李正谊被俘。

最紧要的是几路援敌正在逼近，那个"虎师"新22师距这里已经不到一天行程了。

这仗还能不能打了？

11月1日晚上，在小边沟一间独立小屋的纵队指挥所，召开紧急党委会议。

有人认为不能打了。咱们3个师两万来人，敌人1个师8000多，兵力不占绝对优势，装备差得更远。援军将到，敌人肯定拼命抵抗，再僵持下去，想走都走不了了。

有人认为不打，撤，前功尽弃，快瘫的"千里驹"立刻会蹦起来，气焰更加嚣张。眼下我们困难，敌人更困难，主动权还在我们手里。只要组织好炮火，老爷岭一定能打下来。

有人说这次会议没有争论，有人说有争论，还有人说争论得挺激烈。无论有没有争论，也无论争论得怎样，这一刻主要的还是要靠军事主官做出决断。

胡奇才一锤定音：打！

他说：现在就是我们常说的那个"坚持最后5分钟"的时候，我们要不惜代价打下去。成败系于老爷岭。我们要集中兵力，争取时间迅速拿下老爷岭，这盘棋就能活起来。

当即决定，明天拂晓发起总攻，不留预备队，全纵人员都投入战斗。司令员、政委指挥10师强攻，副司令员负责组织炮火，11师、12师从侧后攻击，12点前结束战斗。

这最后一锤子砸响了。

坚持最后5分钟——新开岭战役开创了在东北一次作战歼敌1个精锐师的先例，连师长李正谊都被活捉了。

# 7 . 虎啸塔山

黑山阻击战、塔山阻击战，辽沈战役把默默无闻的黑山、塔山，打成战争史上的名山。

塔山东临渤海，西靠虹螺山，山海间一条宽约10公里的狭长地带，北（平）（辽）宁铁路、锦（州）榆（山海关）公路纵贯其间，东北距锦州约30公里。如果侯镜如的东进兵团突破塔山，半天工夫即能拥到锦州，攻锦部队就被夹在守军和援军中间了。

锦州是东北的门户，塔山是锦州的门户。毛泽东说"关键是争取在一星期内外攻克锦州"，而一星期内外能否攻克锦州，关键在于一星期内外能否守住塔山。

林彪曾经说过，守住塔山，胜利就抓住一半，塔山必须守住。攻不下锦州，军委要我的脑袋。守不住塔山，我要你的脑袋。

没查到这话是在什么场合说的，也没听说战争年代林彪要过谁的脑袋。他那性格，说这话时似乎也用不着加重语气，却不能不让人感到一股冷飕飕的杀气。

蒋介石的话，就有点气急败坏了：攻不下塔山，军法从事！

就是在这样的背景下，1948年10月11日，4纵接到"林罗刘"电令，点名让胡奇才到塔山前线，坐镇指挥这场大战、恶战。

10月5日，4纵从兴城赶到塔山，8日胡奇才和纵队首长去前线看地形。

印象深刻4个字：无险可守。

名曰塔山，无塔无山，一片退海小丘陵，所谓塔山只是个海拔59米的小土包。200来户人家的村子，南面一条饮马河，将敌我双方隔开。这边是低低的开阔丘陵地，那边是33.1米高地、44.3米高地、37.5高地，一直延续到影碑山，敌我阵地高差20余米。

塔山防线，东起渤海，西至虹螺山，长约30公里。从海滨到白台山10余公里，为4纵防线（其余为11纵），塔山村左右7公里多为防御重点，那么重点中的重点应该是哪儿呢？

第二天，胡奇才和参谋长李福泽[1]又去了一趟。

笔者第一次采访时，老将军正在家里整理回忆录，他指着自己绘制的塔山阻击战示意图说，12师在塔山村放了1个连，村后那个叫塔山的土包放两个连。塔山村地形低洼，小土包是最高点，冷眼一看，当然重要，实际却是假象。头一天看了，觉得好像有点什么问题，又说不大明白，第二天看明白了。

在塔山这扇绝不能被开启的门上，正卡在锦榆公路上的塔山村，就像个门闩，无险可守，却是守中之重。实际上，塔山激战6昼夜，4纵官兵就是凭借村前"天然屏障"的那条小河，每天打烂了再重新构筑的工事，以及村中的房舍，顶住进攻、插紧门闩的。而村后那个小土包，则带有迷惑性，因为防御战，通常都会想到抢占制高点。如果将重兵置于上面，而将塔山村放在其次，敌人绕过它也奔锦州了，可能上演一出现代版的《失街亭》了，他胡奇才就成那个马谡了，而"林罗刘"却是没有办法演《空城计》的。

---

① 李福泽（1914-1996），山东昌邑人。1937年加入中国共产党。历任八路军山东纵队8支队1团团长，鲁中军区第3师参谋长，东北民主联军4纵11旅旅长、纵队参谋长。1955年被授予少将军衔。

胡奇才（右起第三人）战前在塔山前沿阵地；站立者为4
纵12师34团副团长江雪山，他在作战前动员。

　　李福泽同意他的意见，12师师长江燮元 [1]、政委潘寿才 [2] 也
说有道理，当即将防守塔山村的兵力增至1个营。

　　被"林罗刘"点将当天，胡奇才就去了12师。

　　在34团1营阵地，胡奇才跳上一个刚修好的工事。这是个由3
层树干、4层草包垒起的半人多高的半地下的堡垒，他跳了几跳，
有点颤悠。他说试它一炮。1发六〇炮弹落上去，工事塌了。

　　他说：六〇炮弹都顶不住，就别说敌人的飞机大炮了，也就
难以顶住敌人的进攻。咱们4纵打过许多硬仗、恶仗，但是哪次
也比不上这次。这次来的都是蒋介石的嫡系部队，飞机大炮咱们

　　① 江燮元(1915-1990)，江西永新人。1933年加入中国共产党。历任
八路军115师教导5旅14团团长、新四军独立旅2团团长、东北民主联军4纵
12师师长。1955年被授予少将军衔。

　　② 潘寿才（1906-1974），河南省新县人。1930年加入中国共产党。曾
任红四方面军31军93师278团政委，八路军山东纵队第2支队政委，东北野
战军4纵12师政委，第四野战军41军政治部副主任。1955年被授予少将军衔。

塔山阻击战后，4纵首长与"毛泽东奖章"获得者合影（右一为胡奇才。）

见得多了，海上还会来军舰，是咱们从未见识过的地面空中海上的立体战争。更重要的是，这次大战打胜了，东北就解放了，国民党就没几天蹦跶的了。所以，敌人一定会跟咱们拼命，咱们一定要有打前所未有的大仗、恶仗的准备和决心。

师团营连干部都在，秋老虎的燥热中，一张张黝黑、严肃的脸上，汗水把泥灰冲得沟沟道道的。

多少次，他面对这样一张张冷峻的视死如归的脸。战后，一些熟悉、不熟悉的就消逝了，却永远矗立在他的心碑上。那是一组长长的生动鲜活的雕塑，而他每次都是准备好了加入其中的。

他说：同志们都知道我的脾气，我今天来到这里就不走了，是死是活咱们在一起，是死是活也要坚决守住阵地！

3纵、4纵的营以上干部，不少来自鲁中军区，晓得胡奇才组织"奋勇队"打小张庄的故事。有老人说：胡司令那脾气，无论多硬的敌人叫他碰上了，不死也得扒层皮。

林彪把有准备的死打，称之为"拼命仗"。塔山阻击战，就是一场举足轻重的典型的拼命仗，最需要的就是胡奇才的这种有我无敌的死打硬拼精神。

10日是试探性进攻，11日开始大打。54军、62军的4个师，在7架飞机、2艘军舰舰炮和数十门重炮掩护下，以整师整团的兵力，轮番向塔山及两翼的铁路桥头堡和白台山攻击。

11日下午，17兵团司令侯镜如到达葫芦岛，决定12日暂停一天，13日拂晓以4个师重新发起进攻。主攻方向依然是塔山村，这回上阵的是华北"剿总"直属的独95师。

这个独95师号称"赵子龙师"，据说自抗战以来未丢过1挺机枪。前任师长、华北"剿总"督战主任罗奇①，特意赶来打气，给全师军官训话。12日还带连以上军官上44.3高地观察地形，仿佛真的找到了长坂坡的感觉，把自己和独95师当成赵子龙了，信誓旦旦地表示"攻下塔山没有问题"。

天未亮，"赵子龙师"摸上来，偷袭不成就强攻，波浪式冲击。以团为单位分成三波，每个营一波，这个营受挫，那个营再上，这个团不行了，那个团接上，比日本鬼子"武士道"还凶。

13日是塔山阻击战最激烈的一天，也是基本上打掉敌人锐气的一天。15日，又以独95师为主，展开5个师的兵力。结果，独95师海运来的齐装满员的3个团，回去时就剩3个营的人了。

"赵子龙师"丢盔卸甲残废了，4纵"塔山虎"威名远扬，令敌闻风丧胆。平津战役中，16军出北平接应35军，军长袁朴②

---

① 罗奇（1904-1975），广西容县人。黄埔1期毕业。历任国民党军第2师第6旅旅长，第95师师长，第37军军长，京沪杭警备副总司令，陆军副总司令。

② 袁朴（1904-1991），湖南新化人。黄埔一期毕业。参加过东征讨伐陈炯明和北伐战争。历任国民党军第1军第1师团长，第1军2旅旅长，第80军军长，第2军团司令，陆军副总司令，并晋升陆军二级上将军衔。

在康庄接到傅作义的电报："确悉，东北共军守塔山的第4纵队业已入关。在北平以北。这是一支打恶仗的部队。望特别注意。"袁朴什么也不顾了，掉头就往回跑。

而胡奇才无论什么时候，一想到塔山，眼前就是一片火海，脚下大地震动得好像要倾翻了。

师指挥所设在村后山坡上。12倍望远镜里，葫芦岛码头上的兵舰，从兵舰上下来的部队上火车，火车冒着白烟往这里开。海上"重庆号"巡洋舰，舰上152毫米舰炮炮口火光一闪，顷刻间，塔山地动山摇。

"林罗刘"电报中说："必须死打硬拼，不应以本身伤亡与缴获多少计算胜利，而应以完成整个战役任务来看到胜利。"但这并不意味任何伤亡都无所谓。敌人炮火太猛，阵地上兵力多了伤亡大，少了顶不住攻击，这就要拿捏适度，适时投放预备队。有的营连伤亡过大，也不肯下来让别人接防，积极性要鼓励，更要实事求是。"林罗刘"要求每天给他们发4次电报，报告塔山战况，他必须让首长放心，放心塔山。

一动不动地死守不行，那样敌人节节推进，把工事修到你面前，一下子就冲过来了。反冲击远了也不行，会被敌人吃掉，失去阵地。步炮协同，适时反击，白天把敌人推出1000米以外，晚上再派出精干人员骚扰敌人，在攻击路线上埋设地雷。

两眼通红，不吃不喝也不觉得饿。擎望远镜胳膊都僵硬了，也没觉出来。硝烟战火中什么不觉得，打完仗不行了，这肚子怎这么疼呀？送去医院，医生说再晚点就危险了——急性阑尾炎，差点穿孔了。

罗奇的自信，是不无道理的。那么强大的火力，那么优势的兵力，那么不要命地一波一波地冲锋，怎么能拿不下个无险可守的弹丸之地塔山呢？

就是拿不下来。

几十年来，一些中外军事专家，包括国防大学来这里实习的学员、教授，面对这个历史事实，有人也难免疑惑。

古人云："地之险易因人而险。"

调来一只虎，再调上一员虎将，无险可守的塔山之险，立刻就显见了。

# 塔山阻击战战斗序列表
## （1948年10月10日-10月15日）

### 共产党军

司令员林彪

第2兵团　司令员程子华

第4纵队　司令员吴克华　副司令员胡奇才

第11纵队　司令员贺晋年

第10师　师长蔡正国

第11师　师长田维扬

第12师　师长江燮元

第31师　师长欧致富

第32师　师长李光辉

第33师　师长周仁杰（兼）

热河独立4师　师长李道之

热河独立6师　师长韩梅村

### 国民党军

92军　　军长侯镜如

62军　　军长林伟俦

39军　　军长王伯勋

54军　　军长阙汉骞

暂编62师

独立95师

韩先楚将军（1913-1986）

## 军职简历

土地革命战争时期，任红25军班长、排长、连长、营长，红15军团团长、副师长、师长。

抗日战争时期，任八路军115师344旅688团副团长，689团团长，344旅副旅长、代旅长，新3旅旅长，抗日军政大学1大队大队长。

解放战争时期，任东北民主联军4纵副司令员，3纵司令员，40军军长，12兵团副司令员兼40军军长。

中华人民共和国成立后，任13兵团副司令员，中国人民志愿军副司令员，解放军中南军区参谋长，总参谋部副总参谋长，福州军区司令员，兰州军区司令员。

1955年被授予上将军衔。

# 1.第一次战斗

每个从血与火中冲杀过来的人，都有自己的第一次战斗。

1955年被授予上将军衔的韩先楚，身经百战的第一仗，是这样的——

1931年，他所在的黄安(今红安)孝感地方游击大队，到鄂东北农村发动群众，建立苏维埃政权，同时也为主力部队筹集粮款。当地的民团、红枪会之类的地主武装，自然不会袖手旁观。一天上午，他们聚集起数百人，向红军游击队发起攻击。子弹在阵地前的马尾松、栓皮栎、茅栗中穿织，青枝绿叶不时被削落着。弹丸掠过头顶的啸音，尖利而又瘆人。伴着这种死神弹拨的音乐，是翠绿的旷野间迎面推进的一幅怪异而又恐怖的画面。红枪会员们光着膀子，有的脸上还用锅灰涂抹得黑蓝青紫，一个个生死不惧的凶神恶煞模样，一股黄潮般卷杀过来。

这本是群不堪一击的乌合之众，问题在于与之对抗的游击大队官兵，都是初经战阵的农民。

拿破仑说过，如果把未经训练的部队投入战争，"只能引起麻烦"。把这话拿来用于正在中国进行的这场战争，即便不是完全找不着北，起码也要打一半折扣。谁都知道中国共产党有句名言，叫作"在游泳中学习游泳，在战争中学习战争"。从土地革命战争到解放战争，都有大批的农民拿起棍棒刀枪就投入战斗。

黄麻起义时赤卫队使用的武器。

而眼下刚投入战斗的红军游击队，官兵从穿着打扮到言谈举止，以及由这些表象包含着的内质，都与此刻仍在田间耕作的农民别无二致。他们只是被人世间太多的不平燃起的仇恨鼓荡着，才扔掉犁锄，拿起刀枪。而他们的对手中的绝大多数，都跟他们一样多是土里刨食的农民，只是经过唱符念咒的训练，就可怜地以为自己不再是凡胎肉身而无所畏惧了。

但是，就凭这么一下子，时下的局势立刻就明显不同了。

有人叫起来：他们喝了符呀，刀枪不入呀！

胆大些的，急忙去裤裆里掏家伙要往那刀枪、子弹上浇尿，认为这些秽物可以"破符驱邪"。更多的人则是转身撒开丫子。

大队长喊了几声，见制止不住，也随人群退了下来。

兵败如山倒！

值此关键时刻，班长韩先楚从人群里冲了过去，一把抓住大队长，大喊：不能跑！不能跑！

逃跑的人群，先是被红枪会的"精神战术"唬住了，接着又被眼前的场面镇住了。

这些人大都是来自黄安的游击队员，那一刻没人会想到他们的家乡后来会成为中国著名的将军县，更不会想到突然间冒出来拦住他们的这位黄安老乡，日后会成为四野名将、著名的"好战分子"。在大别山春日弥漫着火药味的阳光里，只见这位个头不高、黝黑精瘦、平时少言寡语、自然也就不怎么引人注目的韩班长，两眼血红，嘴唇发紫、额头和太阳穴上的青筋凸动着，使劲挥动着那杆老旧的汉阳造：

趴下，快趴下，打，打呀，打他个娘卖×的!

大队长这才镇定下来，一挥驳壳枪：都趴下，打，打，打呀!

红枪会被打倒几个后，终于乱哄哄的溃散了。

古今中外的军事家，都说过类似克劳塞维茨的这样一段话："战争是充满危险的领域。因此勇气是军人应该具备的首要品质。"即便是经过长期严格训练的军人，初经战阵，也难免有心头敲鼓、腿脚转筋的时候。而在最能铸造男子汉的果敢、刚毅、一往无前气概的战场上，那些胸前缀满勋章的英雄，在那最初的铁血横飞中，也可能拉不开大栓，甚至不知不觉中尿了裤子。

而仍是那套农民装束的韩先楚，拿着那杆好歹对付着能够打响的汉阳造，平生在战场上的第一次亮相，就成为挽狂澜于即倒的勇士、英雄。

问题还在于，这个来自黄麻起义故乡的游击队长，在此前的18年人生经历中，并无乡里间那种好勇斗恨之类的记录，而只是个普通的朴实的本分的农民。

## 2.别样的勇敢

1936年5月，为巩固、发展陕甘根据地，策应红二、红六军团和红四方面军北上，中革军委决定红一方面军的红一军团和红15军团组成西方野战军，出师西征。6月13日，在北路活动的78师到达定边城下。师长韩先楚和政委崔田民①，带领团以上干部看地形。20多匹战马绕城一周，西门、南门、东门（没有北门）看了个够，认为可以打下来，立即在全师进行攻城动员。

就在这时，西方野战军司令兼政委彭德怀的电报到了："袭击定边，恐难奏效，仍照原计划前进。"

还打不打？

韩先楚认定该打。

一是能打下来。城墙不高，守军只有1个营和1个保安团，本身战斗力不强，周围又无援敌。之前我先头73师和75师曾经打过，虽未攻克，已使敌人感到惊恐。78师先头团赶到时，敌人还胡乱地朝城下放枪，待后继部队赶到后，城头上连人影都见不到了。这是一种什么心态？二是打下来对全局有利。定边、盐池是整个

———

① 崔田民（1912-1991），陕西绥德人。1928年加入中国共产党。历任第15军团78师政委，八路军115师344旅687团政治处主任、政委，689团政委，冀鲁豫军区政委、司令员，晋冀鲁豫军区1纵政治部主任。1955年被授予中将军衔。

1935年9月中旬，由鄂豫皖长征到达陕北的红25军与陕北红26、27军会师，成立红15军团。这是会师时的情景。韩先楚时任红15军团75师232团团长。

西征战役范围内的任务，属一盘棋上的两个子，应该拿下来。这样不但可以扩大我陕甘根据地，而且对西征部队的后方交通联系具有重要意义。

韩先楚与政委商量，又召开团长、政委会议，统一意见后，立即给西方野战军和红15军团发报："敌惧我歼，攻城可克，我师决计克城歼敌，望速核复。"

军团首长回电，命令78师迅速西进。

韩先楚咬咬牙，决定违令用兵。

召开团长、政委会议时，师特派员已两次警告师长、政委：彭总电报就是命令，你们要慎重考虑。这时，这位权力很大的特派员又出面了，让他们考虑如果攻城不克，会是什么"后果"？

韩先楚火冒三丈：一切有我，不用你管！

当天晚上，定边城一举攻克。

彭德怀来电:"你们敢于负责的机动灵活,攻克定边,庆祝胜利!"

古今中外名将,没一个只会说"是"的。

一种别样的勇敢。


一个星期后,78师又来到盐池城下。

打下盐池的意义,除了像定边的那些外,韩先楚还记住了毛泽东西征动员时讲的一句话:"盐池是(有)打不尽的土豪。"

盐池是陕甘宁接合部的商业中心。我军攻克盐池,除全歼守敌,缴获400多匹马和一批枪支弹药外,更重要的还是物资上的收获。白花花的1万多块银元已经使人乐不可支,更有一时间简直取之不尽的粮食、食盐、布匹、鞋帽、皮毛、甘草等等,车拉肩扛担子挑,搬运战利品的队伍浩浩荡荡。对于物资匮乏的红军来说,西征中发的这笔大财,在某种意义上是比消灭多少敌人都更有价值的。

只是眼下的问题又与定边的不同,定边是打不打,盐池是怎么打,什么时间打。

打下定边后,78师暂归28军指挥。部队天黑后赶到盐池,28军首长决定立即开打。

韩先楚不同意。

盐池城墙高大坚固,非定边可比。没看地形,城中守备,敌人士气,都不大摸底。定边一仗,部队伤亡、劳顿,加上一天行军,既是胜利之师,也是疲劳之师,那人累得边走边睡,立刻就要发起冲锋、爬城,而敌人却是以逸待劳。像定边一样,先头兄弟部队也曾攻盐池未下,敌人早有准备,赶到即打,也毫无突然袭击的优势和功效。等上一天,敌人仍是那一坨一块,我军却可养精蓄锐，把各项准备工作做得更加周到、细密，有形无形间那战斗力就不一样了。

无论怎么据理力争，没用。

韩先楚在17年后填写的《干部履历书》中的《自传》里，写到当时的心境，是无可奈何的6个字："只得服从命令。"

枪声和呐喊声中，部队上去下来，再上去再下来，伤员不断被抬下来，最后是烈士遗体。

打定边前，西方野战军和军团首长连发两电，进行制止，但那毕竟属"将在外"。而这一刻，上级就在身边，县官不如现管，那军人服从命令的天职就显出分量了。

由此也就能够理解，后来对于那种不切实际的战斗、战役的决心、方案，无论同级，还是上级，韩先楚都是不顾一切地据理力争，铁嘴钢牙，绝不退让。


盐池是第二天晚上打下来的。

打下盐池，又打安边。

安边只闻杀声和血腥。

看过地形，分析敌情，韩先楚和大家都认为可以打下来。战前会上，他提出78师和28军的一个师各选一个突破口，两下同时攻击。军首长却主张集中两支部队，全力从一个突破口突破。

第一次攻打盐池，地形不熟，组织不严，匆忙中有个团还被向导带错路了。这回安边倒是突上去了，可两支部队挤在一起，不但乱了建制，难以指挥，而且正好便于敌人发挥火力，被敌人一个反击打了下来，伤亡很大，再也无力进攻。

韩先楚站在一道土坎下，定定地注视着退下来的红军和突破口上的遗体，眼里喷出火星子。

# 3．出关第一仗

1946年5月，位于沈安铁路中段的小镇通远堡，在一阵紧似一阵的潮润的南风中，吐出些微绿意。

镇内一户有高大院墙，四角还有炮楼的有钱人家，门口全副武装的威严的哨兵，进进出出的军人的年纪、装束和神态，都表明这是个重要的军事机关。而停在大院里的一辆在那个年代绝对稀罕的铺满灰尘的黑色小轿车，更显出今天气氛的非同寻常。

屋里，辽东军区首长正在主持会议。

这天清晨，毛泽东从延安发来急电，要南满部队集中兵力，在中长路南端选择有战略意义的一两个大中城市展开进攻，将进攻北满的敌人拉回南满。这位军区首长立即从安东赶来4纵，召集纵队领导研究如何行动，屋里弥漫着呛鼻的关东烟。外间灶洞里劈柴在噼噼啪啪燃烧，炕席有些烙屁股。挺热，挺闷，气氛紧张而又沉闷。

有人开口了：连几个"窝棚"都打不下来，还能打大中城市？

有人说：派一两个团，去沈阳或是什么地方，放几枪回来就算了。

有人说的连几个"窝棚"都打不下来，指的是不久前的沙岭战斗。4纵和3纵3个旅加1个炮团，围打新6军的一个团，打了3天3夜没打下来，伤亡2000多人。

这是我军在南满与敌主力第一次交手。兵力对比绝对优势，还有那么多大炮，战士们何时见过这么多大炮呀，这回可要好好开开洋荤了。结果那炮多数都打到一边去了，有的还打到自己阵地上了。新6军那炮弹却像长了眼睛，专在人堆里炸，在头顶上炸的威力更大。那火力那个密呀，火焰喷射器一扫一大片，把雪地都烧糊了。战前，全纵上下都没当回事，觉得那还不像抗战时打顽军似的，一顿枪炮打过去，一个冲锋压上去，再喊几声"缴枪不杀"就结束战斗了。战后大家可就纳闷了，怎么比抗战打小鬼子还难呀？这还是国民党军吗？

韩先楚是沙岭战斗当天到4纵就职的。纵队有主官，还有辽东军区的首长，他一个副司令员不好说什么，况且战斗已经打上了。4纵是山东部队，他是从延安来的，一个"外来户"，不了解情况，就听着看着，在心里琢磨着。

但是，现在，他不能不说话了。

他认为南满这一仗必须打。

韩先楚认为，一些仗能不能打，并不是以能否打赢来决定的。有些仗即便连战连捷，也是不能打的。因为可能惊动了敌人，暴露了战略意图，或是分散了兵力，局部的胜利造成全局的被动、失败。但眼下不是这样。眼下的形势，是东北的战略全局要求你必须打这一仗，无论有多大困难，付出多大代价，都必须打。敌人倾其全力进攻北满，东北我党和军队的首脑机关都在北满，必须策应、保护他们，把敌人拉回来，减轻他们的压力。你不打，苟安了一时，待敌人把北满收拾完了再回过头来，你也完了。

他说：现在不是研究打不打的问题，而是要研究打哪儿，怎么打。

他用手指点着军用地图上的"鞍山"，又向下一划，定在"海城"上：毛主席要我们在中长路南端选择有战略意义的一两个大中城市，我认为就应该在这两个地方动刀子。

他接着说道：从客观上看，敌人集中兵力进攻北满，南满空虚，兵力分散，正是我们用兵时机。具体到鞍山、海城，守军是60军184师，装备、战力都不如新6军。大家知道，60军是云南龙云的部队，不是蒋介石的嫡系，与老蒋有矛盾，日本投降后老蒋又把龙云抓了起来。这种无形的因素，对我们也是很有价值的。所以，这一仗不仅必须打，而且能打好。

有人沉思，有人点头，有人摇头。

首长道：我看这一仗就由你来指挥吧。

韩先楚道：司令员调军区工作了，第一副司令休养了，我有这个思想准备。

首长道：好，你就带4个团去打一仗。

就4个团？韩先楚感到惊愕：4个团打什么仗啊！

他竭力使自己冷静些：这仗必须打，而且必须不惜代价地真打、大打，打痛敌人。不打痛他，怎么能把他从北满拉回来？

首长有些为难：12师正在沈安线上与敌对峙，大打也只能是10师和11师。

韩先楚说：最少也得两个师，再加上炮团。

首长沉思一会儿，终于下定决心：10师、11师、炮团，还有辽南军分区两个独立团，都给你，大打！

部队冒雨出发了。

鞍山、海城、大石桥，184师3个团，沿着中长路三点一线摆开。得知4纵行动，师长潘朔端①判断是要攻取大石桥，就将注意力投向那里。韩先楚很快得到这个情报，将计就计，将辽南独立团留在那里，做出要攻打大石桥的样子，自己率主力直扑鞍山。

10师是4纵主力，作风顽强，善于攻坚。29团②是主力中的主力，团长杨忠基是跟韩先楚从延安抗大来东北的，头脑精明，能打硬仗。好钢用在刀刃上，这刀出手就要锋利无比，一下子就能穿透敌胆，使其丧失斗志，俯首称臣。

29团攻势凌厉，很快拿下城外制高点神社山，又尾追溃逃之敌打进市内，一鼓作气攻下敌551团指挥所驻地伪市公署大楼。还在外围攻打唐家房身的28团③急了，团长胡润生红了眼睛，要组织敢死队，被韩先楚制止了。

见副司令员来了，大家就焦急地等着他出点子、拿主意。谁知道他却下令暂缓攻击，然后坐在那里，挺有耐性地审讯起俘虏来了，让人丈二和尚摸不着头脑。

韩先楚估计，这仗下来，我军伤亡当在一半左右，甚至更多。他的既定方针是，部署停当，就猛打猛冲，一切为了把敌人打痛，

---

① 潘朔端(1901-1978)，云南威信人。黄埔4期毕业。1929年回滇，历任营长、团长、旅长、师长。在台儿庄战役中奋勇杀敌，裹伤指挥作战，立下战功。1945年任184师师长，入越南接受日本投降。后在辽宁海城率部举行起义。

② 29团，就是有名的"鞍山团"，该团1营前身为1941年东海地委特务连为基础，在海阳李各庄与文登、荣成县大队编成。2营是1945年反攻后，牟平独立营1连和牟海独立营2个连编成。3营是1943年春在牟平徐各庄，以东海地委特务连为基础与胶东磨山人队编成。1946年改编为4纵10旅29团。29团团长杨忠基，政委车学藻。

③ 28团，就是著名的"海城团"、"塔山守备英雄团"。该团的前身是1938年9月成立的5支队64团和1939年1月在黄县成立的5支队65团，1946年2月改编为4纵10旅28团。28团团长胡润生，政委张继璜。

哪怕伤亡过半，把这支部队打残了，只要能够达到战役目的，就是成功。打着打着，一个问号在他脑子里闪了出来：能不能迫使这个184师放下武器，甚至投诚、起义？

最初闪出这个念头时，连他自己都吃了一惊。

比之新1军、新6军和其他主力，这个184师装备、战斗力是差，但战斗力并非仅仅是由装备决定的。我军装备更差，从来都差，作风勇猛顽强，战斗力就成倍增大。这个184师差的就是股顽强劲儿。他认为不应简单、笼统地将此视为一般敌人的共性，而更要重视其特殊背景中的个性。他觉得其中是有缝隙可钻的，而一个高明的指挥员就是要窥准对手的死穴巧施重手，获取出乎意料的成功。

审问了几个俘虏，那滇地口音实在难懂，也能听出个大概。都说抗战胜利了，本想复员建国，也没想还要打仗。他们不想打仗，更不想到东北来打仗。说国民党对滇军控制很严，他们还是从家信中得知龙云被老蒋抓起来了，并在部队中传开来。都说老蒋没安好心，把他们赶到东北是利用共产党消灭异己，看不到前途、希望在哪里。

韩先楚觉得有门儿。他立即下令加强政治攻势，开展战场喊话，同时从俘虏中选个40多岁的司务长，向他说明我军政策，让他回去相机把队伍拉过来，投降、投诚、起义都行。不到一个小时，这个司务长就带着连长，把守在唐家房身前面桥头的一个连领过来了。

韩先楚眼前一下子敞亮起来，马上召集会议，说明还是要猛打狠打往死里打，但此前的目的是把北满敌人拉回来，现在还要争取把眼前这个对手打过来、拉过来。只要把他打痛，打得他没路可走，他才会听话。就是说往死里打，是为了往活处引，打到一定火候就要展开政治攻势，用攻心战术使其放弃抵抗。兵书上讲"攻心为上，攻城为下；心战为上，兵战为下"，我们现在要好好用用这种"攻心"、"心战"。否则，你一味往死里打，他就会也跟你往死里打，打光了算，这种打法不划算。

他强调：我们不要光从军事角度盯着这个184师，还要学会打政治仗。大家想想，如果能够从中拉出一支队伍，哪怕1个团、1个营，那会在敌人内部增加多少矛盾、麻烦，造成什么样的冲击、震撼，对我们的军心士气又是一种什么影响？这个账，你们中的文化人比我这个大老粗会算。但我知道，敌消我长，肯定用乘法。

后来有人说，在那种大背景下，让184师起义，真有点像花子对百万富翁说，我要收购你的产业——可他竟然成功了。

鞍山市内残敌龟缩在女子中学大红楼里，企图顽抗。

——整个鞍山城都打下来了，就剩你们这一坨一块了，没指望啦！

——老蒋捉了龙云，又把你们赶到东北，他安的什么心你们还不明白吗？

——枪是老蒋的，命是自己的，过来吧，解放军优待俘虏，更欢迎起义、投诚！

在周围此伏彼起的喊话声中，大红楼里的枪声逐渐稀落下来，直至没了声息。

韩先楚不失时机地派人进去谈判。一个马营长率部放下武器，拿着韩先楚写给184师师长的一封信，去海城交给了潘朔端。

战役初始，两个营长作战不利，潘朔端下令就地枪毙。他是准备顽抗到底的，而杜聿明则明令他坚守到一人一枪。后院失火，这个在昆明亲自派人捉了龙云的东北长官部司令长官，已将越过松花江攻占哈尔滨的计划搁置一边，着令新1军（欠55师）等4个精锐师乘火车疾驰南满。只是火车再快也没共军的动作快。鞍山已失，海城城破，枪炮声越来越近，倒是从那玉皇山飞来的炮弹，一发发不紧不慢就在这师部前后左右爆炸，一发也没落到他头上，却发发都在他心头炸响了。

他知道眼前这个对手是4纵副司令韩先楚，是那个给他写信的人，他承认信中所述都是事实。许多人到了台湾，也不明白国民党怎么会搞成那般模样，他潘朔端心里可是明镜儿似的。就凭老蒋对待非嫡系那些手段，有个被大海包围着的海岛待着，就算老天爷照应了。令他不解的倒是这些共产党将军，特别是这个韩先楚。一个将军对打败自己的将军，是不能不特别感兴趣的。战役发起就打他个措手不及，然后丝丝入扣，步步紧逼，每招棋都抢在前面，直把他弄到眼前这个地步。他曾认为这是自己一时晦气，也是对手运气，人一辈子谁没个倒霉或走运的时候呢？老蒋把杂牌军将领视为二流、三流，而在他眼里共产党那些土包子，还在二流、三流之下。可接下来看着这位把自己打进共产党军队里的将军，指挥的一个接一个令人眼花缭乱的出神入化的战斗、战役，就不能不由衷地感到服气和充满敬意了。及至得知这位左手残疾的将军也是个土包子，那感觉悠忽间好像又回到当初的盲点，有点高深莫测而又百思难解了。

他不知道那炮是韩先楚让那样打的，但他能体悟出个中的韵味。于是那一发发炮弹就像一个个问号，在他脑子里翻来覆去地炸响着：投降？投诚？起义？还是为老蒋殉葬，将184师的云南子弟抛在黑土地，成为孤魂野鬼？

他选择了起义。

当杜聿明从北满调来的援军急火火赶到南满时，潘朔端已率

潘朔端率国民党军184师在海城起义，转移至安东（今丹东），受到人民群众热烈欢迎。

184师师部和552团2700余人起义，早随4纵转移了。

沙岭战斗与鞍海战役，一场大败后的一场大捷。

鞍海战役直接影响了东北国共两党棋盘上的走势。

韩先楚吃着碗里，看着锅里，把一些人不想打、也不敢打，即使打了也是一场不负责任的滑头仗的战斗，决战决胜地打了个满堂彩！

# 4 . "他不知道我的厉害"

夜幕低垂,山野暗淡,风吼雪舞,几匹战马沿着通化城西南的乡间小道,朝三源浦方向疾驰。

为了实现"先南后北"战略,1947年3月下旬,杜聿明又调集重兵,向临江地区压来。辽东军区决定由3纵司令员和4纵副司令员韩先楚,组成前方临时指挥部,统一指挥3纵和4纵10师,迎击来犯之敌。

韩先楚赶到三源浦东北10余公里的3纵驻地四道沟子时,已是半夜时分。

3纵司令员和副司令员迎出屋来,连说欢迎、欢迎。韩先楚说我是来给司令当助手的。司令员说吃完饭休息一下,韩先楚说还是抓紧时间研究这一仗怎么打吧。

"三下江南、四保临江"战役,当时被形象地喻之为"爬山头",意为这个时期是最艰难、吃力的。等到"三下"、"四保"结束后,就像下山一样,开始转入主动和顺境了。而终于爬到山顶的标志,就是这第四次临江保卫战的胜利。对此一战,辽东军区首长当然极为重视,决心很大,却未拿出具体的作战方案。军区让韩先楚4月4日赶到3纵,他3月31日晚上就急如星火地赶来了,为的就是这个。

来犯之敌共计7个师20个团10余万人,分成左中右三路集团。

左路为182师、暂编21师和重建的184师，约5个团的兵力；右路为新6军新22师、14师、25师和207师各一部，也是5个团；中路为13军89师、54师162团和暂编20师，兵力占来犯之敌的一半。三路集团在250公里宽大正面上，自北、自西、自南像三条黄色的河流，在冰天雪地中向临江滚进着。

辽东军区决定，由3纵司令员任总指挥，韩先楚任副总指挥。

3纵司令员看中的是暂编20师。

暂编20师是云南部队，装备、战力一般，位于外翼侧，配合89师行动。司令员认为，应该集中兵力在湾口镇地区歼灭该师，从外翼侧一步一步打下去，较为稳妥有利。

韩先楚盯住的也是中路，却是三路敌军中最突出的89师。

这个师为蒋介石嫡系、主力，全美械装备，战斗力自然很强。但我有4个师，另有军区、3纵、4纵3个炮团，兵力、火力3倍于敌。而更重要的，也是他反复强调的，是89师刚从热河调来，不熟悉南满地形，不了解我南满部队的战斗作风。他一路轻敌冒进，就说明了这一点。我军正可利用这一点，诱敌深入，将其全歼。

他早就盯上这个89师了。

知己知彼，百战不殆。自敌人开始调集兵力时，他就追踪敌军动向，把每个对手在心头反复掂量。就是来3纵路上，胯下战马跑得大汗淋漓，他那脑子也没闲着。掂来掂去，这个89师就让他想起那个在新开岭被歼灭的"千里驹"。那时节，几乎所有的敌人都是那么气势汹汹，抓住你影儿就像饿狼般扑逼上来。经过半年来的打击，敌人收敛了许多，包括王牌中的王牌的新6军新22师，推进中也是前瞻后望，其余的就更加小心谨慎了。这个89师则不然。他在热河没打过什么硬仗，就以为这南满共军也不堪一击，长驱直入，无所顾忌。他是强大的，可现在已经无形中把自己搞得弱小了。而那些吃过我军苦头的部队，包括战力并不强的云南部队，因为警觉得多，也就变得相应得难打些了。

后来有人问他为什么选择并消灭了89师，他只讲了8个字："他不知道我的厉害。"

这个"我"当然是"我们"，指的是我南满主力。而对于鞍海战役、新开岭战役这样有影响的大捷，3纵司令员和其他领导早就了解，自然也就对这位4纵副司令深怀敬意。可眼下这仗能那么打吗？捡软的捏，挑弱的打，敌强我弱，这是最稳妥的。你却要硬碰硬，这不是太冒险了吗？

在挺进东北时立下殊勋的3纵司令员，爽朗宽厚，在坚持南满斗争中连战连捷的4纵副司令员，沉着冷静，双方言辞都不激烈。但都各持己见，互不相让，那言来语去就碰出火星子。

这时，4纵作战科长肖建飞[①]，在韩先楚耳边参谋了一句：别争了，是否把两种方案都报告辽东军区，请军区首长定夺吧。

精明、干练的肖建飞，认定军区会同意韩先楚的方案，却未想到陈云、肖劲光签名的复电中，还写着这样一行字："由韩先楚统一指挥3、4纵作战。"

4月1日上午，前方临时指挥部召开师以上干部会议，部署作战。

韩先楚讲完各路敌情后，就简要而又详尽地说明了全歼89师

---

① 肖建飞（1917-1993），江苏沛县人。1938年加入中国共产党。历任山东军区司令部参谋训练大队副大队长，安东军区司令部参谋处长，东北野战军5纵司令部副参谋处长，四野42军司令部参谋处长。1964年晋升为少将军衔。

及随之跟进的54师162团的决心、部署，给各师团下达了战斗任务，并将发起总攻时间定在4月3日早晨6点。

应该说，在韩先楚的方案只有他自己一票赞同的情况下，人们只是在无条件地执行军区的命令。现在，这位让人一时间还不知称其为"指挥"、还是"总指挥"的4纵副司令员，又提出要在白天发起总攻，即便听过作战方案、部署后开了心窍的人，也不免顿生疑窦了。过去都是夜间攻击，以己之长攻敌之短，这是我军的老战法，他却反其道而行之。本来就是硬碰硬了，这下子敌人不就更硬了吗？这是打的哪门子仗呀？

韩先楚知道：如果8师23团和10师29团诱敌成功，那么，4月3日早晨，敌人就仍将处于麻痹状态向三源浦行进中。这样，敌无工事可守，可以打他个措手不及，迅速、大量歼灭敌人。而且这一带地形复杂，土地爷是我们的朋友，便于我军隐蔽埋伏，近战歼敌。

在一个多小时的会议中，他突出强调两个字"示弱"。

他指着墙上地图上89师的位置：要诱使他再前进一步，进至红石砬子、张家街、油家街地区再出击。诱敌部队展开正面稍宽些，只准使用轻武器，六〇炮以上火器一律不准开火。转移阵地时，要显得混乱些，以显示我军是地方部队或游击队。一句话，要顺着敌人的嚣张狂傲、藐视我军的心理，不断地示弱、示弱、再示弱，让这头蠢牛按着我们的节拍跳舞。

果然，一路追来的89师，越追就越趾高气扬、不可一世了。

肖劲光和陈云在南满

师长万宅仁[①]甚至嘲笑起他的同行：都说南满共军厉害，今天我就让你们看看，到底是他们厉害，还是你们都是熊蛋！

等他知道“我的厉害”时，一切都晚了。

刹那间，寂静的雪野卷起猛烈的旋风。先是子弹、手榴弹、六〇炮弹泼水般地泻来，榴弹炮弹炸起烟尘雪柱搅暗了半边天。接着就是四下里狂潮般扑涌过来的人海，嘹亮的号音伴着雷鸣般的杀声，山呼海啸，摇天撼地。

万宅仁算是最早见识了“旋风部队”的国民党将军了。

10小时结束战斗，全歼国民党1个加强师，并俘虏89师代理师长张孝堂[②]以下7500余人。

第四次临江保卫战随之结束。

---

① 据1947年《新华社东北五日电》云：“……八十九师，隶属第十三军，军长石觉，原为汤恩伯旧部，亦即蒋军中央嫡系部队，全部美式装备。该师为十三军主力，师长万宅仁，安徽东流人，黄埔六期生，现年四十岁。该师原驻防豫皖边境，三十三年中原战役失败后，随十三军经湖北溯江西上，于十二月底抵重庆，旋至贵阳，补充美国装备，并受美式训练。三十四年，日本投降后，离黔赴粤，抵九龙，即得美帝国主义帮助，十一月底抵秦皇岛，与五十二军同时开入东北，进攻热河解放区。在西满之秀水河子，曾为我歼灭五个营，后即守备锦州、山海关至天津之点线。此次被歼，距其由热河东调进攻辽东解放区，为时不及一月。”

② 据2007年7月20日《新文化报》所载《吉林“三次著名战役”》一文云：我方总攻炮火一响，万宅仁感到事情不妙，对副师长张孝堂说：“我委任你为89师代理师长，代我指挥作战。我马上去见军座，如果还派不来援兵，我就撞死在他面前！”万宅仁换了一身便装，选了一匹同雪颜色相似的大白马，怀揣一袋“袁大头”银元，带上两个勤务兵，向着深山老林落荒而去，这是89师在这场战斗中唯一逃脱的3个人。此后，万宅仁不知所终……后来，3个炊事员上山送饭时，俘虏了一伙敌军，其中有一位中年人，背着药箱，说是营部军医，走路还一瘸一拐，经调查就是张孝堂。

辽东军区司令部作战科长岳天培 [1]，在军区前进指挥所拼命摇着那台日本摇把子电话。肖劲光司令心里有些没底，急于了解前线战况。这个89师毕竟来者不善，是场硬仗啊。

3纵作战参谋侯乐孔，在电话那边乐颠馅似的使劲喊着：战斗快结束了，部队都扑下去了，漫山遍野抓俘虏哪！

肖劲光瞪大眼睛：什么？什么？快结束了？你再给我讲一遍，给我找韩先楚讲话。

侯乐孔：韩副司令也下去了，我们马上要拆线了，指挥所要前移了。

肖劲光拿着话筒自言自语：这仗怎么打的？怎么打得这么快？

旁边陈云也惊异地道：怎么打得这么快？

---

① 岳天培，后任志愿军空3师参谋长。

# 5．一个师打掉一个师

随着"三下江南"、"四保临江"战役的结束，黑土地上共产党人的春天，终于和自然界的春天一同到来了。

韩先楚站在地图前，一双不大的眼睛，虎视眈眈地搜寻着下一个对手。

1947年春天，国民党已经丧失了大规模进攻的能力。那种像狗一样地跟着你，见到影儿就扑上来穷追猛打的日子，已经一去不复返了。要想打仗，就得主动去打，找上门去打。

"好战分子"韩先楚，看准了一个叫"梅河口"的地方。

梅河口是沈吉路中段一个较大的车站，是沈吉、四（平）梅（河口）路、海（龙）辑（安）路的交接点，为东北五大战略要点之一。如果将它拿在手里，我南北满根据地就连在一起了，自四平撤退后，南北满被分割的局面就结束了，我党我军在东北的局面就不一样了。

正准备去梅河口看地形，辽东军区的电报到了，命令3纵向梅河口以西运动，相机歼灭驻守在东丰、西安（今辽源）一带的青年军第2师；4纵10师则转兵梅河口附近，任务是监视梅河口敌人的行动。

韩先楚的字典里，没有"胆怯"、"退却"，也没有就这么眼巴巴地看着敌人不打。

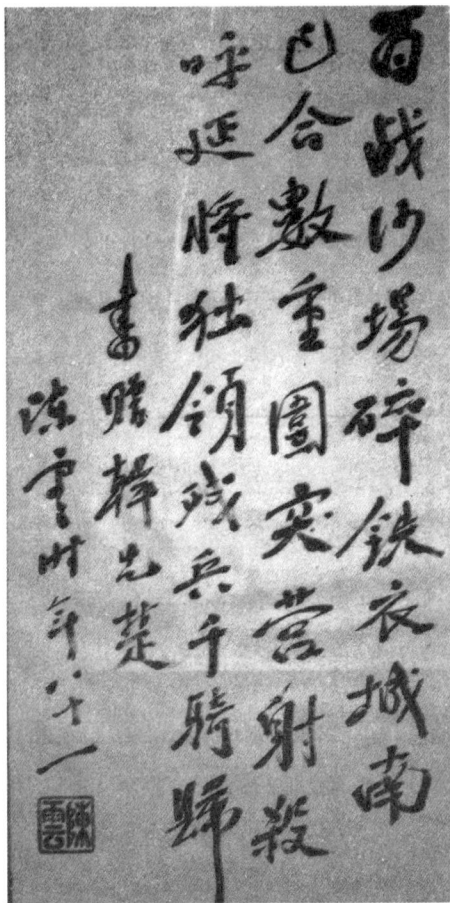

1986年陈云书录李白《从军行》，赠韩先楚，赞扬其英勇无敌。

看完地形，照写报告。

一连几天，没有回音。

他知道这是为什么。

梅河口守军是1个师，他手里也只1个师。

自新开岭战役前，他这个4纵副司令员就一直带着10师活动，忽而归还4纵建制，忽而配合3纵作战。10师是4纵的主力，也是东北民主联军——即后来的东北野战军的头等主力师之一。而梅河口守军184师，是鞍海战役中潘朔端宣布184师起义后，跑掉的不到两个营的基础上重新组建的。这种"二茬子"货，本来就不如原装，更重要的是双方军心士气的差异、变化。所以，无论从哪方面比较，这都是一种不平衡的1∶1。

"十则围之，五则攻之，倍则分之。"孙子的用兵之法，不知道被古今中外的军事家用各种语言重复了多少遍，中国共产党人更是深谙此中之道。从红军到八路军到解放军，我军在战场上几乎都是形成局部优势，而达成以寡击众、以少敌多的。他韩先楚自然也是这么打过来的。但是，如果战争就是一字不变地图解、演示兵书，那纸上谈兵的赵括们就可以纵横天下了。

骑上马就去军区前指找肖劲光。

肖劲光望着韩先楚：你想一打一？

肖劲光也早盯上了这个战略要地梅河口。他是打算待3纵解决了东丰、西安之敌后，再抽调几个团，配合10师攻打梅河口。

韩先楚点燃一支烟：这个"一"不是89师，更不是那个"虎师"，而是184师，所以它不能算个"一"。

中国共产党的老资格军人肖劲光①，是在七道江会议②上认识并开始关注韩先楚的。这个30多岁的将军，平时话语很少，那只残疾的左手却很少有离烟的时候，总是在喷云吐雾中思考些什么。不显山，不露水，冷眼看去没有什么特别之处，可一到关键时刻就会爆发出灼眼的光芒。那典型的南方人额头下，一对目光

---

① 肖劲光（1903-1989），湖南长沙人。1922年加入中国共产党。参加过北伐战争。历任红军第五军团政委，建黎泰警备区司令员兼红11军政委，闽赣军区司令员兼红七军团政委，红三军团参谋长，中共陕甘宁省委军事部部长兼红29军军长，中共中央军委参谋长，任八路军后方留守处主任，陕甘宁留守兵团司令员，陕甘宁晋绥联防军副司令员，东北民主联军副总司令兼参谋长，南满军区司令员，东北野战军第1兵团司令员，第四野战军副司令员兼第12兵团司令员和政委。1955年被授予大将军衔。

② 七道江会议，1946年10月，蒋介石集中十万兵力，向南满根据地扑来，先后占领大部分地区。在这紧急关头，党中央派陈云同志和肖劲光同志一起到达临江指挥作战。1946年10月11日至14日，辽东军区党委在南满根据地八道区七道江村组织召开了重要军事会议，参加会议的肖陈云、肖劲光、肖华、程世才、韩先楚、罗舜初等。与会同志分析了当时东北总的形势，决定把握时机，集中兵力收复辉南、集安等地，继续坚持南满斗争。这次重要会议，对于整个东北战局关系重大。它对我军坚持南满斗争，保卫长白山根据地，粉碎敌人对临江的进攻，有着决定性的意义。

永远是那么锐利，充满自信。那张不多言多语的嘴巴，则好像总是在告诉人们："我行，我能做到！"

上次临江保卫战，他专挑硬的打，这次又拣个软的捏。肖劲光名正言顺地让这个副司令员当了把不是司令员的司令员，与其说是对那作战方案的赏识，倒毋宁说是出于对他的一贯信赖。他知道他经常用并不充足的兵力，去完成那种令人难以想象的、甚至就是不可思议的任务。可在又一次不可思议的成功还未成为事实前，又怎能不让人捏着一把汗呢？184师这个"柿子"再软，也是1个师打1个师，况且又是实打实的攻坚战。别说黑土地还没有过，就是在我军战史上也是少见的。

几支烟抽罢，肖劲光下定决心：好吧，就来它个"一打一"，有困难及时告诉我。

依然是基于一种信任。


首先组织两个团加1个营，外加两个炮团及师属炮营，以绝对优势兵力、火力，将梅河口外围两个高地一举拿下。

向城内攻击受阻。

这个184师虽是二茬货，但它的战斗骨干都是从新6军和52军抽调的。国民党的精锐部队，一是装备好，二是老兵多，有着许多拿排长薪金的老兵。打仗打什么，一是打指挥员的决心，二是打直接在前线作战的班排连长。特别是这种守城战，战斗骨干强，再孬的部队，也会让对手吃些苦头。而我们以前大都是防御战，防御中的进攻，大都是打野战。像这种正儿八经的攻城，在黑土地上才刚刚开始，缺乏经验。

韩先楚心中有数，一个团一个团去看，有时竟然跑到前边突击营去看。

有的营连长打红眼了，他就要他们冷静下来，看看哪儿能否迂回，能迂回就不要正面进攻。有些营连伤亡很大，他就把师机关勤杂人员集中起来，补充进去。

5月24日上午发起攻击，到27日已陆续攻下火车站、铁路工厂、百货大楼等几个要点，就剩下敌人的核心工事时，炮弹打光了。

当时我军炮弹主要靠战场缴获，取之于敌，用之于敌，这就受到制约和局限，不像自己生产那样方便。炮兵把炮弹视为宝贝，像守财奴似的舍不得放，也就时常打着打着就没了。

韩先楚从29团回师指挥所，路过刚才打下来的火车站，眼前忽然一亮，差点乐得叫起来。站台上一辆车皮里全是敌人丢弃的炮弹，足有几千发。真是天助我也！立刻运去炮阵地，或者就把炮阵地搬到这里来。

这时，肖劲光把3纵的两个团也调来了。

一阵炮火急袭后，部队就冲上去了，冲进去了。

从鞍山、海城到梅河口，原装和二茬货的184师7000余人，都灭在韩先楚手里。

# 6.战争之神

攻打梅河口伤亡很大。韩先楚下令,师勤务连,机关炊事员、理发员,还有首长的一些警卫员,把除了卫生员外的所有"员"和各种勤杂人员,都集中起来,投入战斗。各团也都照此办理。

10师政委葛燕章给韩先楚打来电话:师山炮营炮弹打光了,是不是将炮兵改为步兵投入战斗?

韩先楚厉声道:不行!让他们原地待命,一个也不准给我动。

斯大林说:炮兵是战争之神。

韩先楚把炮兵当作宝贝。

在通远堡那个高墙大院的有钱人家开完会,韩先楚就去4纵炮团了。

炮团只有4个炮连,6门一四式野炮,3门三八野炮,两门一三式山炮,还有4门八九高射炮,5挺13毫米高射机枪,都是日本造。有的是"八一五"后从日军仓库拿的,大部分是捡破烂般从山野、民间搜寻来的,难得完整无损的,大都是几门炮拼凑起来的,有的已经老掉牙了。可从红军到八路军,有支三八枪就爱不释手够美的了,谁见过这么多大家伙呀?没想到一到东北,一下子就发洋财,成阔佬了。

当时有句话,后来的文艺作品也那么写,叫"大炮上刺刀"。

意即尽量让火炮向前靠，推拉到敌人鼻子底下，像白刃肉搏那样抵近射击。这在许多情况下是非常有效的，却也只得如此。因为那时我军炮兵只会直接瞄准，不能间接射击，也就不能在远距离上支援步兵作战。

在黑土地上一下子发展、膨胀起来的炮兵，必然带来技术人才的匮乏。沙岭战斗我军炮弹打到我军阵地上去了，后来有些部队也不时发生这种问题，这"神"就让人觉得有"鬼"了。步兵气愤地说，炮兵有特务，专打自己人！幸亏那时不搞"肃反"，不然炮兵的"反革命"恐怕比谁都多。

韩先楚也讲过类似"大炮上刺刀"的话，但他更强调炮兵的属性，他常说大炮就是大炮，总当步枪手榴弹用，那我们的炮兵就只有一条腿、甚至半条腿了。对于共产党的武装力量来说，炮兵是个新兵种，掌握一门大炮不像步枪那样简单，需要许多文化知识，更要勤学苦练，尽快使两条腿都健全、健壮起来，在各种情况下都能发挥炮兵的强大威力。

开头炮兵技术差，效果不理想，一些人就不大重视炮兵。1个炮团，近20门火炮，200多匹骡马，行动笨重，有人觉得是个累赘。韩先楚恰恰相反。出关第一仗他就要了炮团，那以后的大部分时间里，炮团都随着10师跟他行动，有时还把军区炮团也抓在手里。炮兵的困难，他尽量优先解决。特别是炮弹，不是战前，而是平时就给后勤部门下令，必须在什么时候搞到多少多少，有机会就向上边伸手。战斗中，他的指挥所常和炮兵在一起，以便在实践中发现问题，总结经验教训，搞好步炮协同。

辽沈战役第一仗打义县。义县城墙高大坚厚，在东北是一流的。有人说还是老办法，从地下挖个洞，把炸药堆进去，让它坐土飞机。韩先楚说我们有这么多炮兵，这么多大口径榴弹炮，

东北炮纵司令员朱瑞

为什么不用？他指点着向大家说明，不应打底部，也不能打上边，而要打中间靠上一点。这样城墙打开了。打塌的砖石土块在豁口处形成个漫坡，步兵就可以冲上去了。东北野战军炮兵纵队司令朱瑞，听得直点头。

韩先楚第一次使用炮兵，就显示出强大威力。攻打鞍山外围制高点神社山，6门一四式野炮一阵急速射，几发炮弹直接钻进山顶大碉堡里。攻打海城，炮兵伴随步兵不断延伸射击，还把大炮拉上刚刚占领的玉皇山，居高临下直接威胁潘朔端的指挥所。184师火线起义，炮兵起了重要的摧毁和威慑作用。

而他敢于对鞍海用兵，一个重要的原因就是手里有炮。在所谓"夺取一省或数省的首先胜利"的年代，我军扛着冷兵器时代的云梯攀缘城墙，前面倒下，后面跟上，再倒再上。那时要是有几门火炮，那是比增加几个连的兵力都更有效的。

如果说第四次临江保卫战，两个炮团的炮火，一开头就把那个89师砸蒙了，那么新开岭战役和攻打梅河口，都是炮兵在最后关头起了决定性的作用。

二下江南打德惠，6纵及独2师，并配属3个炮团，打敌两个团。

兵力、火力绝对优势，伤亡很大，却未打下，一个重要原因就是平均使用炮兵。

同样是大老粗出身，同样从枪林弹雨中打出来的，那总是在炮火下被迫击、打压的滋味，也不应有何不同。可一旦手里有了炮兵，而且是很强大的炮兵，那结果却大不相同。

沙岭战斗，新6军那火焰喷射器，让战士们想起神话传说中喷吐烈焰的妖魔鬼怪。有人说那叫"火箭炮"，有个领导就说给我搞回一门看看。11旅32团2营副营长赵斌带个班上去了，牺牲两个人搞回一"门"。大家眼巴巴看着那个领导，那领导转圈儿看，掂一掂，踢两脚，骂几句"娘卖×的"，就没了下文。

韩先楚也没说什么，但他已经意识到眼下这场战争与以往有什么不同了。

恩格斯说："一旦技术上的进步可以用于军事目的，而且已经用于军事目的，它们便立刻几乎强制地、而且往往是违反指挥官的意志，而引起作战方式上的改革甚至革命。"

当纳粹德国用V2火箭攻击伦敦时，在东方抗击日本强盗的中国共产党军队中，还有许多长矛、大刀。1939年秋，山东八路军在梁山伏击一支日军，缴获3门大炮。其中两门意大利造野战重炮，威风凛凛，烤漆照得见人影，煞是爱人。官兵找来16头壮牛，那炮却在原地打转转，无论如何也拉不走。一个侦察员来了，说他见到那日本大洋马，是屁股对着大炮屁股拉着走的。这回拉走了，却也只能拉到东平湖里沉掉，包括那满满两车炮弹。一支不知道如何拖炮前进的队伍，是不可能将那两车炮弹倾泻到敌人头上去的。

那时，连八路军的主力115师，也只有两门机关炮和8门八二迫击炮。

但是，现在不同了，黑土地上的共产党人，已经有了一支从未有过的炮兵。这就意味着，战场上再也不是只有我们冒着敌人的炮火前进了。而这，在昭示着作战方式变化的同时，也将一个新课题摆在共产党人面前。

韩先楚是最先意识到这个变化，并迅速把握了个中精妙的将军之一。

我们说今天是高科技时代，战争是高科技战争。当韩先楚把他的炮兵视为宝贝时，人类文明的词典里还没有"高科技"3个字。但是，这些连苏联人也不稀罕的、在美国人眼里百分之百是破铜烂铁的东西，对于刚从冷热兵器混杂时期走来，从将军到士兵绝大多数都是大老粗的共产党军队，却是实实在在的"高科技"。这不仅是文化的差距，更是一种对传统的惰力的挑战。

"'小米加步枪'，打败了'飞机加大炮'"，韩先楚去世前还听到这种论调。我们曾是"小米加步枪"，但若就这样子"加"下去，还会有那后半句高调吗？在这场绝不可能产生"空军制胜论"和"海军制胜论"的战争中，他知道在敌对双方的兵器家族中，这"战争之神"是一种什么地位和价值。无论"高科技"，还是"低科技"，他对新事物都有一种异乎寻常的悟性和认知力。

因此，我们就能够理解到战争年代的韩先楚，为什么会那样永远满怀信心、朝气蓬勃、活力四射了。

# 7．战争中最有效的打击是出其不意

　　1947年9月下旬，东北人民解放军发起秋季攻势。1纵向昌图攻击，2纵向八面城，6纵向伊通，10纵向江密峰，7纵向法库，4纵向八棵树，各路人马从东、西、北三个方向，逼近盘踞在中长路两侧的敌人。3纵的任务，是歼灭开原县威远堡至西丰间的53军116师。

　　4纵副司令员韩先楚调任3纵司令员。

　　在3纵驻地小四平村，3纵政委介绍情况后，将总部关于秋季攻势和3纵的作战任务，及有关敌情通报等电报资料交给韩先楚，并说明纵队拟制的作战预案：集中全纵兵力，首先歼灭西丰之敌，然后再向纵深扩大战果。

　　韩先楚原想先到师团去看看，这么听着看着，一双脚就在地图前停住了。

　　116师师部带347团及辎重队、特务连，驻在开原以东的威远堡；347团3营和炮兵营守备在二道河子以东，2营驻守在威远堡与西丰之间的郜家店；348团在威远堡以北的莲花街；346团2营守备西丰，1营在西丰至威远堡之间的拐磨子。目光在几个点间梭巡了两遍，他就觉得作战预案不妥了。西丰之敌有两个团，却是座县城，工事坚固，开仗就是攻坚，歼敌不多，伤亡却不会小。

　　那么，这一仗究竟应该怎么打呢？

他盯住了威远堡。

威远堡是敌师部驻地,是敌人的脑袋和心脏。这里是个乡间小镇,临时修筑的野战工事,守军只有1个团。就是说,这里是敌人的重点,又恰恰是个弱点,一个致命而又薄弱的部位。这里一打响,其他敌人必定出援,我军就可在半路上伏击,将其各个歼灭。

韩先楚这个长途奔袭的作战方案,难说是从什么时候开始酝酿、思考的,到任不久就成熟了,定型了,应该说是没有问题的。

大半夜未睡,天未亮睁开眼睛,他就找来侦察科长郑需凡[①]。

听郑需凡把敌人实力、布防和工事情况描述一遍,韩先楚问:从这儿到威远堡是条什么路?

郑需凡道:是乡间大车路。

郑需凡有些不知所以然,而韩先楚念念不忘的是他的炮团,是那200多匹骡马拖拉的各种火炮。

又问:这条路你走过了?

没有,是师侦察科报告的。

那不行,一会儿你要亲自走一趟。

又问:离威远堡最近的敌人在哪儿?

在鄐家店南山,有一个连。

在那儿打响,威远堡能听到吗?

这个不知道。

---

① 郑需凡,原名郑煦蕃,1922年生于山东龙口。1938年他与同校青年夺取了本村更屋里的四支钢枪,参加山东人民抗日救国军第3军第4路第22大队。1939年加入中国共产党。历任山东纵队政治部锄奸部侦察科政治检察组组长,东北民主联军3纵侦察科长,中国人民志愿军游击支队参谋长,二机部军管会副主任。

214

韩先楚道：你派人去那儿打几枪，再甩颗手榴弹，你留在威远堡附近，看能不能听到。来回路上要留心路况，哪有沟坎、河流，对三八野炮有多大障碍，都要搞清楚。快去快回，回来马上报告。

政委满以为韩先楚会同意作战预案，没想到新任司令员又拿出一套来。两人谈了两次，争得脸红脖子粗。

又是未等与敌交手，自己先"打"了起来。上次是4纵副司令员和3纵司令员，这次是司令员对政委。谁也"打"不服谁，就"打"到了党委扩大会上。

政委主持会议。

政委指着地图：大家看到了，53军3个师在开原以东和东北地区，相距不远，互为犄角。威远堡、西丰距昌图、四平很近，距沈阳不到200公里，又在铁路、公路线上，敌人是机械化，交通便利，敌人说到就到了。这次作战，上级没有给我们配备打援的部队，一切都靠自己料理。所以，我认为应该集中全纵兵力，首先打击、歼灭西丰之敌。这次我们和几个主力纵队在中长路上并肩作战，这是没有宣布比赛的比赛，3纵一定要打个有把握的胜仗。

政委原是辽东军区副司令员兼参谋长，自然是韩先楚的上级。他长期做军事工作，抗战时期曾任八路军总部作战科长，军事上自然有一套。而且3纵干部大都是他从山东带来的，在鲁中指挥部队打了许多好仗，在部队中享有很高的威信。未等讲完，许多人已经表态，认为这是个稳妥、可行的方案。

政委望着坐在长条凳子上的司令员：下面，请韩司令讲讲。

韩先楚开口就是：我不同意罗政委的意见。

他说："东总"发动秋季攻势的作战意图，就是趁敌人主力西调辽西之际，在中长路上大量消灭敌人。"东总"对我们3纵的指示很明确,先攻威远堡,后攻西丰,吃掉116师,所以我们制定作战方案的依据、目标也只能是这样。那么,怎样才能吃掉它呢?

他站起来,将手中抽了半截的香烟扔掉,手指在地图上的"小四平"到"威远堡"一划:我的设想是,先来它个长距离奔袭,用"掏心"战术直插威远堡的116师师部。

东北野战军在黑土地上打的好仗,林林总总,争妍斗艳。而中国的最高军事学府国防大学多少年来讲到的奔袭战例,据说只有一个奇袭威远堡。这一仗的要害,就是"攻其不备,出其不意"。这也正是典型的韩先楚风格。

参加会议的师以上干部和被扩大进来的司令部的科长们,对这位新司令员是尊敬的,可这个方案也太出人意料,太大胆、太冒险了,太不能不让人想到那个"万一"了。再加上对老首长的尊敬、信赖,一些人使大劲也只能是个不吱声,两边都不沾边了。

一阵难耐的沉默后,8师副师长杨树元①站了出来:韩司令这个"掏心"战术好,大胆,出奇,胜利大,伤亡小,我举双手赞成!

韩先楚只高兴了一会儿,就莫名其妙地发现杨树元的发言,反倒使他更不利了。原来,杨树元是冀东来的,打仗勇敢,是员虎将,一些人却认为他马虎、冒失,不稳当。结果,一些稳重的人也就更加稳重起来,认为韩先楚的方案欠稳重了。

韩先楚有些急,指着面前7师政委的鼻子点起将来:李伯秋同志,你是什么意见?说出来嘛!

李伯秋还真就赞同韩先楚的方案:掏心战术是个奇思妙想,

---

① 杨树元(1914- ),陕西清涧人。1930年参加中国工农红军。1932年加入中国共产党。历任红28军连长,冀东军区12团营长、11团团长,东北民主联军21旅旅长,东北民主联军3纵8师副师长,四野40军153师师长。

高招绝招，敌人是想不到的。但有一条，必须速战速决，未等敌人援兵上来，就要结束战斗。

没有比在苦战中受到火力支援更让人激动、兴奋的了。韩先楚趁热打铁，又点了7师师长的名字。他对3纵干部情况不大了解，但他认为7师师长肯定会站在他一边。这位师长是湖北麻城人，都是鄂东老乡，红四方面军的，彼此比较了解。两人又在延安抗大学习、工作过两年，而且7师是主力，说话自然有分量。

这位师长却迎头泼来一盆凉水：开原、威远堡一带有53军两个师，会那么容易就让我们插进去？就是插进去了，被敌人缠住了又怎么办？弄不好，就是送上门去让人家掏心。

争来论去，虽然不像上次只有他光杆一票，赞同他的也是绝对少数的两票。

逢上这种方案之争，通常是应由司令员进行决断的。所以身为副司令员时，他必须全力阻截，据理力争，以使正确的决心能够得以贯彻、执行，现在他成了司令员，若在别的场合，他可以说一句"我是司令，军事、作战由我负责。"可眼下是党委扩大会，是少数服从多数的，何况他还是一个上任不到3天的司令员。怎么办？一番计较后，最后唯一的办法还是老办法，将两个方案同时上报，请"东总"裁决。

第二天下午，"东总"的复电到了，批准了韩先楚的方案。

9月29日，各师团开始向攻击和阻援地域运动。未出发即下雨，秋雨阴凉，道路湿滑，诸多不便，却也易使敌产生错觉，便于我军隐蔽企图，长途奔袭。

一天半夜强行军100公里左右，第二天拂晓前后，陆续进入指定位置。

郑需凡带个骑兵班，从前边侦察回来，半路上碰见韩先楚。见司令员身边就作战科长和几个参谋、警卫员，郑需凡问部队呢？韩先楚一指说这不就是吗？哪有啊，就他带的那个骑兵侦察班。赶紧打马转身向前，指挥骑兵搜索前进。

打这以后，侦察科长郑需凡和作战科长尹灿贞[1]，基本就不离韩先楚左右了，一直跟到海南岛。对这个"好战分子"的脾性，自然也熟悉得不能再熟悉了。可这时候的郑需凡，是实在不理解，也真来气了：哪有你这样的司令呀？离大部队这么远，身边连个警卫排都没有，这胆也大得太出格了！

半夜时分快到威远堡了，韩先楚说咱们找个能看到威远堡的地方，一行20多人就爬上了距威远堡1公里的东山。

黑暗中，7师前卫团和纵队炮团，陆续从山下通过，对面的威远堡鸦雀无声。

天色逐渐亮了，在轮廓越来越清晰的镇子里，突然响起一阵起床号。

战后，被俘的116师师长刘润川[2]说：从战术眼光看，你们可能打西丰，最厉害可能打头营子（即郜家店），万万没想到你们竟打到威远堡来了——这一招太厉害了！

在起床号中醒来的刘润川，听到枪炮声和报告后，第一反应是：这部共军是从哪里来的呀，我是不是还未睡醒，还在梦中呀？第一个动作是给30师、130师发报求救，第二个动作是给西

---

① 尹灿贞，后任志愿军40军参谋长，辽宁省革命委员会副主任。

② 刘润川，国民党军少将。历任国民党军工兵第11团12营营长（东北军），130师687团团长，53军116师少将师长。参加过印缅抗战，抗战胜利后赴东北参加内战。威远堡战役后被俘。1948年曾受中共指派在铁岭对国民党军进行策反，1949年逃台。

郎家店战役之后，南满部队乘胜收复西丰、伊通、公主岭
等地。上图为我军进入伊通县城。

丰、莲花街的346团、348团下令，让它们立即赶来救援师部。当这两个团遵从他的命令，乖乖地进入3纵打援部队的伏击地域时，他也到了只有落荒而逃的份上了。

最后一个动作，是在"缴枪不杀"的喊声中，在一片待割的高粱地里，哆哆嗦嗦地举起了双手。

从鞍海战役到威远堡战斗，或中共中央、中央军委，或东北局、东北民主联军，规格最低的也是南满分局、辽东军区，不断地给3纵、4纵通电表彰。

国民党也不吝啬褒赞。威远堡战斗后，一些国民党军队敬畏地称3纵为"旋风部队"。

旋风者，旋转的疾风也。它迅疾，猛烈，又难以捉摸它会生于何时，旋向何处，一旦着身就让你晕头转向，魂飞魄散。像这个116师，明明知道3纵在100公里外的小四平，却骤然而至，让你在起床号中一个美梦醒来，还认定那是白日作梦。而那个89师则根本不知它在哪里，平地一声雷般拔地而起，一下子就把你旋进云里雾里了。

这种被对手"授予"的称号，是有其特殊分量和意义的。因为只有被打过的人，才更清楚对手那拳路的风格和劲道。

# 8.运 气

1948年9月下旬，东北野战军主力南下北宁线。蒋介石看出苗头，命令东北"剿总"副司令兼锦州指挥所主任范汉杰死守锦州，同时从华北和沈阳调集大军，东西对进，准备在锦州地区夹击我军。我军攻锦前和攻锦期间，侯镜如的东进兵团在塔山受阻，廖耀湘的西进兵团则在彰武和新立屯之间欲进又止，徘徊观望。

10月15日我军攻克锦州，20日"林罗刘"即下达全歼东北国民党军队的政治动员令。

1纵、2纵、3纵、6纵17师、7纵、8纵、9纵，一路路大军就像一股股洪流，从锦州掉头向东直扑廖耀湘的西进兵团。

深秋的辽西，清晨，山野，大地亮晶晶结着白霜，像铺了层薄雪。人马走过，地面立刻就黑白分明起来。部队在强行军，有的就是小跑，头上腾腾冒着热气，那口鼻喷出来的也是白乎乎的。远远望去，就像着地卷来一阵云雾。队伍中不时可见身着国民党军装的人影，那是从锦州的俘虏中匆匆补入的解放战士。

韩先楚骑在一匹蒙古马上，马蹄嘚嘚，思想的轮子在飞旋。

"东总"的战法是，"拦住先头，拖住后尾，夹击其中"。3纵的任务，就是与其他两个纵队"夹击其中"。新1军、新3军、新6军、49军、71军，这个西进兵团足有十万之众，而且几乎囊括国民党在东北的所有精锐主力。这样的对手，实在不能不让韩先楚感到兴奋。那么，廖耀湘的兵团部，是不是处在3纵所要攻击的中段？他觉得应该是这样。"射人先射马，擒贼先擒王。"特别是这种野战，若能首先搞掉它的脑袋，它就不战自乱了。

提起新6军、新22师，人们就不能不想到这个廖耀湘，都恨得牙痒痒的，开头还真有点怵。可他韩先楚从未怵过谁。那个184师两次命断他手，只能算是一种偶然。而对这个廖耀湘和他的精锐之师，韩先楚是铆足劲儿，千方百计想吃掉它。那次歼灭那个二茬货的184师前，在清原县南山城地区，廖耀湘和新22师眼看要钻进口袋里了，却被一支兄弟部队懵懵懂懂地将其打了回去。伏击战打成追击战，虽然也是胜仗，却让他大失所望。而现在，机会到了。

辽西会战围歼廖耀湘兵团，是一场典型的林彪式"三猛战术"的"打乱仗"。各路大军不管三七二十一，赶到就打，哪儿有枪炮声就往哪儿打，猛打猛冲猛追。而且，大家都知道其中有个新6军，就愈发得三猛、四猛、五猛、六猛起来。"吃菜要吃白菜心，打仗要打新6军"，最好是猛上那个新22师，吃吃这个白菜心中的白菜蕊。一个精锐的廖耀湘兵团就这么被猛上了。有的部队猛了一阵觉得不对劲儿，蒙了一阵子，才发现是自己人猛上了自己人。

而韩先楚一出手，就打碎了廖兵团的通信指挥所和71军、新3军、新6军的三个司令部。

骑在马上琢磨，坐在车里琢磨，饭前饭后工夫，也对着地图打量。过了北镇，接近黑山了，黑暗中枪炮越打越紧密。他说找个房子，看看这是什么地方。军用地图刚展开，一发炮弹飞来，房子塌了半边。大家大喊"韩司令"，他伸手去抓差点被气浪卷走的地图，喊着让快点灯，打手电筒。

在黑山、大虎山以东，无梁殿以南，魏家窝铺以北，厉家窝铺东面，饶阳河以西，在村镇大都叫做"窝棚"的约一百二十平方公里内，他的目光越来越紧地盯紧了胡家窝棚。

后来，有人问他为什么就盯住了这个窝棚，他说：我感觉就是它。

25日，韩先楚把电话直接打到距胡家窝棚最近的7师21团，命令团长毛世昌：你马上组织个加强营，带上个炮连、侦察排，由副团长亲自指挥，明天拂晓前必须赶到胡家窝棚以西，查明敌情，占领有利地形，保证纵队和师的主力投入战斗。

这时，前卫8连送来两个给国民党军带过路的老乡。问到胡家窝棚的情况时，老乡讲：村里都挤满了，带手枪的多，小汽车多，电话线多，直绊脚。

见韩司令这么重视这个胡家窝棚，副团长徐锐觉得肯定有名堂，听老乡一讲，立刻明白八九了。

徐锐带着加强营，像股旋风样直扑胡家窝棚。到了就打，首先攻占北山制高点，接着就向村里攻击。抓住俘虏一问，正是廖耀湘的兵团指挥所。

这时，韩先楚也带前指赶到了。


韩先楚与廖耀湘的一段对话，挺有意思。

作战科长尹灿贞，带着当了俘虏的廖耀湘，进屋先向他引见：这是我们3纵队韩先楚司令。

廖耀湘睁大眼睛：啊，韩司令，那个"旋风部队"就是阁下指挥的？

韩先楚说：什么"旋风部队"，那是你们给瞎嚷嚷出来的。

廖耀湘说：韩先生，我很敬佩你的指挥和你的"旋风部队"。我曾多次告诫部下，一定要小心这个"旋风部队"，没想到辽西

我攻锦得胜之师潮水般地涌向辽西，在黑山、北镇、大虎山一带痛歼廖耀湘兵团。

战场上，一下子就旋到我的头上了……

他叹口气，问道：韩先生，你怎么会知道我的通信指挥所就在胡家窝棚？

韩先楚道：那应该说是个偶然事件，是蒙上的。不然，我就不会只派去一个加强营，至少也是一个加强团了。

廖耀湘叹口气，道：倘若蒋总统能够听从我的意见，我是不会坐到这里来的。

韩先楚立即道：请你讲下去。

廖耀湘讲罢，长叹一声：能败在贵军手下，还有什么话可说的呢？

攻打锦州，3纵攻占范汉杰的锦州指挥所，那是自然而又必须的。因为这个锦州守军的"脑袋"，就在3纵的攻击范围内。

而辽西会战，怎么一下子就敲碎了廖耀湘兵团的"脑袋"了呢？

"对于一位伟大将领，决不会有一连串的大功绩都是由机会或幸运造成的，这些功绩常是熟筹和天才的结果。"

拿破仑说的。

## 9.跨海之战

1949年12月中旬,广西战役结束后,四野12兵团40军、15兵团43军,即在15兵团统一指挥下,先后进入雷州半岛,准备攻取海南岛。

海南岛为中国第二大岛,南中国的门户,战略地位自然十分重要。早已逃去台湾的蒋介石,以舟山、金门、万山、海南诸岛互为犄角,构成一道防御台湾的海上屏障,也作为其"反攻大陆"的跳板。海南防御总司令薛岳,以10余万兵力及40多架飞机、50余艘舰艇,构筑所谓"海陆空立体防御",并将其命名为"伯陵防线"。

对于从白山黑水一支扫荡到雷州半岛的四野大军,什么"防线"都是狗屁,让人一时间只能徒唤奈何,是这近看蓝盈盈,远看白茫茫的大海。

天津没打上,北平和平解放,南下攻击攻击再攻击,人人争先,个个好汉。到这雷州半岛冷丁收住脚步,面对横亘在眼前无边无际的滔滔大海,那风格和分量就一下子凸现出来了。

12兵团副司令兼40军军长韩先楚,到达军部驻地海康第二天,就和12兵团参谋长兼40军副军长解方,带着十几个参谋人员赶到海边,在海滩上搭起草棚子住了下来。

参谋和警卫人员都往海边跑,北方人的粗喉咙大嗓子吵儿巴火的。有的说这海水怎么是蓝的呀，有的说这海水有几人深哪，有的说是天大，还是海大呀。有的脱下鞋和裤子往里走，一个潮浪打来，噗噗抹着头脸，喊叫着这海水怎么这么咸呀？许多人不信，都上来捧起喝。有人喝一口不信，又喝一口，咂咂嘴，认定没错，愈发惊异而迷惑起来。

也是第一次见到大海的韩先楚，也恨不得去捧起一口，尝尝那是什么味道。

面对大海，从士兵到韩先楚，一切都是全新而又陌生的。第一次战斗也是完全陌生，可那只要勇敢、不怕死，前仆后继，总可以冲上去。枪林弹雨中九死一生打到这里，在战争中学习战争，在游泳中学习游泳。可眼下这滔滔大海，就算赵子龙一身是胆，却怎么个"游"啊？

依然是老办法，到群众中去，即到渔民中去。既然世上没有翻不过的山，也就没有过不去的海。从平津南下时的口号叫"打过长江去，解放全中国"，不打下海南岛，算什么解放全中国？这个海南岛不算什么，那边还有个台湾呢。

到渔民家里去唠，也请渔民、船工来谈。渔民告诉他每年正月到清明，琼州海峡都是北风或东北风，渡海最为有利，帆船顺风顺浪，一夜可达对岸。过了谷雨就是南风了，南渡就是逆风了。琼州海峡每月有两次大潮，每次退潮后3天内流速较小，即使无风，也可摇橹划桨通过主流。他问得认真、仔细，船工讲得也不含糊，并请其中有经验的老船工参加气象海情调查小组。他知道他必须靠天打仗，天老爷和龙王爷谁也得罪不起，必须实心实意与它们套近乎、交朋友，摸透它们的脾性。

听到"机帆船"三个字，就像第一次听到"潮汐"一样生涩而又新奇。渔民就告诉他，机帆船就是在较大的帆船上装上机器，有风用帆，没风开动机器，这一带跑商的大帆船差不多都改成机帆船了。又讲日本鬼子当年侵占海南岛时，就是从雷州半岛和北海一带抓机帆船去的，在海南岛临高角登陆的。那里有片大沙滩，帆船一下子就靠上去了，渔民差不多都去过那里。

郑需凡永远那么精明，去街上旧书摊买来那么多沿海地志、气象、海情资料，连清朝的《航海手册》和"潮汐表"也买回来了，一些海战资料自然也少不了。各师团也都在八仙过海，各显其能。

从盟军诺曼底登陆，到郑成功收复台湾，韩先楚都反复研究。诺曼底登陆是现代化装备，就显得近而遥远；郑成功收复台湾用的是木船，虽然遥远却有更多的可比性。而更具现实意义的，自然还是日本鬼子侵占海南岛的战例。当然，也要研究3野10兵团攻击金门失利，登岛部队全军覆没的教训。

诺曼底登陆，需要月亮、潮汐和日出时间的合适结合，预定的6月5日、6日、7日符合这种要求，具体为哪一天还要以天气情况而定。海南岛登陆，预定为4月15日、16日、17日中的一天，道理也是一样。一切都要从头学起的韩先楚，没必要也不可能成为海洋专家，但对渡海作战所需要的各种知识，他都必须了然于心。

一位英国军事理论家说，地形是一本伟大的独一无二的兵书，一个人如果不会读这本书，他就不可能成为将军。

从参军那天起，韩先楚就在枪林弹雨中学习战争，也把天候地理这本兵书读啊读啊。

而此刻，能把大海这本兵书读到这个份儿上，韩先楚当为中国将军第一人。

1950年3月5日19时，352团1营的14只船，在师参谋长苟在

松 ①、团长罗绍福率领下，从徐闻县灯楼角启渡了。

26日19时，1个加强团分乘81只帆船，开始第二次潜渡。

这一次的登陆点，不是海南岛的西侧，也不是东侧，而是在敌人防御正面的临高角一带。这种带有强攻性质的强渡，就是要试探一下敌人重点设防地域的虚实。

上半夜顺风顺流，下半夜风向突变，海上又升起大雾，联络信号失灵，43只船分散漂流。渡海指挥员118师政治部主任刘振华和琼崖纵队副司令马白山所乘指挥船，和一部分船只在玉包港登陆，余皆在两侧宽达20公里的宽大正面分散强行登陆。敌人调集4个团兵力，在10余架飞机配合下，企图合围歼灭我军。经数次突围战斗，于29日下午，渡海部队与接应部队顺利会师。

韩先楚认定大规模渡海作战的条件已经成熟了。

那烟却一支接一支抽得更凶了。

因为谷雨眼看就要到了，上级指示依然是继续分批潜渡。


海南岛战役一波三折，最初的方针是在广州2月会议上确定的。

会议讨论较多的一个问题，是如何解决渡海工具。有人主张到港澳去购买登陆舰，有人提议把木帆船改成机帆船，有人坚持依靠木帆船渡海作战。

韩先楚很长时间没有发言。一是经过一个多月的调查研究，对渡海作战虽然有了基本的路数，但还缺乏某些实践检验，不能说胸有成竹。二是他的一些想法与毛泽东的指示不吻合，这就更

---

① 苟在松（1917-2000），四川阆中人。1933年参加中国工农红军，1936年加入中共产党。历任红四方面军30军89师教导队学员，八路军115师686团团巡视员、山东3师9团政委，第四野战军3纵7师20团团长、师参谋长、40军120副师长。1955年被授予大校军衔。

使他不能不出言谨慎。

港澳当局都是倾向于国民党的，他们会卖你登陆舰，让你去打他们的盟友？改装机帆船是必要的，问题在于究竟能够改装多少？毛泽东1月10日电报指示："不依靠北风而依靠改装机器的船这个方向去准备，由华南分局和广东军区用大力于几个月内装置几百个大海船的机器（此事是否可能，请询问华南分局电告），争取于春夏两季内解决海南岛问题。"显然，毛泽东对于能改装多少机帆船，也是心存疑虑。而据韩先楚所知，若能占渡海作战船只的五分之一，就算是顶天了。此路再不通，那就只有依靠木帆船了，这就要靠天打仗了。而靠天打仗是断断拖不过谷雨的，否则就只有等到明年这个时候了。

韩先楚的办法是悄没声的用行动说话。对小部队偷渡全力准备，改装机帆船已在进行中。其余的会议精神，或者哪听哪了，或者只由军的主要领导掌握，根本就不向下传达，更谈不上什么贯彻执行了。像战役发起时间推迟到6月，连师级主官都不知道。春节也不放假，再三强调抓紧时间，务必在3月份以前完成渡海作战的一切准备。

11月30日，中南军区、四野司令部在《海南岛战役总结》中说：

广州会议，根据两军准备情况决定，战前准备工作向后推迟数月，不强调风向而依靠改装机帆，争取春夏之交解决海南岛的决定，基本精神是对的。因海战不同于陆地，一次搞不好还可撤回二次再搞，一梯队遭受损失二梯队继可及时增援补充，但渡海作战则大大不同，特别是我军缺乏经验受物资条件限制，而风船又受风向极大的影响，在我不能掌握制空权的情况下，如准备不充分，莽撞行动，一次搞不好即有全军覆没之危险，其缺点是不依风向全赖改装机帆，对旧历年至清明节前后仍有东风东北风的调查研究不够，这样即易造成部队过分依赖改装机帆降低乘坐帆船渡海作战之信心，其次只是做了充分准备，避免仓促造成损失、将准备工作向后推迟，但缺乏强调主观努力加紧准备，尽量争取提前完成准备工作，此点四十军对广州会议精神强调干部掌握，对下仍强调部队加紧准备提前完成亦是对的，这样一旦客观情况成熟，渡海作战提前，不至于手忙脚乱仓促从事。

海南岛战役后不到两个月，朝鲜战争爆发，美国第七舰队封锁台湾海峡，它就不会封锁琼州海峡？那海南岛战役还怎么打？在韩先楚那种战略家的目光中，我们常会感受到历史的惊雷闪电。如果今天的中国大陆，面对的不光是一个台湾省，还有一个海南省，那会是一种什么态势？对东亚、东南亚的政治格局，又会发生什么影响？

时令已近4月，清明前渡海作战已不可能了，距谷雨也不到一个月了，韩先楚愈来愈焦灼不安了。

实践已经证明，登陆艇买不到，机帆船改装的数字也远远低于原定目标，那就只有依靠木船渡海作战了。而要搭乘木船过海，是绝对离不开谷雨前的季节风的，这是不以人的意志为转移的。

韩先楚再也不能在那儿悄没声地干了，必须挺身而出，据理力争了。

韩先楚认为，在谷雨前发起海南岛战役，是全年中最佳的，也是最后的一个时机。

第一次偷渡无疑是一个重要的时刻，并成功证明大海并不那么可怕，是可以驾驭的。第二次偷渡同样是个重要的时刻，说明即使从敌人正面强点强攻也是可以成功的。而且，我军两次登岛已近一个师的兵力，加上琼崖纵队，可在任何防线上打开缺口，接应主力登陆。接下来自然就该是最重要的时刻，大举渡海作战了。如果此时仍以小股分批偷渡，形成"添油战术"，就会分散我军主力，不能构成拳头打击敌人。两个军4次偷渡，船只基本有去无回，继续下去，待大举登陆时船只也是问题。而且敌人已经摸清我军偷渡的规律，在海上陆上组织快速部队，专门对付我军偷渡，小股偷渡与大举强渡遇到的几乎是同样多的敌人，后者自然更易成功。如果过了谷雨，风向变了，老天爷和龙王爷都成了敌人，大渡、小渡都不可能了，就只有等待下一个冬季的季节风了。敌人的方针是"先安内，后攘外"，妄图在我军大举登陆前消灭岛上我军，以免腹背受敌。我军第一次偷渡后，敌人还在进攻五指山根据地，第二次偷渡后，才不得不调转头来防范我军登陆。若是错过了谷雨前的季节风，敌人既可以从容地实施它的既定方针，弄不好可能真就像金门之战那样，只能隔海相望，急红眼睛也使不上劲了。

机不可失，时不再来——必须抓住谷雨前的时机大举渡海作战！

3月31日，40军召开党委会，一致认为大规模渡海作战的条件已经成熟，建议立即组织实施主力渡海攻击海南岛。

4月16日，雷州半岛最南端的灯角楼，40军的300余只双桅双篷木船，沿着弯弯曲曲的海岸线排出10余华里。蓝天大海，白帆红旗，桅樯如林。

突破国民党军防线，我军桅樯如林，直发海南岛。

海南岛战役登陆后，15兵团、40军、43军和琼崖纵队领导合影。前排左起张池明、冯白驹、邓华、韩先楚、李作鹏。

站在指挥船上的韩先楚，好像一下子苍老了许多。亚热带的太阳和不息的海风，把那张脸吹烤得更黑了，身子也瘦去了一圈。不到40岁的年纪，原本平光的眼角和额头，已经刻上了细细的皱纹。只是愈显凹陷的眼窝里那对炯炯有神的目光，比原来更犀利而深沉了。

19时30分，指挥船上升起四颗白色信号弹。顷刻间，各师团的联络信号弹也腾空而起，在夜空中穿织、辉映着。

与此同时，在灯角楼东侧三塘待渡的43军的81只帆船，也排开队形起航了。

顺风顺流通过海峡主流风就停了，摇橹划桨继续前进。不久出现敌舰，韩先楚即令土炮艇大队迎击，迫其不得不远离我主力船队。17日3时许，119师和118师先头船队，先后在临高角一带抢滩登陆，并突破敌人防御阵地。6时左右，40军全部登陆。

"旋风部队"在海南岛上刮起旋风。

# 10 . 追赶战争

汉城北山，南朝鲜著名企业家金性守家后面山坡上的防空洞里，蜡烛的光焰闪动着，不时发出哧啦的响声。

志愿军副司令员韩先楚，披着大衣，在防空洞里来回踱步，有时踱到地图前就停下看起来。看不清，就把蜡烛举在手里，看一阵子又开始踱步，手中的香烟一支接一支。

这是1951年2月，志愿军副司令员韩先楚，这个崇尚进攻的"好战分子"，在指挥抗美援朝战争中的第一次大规模防御战。

我军向来以消灭敌人有生力量为主要作战目标，因而总是尽量避免打阵地战，只是在解放战争中作为运动战的辅助形式，打过少量阵地战。世界上本来就没有突不破的防线，更何况以劣势装备在固定阵地上与敌对垒，往往是伤亡大，阵地也守不住。入朝后，我军仍然以打擅长的运动战为主，很少死守一地被动挨打。但是，现在韩先楚必须在汉江南岸打一场规模空前的防御战，因为我军第四次战役的作战方针是"西顶东放"。即以一部分兵力在西线顶住敌军主力，待东线敌人深入、突出后，以我军主力进行反击，并向西线敌人侧后迂回，从而粉碎李奇微①组织指挥的

① 李奇微 Ridgway（1895-1993）美国陆军上将。毕业于西点军校。朝鲜战争爆发后，任美国第8集团军司令兼"联合国军"地面部队司令。1951年接替麦克阿瑟任"联合国军"总司令、驻日盟军最高司令和远东美军总司令。

这场大规模进攻。

50军配属两个炮兵营，在野牧里至安庆川以西地区，依托修理山、光教山、文衡山等要点，构筑第一道防御阵地，以博达里、闪飞山、鹰峰等要点构筑第二道防线。38军配属两个炮营，以112师在安庆川以东至汉江间构筑两道防线，军主力集结在磨石隅里以南为预备队。朝鲜1军团展开于金浦、仁川、永登浦和汉城地区，担任海防及汉城守备。

防御守备，阵地选择，工事挖掘自然是十分重要的。作为西线最高指挥官，韩先楚在成川开罢高干会议，就直接去了前线。所到之处，他要求选择有利地形设立阵地和观察所，并一再强调搞好伪装隐蔽。阵地前沿和两翼多埋设地雷，或以炸药、手榴弹代替，注意破坏敌人必经道路。冰天雪地中构筑工事非常困难，一镐下去啃个白点，那点炸药又舍不得用。他指示把积雪堆积起来，浇上水，筑成冰墙。这是四保临江时的经验。

国内战争中最激烈的防御战，莫过于辽沈战役中的塔山阻击战和黑山阻击战了。那时，敌人每天在我一个军的阵地上一般发炮万余发，较少使用飞机、坦克。我军则在前线集中配置兵力并辅以不断的反冲击，攻防双方基本是以步兵对步兵作战。在朝鲜就是另一种情境了，美军从一开始就是空地立体进攻。对我1个团的防御阵地，每天倾泄数万发炮弹，并且是由炮兵校正机指挥发射，命中率颇高，同时以数十架飞机轮番轰炸，攻击我纵深目标。双方兵力虽然大体相当，可我军火力强度只及敌人的几十分之一，其防御难度史无前例。

开头，我军依照传统战法，在前沿配置较多兵力，结果在敌炮火准备阶段即被杀伤过半。韩先楚当即指出，兵力配置要前轻后重，前沿兵力要疏散配置，火炮也要分散隐蔽，待敌步兵接近时突然开火, 较大的反击必须在夜间进行。并指出不宜死守一地, 在争取到一定时间或无力防守时, 应主动转移阵地。部队遵照执行后, 伤亡很快减少了, 对抗击敌人进攻也更有信心、更具效力了。

随着战争发展, 韩先楚针对敌人攻击特点, 结合各部队一些行之有效的打法, 不断提出新的战术要求。像依托山地制高点构筑工事时, 要选择两侧凹凸部和溪谷构筑隐蔽工事, 步兵要多挖单人的"洞穴"式掩体, 重火器在发挥火力的前提下尽量深入地下。各级指挥所应构筑坚固、隐蔽的观察所, 与阵地、反击部队和炮兵部队多线联络, 保证指挥、通讯畅通。每个连队要组织若干个反坦克3人小组, 多带手雷、燃烧瓶, 埋伏在阵地前沿及路边, 专门对付敌坦克。这些做法, 不但在西线防御战中起了重要作用, 而且初步摸出现代战争条件下进行运动防御的新战术, 为我军后来的防御作战提供了有益的经验。

由此就不难理解, 在战前的中朝两军高级干部会议上, 为什么要由他来作战术报告了。

第二次战役, 韩先楚坐镇"万岁军", 指挥西线38军、42军从侧翼攻击、迂回。

第三次战役, 韩先楚指挥主攻方向的西线4个军, 向汉城方向实施突击。1月3日拂晓, 发觉敌人可能放弃汉城, 即令各军一面迅速歼灭被围之敌, 一面不顾一切追击敌人, 并指示各部要敢于在白天与敌扭在一起, 以使其空军和炮兵火力不能发挥作用。当晚, 先头部队进入汉城, 即令将防务移交人民军1军团负责, 39军、50军和1军团各一部越过汉江追击敌人, 同时令40军, 并建议东线的42军、66军向扬平、邸平里、横城方向推进。7日50军占领水原, 8日1军团占领仁川。同日中朝军队进抵"三七线",

第三次战役，攻占汉城，中国人民志愿军与朝鲜
人民军在南朝鲜国会大厦前欢庆胜利。

第三次战役结束。

历时8天的第三次战役，基本是场追击战，用一双脚追赶汽车轮子。

韩先楚全力追赶的则是这场战争。

初期入朝作战，出国前换发的服装，到第二次战役时大都破烂不堪了。没有制空权，大批服装、粮食、弹药堆积在鸭绿江北岸，运不上来。冰天雪地中，韩先楚看到抢占夏日岭的112师，许多官兵赤足作战。此前他曾派人查点42军先头师的一个连队，发现穿破鞋烂袜的35人，有鞋无袜的20人，穿草鞋的25人，赤脚走在雪地上的22人。

发现敌人可能放弃汉城，他当即下令全力追击，是因为他立刻想到了那座汉江大桥。10多万机械化美军拥挤在一座桥上，那是一种什么情景，又是怎样的歼敌良机呀！接替沃克①任美第8集团军司令的李奇微，那一刻忧心如焚的也正是这一点。这是这两位对手的第一次不谋而合。可他却是有计难施，因为缺乏必要的技术手段，他的部队只能像人类最原始的军队那样在雪地上奔跑。

第二次战役，美军10天内败退300多公里，第三次战役跑得更快。敌人是坐在汽车上跑，我军许多官兵却连双鞋也没有，而且每个人还是个后勤单位，个把星期的给养都在肩背上。急行军，强行军，大衣可以扔了，大头鞋也甩了，那米袋子却是万万丢不得的。那是活命粮呀！第二次战役，东线部队粮食只能满足最低需求的二分之一。第三次战役前，西线部队只能满足四分之一，靠朝鲜政府动员群众筹借3万吨，也只能救一时之需。"打过三八线，凉水拌炒面"，后来有的连炒面也没了。在零下30多摄氏度的冰天雪地中追击，在冰冻如铁的堑壕里据守，赤足薄衣加上饥肠辘辘，那是什么滋味？而对面美军阵地上，直升机卸下弹药、食品、睡袋，再接走伤员。1个5公斤密封铁盒盛装的食物，可供1个班吃一顿,各种营养成分都是计算好了的。里面还有香烟、火柴，连手纸都预备好了。

第二次战役前，韩先楚曾提议把40军拉到西线，与42军同时

---

① 沃尔顿·沃克（Walton Walker,1889-1950）绰号"斗牛犬"。在一战中曾担任机枪连连长，并因建立了战功而得到破格提升。在二战中，沃克曾在巴顿将军手下供职，先后任第20军军长、装甲军军长。作为战术家，他在欧洲战场曾获得了"攻势权威"的美名，并被冠以"斗牛犬"的美誉。美军还以他的名字为M—41轻型坦克命名，称这种性能良好的坦克为"沃克斗牛犬"。朝鲜战争爆发后，被麦克阿瑟任命为美第8集团军司令，前往朝鲜负责指挥驻朝美军，并被授权指挥韩国陆军。第二次战役时，惶惶如丧家之犬的沃克亲自开着吉普车逃命，谁知情急之下撞到了韩国的卡车上，当场车毁人亡。

右一为沃克

左一为李奇微

进行外层迂回。因粮食供应不上，一招确保重点方向的好棋，只得弃之不用。可即使可以实行，或者42军穿插到位了，胜利无疑会更大，但要想全歼美军第8集团军主力也是不可能的。

第一次战役还在进行中，韩先楚就认识到这是一场全新的战争。

我们靠什么打仗？从我军诞生之日起，这个问题就提出来了，那答案也讲说20多年了。长矛、大刀对汉阳造、捷克式，那是冷兵器与热兵器对阵。可是，无论人类从冷兵器时代过渡到热兵器时代用了多么漫长的时间，在一个贫穷落后的农业国家，这种敌强我弱的强烈反差，都不能不受到生产力的限制而大打折扣。美械装备的国民党军队那么凶，没了美援就没了底气。隔着太平洋，美国从本土、从日本向朝鲜增兵、运送补给，可以畅通无阻。我们隔着条封冻的鸭绿江，从后方到前线只有几百公里，却处处受到掣肘。就是那手纸和鸭绒睡袋之类，显见的不也是一种强大的综合国力吗？比之世界头号强国的现代化武器装备，我们实在是太落后、太原始了。

一种先进技术、装备用于战争，必然引起作战方式的改变。而先进技术、装备掌握在敌人手里，那就要分析、研究敌人的优劣长短，重新审视我们的传统战法，哪些应该发扬光大，哪些需要改进、舍弃，使思想、观念和行动尽量符合客观实际和更具创造性，让自己的步履尽快赶上这场从未经历过的战争。

看到对面阵地上的直升机起降，志愿军官兵大眼瞪小眼，不知道那是个什么东西。那盛装食物的密封盒里的手纸，许多人也不明白美国佬要派什么用场。打扫战场，经常露营的官兵不知鸭绒睡袋为何物，用刺刀挑得满天飞絮。但是，他们的英勇善战是世界一流的，那吃苦耐劳精神更是无与伦比。而此前从未在中国之外的战争舞台上亮过相的"土包子"将军，一出手就让这个世界为之一震。

在仁川登陆中又一次展示了名将风采后，麦克阿瑟就自以为无所不能了。第二次战役中，我军采用传统的、却是美军从未领教过的战法，将清川江以北的敌人三面包围，宣称要到鸭绿江畔过圣诞节的麦克阿瑟，就向美国政府报告中国人要把他的部队"全部歼灭"。古今中外的战史早已证明了，一种新奇的战术往往会比先进武器更具效力。只是这位公认的世界级名将，还需要来自孙子故乡的将军给补上这一课。

韩先楚认为，第一、第二次战役的胜利，从宏观上讲，就是抓住了敌人不知虚实，轻敌冒进这个弱点。而当敌人开始审慎地研究对手，并一度张惶失措地高估了对手的实力时，我们有些人也开始变得过分乐观起来，有点头脑过热了。

汉城解放后，志愿军部队冒着炮火渡过汉江。

我军占领汉城后，在国内一片"把美国侵略者赶下海去"的欢呼声中，在海南岛战役中极力主张用木帆船渡海作战的"好战分子"，认为应该适可而止了。

我们的步兵是一流的，我们的将军也绝不比对手逊色。新生的共和国满目疮痍，百废待兴，却像朝阳般活力四射。正是凭借这些主要是无形的精神的力量，中华民族才一扫近百年来战场上逢洋必败的晦气而扬眉吐气。毛泽东说美军是"钢多气少"。但是，钢铁毕竟是钢铁，战争是非常实际的。凭我们的装备，第二次战役不可能全歼美军主力，第三次战役敌人则是主动撤退。吃过败仗的敌人变得乖巧了，战术也比较灵活，有针对性了。而我军战线越拉越长，后勤补给不济这一致命弱点，也越来越突出了。多么强大的火力都不畏惧，任何非人的痛苦都能克服，可当随身携带的个把星期粮弹用光了后，还能怎样呢？

从第一次战役到第四次战役，韩先楚是唯一始终在前线指挥作战的志司首长，他对前方战事自然是最清楚，也最有发言权的。

# 11．"从未做过政治工作"

鞍海战役，打着打着，韩先楚突然一个脑筋急转弯：能不能让这个对手投降，或者火线起义？

海南岛战役前，在雷州半岛，几个东北兵在岸上练习荡秋千、走浪桥，练着练着就唠起东北老家来，越唠情绪越低。韩先楚凑了过去，几个人都不吭声了。他一屁股坐在沙滩上，来个带头发言：你们说我想不想家？告诉你们，我已经回去一趟了，打下武汉后离老家不远了，就回去看了看。我家里就剩个姐姐还想家，你们家里有父母兄弟姐妹，有的还有爷爷奶奶，有的都娶媳妇了，能不想？

听他这么一说，大家立刻来了情绪。

韩先楚道：你们都说说，打完这一仗，想干的第一件事是什么？

都说想回家看看。

韩先楚道：大家都知道，不打完仗谁也回不了家，想也没用，那咱们是不是就该想想有用的？搞好海练，打了胜仗，又能减少无谓的伤亡，这不才是最有用、最该好好想想的事吗？从长白山打到这儿，没等上岛就牺牲了，回家的事就不用想了。负伤了，落个残疾，回家娶媳妇，你就是多大功臣，那难度不也一下子增大了吗？

大家都乐了，说军长讲得太实在了。

韩先楚站起来：好了，大家好好练，咱们一起打好这一仗。

戎马一生，除了最后一个职务全国人大副委员长，以及"文

任中央军委民航局局长的钟赤兵

化大革命"中曾任福建省委第一书记外,韩先楚历经40余职,带长的都是军事干部,不带长的是副司令员、司令员、军委常委,从未与政工干部沾过边——可他做的难道不是实实在在的政治工作吗?

像韩先楚一样,"打铁的"梁兴初也从未做过政治工作。翻看三卷本的《将帅名录》,就知道这样的例子不多。

胡奇才、钟伟、丁盛,都是由师团政工干部"改行"为军事干部的。战争年代,这种例子很多。胡奇才等人"改行"后就军事到底了,有的还忽而军事,忽而政工,改来变去。

广昌战役,红12团麻窝被围,几番冲杀,主力突出重围,还有个营没出来。团政委钟伟,带个班又杀入重围,将这个营带了出来。

夺取娄山关后,黔军在炮火掩护下疯狂反扑,红12团伤亡很大，政委钟赤兵①腿被打断，参谋长孔权②身负重伤。危急时刻，已被撤职的钟伟，和杨勇带个营，从侧后杀了上来。后来钟赤兵常说：要不是钟伟他们不要命的那一下子，我们这些人的骨头就扔那儿了。

行军中，师团营连政治主官，通常与军事主官在中间，有时在后尾，负责收容什么的。但是，战斗中，特别是危急时刻，政工干部就得冲在前面。勇敢是军人的第一品性、要素，政工干部尤须如此。不然你说的再多，人们说你是"卖狗皮膏药的"。随时都可能流血牺牲，那人那嘴巴是一点也不客气的。

冲锋在前，退却在后，吃苦在前，享受在后，这是必须的。还有一条，你得会打仗。不该冲锋，你驳壳枪一挥，"共产党员、共青团员们，为党和人民立功的时候到了"，冲上去了，伤亡很

---

① 钟赤兵（1914-1975）湖南平江人。1930年加入中国共产党。历任红三军团5军3师军需处政委，5师政委，军委一局局长，先后入苏联共产国际党校、伏龙芝军事学院学习。解放战争时期，任北满军区政治部主任，东北民主联军后勤部部长兼政委，第四野战军特种兵部队炮兵纵队政委。1955年被授予中将军衔。

② 孔权（1911-1986）又名孔宪权，湖南浏阳人。1930年参加中国工农红军，1932年经黄克诚介绍加入中国共产党，历任班长、排长、连长、营长、小团团长。曾当过红一方面军三军团军团长彭德怀的传令排长，长征途中任红三军团4师侦察参谋、红三军团12团作战参谋。在他不平凡的革命生涯中，曾因喝酒误事被彭德怀撤掉传令排长职务，因身经百战出生入死被胡耀邦、杨勇、苏振华、黄克诚等称为"打不死的程咬金"，因负伤流落遵义被当地群众当作能救死扶伤的"红军菩萨"，因担任遵义会议纪念馆首任馆长被邓小平称为是该项职务的"最合格人选"，因经历奇特被索尔兹伯里在《长征》中推崇有加。在娄山关战斗中，孔宪权左腿胯骨中了敌人的6发机枪弹，被打穿12个枪眼。胡耀邦后来回忆说："孔宪权害得我们一夜睡不着。他一直喊杀！杀！杀！这是红军战士向敌人发起冲锋时喊的口号。"

大，打了败仗，同样没人瞧得起你。战争年代，打胜仗才是硬道理。听你的就能打胜仗，官兵对你有信心，部队就有士气，而政治工作的根本目的，就是提高士气。

就明白动辄"娘卖×的"的钟伟，那政治工作会怎么样了。

"娘卖×的"，给我冲，冲不上去毙了你！

有老人说"娘卖×的"，"娘了个×的"，"狗压的"，战场上常听见南腔北调的"省骂"。在东北打了3年，入乡随俗，有的就变成了"妈个巴子"。

抗美援朝首仗没打好，彭德怀骂了梁兴初。二次战役前，志愿军副司令员韩先楚，首先去了40军。都知道彭老总发脾气了，又是初次与美军交手，上上下下都有压力。有时也会来句粗口的这位40军老军长，那张人们熟悉的黝黑、冷峻的脸上，从出现在官兵面前那一刻，就带着笑意。之后又去了38军，那脸上依然是让人感到踏实、镇定，会平添许多自信的笑意。

没人说"万岁军"是骂出来的，更没人说骂人也是政治工作。

许多老人说战争年代，那人是非常实际的，因为战争是实际的，胜与负、生与死都是实际的。马上就要打响了，你还长篇大套地讲道理？战场上那人都红眼了，骂人算什么？新兵不懂得利用地形地物，老兵打红眼了，不顾一切不要命了，你踢他一脚，让他头脑冷静些，注意隐蔽，那会影响团结吗？就算踢错了、骂错了，也都明白那是对他好，为了战斗胜利，打了胜仗都高兴。

1940年2月，115师344旅689团团长韩先楚，升任副旅长。临走前，全团每个连的伙房他都看一遍，有的不去连部，也要去伙房看看、说说。

和平年代，从福州到兰州，大军区司令员韩先楚下部队常去的地方，也是伙房、猪圈和菜地。

平时话语不多，战场上也从不大呼小叫的丁盛，有句关于战争年代的司务长的名言：部队到了宿营地听到猪叫，杀猪了，战士们就鼓掌了——这就是好司务长。

他说：一个冲锋几百米，冲上去还要爬城，或者拼刺刀，有时还是在行军状态转入战斗，体力不行，能上去吗？上去能行吗？

后勤工作是军事副职主管的，可谁能说与政治工作就不搭界？

1959年，丁盛率军在西藏平叛，有军官探亲回来说，地方搞"大跃进"，白天根本见不到老婆面。丁盛立即指示政治部，今后官兵从战场回到内地，一律要给他们的家属请几天假，让小两口团聚几天。

3年困难时期，军部幼儿园孩子吃不饱，抢饭。丁盛在前线听说了，指示幼儿园孩子粮食不定量，管够。

他说：我们打仗为了谁？

官兵则说：能让孩子吃饱，我们饿点也更有劲。

战争年代，丁盛"改行"后就和韦祖珍搭档，前面说过，两人配合得非常好。原因之一，是两人都曾做过军政工作，彼此理解。

20年前笔者写的一本书，曾说钟伟"几乎和哪个政委都合不来，对的错的，什么都得他说了算，不然就'娘卖×的'"，这是不准确的，有几任政委都和他共事得很好。

海南岛战役，参加渡海作战的40军政治工作领导干部，只有军政治部主任李伯秋一人。有的师政委、副政委和政治部主任，都是战后过海的。正是发挥政治工作威力的时候，渡海、登陆作战又那么漂亮，只是李伯秋一个人在那儿拳打脚踢吗？

有老人说，塔山阻击战，胡奇才往那儿一坐，什么都不用说了，许进不许退，你就往死里打去吧。

这是不是军事、政治，什么都有了？

其实，对于深谙治军之道的将军，军中的一切都是挥洒自如的。

塔山阻击战，国民党阵前挥动金圆券，冲上去几千几万的，所谓"重赏之下，必有勇夫"。

军师团，国民党也有政战部门，政战主任什么的。只是一个早已失去民心的腐败政权，政治上早已处于下风，任你嘴丫子讲得冒沫子，那政治又能如何战斗？有几多人愿意为一个腐败政权殉葬？只有乞灵于金钱这种赤裸裸的政治，世上却又有什么比生命更珍贵的？

而清廉的朝气蓬勃的共产党人，自然拥有的是人民群众。这是最大的政治优势。有了这种优势，那政治就高屋建瓴、无往不胜了。

# 海南岛战役战斗序列表
## （1950年3月5日–5月1日）

### 共产党军

第四野战军 司令员林彪　　华南分局　第一书记叶剑英
　　15兵团　司令邓华
　　第40军　军长韩先楚
　　第43军　军长李作鹏
　　加农炮团
　　高炮团
　　琼崖纵队　司令冯白驹

### 国民党军

琼崖保安司令兼防卫总司令薛岳
　　第1路军　司令李玉堂
　　第32军　军长李玉堂
　　第2路军　司令李铁军
　　第62军　军长李宏达
　　第3路军　司令容有略
　　第4军　军长薛仲述
　　第64军　军长张其中
　　第4路军　司令陈骥
　　第63军　军长莫福如
　　琼北要塞　司令梁杞
　　琼南要塞　司令张衡
　　海军第3舰队
　　空军大队

张正隆 著

★

# 一将难求

## 四野名将录 ②

白山出版社

# 目 录

## 第一章 "打铁的"梁兴初

梁兴初，高个，长脸，浓眉下一双眼睛不大，却动不动就瞪得老大。最惹眼的是那张大嘴，上颚门齿前突，张不张口，都显一口大牙，早在红军长征时就得名"梁大牙"。首批入朝的4个军的军长，奉命回国向毛泽东汇报工作。当邓华介绍到梁兴初时，毛泽东握着他的手，高兴地说：久仰，久仰，"万岁军"军长。

黑山阻击战。"要在25公里正面，抗击五倍于我的敌人，困难多大，不用我说。各师团任务都明确了，纵队党委决心就是一条：在我们10纵的阵地上，决不允许一个敌人过去！谁的阵地丢了，不用请示，立即反击，反击不下来，别来见我。我'梁大牙'先把话扔在这里：打剩一个团，我当团长；打剩一个连，我当连长。或者功臣，或者罪人，没有别的选择。战后如果见不到我了，那就是'光荣'了，或是军法从事了。"

电话里，贺庆积沙哑着嗓子报告，说部队伤亡太大，非常疲劳，准备等到晚上再发起反击。梁兴初火了：你疲劳，敌人不疲劳？你伤亡大，敌人伤亡不大？你休息过来了，敌人也喘过气了，工事也修好了，你说这个账怎么算合算？马上给我组织反击，夺下"101"高地天就黑了，黑夜就是我们的天下了！

# 第二章　儒将李天佑

李天佑，中等个头，黑，瘦，精干利落，文质彬彬，稳稳当当。平时讲话，交代任务，声音不高，极有条理，绝少重复。东野1纵的人，有人说他不像个将军，有人则说他更像个学者。

四平攻坚战。李天佑的指挥所，就在主攻部队攻击出发地的一片小树林里，炮弹不时从头上掠过。一声巨响，参谋陈锦渡被掀翻在地，一个警卫员当时就牺牲了。李天佑的身子晃了晃，抹把脸上的灰土，再用衣襟把望远镜头擦了擦，擎到眼前继续观察。

天津攻坚战。前线总指挥刘亚楼的指挥所，刚在杨柳青镇药王庙东大街扎下，李天佑就来了。"参谋长，我来就要就你一句话，把主攻任务给我们1纵，"儒将语音不高，语速不紧不慢，却是一副你不答应我就不走了的架势，"你知道，辽沈战役我们1纵当了预备队，到头来只'预备'上个尾巴，跑去沈阳放了几枪。大伙嗷嗷叫，说这样的大仗让我们干待着，看别人过瘾，太不公平了。这回再捞不上主攻，我这司令也难当了。"

# 第三章　旗官丁盛

丁盛，中等个头，话语不多，挺文静，浓眉下挺大的眼睛，目光也挺温和，枪声一响立刻变得炯炯有神，透出一股逼人的杀气。长征途中攻打娄山关，丁盛率连扑关，首先撕开口子，又一口气打到乌江江边。毛泽东看得高兴，问彭德怀冲在前面的那个连的连长叫什么名字，彭德怀说只知道指导员外号"丁大胆"。毛泽东笑着说：晓得，晓得，就是那个旗子打得蛮好的小老表嘛。

1947年，丁盛率师部急急奔往六道沟附近的梨树沟门，准备在那里开设指挥所，黑灯瞎火刚进去，就见闹哄哄的都是带钢盔的敌人。丁盛倒吸一口凉气，命令号兵用号音调来部队。一场激战，首先集中3个团的兵力吃掉一个团，又将另一个团大部歼灭。

天津攻坚战。夜色漆黑，车灯的光柱在土路上颠簸。突然，他觉得忽悠了一下，人旋转着飞了出去。老韦，伤了没有？没有，你怎么样？丁盛啐着嘴里的泥土，道：娘卖×的，没事。8纵主力都是从24师撕开的口子进去的。插上突破口那面战旗，又飘向城里。战斗结束，枪打火烧，已经破烂得没个模样了。如今，这面战旗陈列在中国军事博物馆。

# 第四章 "好战分子"钟伟

钟伟,中等个头,眉目清秀,瞅着挺文静,却性格倔犟,爱打仗,气魄大,决心硬。一提打仗,钟伟眼睛放光,后脑勺都乐开花,争硬仗,没争到就"娘卖×的"。他这边打胜了,别人还在那儿啃,就去讲人家坏话:我说他不行吧,怎么样?这回该我们上了吧?或者我保证两小时拿下来,拿不下来,提头来见!在东北野战军中,钟伟是唯一一个由师长直接提为纵队司令员的。

国民党军新22师号称"虎师"。毛泽东指示林彪,尽早打掉这个"虎师"。林彪几次精心设计,调集兵力,都未得手。1947年冬季攻势,钟伟率领5师与新22师在铁岭的冰天雪地中开始了一场马拉松大赛。新22师是汽车轮子,5师是"11"号,那也追上了,猛追上去就是猛打。首先冲上去的15团,把1个营围困在娘娘庙,将其大部歼灭。接着13团冲进冯家岭,全歼1个加强连。

庐山会议后的北京军委扩大会上,北京军区参谋长钟伟,听着那么多人瞪着眼睛说瞎话,当即拍起桌子,当即被捕。之后又拒不认错,就成了"彭黄反党集团的积极追随者",蒙冤20年。

# 第五章 虎将胡奇才

"胡奇才,真勇敢,

指挥八路打冶源，

打死鬼子三十三，

活捉一个翻译官。"


林彪曾经说过，守住塔山，胜利就抓住一半，塔山必须守住。攻不下锦州，军委要我的脑袋。守不住塔山，我要你的脑袋。没查到这话是在什么场合说的，也没听说战争年代林彪要过谁的脑袋。他那性格，说这话时似乎也用不着"！"，却不能不让人感到一股冷飕飕的杀气。名曰塔山，无塔无山，一片退海小丘陵。塔山阻击战，是一场举足轻重的典型的拼命仗。国民党军那么强大的火力，那么优势的兵力，那么不要命地一波一波地冲锋，怎么能拿不下个无险可守的弹丸之地塔山呢？就是拿不下来。几十年来，一些中外军事专家，包括国防大学来这里实习的学员、教授，面对这个历史事实，有人也难免疑惑。

胡奇才擎望远镜胳膊都僵硬了，也没觉出来。硝烟战火中什么不觉得，打完仗不行了，这肚子怎么这么疼呀？送去医院，医生说再晚点就危险了——急性阑尾炎，差点穿孔了。

# 第六章 "旋风部队"司令韩先楚

韩先楚，个头不高、黝黑精瘦、平时少言寡语、自然也就不怎么引人注目。可是他却是四野里出名的"好战分子"。

第四次临江保卫战。韩先楚时任4纵副司令员，却受命统一指挥3、4纵作战。他一反过去夜间攻击的老战法，大白天发起攻击，示弱于敌，只准使用轻武器，六〇炮以上火器一律不准开火。待到89师一路趾高气扬追来，先是子弹、手榴弹、六〇炮弹泼水般地泻来，榴弹炮弹炸起烟尘雪柱搅暗了半边天。接着就是四下里狂潮般扑涌过来的人海，嘹亮的号音伴着雷鸣般的杀声，山呼海啸，摇天撼地。10小时结束战斗，全歼国民党1个加强师，并俘虏89师代理师长张孝堂以下7500余人。肖劲光司令心里有些没底，急于了解前线战况。3纵作战参谋侯乐孔，在电话那边乐颠馅似的使劲喊着："战斗快结束了，部队都扑下去了，漫山遍野抓俘虏哪！"肖劲光瞪大眼睛："什么？什么？快结束了？你再给我讲一遍，给我找韩先楚讲话。"侯乐孔说："韩副司令也下去了，我们马上要拆线了，指挥所要前移了。"肖劲光拿着话筒自言自语："这仗怎么打的？怎么打得这么快？"旁边陈云也惊异地道："怎么打得这么快？"

后来有人问韩先楚为什么选择并消灭了89师，他只讲了8个字："他不知道我的厉害。"

# 第七章　战将刘震

*中上个头的刘震，据说百米速度很快。……两次负伤。先是左手，后是右额，被子弹击中。后一次虽未致命，那张挺英俊的脸上，却留下了永久的伤痕，从此得名"歪嘴子政委"。*

一下江南，2纵奉命到农安县南40里的伏龙泉破坏铁路。从农安出来的52军一个营，与先头4师遭遇，一阵猛打，将其歼灭，并活捉敌营长。刘震赶上来，审讯营长，得知3里外的竭家窑还有新1军1个营。吃掉他！刘震当即下定决心。黑灯瞎火中，刘震亲自带人到前边侦察敌情。快接近竭家窑时，被敌人发现了。机枪打得像刮风似的，子弹头上嗖嗖飞，两米多高的高粱一溜溜齐刷刷被截断，沉甸甸的穗头砸在脸上、身上。穿过一段土路，一只马蹄铁被子弹打中，像团火球飞向半空中。炮弹也咣咣地砸过来，硝烟、尘土呛得人喘不过气来。那个40多岁的向导吓得坐在地上，抱着脑袋，浑身筛糠样抖成一团。刘震让警卫员架起他，说：别怕，有我就有你。又钻进一片高粱地，向导说什么也不肯走了。4个警卫也把刘震围在中间，说什么也不让他往前走了，他一动，就被死死按住。这回没辙了，刘震让侦察参谋带几个人摸进去，找个老乡带回来。老乡来了，刘震和那个老乡坐在深秋的高粱地里，周围还不时有枪声，两个人就唠起来。村子多大，南北、东西有多长，街道走向、长宽，有多少人家，有无油坊、烧锅，等等，等等。

提起刘震，笔者采访到的老人都说：跟他打仗，心里有底。

7

# 第八章　文武邓华

邓华，"一副清秀白皙的面孔，颧骨很高，而且有些突出，两眼奕奕有神，嘴上微微有这么一抹稀疏的胡髭，身材瘦长，走起路来斯斯文文，没有什么赘力，看上去简直是一个文人；但在火线上却狮子一样的勇猛、睿智，望见从他那双眼睛里发出具有摧毁一切力量的光芒，指战员就好像有了依靠，得到胜利的保证，文人和武士在他身上得到谐和的统一。"周而复如此写道。

从长白山打到海南岛，没有比1947年6月的四平攻坚战打得再惨烈的了。战前，邓华认为仅有两个纵队攻城，兵力不够，致电林彪，建议再增加一个纵队，实在不行，两个师也可以。林彪未置可否，只增调来6纵17师。激战两星期，两个纵队伤亡惨重，有的简直快打残了，才把6纵另两个师调来参战，形成"添油战术"。邓华还曾建议推迟攻击时间，未获同意。战后总结，林彪和刘亚楼讲了两点教训：一是对敌情判断不明，守军有3万多人，却判断为不到两万人，攻城兵力显然不足；二是打急了，有的部队没看地形就发起攻击，违背了"四快一慢"中"慢"的原则。打了半个月的四平攻坚战，已经控制四分之三的市区。守敌71军的军直属队都打光了，军长陈明仁把卫队都派上去了，他已经把手枪放到桌上，等解放军攻进地下室就自杀了。世上许多事情，都是差那么一点点就成功了——如果邓华的两个建议获准了，是不是就不会差那么一点点了？

## 第九章　威猛贺晋年

1934年，谢文东参加过吉林省依兰县（今属黑龙江省）土龙山万余农民举行的抗日"土龙山暴动"，后来成为东北抗日联军第8军军长。有一手好枪法的李华堂，当过抗联第9军军长。后来，这两人都跪到日本人脚下，成了癞皮狗。再后来，一个成了国民党的第15集团军上将总司令，一个成了国民党东北挺进军第1集团军上将总指挥，又穷凶极恶地打共产党。"四大旗杆"倒后，一听到"贺晋年"这个名字，一些"胡子"就望风而逃了。有的老人说，后来在江西剿匪，一听到"贺晋年"的名字，土匪也恨爹娘少生了两条腿。

1948年，贺晋年为11纵司令员。出手第一仗，是攻打隆化。打隆化中学，出了董存瑞。据说，战后有人认为董存瑞没带支架，违犯规定，是起"事故"。贺晋年火了：舍身炸碉堡，英雄！

# 第十章　黄永胜曾获"免死牌"

　　1968年3月23日,黄永胜突然接到紧急通知,要他去北京"受领任务"。当天深夜,乘北京来的军用专机进京。24日晚,驻京军事机关、部队团以上干部近万人,齐集人民大会堂。明眼人立刻发现没了军委办事组组长、代总参谋长杨成武,却出现了身材高大、一些人并不熟悉的黄永胜,就听到有人情不自禁地道:这人是谁呀? 林彪主持会议,并作报告。开口就讲杨成武和空军政委余立金、北京卫戍区司令员傅崇碧出了问题,宣布经毛泽东批准的对杨、余、傅的处理决定,和任命黄永胜为总参谋长、任副总参谋长的温玉成兼任卫戍区司令员的决定。这就是当时的"杨余傅"事件。会议进行4个小时,将结束时毛泽东亲临会场,接见与会人员,让人感觉是一锤定音了。

　　战斗到了关键时刻,黄永胜想抽烟,一屁股坐在山坡上,从衣袋里掏出盒揉搓得纸团似的10支装"小粉包":抽支烟,神仙神仙。8纵副政委邱会作和参谋长黄鹄显见了,上去就抢。黄永胜大喊:别抢,我不是土豪呀。黄鹄显按着,邱会作搜身,一盒"小粉包"变戏法似的不见了。3个人嘻嘻哈哈滚成一团,参谋、干事和警卫员哈哈大笑。指挥所距敌只有几千米,一阵炮弹飞来。1发据说口径不下100毫米的炮弹,就落在离他们不到10米处,溅起的泥土石块,冰雹样砸在身上。是发臭弹。不然,"9·13"事件后林彪的"五虎上将",可能就缺头没尾只剩吴叶李了。

　　厉家窝棚阻击战,堪称辽沈战役和东北解放战争中最惨烈的战斗之一。126师有9个连打剩10来个人,46团牺牲300多人,伤亡过半,牺牲团政委、参谋长和两个营长。战斗打响,黄永胜扫视着身边的人员,"这些日子该说的话都说了,等的盼的就是这个时刻。眼前的形势大家都清楚,我就说一句话:我的指挥位置就在这里,打剩一个人也在这里!"黄永胜要求各级指挥员靠前指挥，这时他的位置是在16师指挥所。

# 第十一章 "林罗刘"——刘亚楼

刘亚楼，中等个头，英俊潇洒，精明干练，性格火烈。任空军司令员时，人称"雷公爷"。

1941年6月22日凌晨，德国军队突然袭击，侵入苏联西部地区，并迅速推进。德军的重要目标，当然是占领莫斯科。关于德军的进攻路线，斯大林认为希特勒还会沿着当年拿破仑的老路，沿着乌克兰和顿涅茨河流域东进，一路占领经济作物地区，掠夺乌克兰的粮食、顿涅茨克的煤和高加索的石油，逼近莫斯科。苏军将帅没有疑义，刘亚楼觉得不妥。

林彪时在苏联莫斯科近郊的库契诺庄园疗养，伏龙芝军事学院培训外籍学员的特别部，也设在那里，在特别部学习结束后，刘亚楼仍是那里的常客。刘亚楼和林彪分析研究，认为乌克兰、顿涅茨河流域农田、水网较多，拿破仑以骑兵为主的远征军，选择这条路线自有许多便利。而希特勒德军是机械化部队，从白俄罗斯到莫斯科距离最近，更适合希特勒的闪电战。两个人把自己的见解报呈共产国际，待到被实践证明后，自然被刮目相看，据说斯大林亦赞赏有加。

消息传到中国,版本有些变化也属自然,待到林彪"永远健康"时就神乎其神了。说斯大林要用5个师的苏军换林彪,还说要用15个(还有说3个、5个的)苏联将军换林彪。

# 第十二章 参谋长解方

解方,出生于吉林省东丰县小四平街。解家为东丰县第二号有钱人家,在小四平街则有"解家趟子"之称,即有一条大山沟的地产。彭德怀爱"训人"是有名的,却从未"训"过"诸葛亮"解方。解方博闻,记忆力惊人,那种风度、气质,是不多见的。为人他是楷模,作为参谋长,他走到哪里,哪里就是支参谋训练队。在他手下工作,心情舒畅、痛快,能学到好多东西。1955年,解方被授予少将军衔。据说,最后审定时,有人说他是旧军人出身,背景挺复杂。彭德怀听说了,火了,说:我也是旧军人出身,元帅中有几个不是旧军人出身?见到毛泽东,彭老总说:司令员是元帅,参谋长是少将,我就当个中将,顶多上将吧。毛泽东道:你还是要当元帅的嘛。

解方也提高了声音,"我要你解释,你方是否不愿意谈判?你今天的发言是否为最后的发言?如果你方拒绝以公平对等的态度进行谈判,完全可以走离会场,宣布终止谈判。"美国人本来是被打到谈判桌前的,岂能轻易走开?美方代表腾纳又谈起"中美友谊"来。解方有理有据地回敬了他的"中美友谊"后,连提6个问题,腾纳一律回答"没有",引起包括一些美方代表在内的全场大笑。临阵指挥,但未公开露面的外交部第一副部长兼中央军委情报部长李克农,后来评说这次唇枪舌剑的谈判时,给予解方的评价是:"立场坚定,善于动脑子,讲话有水平,非常机敏,是个难得的人才。"彭德怀则不止一次地对他的办公室主任杨凤安说:"回国后,我要把'诸葛亮'推荐给周总理,让他干外交,这样的军事外交人才不多呀。"美国军事史专家赫姆斯说,解方在谈判桌上"足智多谋",令人"望而生畏"。而亲身领教了解方的厉害的"联合国军"首席代表乔埃,在他的回忆录中说,中朝方面谈判的"主要对手是解方",解方"思维敏捷","很难对付","有外交才华,无八股气"。

# 第十三章 "苏静能当十万兵"

苏静,中等个头,清瘦儒雅,讲话一字一句,不紧不慢,双目炯炯有神。

秀水河子战斗,林彪到东北不久,就想在运动中抓个机会,给敌人点颜色瞧瞧。这时的敌人很猖狂。全美械的13军1个加强团,由阜新、彰武向法库攻击前进,占领广裕泉、鹫欢池,孤立突进到了秀水河子镇。苏静和他的情报处都搞清楚了,林彪就下定决心,调集兵力,在秀水河子把这个加强团吃掉了。两个月后，情报处又以准确的情报，保障了大洼战斗的胜利，歼敌71军87师4400余人。战后，林彪对秘书季中权说："苏静能当十万兵。"

"9·13"事件后，江青把苏静的材料直接送给毛泽东了，在"引火烧身"大会上，这位严谨、精明、精细、机智、灵活的原四野副参谋长，仍然直通通地说："我与林彪的关系最密切。"周恩来问苏静："你就去过林彪家两次？你夫人和孩子就没去过林彪家？"苏静回答："据我所知，他们都没去过。"

苏静曾说：那时在林彪身边工作的人多了，我和他就是工作关系。

# 第十四章　群像：吴克华及其他

# 第七章 战将刘震

刘震将军（1915-1992）

## 军职简历

土地革命战争时期，任红25军连指导员、营政委，红15军团团政委、师政委。

抗日战争时期，任八路军115师344旅688团政治处主任、团政委、独立团团长，344旅旅长，新四军4师10旅旅长，3师10旅旅长、3师副师长。

解放战争时期，任吉江军区司令员、政委，东北民主联军2纵司令员，14兵团副司令员兼39军军长。

中华人民共和国成立后，任东北军区空军司令员，中国人民志愿军空军司令员，解放军空军副司令员兼空军学院院长、政委，沈阳军区副司令员，新疆军区司令员，军事科学院副院长。

1955年被授予上将军衔。

# 1. "勇敢分子"

刘震，湖北孝感人，与韩先楚都曾在黄安、孝感地方游击大队打过游击，参军第三天即参加战斗。

笔者搞不清楚这两位共和国上将参加的第一次战斗，是不是同一次战斗，但对手都是反动地主武装和红枪会，那情形也跟前面写过的差不多。待敌人进至200多米时，刘震听到枪响了，他的枪也响了，接着就冲了出去。

韩先楚第一次参加战斗，就挽狂澜于既倒，刘震则抓了两个俘虏，缴获两支枪。

中上个头的刘震，据说百米速度很快。而谁都明白的是，一个新兵第一仗就能取得这等战果，绝不只是跑得快的问题。

今天我们会说他们是勇士、英雄，那

红25军一部的军旗

红25军手枪团同班战友（左起
刘震、韩先楚、陈先瑞）

时叫"勇敢分子"。

1932年春，刘震被调到鄂东北道委特务4大队，一年后大队改编为红25军手枪团4大队。大队的130来人都是从各区县游击队优中选优的"勇敢分子"，清一色德国造驳壳枪，每人几颗瓜式手榴弹。平时主要在平汉铁路南端红白交界地区活动，搜集情报，筹备钱粮，接送往来于中央和鄂豫皖根据地之间的领导干部、交通联络人员。

韩先楚调来4大队后，和刘震一个班，班长是陈先瑞[①]。1955年授衔，陈先瑞是中将。中将说：战士是上将，班长是中将，这兵叫我怎么带？上将说：什么这将那将的，战士到什么时候都得听班长的。

1934年11月，红25军开始长征时，刘震是红75师225团1连指导员。出发前，全连官兵除他以外，好歹都对付着穿上了棉衣。倒是还剩1件，是打土豪打来的女人的花缎子棉袄，又小，紧巴巴的。越走越冷，那也得穿呀，外面再套件灰布长衫。有人看出门道，就有了笑料。特别是有骑马的首长过来，有人上前把长衫

---

[①] 陈先瑞（1913-1996），安徽金寨人。1929年参加中国工农红军。1931年加入中国共产党。1955年被授予中将军衔。他曾四次转战陕南，为创建鄂豫陕革命根据地做出了重要贡献，被毛泽东誉为红军的"陕南王"。——编者注，全书同

一撩，就是一阵哄笑。

开头，刘震那脸就像那红底花棉袄似的。这位后来的东北野战军2纵司令员的性情，与曾经一手大刀、一手驳壳枪的1纵司令员李天佑有些相似，战场上是无所畏惧的"勇敢分子"，平时却沉静、儒雅，甚至有点腼腆。不过后来觉得也挺好，活跃了气氛，行军不累——这原本也是他这个指导员分内的工作呀！

年底进入陕南后，1营政委刘震在战斗中奋勇冲杀，两次负伤。先是左手，后是右颊，被子弹击中。后一次虽未致命，那张挺英俊的脸上，却留下了永久的伤痕，从此得名"歪嘴子政委"。

山阳县袁家沟口战斗中，刘震猛追1个军官。这小子跑不过刘震，躲在块大石头后射击。相持一阵，趁这小子往枪里压子弹的工夫，刘震几个箭步上去，将其扑倒在地。这小子拼命别过枪来，1发子弹穿透刘震左臂。就在这时，掌旗兵赶到，用旗杆尖利的铁脚向敌人猛刺。

在甘肃合水县板桥镇，后卫225团3营遭敌骑兵突袭。副军长徐海东纵马赶到，指挥2营掩护3营突围，也被包围。刘震和韩先楚——营政委和营长，率1营抢占山头，抱着机枪向敌猛扫，掩护徐海东杀出重围。

## 2．用脑子打仗

1944年8月的一天，苏北淮海区根据地来了个"谈判代表"，说奉宿迁日军旨意，要求新四军3师10旅允许宿迁至淮阴的运河通航，这样日军就不向外"扫荡"、安据点了，还给10旅十几挺机枪。

10旅旅长兼淮海军分区司令员刘震听罢报告，微微一笑。

几天后，驻宿迁日军72旅团135大队派出金井中队88人，另有地方反动武装90余人，来到林公渡修炮楼，安据点。

林公渡是个有十几户人家的小村落，北靠运河，是宿迁、泗阳两县水陆交通要道。敌人要保住运河航运，这个点必不可少。而且这里周围地形开阔，易守难攻。

刘震料知敌人会在这里动手，便提前动员群众拆掉圩墙，埋藏粮食。敌人到后，派出小部队会同地方武装，每天晚上打枪、佯攻，使其不得安宁。

9月6日晚，刘震以2支队的6个连将敌团团围住，1支队、4支队分别在宿迁、淮阴方向打援。天黑后，几门改造的平射、曲射两用迫击炮吼叫起来，部队开始攻击。3连首先突破前沿阵地，接着各连陆续攻入。日军很顽强，凭借优势火力，不断反击，但都被打了回去，或者就地被歼灭。战至拂晓，枪声停息，清点战果，击毙日军中队长以下66人，俘虏5人，毙俘伪军90余人。

1934年5月，红25军远程奔袭敌54师后方基地罗田县城。战后总结，刘震说：咱们消灭一些敌人，缴获一批银元、弹药，应该算是个胜仗，但有不少缺点，主要是战术问题。守军只有1个营，主要兵力守城北山头，咱们火力组织不好，两个团几次攻不上去，退出时队形又乱，不注意隐蔽、掩护。手枪团进城晚了，不然还能多背出银元。今后咱们要加强战术训练，用脑子打仗。还有缴获火炮就埋起来，这不是个办法，要学会使用。光用步兵冲锋，伤亡大，还不易取胜。

许多老人说，红军时期战术简单、幼稚，包括一些师长、团长，指挥作战就是一冲一打，不行，再冲再打。

而刘震说这话时，只是手枪团代理党支部书记——连个连级也算不上。

1941年2月，在豫皖苏，顽军两个师分头向蒙城、阚疃集进犯。战前，新四军4师召开军政委员会讨论作战部署，要10旅、11旅各打1个师。刘震不知道这是党中央、中原局、军部的指示，只是从实际出发建议集中兵力先消灭1个师，再视情况歼灭另1个师——他的意见自然被否决。

阚疃集、蒙城战斗失利，10旅撤到马店一带，师里要10旅以营为单位，分散游击。刘震认为，顽军是骑兵，平原地区，分散游击，易被敌各个击破。上级说就这么定了，不能改变。

3月3日，29团1营在半古店被顽军骑兵包围。1营孤军苦战，子弹打光了，刺刀拼弯了，用枪托打，只有20多人夺马突围。

29团为10旅主力，前身是红26军，战斗力很强，这次一下子损失了1个营的兵力。刘震在回忆录中，说他轻易不流泪，这回止不住了。

抗战时期的刘震

左二为刘震

任10旅旅长兼淮海军分区司令员期间，日伪对淮海区不断进行"扫荡"。这回刘震采取分散游击战法，不和敌人正面硬拼，主力忽而跳到外线作战，忽而从敌间隙插回来，寻机歼敌。敌人到处修碉堡、安据点，封锁、挤压抗日根据地。军分区发动全区县以下武装和民兵，分区分点看守、包围据点，有条件围困的围困它，条件不成熟的半围半困，打冷枪、放土炮，吓得有的据点的敌人不敢出来拉屎。4个支队的主力则机动使用，先从孤立突出的小据点开刀，像吃西瓜、摘桃子一样，哪个先熟吃哪个，哪个好吃摘哪个。有时突袭，有时强攻，有时围点打援，很快打通各支队间的联系，扩大了活动区域。

前面写过几笔的攻打淮阴城，是刘震第一次指挥攻打这等规模的有坚固设防的城市。之前各种样式的战斗，特别是攻坚战，基本都是夜战，敌人也抓住了这个规律。这回拂晓时分，各种土炮、"洋炮"开始轰击，敌人赶紧进入阵地，屏住呼吸，却不见人影。整个上午，炮火时断时续，敌人松懈起来，等着天黑后攻城呢——下午两点，刘震突然发起总攻。

在林彪还未总结出"六个战术原则"中的"三猛战术"时，新四军3师就以猛打、猛冲、猛追著称。

绝不是脑瓜一热，就什么也不顾了的猛。

"换将如换刀。"有的很能打的部队，换个主官，几仗没打好，刀就显得钝了，就得换将磨刀了。

从黄克诚到刘震，再到钟伟等人，一茬茬接续下去，这支部队好战善战的作风就代代相传了。

# 3．连战连捷

　　1947年夏季攻势，按照总部统一部署，1纵、2纵向长春、四平间新1军和71军接合部进攻，伺机围点打援。

　　5月8日，2纵从大赉、前郭旗、王府地区出发，兵分两路沿中长路西侧南进。首战伏龙泉，再战三盛玉，12日拂晓在双城堡俘敌骑兵团团长，得知怀德仅有两个团防守。

　　司令员刘震眼前一亮。

　　怀德位于长春至沈阳铁路西侧，距长春约50公里，距四平约100公里，为长春、四平间铁路西侧屏障，且有公路通往长春、四平、沈阳，地位自然十分重要。守军只有两个团，攻坚打援，一举两得。

　　当即给总部发报，同时命令4师、6师轻装奔袭，4师务于14日拂晓前将怀德城严密包围，5师赶到怀德东南二十里堡一线构筑工事，准备阻击四平出援之敌。

　　怀德镇像个掺了些高粱面的窝头，隆起在春日潮润的黑土地上。城墙上明碉累累，城脚下暗堡重重，一道宽8米左右、深3米左右的外壕，环绕着城墙。壕外屋脊形铁丝网和鹿砦，层层叠叠。周围一马平川，只在西南角有道雨裂沟伸到城下。沟内灌木丛生，光秃秃的枝条上，鼓突着淡绿色的叶苞。

　　突破口，主攻方向，箝制方向。兵力配置，主攻方向绝对优势兵力，一梯队，二梯队，预备队。炮兵阵地，纵队炮团和各师炮营及各团炮兵，全部使用在主要突破点上。

对于一个久经战阵的将军，当敌情和地形尽收眼底时，脑幕上就会像电子计算机屏幕一样，随之闪现出各种克敌方案和数据，而胜利也就在此刻同步前进了。

刘震打起仗来可是半点不含糊。更何况这是黑土地的反攻第一仗。就像一场篮球赛，一开场能否压住对手，一出手就投进三分球，还是被人连夺篮板球，事关全局，非同小可。

5月17日，怀德还未打响，城南十里堡方向枪声骤起。长春新1军4个团援兵,被早已等在那里的1纵和独立师阻住了。接着，大黑林子地区又枪声大作，5师和从四平出援的71军两个师打响了。

刘震电话中问钟伟怎么样,"好战分子"道:叫4师、6师放心打，有5师在，他陈明仁休想过二十里堡半步。

16日19时左右，东北野战军夏季攻势开始后一次最猛烈的炮火，倾泻到怀德城上，城西门北侧及西南角顿成一片火海。轰击35分钟后，城墙被打开两个缺口，碉堡、鹿砦的碎片凌空飞舞，步兵发起冲击。炮火向纵深延伸150米，打个半圆形拦阻火墙，护送突击队冲锋。二梯队投入纵深战斗，炮火再次延伸，拦阻敌人反扑兵力。

当年红25军225团1营政委、营长，都是使用炮兵的高手——这是1纵、2纵、3纵攻城拔寨、所向无敌的原因之一。

守敌主力是新1军30师90团，相当顽强。激战大半夜，团长带400余人退守东北角关帝庙大烧锅院内，拒不投降。五颜六色的信号弹，礼花似的蹿上夜空。

走一步，看两步——刘震早就算计好下一步的路数了。

调兵遣将。命令4师11团和纵队炮团，迅速向5师靠拢，并由

5师统一指挥。命令5师以少数兵力在二十里堡正面拖住敌人，主力于17日凌晨3时出发，沿二十里堡至大黑林子公路西侧，快速迂回到大黑林子镇，坚决切断援敌71军退路。4师、6师主力也向大黑林子方向迂回，只以部分兵力攻歼怀德残敌，那也别打急了——打急了伤亡大，一下子就拿下来了，那边援敌没了念想，那条大鱼撒腿就跑了。

18日上午，5师主力和4师11团拿下大黑林子镇，切断了71军88师退路。在大黑林子北边的87师，没了主意。向北打吧，不敢。撒腿跑吧，跑回去又怎么交代呀？

中午时分，各路部队陆续赶到，2纵从大黑林子西南、西北，向东北方向突击，1纵从东北向西南方向突击，敌人整个溃乱了。

一场痛快淋漓的围歼战，88师被全歼，师长被击毙，87师大部被歼。71军军长陈明仁的吉普跑得快，不然也报销了。

之后，2纵绕过四平南下，6月2日又拿下昌图县城。

秋季攻势中，2纵在四平西面的季家堡，将新1军50师150团包围，又是5师打援，4师主攻，将其全歼。

12月初开始的冬季攻势，2纵奉命奔袭、包围沈阳西、北分散据点。14日拿下调兵山，割断铁岭和法库之敌联系。总部来电，询问法库是否好打，要刘震去勘察地形。

刘震回电，建议暂不攻法库，以打彰武为好。

彰武是沈阳西北的一个突出据点，锦州、义县、阜新至通辽线上必经之地。守军为49军79师，约9000余人。法库守军新6军暂62师，战斗力不在79师之下，而且周围都是山，制高点均为敌控制，逐一争夺，耗时耗力，而且距沈阳、铁岭较近，铁岭至法库间又没有适当的打援地势。彰武城外虽然也有些据点，城墙上构筑大量钢筋水泥碉堡，但是工事比较集中，该城面积也小，便于发挥炮兵火力。

为了迷惑敌人，刘震仍做打法库状，将其包围数日，引敌出援。结果，新6军那个"虎师"新22师从铁岭出动了，在冯家岭、娘娘庙被歼灭1个多营——前面已经写过了。

与此同时，7纵在法库西南吃掉新3军暂59师2团。

就在敌人的注意力完全被吸引到铁岭、法库、沈阳地区之际，22日，遵照总部命令，2纵、7纵突然兵临彰武城下。之前刘震已仔细勘察地形，这回受命由他统一指挥战斗，扫清外围后，仅用5个小时即将其拿下。

党中央来电："庆祝你们攻克彰武，歼敌一个师的胜利。"

总部来电："彰武战斗将守敌79师全部歼灭，造成冬季攻势的有利形势，盼传令嘉奖有功部队及指战员。"

秋季攻势前，一围点，敌人就要出援。拿下彰武后，东北野战军云集北宁路沿线，直逼沈阳。这回陈诚急了，他的防御计划是"固点、联线、扩面"，必须确保沈阳和北宁线的安全。遂集结15个师，以沈阳为中心，兵分三路，在东起铁岭、西达新民，沿辽河两岸百余公里宽大正面，向西北、正北和东北做扇形攻进。

林彪决心吃掉左路新5军的两个师，以2纵、3纵、6纵、7纵围歼，以另3个纵队切断右、中两路敌人与新5军联系，并坚决打援，还有两个纵队在新民以西待机。

1948年1月2日，由新民出动的新5军进至公主屯时，被6纵16师阻击。2纵由彰武迅速赶到公主屯西南，3纵、7纵分别从东南和西面，对公主屯及其周围之敌形成四面包围，并不断对其挤压、攻击。

6日下午，新5军195师585团被压缩到王道屯，2纵6师连续猛

东北野战军某部进至公主屯，一口炒面一口雪，待机歼敌。

攻，在7纵19师配合下，将其歼灭。

与此同时，5师14团攻击后文家台的195师师部和584团，敌不支，向东北方向突围。14团在没膝大雪中猛追，与6纵将其歼灭。14团两个排就俘敌1800余人。

当日夜，新5军主力被3纵阻截在前文家台。7日拂晓，5师主力赶到，炮火准备后发起攻击，与兄弟纵队一道，将其全歼。

公主屯、文家台战斗，全歼美械装备的新5军两个师，并俘获军长陈林达①和两个师长。

哪个纵、师何时到何地，各纵、师如何协同、配合，林彪在双城线指挥所一封封电报，指点得有板有眼有章法，但还需要前线指挥员处置得有板有眼有章法。

有的纵队司令员，就像篮球队员，上场打一会儿，不行，下场休息吧。而2纵成立时刘震就是司令员，直至平津战役后南下升任14兵团副司令员。

1949年元旦，天津前线指挥部在杨柳青召开作战会议。

刘亚楼讲罢当前形势、天津的地形和敌情，开始宣布攻津决心、部署。讲着讲着，突然把目光转向刘震：你们2纵的对手是62军，那可是块挺难啃的骨头呀。

邓华在一边插话道：没问题，他牙口好。

2纵在东北几乎仗仗不落，而且大都是当头阵、打先锋。

而2纵司令刘震，也是个经常指挥兄弟部队作战的角色。

"三下江南"中的一下江南，2纵奉命到农安县南40里的伏龙泉破坏铁路。从农安出来的52军一个营，与先头4师遭遇，一阵猛打，将其歼灭，并活捉敌营长。刘震赶上来，审讯营长，得知3里外的竭家窑还有新1军1个营。

吃掉他！刘震当即下定决心。

黑灯瞎火中，刘震亲自带人到前边侦察敌情。

① 陈林达（1904-1970） 字华盖，湖南湘潭人。1925年参加中国共产主义青年团，同年秋考入黄埔军校四期步科。次年春，在广州农民运动讲习所加入中国共产党，3月"中山舰事件"后，加入国民党。历任国民党2师6团团长，52军195师师长，新5军军长。在公主屯地区，新5军被歼，陈林达被俘。1970年于抚顺战犯管理所去世。

快接近竭家窑时，被敌人发现了。机枪打得像刮风似的，子弹头上嗖嗖飞，两米多高的高粱一溜溜齐刷刷被截断，沉甸甸的穗头砸在脸上、身上。穿过一段土路，一只马蹄铁被子弹打中，像团火球飞向半空中。炮弹也咣咣地砸过来，硝烟、尘土呛得人喘不过气来。

那个40多岁的向导吓得坐在地上，抱着脑袋，浑身筛糠样抖成一团。刘震让警卫员架起他，说：别怕，有我就有你。

又钻进一片高粱地，向导说什么也不肯走了。4个警卫员也把刘震围在中间，说什么也不让他往前走了，他一动，就被死死按住。这回没辙了，刘震让侦察参谋带几个人摸进去，找个老乡带回来。

老乡来了，刘震和那个老乡坐在深秋的高粱地里，周围还不时有枪声，两个人就唠起来。村子多大，南北、东西有多长，街道走向、长宽，有多少人家，有无油坊、烧锅（即酿酒作坊）。老乡不懂什么叫"营部"，就问哪家门口有站岗的，进出人员挎手枪、戴大盖帽的多，电话线是不是都拉到那里去了。村子是否有围墙，是土墙，还是砖墙，多厚，多高，营部大院围墙什么样儿，四角是否有炮楼。国民党军那炮都是什么样子，马拉的，还是汽车拉的，有多少门。他们在这儿多长时间了，村里人都听他们说什么了，什么地方口音，对老百姓怎么样，老百姓又怎么说他们的，等等，等等。

天亮了，刘震又带着几位师长、团长，把竭家窑能看到的都看了一遍，然后下达命令，分派战斗任务。

怀德攻坚，战前刘震带4师师长陈金钰[①]、6师副师长张竭诚[②]，一、二梯队的团营干部，到前沿勘察地形。坐落在半山坡上的怀德城，周围平坦开阔，只在西南角有道雨裂沟伸到城下，距墙根还有百余米的平地。他和大家隐蔽接近，爬行到敌人手榴弹投不到的距离，趴在草丛中仔细观察，确定这里为主要突击方向。

条件允许，或者内线，或者派进去侦察员，把攻击地域的街道、胡同、沿途工事及高大、坚固建筑物，都要搞清楚，并绘制成图。各营连从攻击出发地到目的地，沿途情况，各级干部都要心中有数，并反复演练。炮兵要把突破口及两翼大小火力点编成序号，根据炮种、口径具体包干，以便有效摧毁城防工事，也便于准确计算炮火准备时间和所需弹药数量，为步炮协同提供可靠依据。

如此，那"牙口"能不好吗？

提起他们的司令员，笔者采访到的老人都说：跟他打仗，心里有底。

老人都说：战争年代摊上个能打仗的将军，那是福气。东南西北，跟着甩开膀子打就是了，打胜仗，少流血，还能学到许多本事。否则，你就跟着窝囊去吧，死都不知道怎么死的，更不用说今天跟你谈这些了。

---

① 陈金钰（1914-2008），湖北广济人。1929年参加中国工农红军。1930年加入中国共产党。历任红4军73师217团营长，八路军129师386旅16团团长，东北民主联军24旅政委，3师8旅旅长，东北野战军2纵4师师长。1955年被授予少将军衔。

② 张竭诚（1917-2001），湖北黄安人。1931年参加中国工农红军。1933年加入中国共产党。历任红25军部交通队排长，红15军团司令部作战科参谋、八路军115师344旅司令部参谋，新四军2支队5团团长，东野2纵6师师长，39军军长。1955年被授予少将军衔。金日成在接见张竭诚时，听完内阁副首相崔庸健介绍了39军的情况和反空降任务后，说："好呀！朝中两国军队联合起来反空降，就一定能粉碎敌人的阴谋。"

# 4．能啃硬骨头

义县是锦州北面的门户，辽沈战役首攻义县，林彪单调2纵5师 [①]，配合3纵 [②] 拿下义县。锦州攻坚，5师这个东北野战军的头等主力师，又是主攻。

"牙口好"的刘震率领的2纵，阵阵不落，而且都是重要方向上攻坚打硬的角色。

锦州攻坚战，2纵、3纵并肩从西北方向突破。天津攻坚战，2纵、1纵自西向东攻击。都是最重要的攻击方向，都是好钢用在刀刃上。

攻锦前，在2纵指挥所观音洞，林彪提出几个问题。一是白天总攻好，还是夜间总攻好？二是突破城防后，一夜能否解决战斗？三是如果城防突不破，我军主力被粘住，敌人东西两路援军上来了，这个仗就不好打了，这是最令人担心的问题。

这样的问题，林彪当然不是什么人都问的。

刘震回答：白天总攻，能充分发挥炮兵作用，我们的炮火已经处于优势，白天能更有效地摧毁城防工事。5个纵队攻击，只要有两三个突破了，就都能突进去了，一夜解决敌人是比较有把握的。城防一突破，就不至于打成胶着战。

---

① 时任2纵5师师长为吴国璋。

② 时任3纵司令员为韩先楚，政委为罗舜初。

刘震（前排左四）在攻打锦州时2纵指挥所旧址。

天津战役打响，刘震在指挥所里来回踱步，一支接一支地吸烟。

每次大战都是如此。

虽然胜利已经成竹在胸，但是这是战争，每分每秒都在流血牺牲——而且一支善打硬仗恶仗、能啃硬骨头的部队，伤亡往往也大。

他永远记得4师10团4连9班班长张勋战前写的《决心书》上的一句话：“战后和大家在两个会上见面——不是庆功会，就是追悼会！”

他是将军，不需要再在枪林弹雨中冲杀了，但他知道什么是战争，战争是怎么回事儿。

# 5．志愿军空军司令员

1950年10月，刘震被任命为中南军区空军司令员，11月调任东北军区空军司令员，组建志愿军后又兼任志愿军空军司令员。

参军近20年了，身经百战，指挥过步兵、炮兵、坦克兵，可这空军是怎么回事儿呀？第一次见到飞机，是在红25军手枪团时，那么大个铁家伙，竟能飞上天去杀人。而从士兵到兵团副司令员，他率领的部队也打下几架飞机，但基本手段就是隐蔽防空，几近任其为所欲为。那时是用不着说"敌机"的，因为只要发现飞机，肯定是敌人的。而今就有敌我了，因为我们也有空军了，而且当上空军司令员了，马上就要参战。

放下锄头拿起枪，一切不也都是陌生的吗？可1支步枪与1架飞机，指挥陆军作战与指挥空军作战，是可同日而语的吗？

指挥空军作战，既有空中指挥员对编队或机群实施空中指挥，又有地面指挥员通过空中指挥员实施的对空指挥，对空指挥是空军地面指挥的主要组成部分。面对瞬息万变的空战，全靠指挥员迅速判断、处置，这对于一个放牛娃出身的、没有任何实践经验的司令员来说，实在是太困难了。

但他满怀信心。

1951年4月25日至28日，志愿军空军出动16架飞机，在沈阳东陵机场组织了一次由飞行大队长以上干部参加的飞行战术演习。由于没有经验，通讯联络不畅，演习效果不好，可以说很糟糕。

从5月28日开始，在沈阳、安东、辽阳之间，这支在陆军基础上建设起来的空军，举行了一次规模较大的各机种联合飞行战术演习。第一阶段各级司令部为首长准备决心资料，第二阶段袭击敌机场，第三阶段抗击敌轰炸机群对我重要目标的袭击，第四阶段配合地面部队歼灭被围之敌。演习历时19天，出动飞机307架次，其中执行侦察任务31架次，抗击敌机轰炸70架次，配合地面部队围歼敌人206架次。

这只速成的空军，这次取得了长足的进步。各级指挥员已能在简单气象飞行条件下，指挥飞机二至三批起飞作战，雷达观测员能同时掌握四批飞行。飞行员初步懂得飞行中协同作战方法，注意利用云层、日光及地形等隐蔽出航，没有迷航的。对地面、空中目标搜索识别能力提高了，强击机能及时发现和准确识别攻击对象，轰炸机能准时到达指定地域，并初步摸索出组织各机种协同作战的方法。

就像个幼儿，初始阶段的每次举足投步，都是极为关键的。其中至关重要的，当然还是确立什么样的作战方针。

面对世界头号强国的强大空军，是待各方面训练都完全成熟再投入战斗，还是有了一定基础就到实战中锻炼提高？结论是走陆军的路子，在实战中从小到大，从弱到强，越战越强。

刘震认为，集中使用兵力的原则，同样适用于目前这支襁褓中的空军。对手多是飞行上千小时的飞行员，而志愿军飞行员在米格-15上，一般只飞行了20小时左右，飞机数量也比敌人差远了。就像叫花子跟龙王爷比宝，不能跟对手零打碎敲拼消耗，应将力量积蓄到一定数量时，选择有利时机，集中兵力在一个空域，顶多两个空域，完成一定的战斗任务。

无论"空军制胜论"有多少市场，刘震都认定这支志愿军空军是为地面部队服务的，一切行动的出发点是配合地面作战，以地面部队的胜利为前提。当然也只能量力而行，直接或间接配合地面部队完成相当的战斗任务，即破坏敌人某一部署，或攻占某一要点。

刘震说，对于我们这些可谓"一步登天"干了空军的人，多少年来就在敌人飞机的轰击打压下战斗，多少人流血牺牲，应该说是最清楚陆军兄弟最渴望我们干什么的——这是我们这一代空军独具的优势了。

1951年1月21日，是个值得纪念的日子。

这天上午，敌F-84飞机20架，沿平壤经新义州至宣川上空轰炸铁路。驻辽阳空4师28大队立即起飞，飞临安州时，发现敌机正以4机为单位在1000米高度上，对清川江桥俯冲轰炸，并以双机、4机于后上方做层次配置，进行掩护。这时，28大队位置不利，高度低，又处于逆光，飞机数量也少，仍奋勇向前，猛烈攻击。大队长李汉[①]利用米格-15垂直升降的特点，迅速爬升迂回到敌左侧后400米处，瞄准镜光环套住敌长机，一阵机关炮，敌机冒烟，

李汉

①　李汉，1924年生于河北唐县。1938年入伍，同年加入中国共产党。历任飞行员、大队长、副团长、师长等职。在抗美援朝战争中，击落敌机1架，击伤3架。1951年1月21日，他首开我志愿军空军击伤敌机的纪录，同月29日，又首创志愿军空军击落敌机的范例。1952年，空军给他记一等功1次，并授予"二级战斗英雄"荣誉称号。

274

落荒而逃。

这是与美国空军的第一次交锋。

29日下午，一批敌机在定州、安州活动，企图袭击安州车站和清川江桥。28大队起飞，机群飞临定州以西，4号机报告左侧发现目标，李汉即令编队利用阳光隐蔽，向敌机群左右上方迂回。居高临下，顺着阳光，看清16架敌机分别配置在600米、5000米高度，每层8架。投副油箱，1中队攻击，2中队掩护。李汉边下达命令，边率领1中队向上层敌机扑去，敌机转弯摆脱，李汉紧咬不放，将敌3号机稳稳套入瞄准光环，一串火舌飞出，敌机立刻冒出浓烟栽了下去。

这时，敌两对双机从左右上方袭来，僚机组迅速分头拦击，将其驱散。位于下层的8架敌机，又向李汉后方袭来。在高空掩护的2中队，在副大队长李宪刚[①]指挥下，向敌机猛压过去，用猛烈火力将其队形打乱。李汉盯住前下方1架敌机，一按炮钮，将敌击中。

28大队无一损伤，击落击伤敌机各1架。

7月10日，朝鲜停战谈判开始。在这个世界上，没人愿意与中国军队打一场地面战争，美国人也不例外。为了增加谈判桌上的筹码，美军从8月中旬开始所谓的"绞杀战"，利用空中优势轰炸铁路、公路、桥梁，妄图窒息中朝军队补给运输，以阻止地面

---

① 李宪刚(1930-1971)，广东黄县人。中国人民解放军第一代飞行员。1945参加八路军。同年加入中国共产党。在抗美援朝及国土防空作战中，英勇顽强，机智灵活，击落击伤敌机各1架，立二等功、三等功各2次。1951年，在朝鲜战场与战友击落击伤敌机后，受到朱德总司令接见，并称赞说："我们的副大队长(指李宪刚)，你才21岁，就敢与训练有素的美国空军作战，并能把他们的飞机打掉，真不简单！"历任空军飞行中队长、大队长、团长、师长、空十二军副军长等职。

攻势。这时，其侵朝空军兵力已增至19个联军（大队），飞机达1400余架，其中F-54是300架，当时最先进的F-86是75架。

遵照中央军委"逐步前进"、"轮番作战"方针，志愿军空军组织部队轮番上阵，朝鲜的蓝天就成了年轻的中国空军的大学校。

9月25日，五批敌机112架，在顺川、安州、平壤等地上空活动，企图轰炸志愿军运输线，空4师140架飞机腾空迎战。12团1大队长李永泰[①]率先冲向敌群，随后的几架飞机向敌猛冲，将敌冲散。混战中，僚机刘涌新[②]与6架F-86格斗，死死咬住1架，首创击落F-86战绩。

接下来两天仍是大规模空战，3天击落敌机26架，击伤8架。

10月上中旬，又进行6次大规模空战。

世界头号强国、又是头号强大的空军，这时开始回避空战。怎么办？刘震召集会议，决定跟它打游击战。根据敌机出动时间、批次、架次、活动空域等等，提前起飞，隐蔽待击，突然袭击。大机群空战同时，组织精干小编队插入敌人侧后，攻击被冲散的单机、双机和4机。

游击战、运动战，原本是中国军队的特长，从陆军脱胎的空

---

① 李永泰（1928- ），朝鲜族，吉林省通化县人。1945年加入中国共产党。次年加入中国共产党。曾任辽东军区卫生部会计。1950年毕业于空军航空学校。1951年参加抗美援朝，任中国人民志愿军空军飞行大队大队长。先后击落敌F-86型飞机四架，立一等功。后历任空军团长、师长、副军长、军区空军司令员，空军副司令员。1988年被授予空军中将军衔。

② 刘涌新（1929-1951），辽宁昌图人。1947年，刘涌新参加中国人民解放军，辽沈战役后，随军南下，1949年加入中国共产党。后调入4航校学习飞行。1950年调空4师7团担任飞行员入朝作战。1951年9月25日空战中，在击落F-86敌机后，刘涌新的机身受伤不能再战，便奉命返航，在飞机受损严重，迫降失败，不得已弃机跳伞时，由于飞机飞行高度不够，伞未张开而英勇献身，年仅22岁。

军也就难免这种印记。开头飞行技术、空战战术也差，主要的就是勇敢，不怕死，跟你"拼刺刀"。有的炮弹打光了，就把飞机当成了炮弹。飞机冒烟了，撞也要把你撞下去。美国人目瞪口呆：中国人这是什么战法呀？

11月18日下午，空3军9团在肃川上空8000米隐蔽，发现敌机即向下猛冲，一下子将其队形打乱。1大队长王海<sup>①</sup>，击落两架敌机。这个大队先后参战80多次，击落敌机29架，人人有战功，被誉为"王海大队"。

23日，空3师7团1大队长刘玉堤<sup>②</sup>，击落3架敌机。

在1951年8月之前的第一阶段作战中，敌我飞机损失比为1∶2，志愿军空军战斗事故严重。从同年9月到第二年6月的第二阶段，损失比变成1.46∶1，战斗事故大大减少。之后的第三阶段，由打战斗轰炸机为主，转为打战斗截击机为主，作战难度得以增加，空战情况也更为复杂，敌我飞机损失比仍然能达到1.42∶1。可见，我军的空军实力上升得多么快。

---

① 王海（1925- ）山东威海人。原名王永昌。1945年加入中国共产党。1946年参军，为东北航空学校机械队学员、机械员、飞行员。历任空军第4混成旅驱逐10团29大队中队长，空军3师9团1大队大队长，空军3师9团团长，空军师长。1985年任空军司令员。1988年被授予空军上将军衔。

② 刘玉堤，河北沧县人。1938年参加八路军。次年加入中国共产党。曾任120师旅侦察参谋。参加过百团大战。1948年毕业于东北人民解放军航空学校。历任飞行教员、华北军区航空处飞行队飞行员。1951年参加抗美援朝，任中国人民志愿军空军飞行中队中队长、飞行大队大队长、师射击主任。先后击落敌机六架，击伤两架，立特等功，被授予一级战斗英雄称号。1953年后，历任空军团长、师长、军长，北京军区空军司令员。1988年被授予空军中将军衔。

就难怪美国空军参谋长范登堡[1]惊呼："共产党中国几乎在一夜之间就变成了世界上主要空军强国之一。"

每次战斗，从中队到师的编队，从出航、接敌到投入战斗、退出战斗、返航，都由刘震通过空中指挥员实施指挥，有时还直接指挥到编队中的大队长。

1952年2月10日，雷达发现几批敌机先后侵入平壤、沙里院和价川地区，其中F-84、F-80有16架，在18架F-86掩护下，径直向铁山半岛飞来。刘震判断敌情，即令空4师起飞两个团，空3师做好二等准备。

飞到战区空域，12团3大队大队长张积慧[2]，发现远方海面上空有一道道白烟。是敌机。他迅速报告司令员和编队指挥员，刘震命令投掉副油箱，爬高准备战斗。

张积慧和僚机单子玉抢占高度

霍伊特·桑德福·范登堡

---

① 霍伊特·桑德福·范登堡（Hoyt Sanford Vandenberg, 1899—1954），美国空军四星上将。美国空军参谋长。生于威斯康星州密尔沃基。毕业于西点军校。曾先后在北非，参与指挥欧洲战区空战。

② 张积慧（1927- ），山东荣成市人。1945年参加八路军并加入中国共产党，1951年入朝作战，任志愿军空军4师12团3大队飞行大队长、副团长、团长。1973年任空军副司令员。1980年张积慧任成都420厂副厂长，烟台市副市长。1990年，经中央军委决定，恢复张积慧大军区副职待遇，离职休养。张积慧先后荣立特等功1次，一等功2次，二等功1次，空军授予他一级战斗英雄荣誉称号，朝鲜民主主义人民共和国最高人民会议常任委员会授予他二级自由独立勋章。

王海（前）及王海大队

刘玉堤

张积慧与戴维斯

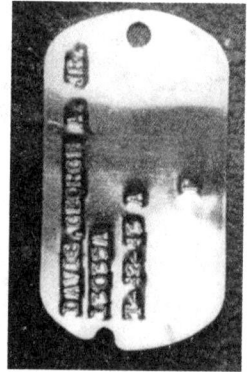

戴维斯的尸骸和证章

优势后，敌机却不见了，自己倒脱离了编队。加大油门追赶编队，突然发现右侧后方云层间隙中，有8架敌机直窜下来。赶紧报告，刘震命令他猛冲，把敌机打散，各个歼灭。

张积慧提醒单子玉注意保持双机，就在敌机逼近的瞬间，猛然一个右侧上升，两架敌机刷地从机腹下冲了出去。敌机左转占位，张积慧和单子玉也向左急速反扣过来，并紧紧咬住敌带队长机。

这个对手也真有本事，先是一个急俯冲下滑，接着又向太阳方向做剧烈垂直上升。见仍未摆脱，又来个俯冲。张积慧和单子玉紧紧跟住，眼看到了射击距离，张积慧一按炮钮，没打中。

敌机急剧俯冲，这回就是逃跑了。张积慧猛推操纵杆追上去，在单子玉紧密掩护下，3炮齐发，敌机身上蹿出一股浓烟，随即化作一团烈火，也未见飞行员跳伞——已经来不及跳伞了。

战后在敌机残骸中，发现一枚证章，上面写着美国空军第4联队第334中队长乔治·阿·戴维斯①少校。这个大名鼎鼎的戴维斯，有着约3000小时的飞行经历，二战中战斗飞行226次，在朝鲜战斗飞行59次。在美国，他被吹成"百战不倦"、"特别勇敢善战"的"空中英雄"，"成绩最高的喷气机王牌驾驶员"。

打掉戴维斯后，张积慧迅速拉起飞机，瞄住了戴维斯的僚机。敌机做着不规则的飞行动作，突然一个上升转弯。张积慧一个同样的动作，从内圈切半径追了上去，一次开炮，敌机凌空爆炸。

而刘震这天最紧张的时刻，是空战快结束时。

① 乔治·阿·戴维斯（George Andrew Davis，1920-1952），生于美国得克萨斯州，第二次世界大战中加入美国空军，被誉为"空中英雄"。1951年10月奉调朝鲜参战，1952年在中朝边境的空战中飞机中弹坠毁身亡，1953年被追授为中校军衔。

这天气象条件不好。胜利消息不断传来的同时，气象员报告海上云层急速向大陆上空飘移，15分钟后沿海各机场将被云层封闭，飞机不能着陆。这时敌人二梯队正向战区增援，如令空4师返航，敌机势必追击，可能造成大的损失。如果不退出战斗，又不能安全着陆。

刘震决定第二梯队空3师立即起飞，掩护空4师返航。命令空4师以大队为单位，分别在青椅山、浪头、大东沟、大孤山等一线机场着陆，油料够用的可到辽阳、沈阳等二线机场。万一有些飞机不能安全着陆，飞行员弃机跳伞。至于后果那就由他这个司令员扛了。

结果，全部安全着陆——有几个机场最后几架飞机着陆时，能见度只有1000米左右。

刘震着实出了一身透汗。

# 6.战争大学

1913年生于湖北省黄安县，二程区一中农家，当时有父母姐及我共四人，自田五斗，地六升，松山一块，房两间，耕牛半头（与他家共一头），另佃有租田八升。

自八九岁起在家帮助父亲劳动，放牛及做些零碎家务。十二岁时上了一年小学，后因学费困难辍学。

1927年学了几十天篾匠，因学徒生活太苦，又回家种地，给地主打短工，并参加了农民协会。

1928年春夏之间到汉口土工厂作工，因收入不大，父年迈，于夏秋之间又回家种地。

1929年春父逝，典卖了家产并借债几十元安葬父亲后，家中只剩我一人。

这是1953年韩先楚任中南军区参谋长时，在他的《干部履历书》里的《自传》中开篇的几段文字。

当时，包括刘震在内的本书中的名将，都要填写这样一份《干部履历书》。不知道各自的《自传》里具体都写了些什么，共同点是他们中的绝大多数都曾放过牛。而和丁盛一块参加红军的6个人，干脆都是放牛娃。

第一次世界大战，美国只打了个尾巴，第二次世界大战也是打了两年多后它才参战的。于是人们就不能不惊异，美国怎么一下子就出了那么多二战名将？

巴顿、麦克阿瑟、艾森豪威尔都是西点军校毕业的，马歇尔则是西点军校校长。西点军校是世界上最著名的军校，也是美国最难进入的高等学府。军校无疑是将军的摇篮，而这些4星、5星上将更是从小就立志献身军旅，效命沙场。出生于军人世家的巴顿，玩具除了玩具士兵就是各种枪支舰炮，读书后最喜欢的就是军事书籍，少年时代手枪、步枪就打得很准。麦克阿瑟的父亲是美国南北战争时期的英雄，对他的影响可谓刻骨铭心，所以有人说他"为其军事生涯做准备，实际上始于襁褓之中"。他在同届西点学员中，以第一名的成绩毕业，他创造的学科成绩数十年没有人打破。漫长的和平年代，军人的才华难以显现。艾森豪威尔直到30年代末期，还是一名少校参谋。可他们就是在这种难耐的寂寞中，义无反顾地修炼、磨砺自己的军事技艺，为战争而时刻准备着。

刘震、韩先楚这些人准备了什么？

韩先楚3岁时丧母，5岁时姐姐给人家当了童养媳，体弱多病的父亲带不了他，他就跟着姐姐去了人家的屋檐下。3年后，按今天的标准，8岁的孩子还是撒娇的年纪，也该上学读书了，他回到父亲身边做饭、打柴、种地、放牛，料理家务。学篾匠，闯汉口，都是为了生计，一种人类最原始的欲望。父亲不到50岁就去世了。赤条条没了牵挂，他就拿枪去揍这个不平的世界。

世上再苦再穷的男孩子，好像也不能没个男人梦，而那时那梦通常是离不开军事和打仗的。把牛拢在一起，放牛娃们就开始演练打仗，通常都是由还没有官名"韩先楚"、而只有乳名"祖宝"的他担任司令。他们在山坡上、河边、池塘边冲呀杀呀，喊呀叫呀。没人说那是在为日后的战争进行操练、预演，那稚嫩的身影和杀声，却也不能不使那个世界感到一种颤栗，也给他们的垂老之年留下一丝童年的亮色。

更重要的，是诸葛亮、刘备、关羽、张飞，还有梁山好汉一百单八将，自然也少不了精忠报国的岳飞、岳家军。在田头，在油灯下，经乡间说书人、文化人而世代流传下来的故事中，最具影响力的，就是三国、水浒、岳家军、杨家将中的人物了。他们在东西南北中的男孩子心头落脚，激荡起一种本能的尚武精神，在不知不觉中营造着一种原始的军事文化。

包括韩先楚和他当年当营长时的搭档在内，我军1965年前的1613位将帅中的绝大多数人，都是这样为其军事生涯作的准备。

从农民到士兵，刘震的优势是学过工匠，会吊线，对射击瞄准的"三点成一线"的理解，似乎应该比别人容易些。

可作为志愿军空军司令员呢？

当巴顿拿着像他后来指挥的世界上最现代化的军队一样的玩具枪炮，在演练一个男人的梦时，刘震、韩先楚和他的伙伴手里，操练的是什么家什？是不是捡起根棍子，往肚皮上一顶，就是一支枪了？

这是一种全方位的不成比例，不成对手。就像一位拳击手，拳击协会一看那个头、肌肉，再让你抡两拳，你就不用上台了，甚至干脆把那拳击执照都取消了。因为你根本就没有资格成为对垒的一方。

红25军到陕北后，劳山战役榆林桥战斗，232团团长韩先楚率团俘获东北军107师619团团长高福源①以下1800余人。高福源曾任张学良卫队长，被俘后又被派回去见张学良，对促进"西安事变"起过积极作用。可被俘之初，就像后来在东北抓获的那些俘虏一样，高福源根本就不服气，认定自己是一时疏忽大意。不然，我堂堂日本士官学校毕业生，怎么会输在你们这些没掉进灰堆里也土得掉渣的土包子手里？

麦克阿瑟认为中国不会出兵朝鲜的理由之一，就是中国不敢出兵。在美国人眼里，除了美国人之外都是土包子，更何况这支土得不能再土了的中共军队。结果一交手就尝到了对手的厉害，几招过后就晓得对手那技艺丝毫不比自己逊色。

在美国唯一享有元帅荣誉军衔的麦克阿瑟的心目中，印象深刻的那些中共对手里面，当然是不会没有从"万岁军"军长开始的本书中参加过抗美援朝的将军的。

麦克阿瑟拥有美国最大的私人军事图书室，巴顿名列第二。拿破仑统率大军驰骋欧洲时，帷帐中总是摆满书籍，除了军事类外，还有戏曲、小说、叙事诗、历史、地理、日记、回忆录等。1812年兵败莫斯科后片纸未剩，回到巴黎还时常念叨这些书，近千册的书名几乎一一记得。

如果刘震、韩先楚、胡奇才等人，拥有、并且读过这么多书，他们将如虎添翼。他们也曾多次表达过对科学文化知识的渴求，

---

① 高福源（1901-1937），辽宁营口人。北京辅仁大学毕业。历任东北军连长、张学良卫队营长、团长、旅长等职。1936年秘密加入中国共产党。与红军交战被生俘后，又返回东北军，积极宣传党的抗日主张和抗日民族统一战线政策，说服张学良联共抗日，说服了东北军110师两个营投诚。"西安事变"后，东北军"少壮派"枪杀了67军军长王以哲。105师师长刘多荃误认为他也参与了杀害王以哲活动，派人将他诱杀。

今天我们也不从放牛娃中选拔将军。但是，历史必然也只能造就出这样一批将军。为肚子造反的人，不可能背上书包去读书。共产党人的经济条件和作战形式，也不可能使他们拥有并携带这么多书，而且他们也不需要这么多书，甚至就不需要书。因为凭他们那点文化水儿，多么好的书也难以读懂。

一个人就读、毕业的学校，往往就是一个人的品位和身价。西点、哈佛、清华、北大，听着这些名字就让人肃然起敬。延安军政学院、军事学院、中央党校、抗日军政大学，这些名字听着挺响亮的高等学府，在刘震和他的校友们的正规履历书里，并未使他们获得大专学历，但对他们的将星之路却无疑起了十分重要的助推作用。

从立正稍息到战略战术，从学文化到学政治、经济、哲学，乃至席地而坐就是课堂，堪称古今中外绝无仅有的延安窑洞大学，拥有最好的老师。毛泽东经常给学员讲课。朱德、周恩来、刘少奇、任弼时、彭德怀、林彪、刘伯承等等，还有曾是毛泽东的老师徐特立，都是窑洞大学的老师。《毛泽东选集》四卷中，有三卷是在这个时期写作的，比数量更厚重的是质量。经历了两次国内革命战争，从江西长征到陕北，30万红军剩下3万人，又有了一个相对安定的环境，共产党人怎能不如饥似渴地学习、总结、提高自己呢？

在韩先楚24年的战争生涯中，有6年时间是在延安读书学习，两年任抗大总校1大队大队长。而1936年1月红军大学（抗战后改称抗日军政大学）成立时，刘震就是第一批学员。这是他们军事生涯中的一个十分重要的阶段。因为缺乏资料，又采访不到见证人，也就无从知晓这段颇长的，也是难得的闻不到硝烟的岁月中，他们是怎样积蓄力量、磨砺刀枪的。我们能够看到的只是结果，是毕业后重新带兵打仗，一出手就爆发出来的灼眼的光芒，是那军事技艺一下子就跃升了几个台阶。

由林彪任校长、后来又兼政委的红军大学，编成三个科，第一科主要训练师团以上干部，他们是：陈光（第一科科长）、罗荣桓（第一科政委）、谭政、彭雪枫、罗保连①、周建屏、杨成武、刘亚楼、张爱萍、王平、苏振华、陈士榘、赵尔陆、杨立三、谭冠三、莫文骅、郭述申、耿飚、张纯清②、贺晋年、符竹庭、刘惠农③、宋裕和④、彭加伦⑤、边章五⑥、张树才⑦、张经武、

---

① 罗保连，曾任120师358旅717团3营营长，团政治部主任，牺牲于抗日战场。

② 张纯清（1910-1944），湖南平江人。1927年入党。历任红5军1纵队党代表，红7军政委，红三军团保卫局局长，红军驻兰州办事处主任，广东省委书记。1942年被国民党逮捕，1944年在江西泰和监狱牺牲。

③刘惠农（1912-1997），江西万载人。1928年入党。历任红三军团卫生部政委，红一方面军卫生部政委，红军总卫生部政委，八路军卫生部政委，120师358旅政治部主任，东北民主联军3纵队副政委。

④ 宋裕和（1902-1970），湖南桂阳人。1927年参加秋收起义。同年加入中国共产党。历任红3军19团政委、无线电总队政委、中央军委3局局长、新四军军部后勤部部长、华东军区后勤部司令员。

⑤ 彭加伦（1906-1970），江西奉新人。1925年入党。历任红22军军委秘书长，红一军团政治部宣传科长，陕西省委秘书长，18集团军兰州办事处处长，中央军委政宣部秘书长，东北民主联军总政治部联络部长。

⑥ 边章五（1900-1954）又名边荣浩。河北束鹿人。在西北军、东北军、直鲁联军历任团长、旅参谋长、师参谋长。参加过宁都起义，加入中国工农红军。任红14军40师师长。1932年入党。后任军委第5局局长，辽东军区司令员等职。

⑦ 张树才（1914-1969），湖北黄冈人。1927年参加南昌起义。1929年加入中国共产党。历任红一军团直属队总支书记，第4教导团政委，新四军第2师4旅政治部主任，中原军区2纵政治部主任。1955年被授予大校军衔，1961年晋升为少将军衔。

杜理卿 ①、吴富善、肖文玖 ②、童小鹏 ③、贾力夫 ④、邓富连 ⑤
（邓飞）、张达志、刘震、林彪、黄永胜，还有朝鲜同志武亭 ⑥、
越南同志洪水 ⑦，共40人，平均年龄27岁，人均身上3处伤疤——
且不说这些大名后来如何如雷贯耳，就凭人均3处伤疤，就能明

---

① 杜理卿，又名许建国（1903-1977），湖北黄陂人，1925年入党，
1930年参加红军，以后长期做党的保卫工作。解放后，曾任天津市公安局长，
上海市公安局长、副市长、市委书记，公安部副部长，是我国保卫和公安
情报工作的创建者与卓越的领导者。

② 肖文玖（1915-2001），江西吉水人，绰号"肖坦克"。历任红一军
团2团政委，晋察冀军区2纵5旅旅长、7旅旅长，山西省军区司令员，20兵
团参谋长。1955年被授予少将军衔。

③ 童小鹏（1914-2007），福建长汀人。1930年参加红军并入党，曾任
毛泽东秘书。历任中共中央南方局秘书处处长，重庆中共中央南方局副秘
书长，中央城工部、中央统战部秘书长。1958年到1966年任总理办公室主任。

④ 贾力夫，曾在东北军工作过，1950年任百色军分区参谋长。

⑤ 邓飞（1912-2006），江西兴国人。原名邓富连。1931年入党。历任
红一方面军21军61师181团政委，陕甘宁晋绥联防军直属政治部主任、东北
民主联军东满军区后勤部部长，东北野战军6纵政治部副主任。

⑥ 武亭（1905-1952），原名金武亭。朝鲜中将。生于朝鲜咸镜北道镜
城郡。早年参加朝鲜反日爱国运动，之后来到中国。武亭在红军中，历任连长、
营长和团长，红军总部作战科长，八路军总部炮兵团团长。抗战胜利后，
武亭回国，历任朝鲜劳动党第二书记、朝鲜人民军第二军团长、首都防卫
司令官，炮兵总司令，民族保卫省副相（相当于国防部副部长）。1950年他
在长征时期的旧疾胃溃疡剧烈发作，正在朝鲜指挥中国志愿军的彭德怀立
即把他送到东北最好的医院，但是已经无力回天了。后在平壤病逝。

⑦ 洪水（1906-1956），原名武元博，越南河内人。他是同时拥有中越
两国将军称号的第一人，中国唯一的外籍开国少将。1924年随胡志明来到
中国，就读于黄埔四期。1927年加入中国共产党，历任红军团政委、师政
治部主任。1945年回到越南投入抗法革命兴国运动。洪水遂改名阮山，成
为与武元甲齐名的阮山将军。1948年，在越南被授予越南人民军少将军衔。
1950年洪水应召回中国，任陆军训练司令部条令局副局长。1955年被授予
少将军衔。

抗大总校在延安的校门（1938年）

抗大校旗

白这是古今中外绝无仅有的一所大学。

1954年，刘震、韩先楚和许多当年延安窑洞大学的同学，步入南京军事学院战役系学习深造，却已是马后炮了，难以让我们求证战争年代所向披靡的军事技艺从何而来。而且，即便是这种严格、正规的学习环境，也未能褪去许多人在识文抓字上的大老粗本色。

不知道刘震可曾出过什么笑话，韩先楚管"瀑布"叫"暴布"，"擅自处理"叫"檀自处理"，"提高效率"叫"提高效率（shuài）"。"文化大革命"前换个秘书江如芳①，他称之江如"芬"。战争年代文化高的不多，纠正的时候就少，和平时期就不同了。见大家都笑，他就知道又当了"白字先生"，就问又是什么字弄错了，快告诉我呀，也跟着笑。

威远堡战斗前看地图，他指着"鄁家店"的"鄁"，问这个字念什么。身边的参谋、科长，大都高小毕业，有的还是中学生，瞅一阵，又研究一阵，没一个认识。他有些不解：我是个大老粗，你们可都是秀才呀？

那地图上不认识的字太多了，却从不影响他排兵布阵，有时一眼就能窥透要害。

战前的方案之争，决定两个方案同时上报。只读过一年书的纵队司令员亲自动笔，咬出一脑门子汗，拿去机要室一看，字写得扒扒拉拉不说，简直就是白字、错字连篇，有些字不会写，画的都是圈圈。

---

① 江如芳（1932-2001），福建永定人。1949年参加闽粤赣边区纵队永和埔独立大队，1950年加入中国共产党。历任福建军区兼第十兵团政治部组织部干事、福州军区党委秘书、福州军区《前线报》副总编辑、福州军区政治部秘书长、江西省军区宜春军分区政委等职。

一封天书似的电报，却是严谨、简练，没一句废话，每一个字都力透纸背。

那是身边那些喝了多少墨水的人，都写不出来的。

"上马击狂胡，下马草军书。"①本书许多名将似乎体会不到陆游诗句的浪漫，也绝少长篇大套的理论色彩，却出手就能致对手于死命。

俄罗斯军事理论家约米尼②，近一个世纪前就说过："假使让我考选将才的话，对于能够把敌人行动判断得清清楚楚的人，我会把他列入第一名，而对于深通战略理论的人，却还要摆在次一等——因为这种理论讲起来固然头头是道，而实际运用起来却实非常困难的。"

约米尼

能读懂战争这本大书的人，

---

① 语出陆游诗《观大散关图有感》。

② 安托万·亨利·约米尼（Antoine-Henri de Jomini, 1779–1869），瑞士帕耶讷市人。历任拿破仑军中上校参谋，斯摩棱斯克总督，后来离开法军，投奔了沙皇亚历山大一世。沙皇当即任命约米尼为侍从副官长，授中将军衔。为报答沙皇的知遇之恩，约米尼将自己的后半生都贡献给了沙皇俄国。后任俄军总参谋长。约米尼一生的最大贡献，就是他写出了几部有关战争和军事理论的鸿篇巨著，对战争的规律、性质、战略战术、军队建设等各方面从理论上进行了探讨，创立了较完善的军事理论体系。他和19世纪另一位大军事思想家克劳塞维茨并列为西方军事思想的两大权威。约米尼的著作从19世纪起便成为西方国家各大军事院校的教科书，直到今日仍是军校生的必读课本。主要著作有《论大规模军事行动》、《拿破仑的政治与军事生涯》、《战争艺术》、《战争艺术概论》、《法国大革命军事批判史》。

才是真正的强者。

一个红安县出了200多个将军，为什么？穷，穷则思变，要革命，要造反。可那时哪儿不穷，为何红安独领风骚？这就是知识分子独特的也是巨大的作用了。中国共产党的创始人之一、红安人董必武，1920年在武昌创办私立武汉中学，红安先后有30多人入该校读书，其中许多人加入共产党，回乡宣传马列主义。于是，才有"小小黄安，人人好汉。铜锣一响，四十八万。男将打仗，女将送饭"。

"文化大革命"开始，韩先楚忧心忡忡。中国革命和建设都离不开知识分子，这是再浅显不过的道理了。可从当年红军"肃反"开始，我们为什么总是看知识分子不顺眼，拿知识分子开刀呢？

他在办公室转着转着，突然停住：你们说，我是不是知识分子？

秘书夏承祖①和江如"芬"，看看韩先楚，又转而互相对视着，愣住了。

知识分子应是具有较高科学文化知识又从事脑力劳动的人。司令员肯定是个脑力劳动者，可那另一半呢？他有领导能力、水平，战争年代打了那么多好仗，一些上知天文，下晓地理，或是把兵书背得滚瓜烂熟的人，都不如他。国民党那些从著名学府、军校毕业的将军，更是成了他的手下败将。从这上讲，到底是谁更有知识呢？可从传统和现代的标准讲，这"知识分子"的标准，不都是以相当的学历来界定的吗？那么，你这个

① 夏承祖，后任第2军医大学政治部主任，少将军衔。

只读过一年书，"芬"、"芳"不分的大老粗，又怎么能算作知识分子呢？

两个秘书认定司令员的问题有道理，可问题来得太突兀，一时间就难以作答。

韩先楚站在那里，望着他们，一字一句地道：我是知识分子。

声音不高，却是坚定、自信，甚至还挺自豪。

本书写到的这些名将，无疑都是战争大学的高才生，军事科学领域中有真才实学的大知识分子。

一个杰出将领的名字，总是与一个或数个著名的战斗、战役相伴的，和平时期而能够青史留名的将军，应该是理论研究型的，而这种将军的成果，也需要下一场战争才能证实它们的价值。

"千军易得，一将难求。"四野当然不止本书写到的这些名将，一野、二野、三野还有那么多名将。战将如云。他们是从千军万马中打出来的名将，首先则是幸存者——谁知道第一次战斗，刚跃出堑壕就中弹牺牲的知名的不知名的烈士中，有多少人后来可以成为名将？

# 锦州攻坚战战斗序列表
## （1948年10月9日-10月15日）

## 共产党军

东北野战军司令员 林彪

2纵队　司令员刘震

　　第4师　师长胡继成

　　第5师　师长吴国璋

　　第6师　师长张竭诚

3纵队　司令员韩先楚

　　第7师　师长邓岳

　　第8师　师长宁贤文

　　第9师　师长郑大林

6纵队　司令员黄永胜

　　第16师　师长李作鹏（兼）

　　第17师　师长龙书金

　　第18师　师长阎捷三

7纵队　司令员邓华

　　第19师　师长徐绍华

　　第20师　师长刘述刚

　　第21师　师长李化民

8纵队　司令员段苏权

　　第22师　师长吴烈

　　第23师　师长张德发

　　第24师　师长丁盛

9纵队　司令员詹才芳

    第25师　师长曾雍雅

    第26师　师长萧全夫

    第27师　师长任昌辉

1纵队炮兵团（配属）

## 国民党军

东北"剿总"副总司令兼锦州指挥所主任 范汉杰

39军　军长王伯勋

62军　军长林伟俦

92军21师　师长李荻秋

独立95师

54军　军长阙汉骞

新1军　军长潘裕昆

新3军　军长龙天武

新6军　军长李涛

49军　军长郑庭笈

71军　军长向凤武

骑兵旅

第八章 文武邓华

邓华将军（1910-1980）

## 军职简历

土地革命时期，任红4军11师33团宣传中队长、连党代表，红一军团团政委、师政治部主任、师政委。

抗日战争时期，任八路军115师685团政治处主任、副团长、政委，晋察冀军区1分区政治委员，八路军4纵政委，晋察冀军区5分区司令员兼政委，陕甘宁晋绥联防军教导2旅政委。

解放战争时期，任东北保安副司令员，辽西军区、辽吉军区司令员，7纵司令员，44军军长，15兵团司令员。

中华人民共和国成立后，任广东军区副司令员，13兵团司令员，中国人民志愿军第一副司令员兼第一副政委、代司令员兼代政委，沈阳军区司令员，总参谋部副总参谋长，军事科学院副院长。

1955年被授予上将军衔。

# 1．书香门第

当刘震、韩先楚、胡奇才等人成了放牛娃时，比刘震大5岁的邓华，已经开始了他的学生时代。

先在家乡湖南郴县陂副邓家读私塾，去邻村读小学，又到县城教会学校读书，再去省城长沙读中学。

邓华的祖父邓兴尧，20多岁考中秀才，30多岁录选为优贡，出任云南马龙州知州。有郴州人首寻德也在当地任职，与邓兴尧关系甚好，见其子邓养源聪明伶俐，即以独生女儿许之。首家富甲一方，女儿出嫁，嫁妆摆了一长街，并有大片妆田相随。每次回娘家，首家都送许多礼物，据说用箩筐挑着的，上面是糖果，下面是银元。

丁盛祖上也曾发达，不知何故，到祖父辈已经衰败。而邓华的祖父因得罪上司，任两年知州即被革职，并无多少积蓄，回乡执教也没多少银两，到他这代仍为村中首富，主要是因了他的外祖父。

父亲邓养源，也是20多岁考上秀才。邓兴尧有个学生任广东布政使，邀邓养源入幕办理文书案卷，在衙门干了半年，请辞回家。布政使以为他嫌官小了，许以举荐知县，仍是坚辞不就，到底回家坐馆任教。

村中首富，不愿当官，却要革命。大革命时期，他让一处房子给农民协会办公，积极投身对官僚大地主刘文才的清算斗争，被抓去县城，关进大狱。而原名邓多华的邓华唯一的哥哥邓多英，1926年就参加了共产党。

比之因饥肠辘辘而投身革命的，他们是不是更高层次上的造反者？

县城郴州三所小学，以美国基督教会办的新华学校名望最高。父亲说：进学堂，就要进一个好的。

砖木结构的两层楼房，矗立在城东门外的郴江边上，且不说齐整的教学设备，就是教室宿舍的纱窗，在这边远的县城也够稀罕的。校长和教授中学部英语、数学、物理、化学的老师，都是美国人，学习抓得很紧，校规极严。早晚自习，有老师在场，不到即为旷课，旷课8节，勒令退学。

新华学校3年，每次期中考试，邓华各科成绩都是优秀。让他始终难以适应的，是星期天要做完礼拜才能放假，由牧师领读圣经。开饭前坐定，用手在胸前画十字，说饭是上帝给的，要感谢上帝。

1925年夏，15岁的邓华来到长沙，就读岳云中学。两年后考入南华法政学校，并在那里加入共产党，被派去湖南省党校。不久赶上"马日事变"，身份暴露，和两个郴县党员回到郴县。父亲被捕，花钱疏通，将父亲保释出狱。挨户团又来抓他，躲去岳父家。这时，郴县农民组建了工农革命军第7师，并攻克郴州。一身学生打扮的邓华，一袭长袍，拿支梭镖，跟革命军走了，不久就上了井冈山。

1929年大柏地战斗中，邓华在敌团部缴获一本《孙子兵法》，如获至宝，当晚点灯熬油抄呀抄呀———一切缴获要交公，那是一定要在上缴前给自己留下一本的呀。

　　红军大学、抗日军政大学，以及延安的其他院校，教员没讲义，学员没课本，笔记本多是敌人投撒的传单订成的（利用没字的背面），就能晓得一本《孙子兵法》是种什么分量——可当时若是被90%以上一个大字不识的红军官兵看到了，还会成为宝贝吗？

红一军团1师政委邓华（1936年于甘肃正宁县）

## 2."文人和武士"

1940年9月20日至10月上旬，百团大战第二阶段的涞（源）灵（丘）战役中，晋察冀军区第1军分区司令员兼政委杨成武[①]为右翼队司令，第5军分区司令员兼政委邓华为左翼队司令。10月2日，邓华指挥左翼主力向灵丘、广灵出击，灵丘敌人急调南坡头、古之河据点兵力，企图合击邓部2团。判明敌人企图，乘敌兵力空虚，当晚邓华指挥1团一举拿下南坡头，歼灭日军70余人，其中俘虏10余人。

1942年10月15日，第4军分区司令员兼政委邓华，指挥部队攻入灵寿县城，毙俘伪军200余人。

12月15，又利用内线关系，拿下平山县孟耳庄据点，将14个鬼子全部消灭，36个伪军全部活捉。

---

[①] 杨成武（1914-2004），福建长汀人。1929年参加闽西农民暴动，并加入中国工农红军。历任红一军团第4军第12师教导大队政治委员，11师32团政委，红1师师长兼政委，八路军115师独立团团长，独立第1师师长兼政委，晋察冀军区1分区司令员兼政委。指挥了著名的黄土岭战斗，击毙日本军"蒙疆驻屯军"最高司令官阿部规秀中将。后任晋察冀军区第一野战军冀中纵队司令员，华北军区第3兵团司令员，第20兵团司令员，京津卫戍区司令员，志愿军第20兵团司令员。1955年被授予上将军衔。

1941年6月11日《晋察冀日报》，发表作家周而复<sup>①</sup>的文章《邓华断片》，这样描写这位分区司令员兼政委：

> 一副清秀白皙的面孔，颧骨很高，而且有些突出，两眼奕奕有神，嘴上微微有这么一抹稀疏的胡髭，身材瘦长，走起路来斯斯文文，没有什么膂力，看上去简直是一个文人；但在火线上却狮子一样的勇猛、睿智，望见从他那双眼睛里发出具有摧毁一切力量的光芒，指战员就好像有了依靠，得到胜利的保证，文人和武士在他身上得到谐和的统一。

"文人和武士"——这就是邓华。

父亲写得一手好字，邓华也写得一手好字。父亲是教学生写字帖，春节为乡亲们写对联、春条，还曾在衙门里抄写文书案卷。邓华则写革命标语。"打倒土豪劣绅"，"红军是穷苦人自己的队伍"，"工农解放万岁"，"保卫井冈山根据地"等等，还有"中国工农红军黄洋界保卫战祝捷大会"之类横幅。陶铸夫人、井冈山老战士曾志<sup>②</sup>说，邓华的毛笔字在井冈山红军中颇有名，有什么写的都爱找他。

邓华参加红军后，有文字记载的第一个职务，是7师政治部组织干事。而他拿起梭镖后的第一个动作，则是拿着笔和纸，在

---

① 周而复（1914-2004），小说家。原籍安徽，生于南京。1938年大学毕业后到延安。著有《上海的早晨》、《长城万里图》、《南京的陷落》、《长江还在奔腾》、《逆流与暗流》《太平洋的拂晓》等。曾任华东局统战部秘书长，上海市委宣传部副部长，文化部副部长。

② 曾志（1911-1998），湖南宜章人。1926年加入中国共产党。历任郴州中心县委秘书长，红4军后方总医院党总支书记，任中央妇委秘书长，辽吉省委委员，武汉市军管会物资接管部副部长，中共中央组织部副部长。

右起邓华、肖向荣、陶铸、李涛、宋时轮（1944年在延安党校）

被革命军攻克的郴州书写、张贴标语。

若不是赶上战乱，或者未投身革命，应该在社会上谋得一个挺体面工作的邓华，一看那身长衫就是个洋学生，你就干这个吧——这也是太正常不过的事了。

刘震、胡奇才、钟伟、李天佑，以及后面将要写到的刘亚楼等人，都读过一两年书，或几年书。丁盛参军前一天书没念，参军后自学、入学读书。与从戎而未投笔的邓华是没法比了，可在几乎都是文盲的连队、基层，识不识几个字就不同了，甚至大不一样。而政工干部通常会让人想到"耍笔杆子"，上级搞个什么宣传、教育，识点字就是天然的优势，有意无意就往这方面培养了——无论大小多少，这都应该是个原因。

从工农革命军7师政治部组织干事始，到红军团宣传队中队长、连党代表、军士队党代表、团政委、师政委，八路军团政训处主任、团政委、师政委，晋察冀军区军分区政委，以上只是简单地说，邓华这政工干部好像是注定了。1940年3月任晋察冀军区5分区司令员兼政委，好像要"改行"了，近4年后又成了旅政委。

前面写过的和后面将要写到的四野名将，多数是在师旅团职岗位时"改行"的，有的是到东北后彻底"改行"为军事指挥员。邓华属后者。可抗美援朝成立志愿军，他又成了副司令兼副政委。

文武兼备，军政双全。

# 3.说"不"

凛冽的海风吹在脸上刀子般尖利，罗斯福呢大衣的衣襟呼啦啦扬起，一阵阵要把人推翻到盐田里去。侧后方突然一声爆响，田埂上又一枚地雷被踏响了，随风送来几声断续的喊叫。

这是平津战役的天津战役前，7纵司令员邓华，深入塘沽前线查看地形。

邓华受命指挥2、7、9纵攻占塘沽、大沽，切断敌人海上逃路。

一条通往塘沽的铁路旁，并行一条狭窄的土路，周围是一望无际的盐田和寸草不生的盐滩，几幢盐工的红砖房子在地平线上微微凸起着。

难题不在于敌人纵深如何层层设防，也不在于"重庆号"等舰只可从海上支援敌人作战，而是那条铁路、公路根本展不开部队，只能从盐田、盐滩上发起攻击。地域平坦不怕，可以挖交通壕，"东北虎"干这个已是轻车熟路了。可那蓄满海水的盐田和涨潮时一片汪洋的盐滩不用说了，就是那表面干爽之地，两锹下去，苦咸的海水就冒出来了。有的勉强挖出半人多深，第二天又塌成了一条烂泥沟。两件呢子衣服加上毛衣、衬衣，仍然寒风刺骨，官兵们一身泥呀水的，如何作战？

这个仗不好打。

不好打也得打。

东边应依情况，力争先歼塘沽之敌，控制海口。只要塘沽（最重要）、新保安两点攻克，就全局皆活了。

这是1948年12月11日9时，毛泽东给"林罗刘"的电报中的一段话。

一个"最重要"已是绝无仅有，而在此前后给"林罗刘"的电报中，毛泽东几乎每次都要提到塘沽。

12月21日24时，毛泽东又在一封关于塘沽之战的电报中指示：

我军应不惜疲劳，争取于尽可能迅速的时间内歼灭塘沽敌人。

当时，邓华不可能看到这些电报，但从"林罗刘"发来的一封封电报中，理解毛泽东的战役构想、意图，对于他这样身经百战的将军却是很容易的。秤砣虽小压千斤。堵截海口，全歼华北之敌，塘沽原本是平津战役中举足轻重的一个支撑点。在新保安被攻克，张家口亦指日可下后，其分量和地位就愈显突出了。况且辽沈战役中未能控制营口，致使52军万把人从海上逃掉，毛泽东批评"是个不小的失着"，对于东野的每个将军都是记忆犹新的。

12月23日，7纵20师和21师，在纵队和师属炮兵全力掩护下发起攻击。可步兵一无工事，二无地形地物可利用，被敌人陆海炮火打得抬不起头来，伤亡1000多人。

24日，9纵一个团攻击大沽受阻，同样伤亡惨重。

邓华当即下令停止攻击，致电林彪。

在报告了塘沽地形和进攻受阻的情况后，他说：

东北野战军9纵某部突击队向塘沽外围发起攻击。

此次为我们入关第一仗，故必须慎重从事，充分准备。……据我们估计，塘沽为敌人唯一退路，故不打而跑的可能性较小（据供，敌人要守，到塘沽后赶筑工事就是证明）。万一跑了于敌更为不利，而便可打天津、北平。

虽未明确建议改打天津，但那意思已是比较明白的了。

这可不是邓华第一次对上级说"不"了。

从长白山打到海南岛，没有比1947年6月的四平攻坚战打得再惨烈的了。

战前，邓华认为仅有两个纵队攻城，兵力不够，致电林彪，建议再增加一个纵队，实在不行，两个师也可以。林彪未置可否，只增调个6纵17师。激战两星期，两个纵队伤亡惨重，有的简直快打残了，才把6纵另两个师调来参战，形成"添油战术"。

邓华还曾建议推迟攻击时间，未获同意。

战后总结，林彪和刘亚楼讲了两点教训：一是对敌情判断不明，守军有3万多人，却判断为不到两万人，攻城兵力显然不足；二是打急了，有的部队没看地形就发起攻击，违背了"四快一慢"中"慢"的原则。

打了半个月的四平攻坚战，已经控制四分之三的市区。守敌71军的军直属队都打光了，军长陈明仁把卫队都派上去了，他已经把手枪放到桌上，等解放军攻进地下室就自杀了。

世上许多事情，都是差那么一点点就成功了——如果邓华的两个建议获准了，是不是就不会差那么一点点了？

四平攻坚战的影响是巨大的。辽沈战役，林彪率部南下北宁线直取锦州，得知国民党又从华北增援两个军到葫芦岛，又要转身回头去打长春，原因之一就是怕把锦州打成四平——他有点被那场红天血地的噩梦魇住了。

那么，塘沽会打成个什么模样，打出个什么结果？像所谓的"四平大捷"一样，就算是侯镜如守城成功，给傅作义打一针强心剂，增加稍许嚣张气焰，国民党在华北的溃败也是指日可待的。


邓华这个人"很硬"。

出身于书香门第的司令员，瞅着温文尔雅，平时话语也不多，却是吐口唾沫是颗钉。决策果断，决心硬朗，看得准，打得狠。对同志批评很严厉，对上从无恭维之辞，一是一，二是二，实事求是，实话实说。

四平攻坚战，战前邓华下令多抓俘虏，而且一定要抓住个连

邓华在东北

以上军官。结果，他对敌情的判断是最准确的。

知己知彼，那"不"说得就硬气，有理有据有底气。

而塘沽地区不便于大兵团作战，又不可能越海包围，只能做陆地看守与阻击。倘若非打不可，那也只能把敌人赶到海里去，坐上军舰逃跑，自己则是伤亡一大堆。

毛泽东接到林彪的电报，一看就明白地图与现地往往是不同的，有时靠地图指挥、决策是行不通的。尽管此前下了那么大的决心，在12月29日23时给"林刘"的复电中，仍然痛痛快快地道：

> 放弃攻击两沽计划，集中五个纵队准备夺取天津是完全正确的。

从东北到华北、华中、华南，协同作战时，李天佑、刘震、韩先楚这3位司令员（军长），经常统一指挥两个、或两个以上的纵队（军）。辽沈战役攻锦州，邓华指挥南突击集团的7纵、9纵；平津战役打天津，邓华又指挥第二主攻方向上的7纵、8纵。而在攻击塘沽的3个纵队中，有2纵这样的主力、老大哥部队，林彪却让7纵司令员邓华当总指挥，除了邓华的资历外，是不是还记着四平攻坚战时他那两次说"不"呢？

# 4. 指挥海南岛战役

1949年12月14日，林彪、谭政、肖克致电15兵团和40军、43军：攻海南岛战役，由十五兵团首长担任统一指挥。

15兵团司令员邓华，当然清楚这是一副什么样的担子。

岛上有国民党5个军的番号加特种兵，总兵力约10万人，另有舰艇50艘、飞机45架。海南防卫总司令薛岳，提出"空军是关键"，"海军决定成败"，将这些家当东南西北一摆置，组成所谓"立体防御"，并以自己的字命之为"伯陵防线"。

有道是"南船北马"，意为北方人善骑射，南方人善使船长水战。从冰天雪地的长白山，打到四季如春的雷州半岛，要不是隔条波涛光涌的琼州海峡，薛岳这帮残兵败将早望风而逃了，仗恃的不就是龙王爷、"龙王爷防线"吗？而这支来自遥远的北方的大军，无论善不善水战，渡海作战首要的关键是船。

曾想1950年2月5日，即春节前完成渡海作战准备，不得不推后的原因，主要是船。金门之战，10兵团登岛部队全军覆没的教训，从军委、四野到15兵团首长，都不能不认真掂量。而海南岛战役大举渡海作战前，困扰上上下下的一个问题，就是主要依靠什么船渡过琼州海峡？帆船，机帆船，还是购买登陆艇舰？

琼崖纵队司令员兼政委冯白驹，建议乘敌不备，先行偷渡。邓华眼前一亮，这个主意太好了，既可取得渡海经验，又能增强岛上力量，待大举渡海作战时，配合琼纵接应主力。

无论有多少有利不利条件，肩负重任的邓华都已下定决心：此战只许成功，不许失败！

3月20日，邓华率兵团指挥所到达雷州半岛。

根据40军、43军征集船只和谷雨前仍有风向可以利用等情况，经报上级批准，从接受任务即考虑以帆船渡海的邓华，将广州会议确定的主要以机帆船渡海作战，改为以帆船为主。

4月8日，邓华致电四野并军委：

"第二批登陆成功，证明只要我们有足够的船只，充分的准备，很好的利用风潮，在岛上部队的接应下，是可以在正面从任何一处强行登陆的。""目前敌人正在加强海防，今后登陆不论部队大小，均需付打兵舰和登陆突破的代价，部队小则损失大，上去还要跑反，且更刺激敌人。故今后只要我们主客观条件（主要是船只、领航人员、风潮等）有可能，则每批登陆以较大部队（一个师以上）为合算和有利。"建议"组织六至七个团的兵力，争取于谷雨前后，在花场和临高以北地区强行登陆。"

在影响过海南省的中国第二大岛的前途和命运的诸多电报中，这无疑是举足轻重的电报之一了。

4月10日，邓华在徐闻县赤坎主持召开军以上干部会议，部署渡海作战。两军主力分作两个梯队，第一梯队又分为东西两路，以临高县马袅港为界，以西属40军，以东属43军。第二梯队随后跟进。琼纵及先期偷渡部队，则分头接应主力，袭扰敌人，破桥断路，阻敌南逃。

16日19时30分，一梯队东西两路军同时起渡了。

这是个决定性的时刻，也是个创造奇迹的时刻。2.5万人分乘近400只帆船、机帆船，裸露在无边无际的大海上，去攻击一座海陆空10余万人据守的大岛，在此后的人类海战史上还曾有过吗？

赤坎兵团指挥所，邓华彻夜无眠，一支支地吸烟，在地图前看着、转着。

——已过中线，风停，划桨前进。

——发现敌舰，土炮艇迎击，主力继续前进。

——已经看到海岸了。

——开始抢滩了。

——已经占领滩头阵地，并向守敌发起攻击。

根据两个军用暗语不断发来的报告，邓华冷静地即时下达着命令。

据说，这天晚上，毛泽东和朱德等人都在军委作战指挥室，关注海南岛战事。

从毛泽东到士兵都清楚，只要渡过琼州海峡，海南岛战役就没有多少悬念了。


4月18日，薛岳发现对手大举登陆，当晚即调集全部5个师的机动部队，于19日开始由海口、嘉积乘车驰援美亭、澄迈，企图歼灭威胁其正面的43军登陆部队。

原计划东西两路军登陆后，40军包围加来敌64军指挥机关，43军向澄迈急进，包围分割62军军部，意在吸引敌援，在运动战中歼敌。

获知薛岳的机动兵力倾巢出动，邓华认为这是歼敌的有利时机,决心集中登陆主力与敌决战,围歼其机动兵力,进而夺取海口。

20日晨，43军主力在黄竹、美亭地区与敌激战。邓华判断澄

即将渡海作战的指战员宣誓，决心消灭残敌，解放海南岛。

迈地区可能已无敌人,其主力已经集结于美亭,遂计划在美亭展开大规模歼灭战——史称"美亭决战"。

当日22日30分,邓华电令40军:如澄迈敌已逃窜,118师则迅速插至美亭以东协同43军歼灭安仁增援之敌;如澄迈敌未逃走,则该师留1个团于澄迈东北,配合119师包围监视澄迈之敌,师主力仍执行上述任务。

21日6时30分,邓华又令40军:

> 如澄迈无敌,以一个师迂回白莲市南援敌侧背,一个师迂回美亭东南敌侧背;如澄迈有敌,则以一个师包围该敌,一个师先迂回消灭美亭以东之敌,后再北上消灭白莲南下之敌。

当天下午17时,40军主力插到美亭东西两侧,与43军主力形成对敌合围态势。敌军心动摇,全线崩溃。

22日8时,解放海口。

当天,薛岳下令总撤退,邓华下令大追击:除留127师两个团于海口担任守备任务外,两个军主力组成东、中、西三路军,向榆林、北黎、八所全力追击。

从白山黑水打到天涯海角,新中国诞生已经大半年了,仍然快马加鞭未下鞍的15兵团司令员,又要率领13兵团赴朝作战。

# 5．预见到美军可能在半岛中腰部登陆

　　1950年5月1日海南岛战役结束，6月25日朝鲜内战爆发。7月13日，在广州东山15兵团司令部，邓华接到四野政委罗荣桓的电话，调他出任解放军战略预备队13兵团司令员，组建以13兵团为主的东北边防军，立即北上鸭绿江地区布防，并准备在必要时渡过鸭绿江，支援朝鲜人民军作战。

　　4月15日，15兵团司令员邓华，在雷州半岛的前指下达了强渡琼州海峡、大举登岛作战的命令。从长白山打到雷州半岛，近乎中国的一条对角线。而随着捷报频传，四野最早南下的两个军已经打到天涯海角了，喜悦、激动中，一颗心也难免有点轻松了，却一下子又被鸭绿江对岸的战火拽紧了。作为一个身经百战的将军，他不能不关注发生在中国近邻的这场战争，却未想到会让他出任这样一支部队的司令员。

　　立即下令收拾摊子，准备北上。

　　那片征战了3年的黑土地，与东北山水相依的朝鲜半岛，地图上的红色箭头不断向南推进。

　　6月28日，朝鲜人民军进入汉城，7月4日拿下水原，20日夺占大田。从21日起，人民军发起洛东江战役，一军团、二军团正向金泉、大邱实施主要突击。形势应该一片大好，但是邓华看到了隐忧，南朝鲜李承晚[①]集团的基本兵力还保存着，而战争的根本目的在于消灭敌人的有生力量。

同样让他感到不安的是朝鲜半岛狭长的地形，最窄的蜂腰部仅170公里左右，具有海空优势的对手，很容易实施登陆作战，断其后路。

7月初美国出兵后，朝鲜人民军的战略方针，是赶在美军大批出动前，迅速歼灭李承晚军队和入侵美军，拿下南朝鲜全境。

那么，对手会如何动作呢？

> 鉴于朝鲜人民军战线南伸而延长，美军凭借其海空优势，于朝鲜东、西海岸中腰部铤而走险的可能性大为增加。
>
> 显然，如果以朝鲜人民军弱小的海、空军和后方留守陆军，阻止美国从两侧而不是正面的陆海空三位一体的登陆作战企图是很困难的，况且，朝鲜三面环海，东、西海岸线较长，给人民军集中、重点防守带来不便。

以上是邓华给中央军委的电报中的文字，具体时间不详，似应为7月27日离开广州北上前发出的。

---

① 李承晚（1875-1965），南朝鲜第一至三任总统。生于韩国黄海道平山郡。自称是朝鲜王朝皇族的旁系后裔（朝鲜太宗李芳远长子让宁大君第十六世孙）。曾因抨击时政被捕入狱。在狱中，编撰了韩国历史上第一部《韩英词典》。后就读于华盛顿大学、哈佛大学和普林斯顿大学。在普林斯顿获得哲学博士学位，成为第一个在美国荣膺博士头衔的韩国人。侨居夏威夷期间，在当地侨民中积极从事独立运动，成为声名煊赫的独立运动领袖。被远在上海的"大韩民国临时政府"，缺席选为临时政府总统。二战后回到汉城。当选为南朝鲜首任总统，实行持续12年之久的独裁统治。

美军组建的"远东司令部",统一指挥其远东地区的陆、海、空三军,并与李承晚集团签定了"韩美联防互助协定",统由麦克阿瑟指挥。后来,麦克阿瑟又被任命为"联合国军"总司令。左起麦克阿瑟、李承晚。

8月31日,在安东13兵团司令部,以邓华、洪学智 ① (副司令

_____

① 洪学智(1913-2006),安徽金寨人。1929年加入中国共产党。历任红四方面军团政治处主任、师政治部主任、军政治部主任,新四军3师参谋长,黑龙江军区司令员,东北民主联军6纵司令员,四野15兵团第一副司令员,中国人民志愿军副司令员,兼任志愿军后勤司令部司令员。1955年、1988年两次被授予上将军衔。

员）、解方（参谋长）名义，发给军委、四野和东北军的电报中，也表达了同样的见解。

9月15日，美军在半岛中腰部汉城西面的仁川登陆，战局即急转直下。

还需要把约米尼的那句话复述一遍吗？

10月19日，平壤陷落。

这时，已改称中国人民志愿军的13兵团4个军，另有3个炮兵师、1个高射炮团，共26万人，已经集结于鸭绿江北岸的3个渡口，一声令下即可过江。

原计划是过江两个军，邓华认为不行。敌人总兵力已达42万人，地面部队5个军15个师23万余人，其中美军3个军6个师约12万人，另有南朝鲜、英国、土耳其、澳大利亚等10余万人。其中越过三八线的约13万人，另外它还有海空军优势，掌握制空、制海权。

邓华向彭德怀建议，4个军和炮兵全部过江：两个军兵力形不成优势，应该都过去。而且敌人可能炸毁江桥，再过江就困难了。

彭德怀即向军委报告，10月11日毛泽东同意全部过江。

邓华又"得寸进尺"，要求继续增调部队。12日，毛泽东致电陈毅，命令9兵团提前北上，直开东北。22日，又令在天津的66军东运东北。实践证明，这些建议迅速被接受并落实，对初战胜利起了重要作用。

还未开打，彼此都在掂量对方，某种意义上尚处于一种朦胧状态，这时尤其需要一种眼力。

# 6. 再说"不"

1951年4月6日，朝鲜金化上甘岭志愿军总部的山洞里，美制香烟烟雾弥漫——那时没有"吸烟有害健康"一说，总熬夜，不抽烟的人不多。

彭德怀正在主持志愿军第五次党委扩大会议，研究部署新战役，即第五次战役。会议扩大到军级主官。会场上多了许多新面孔，他们是3兵团、19兵团首长和所属各军军长、政委，其麾下部队昼伏夜行，正在向三八线附近秘密集结。

此番入朝部队，基本为苏式装备。轻武器中，步枪、冲锋枪各半，各师都有炮团，各团增设57毫米无后坐力炮连、120毫米迫击炮连和高射机枪连。除刚组建的4个地炮师外，还有4个也是刚组建的高炮师，各军也都新编了高炮营。而首批入朝的6个军，只有1个高炮团。还有，入朝坦克部队也在开进途中。

3月1日，毛泽东提出关于五次战役的构想："我们计划在我第二番部队到达后，在四月十五日至六月底两个半月内，在三八线南北地区消灭美军及李承晚军建制部队数万人，然后向南汉江以南推进。"

3月14日，彭德怀指出："下一战役是带决定性的一仗。"

新入朝的将军情绪高昂、乐观，摩拳擦掌，表示要大干一场。有的说要再次拿下汉城，有的保证活捉5000美军，有的说要打到大邱、釜山去。

　　作为志愿军党委副书记、协助彭德怀主持会议的邓华，一支接一支地吸烟，嘴里实在苦得受不了，从茶杯里捞出茶叶嚼着。

　　毛泽东的战略部署必须执行，五次战役必须打响，可具体应该怎样打？

　　组织东北边防军，首先想到13兵团的38军、39军、40军。从装备到战绩，无论在四野，还是全军，这3个军都是一流的，不然也不会成为军委的战略预备队。解放战争中，四野从长白山打到海南岛，其他野战军也一直在各自战区作战。而美军自第二次世界大战后，基本没打仗。比之美军，我军的装备差远了，那战斗经验、战术动作却绝对一流，战斗力应该是历史上最好时期。

邓华（手持望远镜者）在朝鲜西海岸看地形（1953年1月）

邓华在志愿军总部（坑道内） 林杨/摄

现在刚入朝部队的装备，还应该加上个建军以来的最高水平，又能在多大程度上改变火力上的劣势，完成这样大的战役构想？

经过四次战役，首批参战部队已极度疲劳。敌人拼命封锁后方运输线，粮弹补给极为困难，已成我军致命弱点。一次战役有冻死的，四次战役有饿死的。前线部队装备破烂不堪，赤脚露体已成普遍现象，冻饿疲劳使病号大量增加，有的部队战斗、非战斗减员已经过半。

党委扩大会议前，彭德怀与邓华、洪学智、解方、杜平（政治部主任）等人讨论作战方案，邓华主张把敌人放进来打，放到铁原、金化地区拦腰一截，比较容易解决战斗。这样可以以逸待劳，新来的部队也能熟悉一下地形，粮弹补给自然也方便些。

除彭德怀外，几乎都赞同这个意见。彭德怀认为铁原是平原，把敌人坦克放进来不好对付。

现在，面对会场上的这种情绪、气氛，邓华知道自己的意见很难被接受，但他不能缄默。

他说：打的方式有两种，一是开始就大规模猛插，二是各兵团小的穿插，打多少算多少，然后再向纵深穿插，最好是二者结合起来。

又对小穿插进行强调：开始时，口子不宜张得太大，不要企图一起围上打，必须实行分割，一块块吃。

根据毛泽东的设想和美军可能在我侧后登陆的情报，彭德怀决定以14个军（内有朝鲜人民军3个军团）对敌进行大规模反击，先从金化至加平一线山区打开缺口，将敌东西割裂，然后对西线之敌两翼迂回，同时正面攻击，各个分割歼敌。预计这一攻势歼敌5个师（其中美军3个师），又英、土军各1个旅，并相机攻占汉城。

4月8日，第五次战役还未开始，位于平壤以东铁路附近的三登库区被炸，损失84车皮作战物资，其中炒面、锅饼、高粱米、大米、白面260万斤，豆油33万斤，罐头12912桶，咸猪肉5200斤，盐2360斤。

彭德怀闻报，暴跳如雷。

在朝鲜战场，彭德怀发过无数次火，最大的两次，一次是前面写过的梁兴初挨骂，再就是这次三登库区被炸。

从4月22日打响、历时50天的第五次战役，歼敌82000余人（未能成建制的歼灭美军1个团），中朝军队损失85000余人。特别是战役最后阶段，后撤中有两万人失踪，其中仅180师即损失7000余人。

邓华这样评述第五次战役：

> 第五次战役的作战指导上仍旧是一种带速决性的办法。主要还是轻敌速胜的思想作怪，对敌人的力量估计不足，没有很好研究敌人新的特点来修正我们的打法；对自己力量估计过高，新到部队的某些弱点虽已看到但未注意补救；对自己的供应困难估计不足，战役准备工作并未很好完成，即仓促投入战斗。在战役布置上企图过大，口张得大，打得远，致不能达成预期目的，反而增加了前送弹粮后运伤员的困难。志司在指导上的这些缺点是主要的，各部队在执行过程中也有一些毛病……最后收场的损失主要是由于胜利以后的麻痹和疏忽。在兵力使用上两个阶段均很密集、拥挤，致遭到一些可以减少的伤亡。以上这些就是使得我们在第五次战役中支付了很大代价，而未取得更大胜利的主观原因。

## 7 . 用胜利打开他们的嘴巴

朝鲜战争停战谈判，是7月10日开始的。

8月10日举行第19次会议，地点仍是三八线南面的开城。

自7月26日开始讨论停战后的军事分界问题，"联合国军"首席代表、美国远东海军司令乔埃，就提出个"海空优势补偿论"。战场除了地面战线，还有个海空战线。因为"联合国军"拥有海空优势，停战后的军事分界线，只能在地面战线和海空战线之间划定。按照这种逻辑，中朝军队要从现在阵地后撤38至68公里，"联合国军"不费一枪一弹，即可获取12000平方公里土地。

中朝方面首席代表南日将军，在重申必须以三八线为军事分界线的理由后，乔埃和他的助手就枯坐在那里，在长达两小时12分钟的时间里一言不发——显然是事先商量好的。

作为中国人民志愿军代表，邓华坐在南日的右边，正对面是美国远东空军副司令克雷奇，斜对面为乔埃、美国第8集团军副参谋长霍治、美国巡洋舰分队司令勃克，还有南朝鲜的白善烨。咔哒的打火机声，哧啦的划火柴声，双方都在吸着美国烟，好像他们不是来这里谈判的，这里只是一间专设的吸烟室，就是到这里喷云吐雾的。

在战场上不惜血本地倾泻钢铁，到这里却打起哑巴仗。军人邓华，在战场上跟日本人交手，又到朝鲜和美国人较量，这种外

邓华（左一）与李克农（坐者）、乔冠华（左二）、解方（左三）在开城我方谈判代表团驻地（1951年9月）

交谈判却是第一次尝试。谈判、谈判，就是谈，打嘴巴子官司。古今中外，谈判桌上，一方商量好了都装哑巴，也能算作一种战术、武器？

流氓！无赖！开头，如果说邓华也不能不为这种伎俩激怒的话，见识一会儿，就觉得这些起码比起自己来，应该是谈判老手的对手，实在就是小孩子的把戏，可怜可笑又可鄙了。

战场上见——用胜利打开他们的嘴巴！

1952年4月，彭德怀因病回国，6月11日邓华代理司令员兼政委。

自去年粉碎敌人秋季攻势后，朝鲜战局处于相对平稳状态，而谈判桌上又生是非，关于战俘遣返问题又陷僵局。为了在谈判桌上增加筹码，敌人就得在战场上捞分，随时可能发动局部进攻。

先下手为强。从9月18日至10月31日，志愿军和人民军在全线发起战术反击，先后攻击60个目标，占领并巩固17处阵地，歼敌2.7万余人。

10月24日，毛泽东致电邓华等人，认为"此种作战方法表现为更有组织性和更带全面形，所以特别值得重视"。

14日，美7师和南朝鲜2师各一部，共7个营的兵力，在炮火准备两小时后，向上甘岭地区597.9高地北山发动攻击。

来得正好——比之攻坚，让敌人出来，在野外消灭它，自然容易些。

邓华迅速抉择。原定10月22日结束的战术反击，延续到月底，以牵制敌之攻势。给坚守上甘岭的15军45师，补充1200名新兵。急调两个榴弹炮师、1个火箭炮团和60军部分高炮、地炮，加强15军。命令就近后勤兵站，全力保障15军粮弹供应。同时命令原定北返休整的12军迅速南进，作为战役预备队，归3兵团指挥。

20日晚，邓华命令前沿部队全部退入坑道，依托坑道，协同地面火力、兵力适时反击，夹击、杀伤阵地上敌人，并最终恢复地面阵地。

历时43天的上甘岭战役，不到4平方公里的两个高地的争夺战，"联合国军"先后投入6万余人，105毫米口径以上火炮300余门，坦克170余辆，飞机3000余架次；志愿军出动4万余人，动用火炮140余门，伤亡11500余人，而"联合国军"伤亡为25000余人。

无论世界战争史上罕见的兵力、火力密度，战斗的激烈、残酷程度，还是最终结果，上甘岭战役都是抗美援朝战争中最成功的战例之一。

上甘岭战事正酣，6艘航空母舰、4艘巡洋舰和驻日美骑1师一部，组成一支海陆空机动部队，在半岛东海岸高城以东海面巡弋，轰击志愿军和人民军海岸阵地，30多架运输机则从正面战线穿越，一副又要来一次仁川登陆的架势。

邓华判断，这是声东击西，意在扰乱我军部署，配合进攻上甘岭。

他对了，但他已不是预见到美军仁川登陆的13兵团司令员，也不是志愿军副司令员、副政委了。军事、政治、外交，重大问题拿出意见，向中央军委、毛泽东、彭德怀请示、报告，一般的就由他决断了。

邓华代司令员、政委时，志愿军17个步兵军加炮兵、装甲兵、铁道兵、公安兵，已逾百万了。年底又兼任西海岸指挥部司令员、政委时，兵力已达135万，还有协同作战的人民军45万。隔条三八线剑拔弩张的，是具有海空优势的110万"联合国军"。而去年10月14日美方片面中断的停战谈判，半年后虽已恢复，依然进展不大。

还得打，打疼它，它就主动说话了，而且说老实话。

6月9日，60军181师1个团3000余人，秘密摸近北汉江鱼隐山附近敌前沿阵地，在敌人眼皮底下潜伏下来。为保证万无一失，邓华调去3个炮团。10日傍晚，炮火急袭后发起攻击，50分钟结束战斗，全歼守敌。

阵地战开始近两年来，攻击目标都是营连守敌，这是首次对1个团据守的阵地进行攻击。

6月17日深夜，南朝鲜当局蓄意挑衅，以就地释放为名，强行扣留27000名朝鲜人民军战俘。

邓华怒火中烧：李承晚是不见棺材不落泪，那就给朝鲜人民多占些地方。

金城以南，西起金化，东至北汉江，有个向北伸出宽25公里、纵深10余公里的突出部，为敌几个师重兵防守要点——邓华早就想把它拿过来了。

7月13日21时，千余门火炮猛然呼啸起来，其中两个喀秋莎火箭炮师连打三个齐放。5个军同时从正面发起强攻，1小时全线突破，3天将战线向南推进15公里。之后，连续打退美军和南朝鲜军反扑。战至27日，已歼敌53000余人。

就在这一天，朝鲜停战协定签字生效。

邓华的眼睛潮了。

读中学时，他就知道自1840年鸦片战争后，只要沾点"洋"字边的国家，就能欺负中国。连葡萄牙这样的小国，来中国也能咬去个澳门。而今刚刚诞生的新中国与世界头号强国较量，就把它的军队从鸭绿江畔赶过三八线，打到谈判桌前，不得不罢手停战。

31日，朝鲜民主主义人民共和国最高人民会议常务委员会，

志愿军火箭炮部队向美韩军阵地轰击。

在平壤举行授勋典礼后的宴会上，颇有酒量的邓华，喝得晕晕乎乎的。彭德怀、杨得志（副司令员）、李达①（参谋长）、李志民②（政治部主任）都喝多了，不胜酒力的洪学智被灌醉了。海量的金日成，也喝多了，醉了。

胜利、和平，一醉方休！

_____

① 李达（1902-1993），陕西眉县人。1931年12月参加宁都起义，1932年加入中国共产党，历任中国工农红军连长、师参谋长、军参谋处处长、军团参谋长等职。1953年参加抗美援朝，任中国人民志愿军参谋长。1955年被授予上将军衔。

② 李志民（1906-1987），湖南浏阳人。1927年加入中国共产党，1928年参加中国工农红军。1955年被授予上将军衔。

## 8. 天赐的宝贝

1959年的炎炎夏日，"匡庐奇秀甲天下"的避暑胜地江西庐山，突然响起"机关枪"、"迫击炮"，"枪"打"炮"轰"彭德怀、黄克诚、张闻天、周小舟反党集团"。

庐山会议8月16日结束，两天后，那"机关枪"、"迫击炮"又架到了北京中南海的中央军委扩大会议。

庐山会议打倒一位元帅、一位大将，这次扩大到野战师一级主官、总数达1061人的军委会议，是要追查以彭德怀、黄克诚为首的"军事俱乐部"的组织、纲领、目的、名单。

钟伟是路见不平，仗义执言，用当时的话讲，是"自己跳出来"被打倒的。沈阳军区司令员邓华，则是早已被"机关枪"、"迫击炮"瞄上，注定在劫难逃了。

他看不惯到处土高炉的大炼钢铁，不信家乡湖南红薯亩产56万斤的"高产卫星"，但他行事谨慎、精细，没人抓到他反对"三面红旗"（即总路线、大跃进、人民公社）的证据。有人说他"反党反毛主席"，这是绝对不可能的事，自然也拿不出证据。有人说他"10个元帅反了9个"，有人让他"老实交代跟彭德怀的黑关系"。有人说彭德怀爱骂人，许多人都骂到，就是没骂过你，这是为什么？会议期间，还有老战友到他的住处，说彭德怀反党反毛主席，你不会一点也没察觉吧？

彭德怀！彭德怀！口口声声都是彭德怀和邓华。其实，除了抗美援朝，战争年代，邓华与彭德怀并无部属关系。可在一些人眼里，这么一回就足够了。只是彭德怀怎么了？他邓华又怎么了？志愿军司令员兼政委与副司令员兼副政委，就是上下级关系，而且是中央军委、毛泽东选定的，怎么成了"黑关系"？被彭德怀骂过的就没事了，没被骂过就有问题了？彭德怀还骂过国民党、日本鬼子、美国鬼子，那又该怎么说？

毛泽东传下话来：有些同志对你有意见，开个会让他们说一说，你要硬着头皮，好好听下去，有则改之，无则加勉嘛。

邓华就硬着头皮，只做记录，不开口说话。

到了，还是毛泽东说话了："邓是彭的人，但是，邓与彭有区别的。"

"但是"前定性了，"但是"后手下留情，区别对待。

军委扩大会结束，邓华回到沈阳，接受批判斗争。翌年5月，调任四川省副省长，主管农业机械工作。


1930年10月，邓华升任红12军36师政委，正值江西苏区大反"AB团"。

上级通报，说"AB团"是国民党的一个特务组织，专门打入共产党和红军内部，从事破坏活动。一天一通报，两天一小查，三天一大查，上级抓得很紧。开头的抓杀对象，多是从白军过来的，或是平时表现不大好的，后来许多都是班排连营骨干了——邓华就觉得这样反下去不行了。

这天，邓华接到军部的绝密亲启件，命令他立即将108团团长萧美虎①逮捕，送交军部。

萧美虎是两年前被俘的，他出身穷苦农民，一经教育启发，即要求参加红军。当时，邓华曾同他谈过话。之后，萧美虎作战勇敢，且有指挥才能，迅速提升。不久前，师长张宗逊②提议，又将他提为团长。

政委与师长商讨，萧美虎不是"AB团"，这是肯定的。

可他们能怎么办？

不久又来命令，108团政委谭国清③也被押送军部处死了。

接着，使邓华由学生变成军人的、在湘南暴动中诞生的工农革命军第7师，带着妻子一道参加革命的老师长邓允庭④，也被认为是"AB团"，和妻子一道被杀害了。

———————

① 萧美虎(1896-1930)，又名萧美富。江西吉水人。早年参加国民革命军，曾任班长。1929年起义参加红军。同年加入中国共产党。参加了赣西地区的游击战争。1930年任红12军第36师第108团团长。参加了吉安战役。同年12月在扩大化的"肃反"运动中于宁都被错杀。新中国成立后，被平反昭雪。

② 张宗逊 (1908-1998)，陕西渭南人。黄埔军校五期毕业。1926年加入中国共产党。历任红4军3纵9支队支队长，红一军团12军代参谋长，红12军36师师长，红军中央纵队参谋长，红三军团4师师长，红四方面军第4军参谋长，军委1局局长，八路军120师358旅旅长，晋绥军区1纵司令员，一野副司令员。1955年被授予上将军衔。

③ 谭国清 (1904-1932)，湖南醴陵人。1927年加入中国共产党。参加过秋收起义。历任醴陵县南三区苏维埃政府教育委员会主任委员，红12军36师108团政委。1932年，在江西吉安争夺石桥战斗中壮烈牺牲。又一说，谭国清是被肃"AB团"时错杀（据《张宗逊回忆录》载）。

④ 邓允庭(1879-1931)，湖南郴县人。1897年加入中国同盟会。1927年加入中国共产党。是朱德云南陆军讲武堂的同学。曾任粤军团参谋长，工农革命军第7师师长，红4军第11师副师长兼32团团长，中共湘赣边界特委委员。曾任大井乡工农政府的党代表，并将这个乡建成革命政权的模范乡，受到毛泽东、朱德的多次表扬。1931年在苏区"肃反"扩大化运动中被错杀。新中国成立后，被追认为革命烈士。

而刘震、韩先楚、胡奇才刻骨铭心的，则是红四方面军的"肃反"。

1932年8月的七里坪战役，是鄂豫皖根据地前所未有的大仗、恶仗，红25军伤亡一半。战中、战后有人对战役决策、指挥，提出不同意见，或是流露出怀疑、不满，就是"反革命"，就让你脑袋搬家。

82师政委江求顺[1]，被说成"改组派"[2]。他军政双全，无私无畏（那时的人是没有多少"私"字的），打仗总是带头冲锋。他的那匹马从来都是伤病员骑着，扛粮时两米长的米袋子绑在毛竹上，比谁的都多、都重。听说他被逮捕了，全师官兵跪下一片，求情，哭啊。那也不行，非杀不可。大刀举起来了，这个参加革命前人称"大锹把子"（即种田能手）的长工，高呼"革命万岁"、"共产党万岁"。

给领导提点意见，发句牢骚，说句怪话，丢个枪零件，都可能成为"反革命"。几个人在一起吃顿饭，就成了"吃喝委员会"，就是"反革命"。还有"排队肃反"。官兵排成队伍，佩带绿领章的特派员（除特派员外，都是红领章）在队列间走动，察言观色，逐个端详。谁哆嗦一下，或是有个什么动作被觉得可疑，或是认为你脸色不对，十有八九那就是了。还有什么"改组派"、"第三

---

① 江求顺（1909-1934），安徽六安人。1930年加入中国共产党。历任中共六安县委书记，红27军政治部主任，皖西第3路游击师师长。1934年因张国焘的"左"倾肃反路线被错杀。

② 改组派是二十年代末期到三十年代初期的国民党派系之一。一九二七年七一五反革命政变后，武汉汪精卫的国民党和南京蒋介石的国民党合流。汪精卫、陈公博、顾孟余等不满蒋介石独揽权力，一九二八年底在上海成立中国国民党改组同志会，形成了国民党中的改组派。——《周恩来选集》上卷注释第39条

党"①、"AB团",大都是穷苦人出身,哪懂得这些名词、花样啊?知识分子就更惨了,据说整个红四方面军戴眼镜的,就剩个12师政委傅钟②!

韩先楚入伍参加第一次战斗后,大队长就称赞韩先楚是个"勇敢分子",表扬他做得对。韩先楚参军前就是团员,这时大队长亲自介绍他转为正式党员。不久游击大队编为独立营,变为营长的大队长又提议他当了排长。营长和政委都是老党员,而营长经过几次战斗,也变得勇敢而有谋略,颇受官兵拥戴。没想到,一天上边突然来了几个人,把营长和政委抓走了,从此再也没了影儿。

红25军25名师以上烈士中,病逝3人,牺牲11人,"肃反"中

———————

① 第三党,1927年大革命失败前夕,在国民党左派邓演达和共产党个别领导人之间,就曾有解散共产党,再次改组国民党,另组第三党的酝酿。这个主张当然被共产党所拒绝。革命失败后,邓演达去苏联,后又到欧洲考察。1927年11月初,宋庆龄、邓演达、陈友仁在莫斯科以"中国国民党临时行动委员会"的名义发表《对中国及世界革命民众宣言》,提出要建立"平民革命军"的问题。1927冬,谭平山、章伯钧、季方等在上海成立"中华革命党",表示继续奉行孙中山的三民主义。这是第三党形成后最早采用的名称。该党与在海外的邓演达保持联系。1930年春,邓演达自海外归国。8月召开十个省区负责干部会议,将第三党的名称正式定为中国国民党临时行动委员会,通过《政治主张》的决议。邓被选为中央干事会总干事。该党经过一番整顿以后,一度发展很快,曾建立十一个省区和三个市区的地方组织。由于邓演达积极进行反蒋活动,被蒋视作眼中钉。1931年,邓被逮捕杀害。

② 傅钟(1900-1989),四川叙永人。1921年,在法国勤工俭学期间加入中国共产党。历任中共旅欧总支部书记,莫斯科中山大学学生总支部局副书记,红四方面军政治部秘书长,红12师政委,红四方面军政治部副主任,红军大学政治部主任,八路军野战政治部主任,中央军委总政治部副主任。1955年被授予上将军衔。

被杀掉的也是11人。

最初听到别的部队捕杀"反革命",韩先楚是信的。营长、政委被抓走时,他脑子里还闪过疑问:他们是不是真的当面是人,背后是鬼?及至越来越多知根知底的人都成了"反革命",那疑问就变成另一种疑惑和愤怒了:连我们这些大老粗都明白的事理,那些决定政策的人,就真的一点也不懂吗?

"天不怕,地不怕,就怕特派员来谈话。"在那不打仗的日子比节假日还少的年月里,韩先楚从来倒头就睡,一睡就着,后来可就觉少了,梦多了。那梦都是清一色的"肃反"。

七里坪战役后,红四方面军开始长征。红25军到达陕北后,一天,上级给232团团长韩先楚送来几十名老兵,说这些人都是好同志,是被冤枉的,要全部平反,分配工作。

他们都是鄂豫皖人,在鄂豫皖根据地时,他们有的被打成"反革命",有的是"改组派",有的是"第三党",有的是"AB团"。韩先楚在长征路上经常看到他们,他们是一路被押解着走来的。他们抬伤员,挑弹药,背东西,一路上服劳役。从鄂豫皖到陕南,又到陕北,有那么多机会可以离开队伍,获取自由身,可他们不走。很少有人理睬他们,他们也只是默默地做着让他们做的事情,那嘴巴好像只有在吃东西时,才能发出点声响。现在,他们换了新军装,胡子、头发也都理刮了,不再像草窝似的乱蓬蓬的,显得很精神,自然也很兴奋、激动,那笑意也绝对是心灵的流露。但是,那历时一年多的从心灵到表情的惊惧和木然,并不是一下子就能驱尽的,他们显然还不大适应这种突如其来的变化。有些人好像已经不大会笑了,那么僵硬、呆滞。

对于这种"反革命",长征前,或长征途中,许多部队都杀掉了。敌人围追堵截,一路战斗不断,自顾不暇,还有精力管押他们?

这些人要是在队伍中反起来，那还得了吗？

这一刻，他们都是幸存者。

梁兴初是明明白白的幸存者。本书写到的这些名将，某种意义上也一样。枪林弹雨中，那子弹、弹片上下左右再偏那么一点点；在那些各种名目的"肃反"中，如果一句什么话被视为够线了，或者有人随便咬他们一口，别说名将，连性命怕是都留不下来了。

1965年10月底，四川省委第一书记廖志高①来到邓华家，告诉他彭德怀将来四川工作，担任西南三线建设委员会副主任。

彭总可以工作了，这自然是个好消息、好兆头。可邓华立即表白：为了避免出现复杂局面，还是把我调开为好。请将我的想法转报中央。

3年前的6月，西南局第一书记李井泉②曾来过一次，提到这年4月27日中央发出的《关于加速进行党员、干部甄别工作的通知》，说：你对给你的处分有什么意见、要求，可以谈谈，我们替你向中央反映。

对邓华的处分，只是林彪在军委扩大会上口头宣布，没有任何文字资料。邓华决定给中央写个报告，在肯定自己犯有"错误"的前提下，希望中央给一个正式的书面结论。

反复修改，反复琢磨，就想起四川有人参加庐山会议回来，

① 廖志高（1913-2000），四川冕宁人。1934年加入中国共产党。历任中央少数民族工委秘书长，川东省委书记，中组部干部处代处长，西康省委书记，西康省军区政委，四川省委第一书记。

② 李井泉（1909-1989），江西临川人。1930年加入中国共产党。历任红军独立第3师政委，红三军团4师政治部主任，红二方面军4师政委，八路军120师358旅政委，晋绥军区政委，第20兵团政委，中共西南局第一书记兼成都军区第一政委。

邓华将军与夫人李玉芝（1963年在重庆）

把彭德怀的《意见书》给厅局长们看，让讨论，几乎都说好，结果这些人几乎都成了"右倾机会主义分子"。

他是跟彭总绑在一起的，彭案不翻，邓案休想。而彭案是不可能轻易翻的，自己上书中央，那不是只能惹麻烦吗？

1963年调整工资，规定比例40%。同住一院的省领导及秘书、司机、警卫员、炊事员等等，全都升级满堂红，唯独邓华和身边的工作人员，一个也没沾边。诛连竟至如此。邓华怒不可遏，找到有关负责人，说：按比例，他们中起码应有两个人升级。他们都是组织派来的，都是很有前途的年轻人，我犯了错误，他们也要跟着我倒霉吗？

而今，彭总也来到了这座城市，却是咫尺天涯。

彭德怀偶然知道邓华也在成都，就在前卫街44号，离他居住的永兴巷7号，不过十几分钟的步行距离。一天傍晚，他和警卫参谋走到邓华家门口，寻思片刻，又转身走了。

邓华从一位转业军官口中，得知彭总住处。也是一个傍晚，他和夫人李玉芝朝那里走去。远远的看到门口的灯光，脚步就有些挪不动了。

"醉里挑灯看剑,梦回吹角连营。""雄赳赳,气昂昂"的战歌，喀秋莎在敌阵掀腾的火海，彭总的怒吼、大笑，胜利后的痛饮。

横刀跃马的将军，庐山落马的元帅，这一刻在干什么、想什么？在这个世界上，这辈子还没有一个人能像这个咫尺天涯的人，与他的命运连接得如此紧密。

1967年3月，梁兴初调任成都军区司令员不久，接到邓华夫人一封信，说邓华被造反派抓走了，下落不明。这还了得，梁兴初找到造反派头头，立逼交出邓华，将邓华安排到宾馆住下。

千军易得，一将难求。

韩先楚的乳名叫"祖宝"，有的作品、资料却写作"天宝"。"祖宝"也好，"天宝"也罢，韩先楚和本书从千军万马中杀出来的这些名将，都是宝贝——天赐的宝贝，赐给共产党的宝贝。

可这一刻的邓华、钟伟，以及后来陆续罹祸的那些名将呢？

一袭长衫的邓华，参加红军后，就穿着草鞋行军打仗。四野大军南下过江后，从未见识过草鞋的北方军人，也学会了打草鞋。多结实的布鞋，在江南的雨天水地里，用不上一次急行军就完蛋了。官兵有点工夫就坐那儿打草鞋，那腰上都像卖草鞋似的挂着几双，坏了就拽下一双。几支部队过后，路上丢的到处都是，绊脚。

韩先楚任福州军区司令员时的副司令员、三野虎将皮定均①，"文化大革命"中说：我们现在成了路边的破草鞋，谁都能踢一脚。

① 皮定均（1914-1976），安徽金寨人。1929年参加中国工农红军。历任红四方面军红军大学上级指挥科副科长，太行军区第5军分区司令员，中原军区1纵1旅旅长。1946年秋率全旅从中原突破国民党重兵包围，转战数千里胜利到达华东解放区。后任华野6纵副司令员，三野24军军长。1955年授衔时，毛主席念及皮定均中原突围有功，在授衔名单上批示："皮有功，少晋中"，授中国人民解放军中将军衔。1976年，亲临福建沿海前线视察，因飞机失事以身殉职。

# 第九章 威猛贺晋年

贺晋年将军（1910–2003）

# 军职简历

土地革命时期，任陕甘游击队骑兵大队3支队副支队长，陕北游击队总指挥兼参谋长，红27军1团团长，红15军团81师师长，红27军军长。

抗日战争时期，任陕甘宁警备1团团长，八路军留守兵团警备3旅旅长兼三边军分区司令员。

解放战争时期，任合江军区司令员，骑兵纵队司令员，11纵司令员，15兵团副司令员兼48军军长。

中华人民共和国成立后，任东北军区副司令员兼参谋长，解放军装甲兵副司令员。

1955年被授予少将军衔。

# 1. 投笔从戎

贺晋年,1910年出生于陕西安定(今子长)县玉家湾镇贺家村。

父亲贺名扬,兄弟5个中最小,从小过继给贺氏家族一位孤老。养父是个羊倌,就是如今在影视上常见的头缠羊肚子毛巾、手执放羊铲的陕北羊倌。别看穷得连媳妇也娶不起,却是个血性汉子,立志要把养子培养成个人物。每天放羊归来,肩背上都压着几捆柴火,寻机去集市上换点铜钱,供养子读书。贺名扬也真争气,去延安府考中秀才,民国时又当了区长,在那方天地也算扬名了,家境自然好,孩子自然更得读书了。

贺晋年先在离家几公里的王家沟读初小,又到县城瓦窑堡读高小,1927年考上绥德第四师范学校。

8月的一天,榆林军阀井岳秀手下一个叫刘润民的旅长,来到学校,让学生集合。贺晋年看着士兵把从图书馆、教室、宿舍搜出来的书报杂志,像《共产主义ABC》、《向导》和鲁迅的《呐喊》、《彷徨》等等,在院子里堆成座小山,点着后,这个旅长开始训话:现在国共分家,当共产党是犯法的。共产党在陕北的巢穴,就是绥德第四师范和榆林中学。按卜峰命令,对共产党要格杀勿论,免除后患。但兄弟和大家一样,也是知识分子,不愿那样做。你们谁是共产党,兄弟是知道的,要即刻宣布退出,今后不再搞共产,否则就要杀头!

学校后面是雕山，被秦始皇逼死的大太子扶苏的墓，就在那荒草萋萋的山坡上。只是这次没有坑儒，而只是焚书、封校了事。

一个多月后，绥德四师重新开学，半年后贺晋年入党。

贺晋年能够走上革命道路，并成为四野名将，一个举足轻重的人物是谢子长。

在贺家湾时，就听说安定县城有个团总谢子长，人称"谢青天"。到瓦窑堡读高小，耳闻目睹谢子长打税官，斗争土豪劣绅，就觉得这个官不一样，让人想到曾在这方土地上揭竿而起的闯王李自成。后来听说这人是个共产党，就觉得这个党肯定错不了。

同为陕北红军的创始人，今人比较熟悉的是刘志丹，"谢子长"这个名字就陌生了。谢子长先后在陕西、甘肃、宁夏开展兵运工作。那时"有枪就是草头王"，各地实力派招兵买马，不择手段扩充个人势力。

1930年初，利用西北军阀之间的矛盾，谢子长在宁夏苏雨生①的师里，搞了个合法的番号，准备建立党的武装。陕北特委决定选派一些学生，到这支部队去。绥德四师有4人报名，贺晋年为其中之一。

从绥德到榆林，越走越荒凉，古长城外的大漠风，刀子样刮在脸上。贺晋年未及告知家人，也从未出过这等远门，从此戎马倥偬。

40多个学生编个学生队，训练3个月分至部队，贺晋年由班

---

① 苏雨生（1882-1948），安徽巢县人。参与发动滦州起义。历任陆军第7师第14旅旅长，陆军第16混成旅旅长，陆军第11师师长，陕西督军，甘肃军务督办仍兼西北边防督办，国民革命军第2集团军总司令，1928年10月，任行政院副院长兼军政部长。1935年4月被授为陆军一级上将。后任军事委员会副委员长。

长而排长、代理副连长。1932年5月靖远起义，成立中国工农红军陕甘游击队，谢子长任总指挥，贺晋年为骑兵大队副大队长。

1987年采访时，老将军说：那时听说"朱毛红军"在江西闹得挺红火，可具体怎么个闹法呀？我们不知道建立根据地，也不懂游击战争，到哪儿驻下，除了打土豪，就知道招兵买马，等于等着敌人来打。

这天打土豪弄支歪把子枪，老百姓叫"独角牛"，每次能打1发子弹。回到驻地水泉镇，贺晋年想试试好不好使，爬梯子上了房顶，朝对面山上一扣扳机。不得了了。敌人已经把游击队包围了，听到枪响，以为被发现了，机枪、步枪顿时响成一锅粥。

贺晋年大喊突围，跟他冲出来的几个人，途中又跑散了。黄河两岸的山光秃秃的，在山顶上骑马，是最好的靶子。刚下马，马鞍子上的步枪未及取下，那马就中弹滚下山崖了。

来时候有伴有盘缠，这回一个人乞讨到兰州，找到甘宁青特委，在兰州市警察局谋个差，暂时安顿下来。

老将军说，那时我们党挺幼稚，西北党通常就是搞暴动，从敌人阵营中拉队伍。1933年4月，特委决定再搞一次兵暴，我的任务是策反水北门城楼守军。守军排长姓柳，原是我当班长时的士兵，曾是党员发展对象，挺好个人。我到兰州不久，就听说他在那儿，也算有缘了。暴动那天晚上，我带着几个人到了那儿，进屋用电筒一照，20多人躺在大通铺上睡觉，枪挂在墙上，把枪拿到手里，暴动就成功了。

一枪没放，拿下水北门城楼，下一个目标是黄河桥门。1公里多路，很快就到，突然从桥门楼旁蹿出只狗。有个党员是近视眼，以为是敌人，叭就一枪，双方就打上了，一座兰州城枪响狗吠乱套了。好在水北门在自己手里，出城过黄河，按预定计划奔皋兰县，去找游击队。

好不容易找到游击队，就被缴械了。兵荒马乱的，你说你是共产党，有什么证明呀？

算上贺晋年带来的20多人，200多人的游击队，依然流寇似的走哪吃哪，招兵买马，谁也不知道怎样才能生存发展。

这天早晨在红沙岭村，刚端起饭碗枪就响了。贺晋年跑到院外一看，山沟里黑压压的都是骑兵。没枪啊！他一咬牙，从眼前山崖上跳下去，那人就像块石头翻滚着，接着又滚下十几个人。后来得知，其余的都被围在村子里，非死即俘。

从兰州赶来的骑兵，主要目标是水北门兵暴的人，特别是贺晋年这个"匪首"。那时别说省了，有时这个县通缉的人，跑到另一个县就没人管了。有枪没枪的十几个人，向北奔宁夏走了一天一夜，不知道谁先倒地呼呼大睡，一会儿就鼾声四起。待到被鞭子抽醒了，只有束手就缚。马鸿逵的马家军，折磨人的手段天下无双。把衣服扒光，五花大绑，脖子上再套根绳子，另一头系在马尾巴上，走不动了，就在地上拖着。天黑了，每人一条麻袋装进去，只露出个脑袋，再在脖颈处把麻袋口系死——你就是神仙也跑不了，连看押的哨兵都省了。

落到马家军手里还想活吗？这工夫就求速死了。在一条山镇却把他们都放了。

马鸿逵就任甘肃省主席，把他妈从河州接来银川，路过一条山镇，见到被绑着的十几个人，觉得太不吉利：我活了这把子年纪，头一次出远门，就碰上这档子事。传我的话，他们是好人、坏人我不管，是坏人让他们死在别人手里，这一次不要死在我们马家手里。

# 2. 猛 将

1934年7月，陕北红军游击队总指挥部成立，谢子长任总指挥，郭洪涛任政委，贺晋年为参谋长兼1支队政委。

总指挥部成立后的第一个行动，是攻打安定县城。贺晋年率1支队冲进城内，打开监狱，放出200多名"犯人"。

1935年2月，谢子长在战斗中负伤去世。5月，西北军委前敌总指挥部成立，刘志丹任总指挥，高岗为政委，贺晋年是红1团团长。红1团和红3团是陕北红军主力，因前者成立晚，后者早，刘志丹称其为"少年英雄红1团"、"老大哥红3团"。

同月，红军攻克延长县城，又乘胜拿下安塞县政府所在地兴隆寨，再攻打安塞县地主豪绅盘踞的最后一个据点李家塌。

这是个兀立在山包上的寨子，周围都是沟壑、断崖，只有个东门，开在陡峭的崖畔上。攻了5天攻不动，寨子里粮草充足，长期围困也不是办法。刘志丹把望远镜给贺晋年，顺着刘志丹手指方向，看到寨南石崖间有条裂缝，是雨水冲刷的石罅，长满杂草、树棵子。崖高10多米，上面一道几米高的土坡，再上面是寨墙。

贺晋年道：行，就从那儿上去。

从1连选出30多人，每人长枪、短枪、手榴弹。那时没有"敢死队"的说法，这意思一点没错。贺晋年率领，悄悄运动到崖脚下，抓着杂草、树棵子往上爬。就剩那几米土坡了，被敌人发现了，滚木、礌石齐下，30多人几乎没有没受伤的，贺晋年头上也重重地挨了一下。他清楚这工夫一刻也耽误不得，大喊投弹，手榴弹投上去，借烟雾掩护爬上去，再一顿枪打手榴弹炸，压制住敌人，搭人梯就翻过寨墙。然后，率队直扑东门，攻占碉堡，打开寨门。

6月底，刘志丹挥军奔袭靖边县城，守军为国民党正规军1个营。城破，敌营长逃跑。贺晋年纵马追出10多公里，将其击毙。

9月中旬，红25军长征到达延川县，与陕北红军合编为红15军团，下辖75师、78师、81师，贺晋年为81师师长（政委张达志[①]）。

这时，东北军67军占领延安，威胁苏区。红15军团以围点打援战法，在劳山设伏，歼灭延安出援之敌。81师的任务，是围攻甘泉，诱敌出援，并从正面堵击援敌。

贺晋年以243团猛攻甘泉城，自己带241团在白土坡阻敌。军团长徐海东巡视阵地，强调241团能否顶住敌人，是成败的关键。

10月1日下午，阻援战斗打响。被军团主力伏击的敌110师，拼命向前方241团冲突，并迅速抢占公路两侧制高点。东北军装备优良，训练有素，陕北红军还从未与这等对手交手，在炮火下很快伤亡300余人。危急时刻，贺晋年亲率师直警通连、侦察连反复冲杀，拿下主阵地左前方一个威胁最大的小山峁，将局势稳定下来。

劳山伏击战，红15军团歼敌110师师部和两个团，又乘势南

---

① 张达志（1911-1992），陕西葭县人。1929年加入中国共产党。历任红15军团81师政委，120师警备第6团政委，一野第4军军长，兰州军区司令员。1955年被授予中将军衔。

劳山战役中，缴获国民党军的军毯，现藏于中国人民革命军事博物馆。

下围攻榆林桥。75师攻击受阻，徐海东命令81师从北面加入战斗。贺晋年爬上高地，敌人阵地尽收眼底。部署妥当，他要过1挺机枪，让人抓住他的双腿，俯身挂在崖畔，居高临下猛扫。敌人被这突如其来的火力打蒙了，部队很快突进榆林桥。

猛将贺晋年。

# 3.剿匪专家

1946年3月，八路军留守兵团警备3旅旅长兼三边军分区司令员贺晋年，奉命去东北，8月就任合江（大体相当于今佳木斯及其以东地区）军区司令员。

这时，正值落实《东北局关于目前形势与任务的决议》（即著名的"七七决议"），东北党和军队全力以赴发动群众，建立巩固的东北根据地。而建立根据地的首要前提，是打灭被东北人称作"胡子"的土匪。

《中国人民解放军第四野战军战史》记载："据1946年6月不完全统计，散布在东北的土匪还有近3万人。其中，合江和牡丹江地区有8000余人；哈尔滨以南地区和松花江沿岸有5000余人；龙江、嫩江地区共2500余人；辽西地区有5000余人；东满、南满地区共5000余人。这些股匪经常四出祸害人民，扰乱秩序，袭击东北民主联军地方部队，杀害地方工作人员；特别是佳木斯、牡丹江地区的股匪，乘东北民主联军主力忙于前线作战、后方空虚之际，先后侵占东宁、东安、同江、萝北县城，截断牡丹江至佳木斯的交通，企图配合国民党军向北满地区进攻，一时气焰甚为嚣张。"

合江是太适宜繁衍"胡子"了。西南和南部是崇山峻岭，原始森林遮天蔽日，东部和北部是大片沼泽地和草甸子。草甸子蒿

贺晋年部在牡丹江一带的林海雪原中剿匪。

被活捉的土匪谢文东

草比人还高，夏天人畜进去，一会儿就被蚊虫叮剩一副骨架。沼泽地更凶险，不熟悉路径，一脚下去，就别想再拔出来。如此荒蛮之地，就成了"胡子"得天独厚的极乐世界。历代官兵来剿，见是玉皇大帝的天兵天将都不敢涉足的地方，也就随"胡子"们极乐去了。伪满时期，日本人采取收买政策，"胡子"大都卖身投靠了，（老百姓说："鬼子"，"鬼子"，日本人不"鬼"，怎能叫"鬼子"？）"8·15"后，这些"日本胡子"又摇身一变，成了"中央胡子"。其中，谢文东①、李华堂②、张黑子和孙荣久四支"胡子"势力最大，号称合江地区的"四大旗杆"。

东北土匪为全国之冠，合江为冠中之冠。

8月15日，佳木斯各界群众在中心广场举行盛大集会，庆祝抗战胜利一周年，同时公审几名日本战犯和汉奸。公审正要开始，嗒嗒嗒嗒嗒，一串子弹射向主席台，全城顿时枪声大作。骚乱平息后，主席台和会场上鲜血点点摊摊，传单还在空中飘扬："欢迎国军"，"打倒共匪"，"共产党是兔子尾巴长不了"……

10月，不到半个月，又接连洗劫了萝北和依兰两座县城。大小店铺抢劫一空，县委、县政府鲜血淋漓。包括箩北县长在内的20多人，被拉到郊区集体枪杀。依兰县委书记的妻子，被糟蹋后上吊自杀。

共产党不铲除这个心腹之患，就难在黑土地上站住脚跟。

---

① 谢文东（1887-1946），生于辽宁宽甸县。抗日战争期间，他先抗日，后又于1939年投降了日本。1946年被359旅活捉，后被处决。

② 李华堂，河北栾县人。原为东北军的营长，后响应共产党建立抗联军的号召，加入抗联司令部。1939年2月投降日本。1946年被捕，死在押解路上。

在创建陕北根据地时，贺晋年就以擅长剿匪而闻名。1939年春天，周恩来在崂山被一伙土匪袭击，彭德怀立即将贺晋年从前线召回，去剿灭这伙企图谋害周恩来的政治土匪。土匪在大山里和他兜圈子，他抓住点踪迹就穷追不舍，终于把这伙土匪一网打尽。

东北"胡子"与陕北土匪当然有区别，但大路数是一样的。

开头，一些地区用大部队围剿。"胡子"到处都有线眼，人熟地熟，部队忽忽啦啦未到，早跑没影了。有时围上了，一打就散了。部队一走，"胡子"头一声唿哨，又拉了起来。

贺晋年不这么干，他组织精干的小分队，逮住踪影就穷追不舍，而且务必抓住"胡子"头。

追进老林里打，追进草甸里打，追进沼泽里打。

贺晋年老人说，东北有三宗宝，人参貂皮乌拉草。我们的小分队也有三宗宝，大饼子咸菜疙瘩乌拉草。追"胡子"是十万火急的事，没工夫埋锅做饭，做饭有烟也会给"胡子"报信。玉米面大饼子，就着咸菜疙瘩，骑在马上边追边吃。冬天冻得铅球似的，啃不动，就揣在怀里暖着。

钻进老林就像钻进大海，夏天满眼浓绿，冬天一片银白。大饼子咸菜吃光了，就吃野菜野果，松籽榛子。夏天秋天好对付，冬天也能将就，扒开积雪找蘑菇木耳，老柞树上还有猴头。最难最苦的是没住处，特别是"大烟泡"一刮，弄不好就捂里了。有时碰见棵空心老树，心头一喜，刚要钻进去，"嗷"地一声怪叫，窜出一只黑熊。

不过，大雪也提供了"胡子"的踪迹。"胡子"很狡猾，排成一路横队，漫无边际地在老林子里窜。贺晋年是不管你有多少路，我只管一路追。"兔子转山坡，踪迹不离窝"，"胡子"也和兔子一样，迟早是要归到一起去的。

没有雪的季节，就凭踏倒的蒿草追踪，夜宿的鸟飞鸟叫也是报警器。马粪蛋子更是宝贝，拣一个看看，就能判断出"胡子"的距离。

最主要的还是依靠群众。对于那些非抢即奸的"胡子"，老百姓恨之入骨，只是怕"强龙压不住地头蛇"，怕报复，敢怒不敢言。只要耐心说服，并干出样子来，总会有人敢说话。贺晋年就是凭借这些，在牡丹江两岸死死盯住一股股"胡子"，把他们一一吃掉。

从秋天追到秋天。他的第一匹坐骑，一匹没一根杂毛的白色日本战马，累倒了，死了。第二匹是缴获"胡子"的枣红马，骠悍，烈性，在牡丹江岸边滚下悬崖摔死了。后来他也病了，发高烧。深山老林，大饼子咸菜疙瘩都啃光了，怎能养病？大家要送他回佳木斯，他不干，弄副担架抬着，继续追击。

他知道，"胡子"的处境也绝不会比他自己好。现在是拼决心，拼意志的时候，就看谁能坚持到底。只有在"胡子"疲惫不堪的时候，才能追上他，而要使对手疲惫不堪，自己就要疲惫不堪，甚至比对手更疲惫不堪才行。

"四大旗杆"中影响最大的谢文东，就是这样被追到穷途末路，几百人马或死或降，最后孤身一人落网。

1934年，谢文东参加过吉林省依兰县（今属黑龙江省）土龙山万余名农民举行的抗日"土龙山暴动"，后来成为东北抗日联军第8军军长。有一手好枪法的李华堂，当过抗联第9军军长。后来，这两人都跪到日本人脚下，成了癞皮狗。再后来，一个成了国民党的第15集团军上将总司令，一个成了国民党东北挺进军第1集团军上将总指挥，又穷凶极恶地打共产党。

　　"四大旗杆"倒后，一听到"贺晋年"这个名字，一些"胡子"就望风而逃了。

　　有的老人说，后来在江西剿匪，一听到"贺晋年"的名字，土匪也恨爹娘少生了两条腿。

　　贺晋年老人笑了：真这样可就麻烦了，跑得快不好追呀！

　　从陕北来到东北，贺晋年在齐齐哈尔见到陈云。陈云挺高兴，说咱们的猛将来了，向他伸出两个手指。贺晋年笑道：我可不要这个外号，光猛哪行啊？

　　贺晋年以为，陈云说他打起仗来像二杆子一样勇猛。

　　陈云摇摇头：这是英文"胜利"的第一个字母"V"，表示胜利的意思。统兵打仗，什么时候也少不了个"猛"啊。

　　而合江剿匪，则让我们见识了这员猛将的另一面。

# 4．攻取隆化

1947年5月，东北民主联军成立骑兵纵队，贺晋年任司令员，9月调任7纵副司令员。1948年3月组建5纵、11纵、12纵，贺晋年为11纵司令员。

11纵整训50天后，出手第一仗，是攻打隆化。

塞外山城隆化，位于围场南、承德北，依山傍水。城西苔山主峰海拔796米，山峰连绵宛如卧龙，老百姓称为龙头山。一条伊逊河在城西与苔山间经过，城内一条十字街，将低矮的平房大体划成四块。守军为全美械装备的13军89师265团，另有1个工兵连及炮兵，苔山为防御重点。40多个永久、半永久性地堡群，以及其他工事、设施，将苔山的有利地形与市区结合起来，形成一个完整的防御体系。

贺晋年在地图前沉思。

一年前，也是这个季节，冀察热辽军区曾以5个旅的兵力攻打隆化。先以1个旅攻城，3个旅打援，1个旅为预备队，后来攻城兵力增至3个旅，连攻10天未下，仅17旅伤亡即达1200余人。

苔山为全城制高点，拿下苔山，敌即失去依据。上次部队攻城被苔山火力压制，转身再攻，炮火不足，徒增伤亡。这次不同了，担任主攻的31师，附军区炮兵旅，出手就要把重拳砸在苔山。33师附32师炮兵营，由城东突破。32师的主要目标，是拿下城西北的隆化中学。

老将军说，当时不知道毛主席一年前就提出"夺取两路、四城"（即北宁路、中长路、长春、沈阳、北平、天津），在打辽沈、平津战役的主意了。当时谁都明白的是，攻坚战就是今后主要的作战方式了。11纵刚从独立师升级的3个师，32师、33师过去打的是运动战，唯一一攻过坚的31师，又是上次攻打隆化失利。当时大家求战情绪很高，但也不能不看到失利的阴影，我这个司令员是一点也不敢懈怠呀。下决心，精心组织、部署、指挥，首战必须打响。胜利总是最有说服力，最能高昂军心士气的。若再失利，再下去整顿，恢复信心，11纵这个东北野战军中的小兄弟，可就不是番号、序列的排位了，而是真的成了尾巴了。

5月25日凌晨开始炮火准备，天黑后即结束战斗。

出了点问题的，是33师误伤了自己人。

原定炮火准备15分钟，可当时营以下干部没有手表，靠数数计时，这误差就大了。炮火准备10分钟左右，98团1营干部见敌前沿工事大多被毁，觉得时间差不多了，即命令1连冲击。1连15分钟便突破前沿阵地，进入纵深，动作够快的，可再快也快不过炮弹呀？

拿下隆化，再取昌黎，平津战役夺占密云，南下过江解放赣州，贺晋年印象最深的还是隆化攻坚——不仅因为是11纵（48军）的首次攻坚战，还因为一提起这座塞外山城，就会想到一位虽未谋面、却是让他刻骨铭心的军人。

31师控制苔山后，城内敌人均逃入城西北的隆化中学。

隆化中学在地图上表明为"21号碉堡群"，敌人利用院墙和周围建筑，修了许多明碉暗堡。东北角一条旱河上的桥体，就是

96团6连攻占隆化中学，左上图为董存瑞。

个暗堡。下午3时，32师96团6连冲到这里时，暗堡里的机枪突然开火。6连两次派人上去爆破，都未成功。

6班长董存瑞，抱着炸药包上去了。

前面机枪喷吐火舌，后面火力掩护，那也是九死一生啊。或爬或滚，有时跃起冲跑几步，真就到了那桥下。可他没带支架。那桥洞一人来高，放在河床上引爆，能有多大劲头？没人知道董存瑞到底怎么想的，已知的是他用手擎起炸药包，拉着了导火索。

据说，战后有人认为董存瑞没带支架，违犯规定，是起"事故"。

贺晋年火了：舍身炸碉堡，英雄！

# 5.赣西南再显身手

东北解放后，中央关于东北工作的指示中，有一条是继续深入剿匪。东北局复电，无匪可剿。东北是"让开大路，占领两厢"，农村包围城市，拿下城市后，什么问题都解决了。江南就不同了。四野大军沿着"大路"，秋风扫落叶般直取大中城市，一时间还顾不上"两厢"，还把些"落叶"卷到"两厢"去了。

1949年6月下旬，48军从南昌地区出发，历时35天，解放了包括瑞金、兴国、宁都、于都、井冈山在内的赣西南地区，剿匪

黄镇中盘踞的翠微峰，现为国家森林公园。

随即提上议事日程。

赣西南地处三省交界,偏远、闭塞、多山,便于土匪藏匿、活动。谁都知道,这里当年曾是著名的红区,也是得益于这种地理环境。而今,盘踞在这里的两大股匪,一是以黄镇中[①]为首的豫章山区绥靖司令部,再就是活动在井冈山地区的惯匪肖家璧[②]。

黄镇中原是红军,变节投敌后,为获得主子赏识重用,疯狂报复,杀人如麻。据《陆军第五十五军大事记》载,自1930年起,他和他的队伍在老区杀害8万多人。赣西南解放前夕,这个魔头率队逃上了翠微峰。

翠微峰又叫赤面寨,位于宁都县城西北10华里,峰立如剑,

---

① 黄镇中 (1898-1950),江西宁都人。北伐期间,任国民革命军46军4师2团营部少尉书记。1930年工农红军经过长胜,国民党宁都靖卫团团总严唯神让他假投红军,约定"红"时黄护严,"白"时严护黄。黄在宁都黄陂参加红军,很快被提升为连指导员。红军内部发现黄镇中有可疑之处,黄镇中亦察觉到自己将要被逮捕审查,即带着35人逃跑。后任宁都保卫团第5分团分团长。1932年,黄镇中带领宁都保卫团在南城腾桥与红军打了一仗,侥幸获胜,受到了蒋介石亲自召见,赏银元四千。红军主力长征后,黄镇中率部占领宁都,屠杀留下的红军和苏区干部。后其部改编为别动总队第1支队,辖3个团,驻宁都。1937年,黄部包围了新四军瑞金收编办事处,办事处负责人谢华被当场打伤,工作人员史辉明被害,并捕走20余人。后任宁都戒严司令部副司令,江西省政府主席,江西豫章山区绥靖司令部中将司令官。1949年被停。1950年被处死。

② 肖家璧,又名肖圭如,人称"肖屠夫",江西遂川人。早在20世纪20年代,肖家璧便成为遂川一霸。他历任大坑乡保卫团团总、遂川县靖卫团团总、清党委员会主席、县参议长、井冈绥靖联防办事处主任、井冈绥靖区遂川反共第1纵队少将司令等职,与永新的尹道一等人并称为井冈山区的"四大屠夫"。1929年,红4军主力离开井冈山后,肖家璧带领靖卫团配合国民党军队"进剿",将大小五井、茨坪等毛泽东和红军住过的地方列为"重点血洗区"。据不完全统计,被肖家璧用惨无人道的手段残杀的群众和革命干部近2000人,烧毁房屋5000余栋。

仅有一石级小路攀登可上。西有王竹寨，北有观音山，均地势险要，三山相连，互为屏障。太平天国时期，周围官僚地主，都逃来这里，太平军围攻数年未下。1931年第26路军宁都起义后，当地反动势力又逃上翠微峰，凭险顽抗。红军首先攻克观音山，又打下王竹寨，再战翠微峰时，云梯架上几次，都被山上滚下的巨石砸坏。红军伤亡太大，就采取"长围久困"战法，在山下四周设立哨棚，5米左右一个，每棚一个班警戒执勤。这样围困半年之后，山上断粮，有的饿死，有的乘黑夜用绳索坠下悬崖逃命。红军乘势展开政治攻势，又经月余，山上守敌才缴械投降。

四野大军南下，国民党人心惶惶，黄镇中不惶。人说"狡兔三窟"，他则是铁了心只有一窟，就是翠微峰。在他的心目中，蒋介石跑去的那个汪洋大海保护着的台湾岛，都不如翠微峰牢靠、保险。

这个赣西南的大魔头狂言叫嚣："有了翠微峰，就有江西省！"

自太平军没攻下翠微峰后，大自然的鬼斧神工造就的这处景致，就成了当地反动势力的避难所，在山上不断修筑围寨、工事。眼看着国民党一天不如一天，黄镇中当然也不会怠慢，利用山势，选择要点，修了20多个各式碉堡。山上原有许多天然洞穴，再凿出一些，有的还互相通连，可藏可打，火力都对准那条唯一的石级小路。重中之重是囤积粮草。他带上山两千多人，搜刮上山的粮食可食用3年，敌机还可以空投，那感觉就是多少年也不愁饿肚子了。临退出宁都前，把兵工厂、发电厂、印刷厂的设备，还有造币机，都搬上山了。上面饭店茶馆戏园子，什么都有，还有监狱。这个魔头就要在这里建立他的王国、乐园，等待配合蒋介石"反攻大陆"了。

48军军长兼赣西南军区司令员贺晋年，轻蔑地一笑：这帮土

48军军长兼赣西南军区司令员贺晋年

鳖，你当共产党还像当年，大刀、长矛、步枪，顶多有几挺机枪呀？

比之在东北深山老林里追剿化整为零的"胡子"，对付赣西南这些自动聚集起来的土匪，就容易多了。凭险据守的那些碉堡、山洞，瞄准了不说一炮一个，几炮也轰塌了。

这是贺晋年戎马生涯的最后一仗。首先扫清外围。剿匪专家组织精干的小分队，急袭、突袭。利用降匪劝降，或做向导，直捣匪巢。当然更重要的是发动群众。惯匪肖家璧，就是群众报信抓获的。小分队出击，通常都是夜间，事先搞清敌情、地形，突然包围，一抓一窝。攻打翠微峰出敌意料，突然变成白天。

黄镇中吹嘘10年也攻不破的翠微峰，10小时就拿了下来，这小子也被活捉了。

老将军说，我们48军组建得晚，打的大仗、硬仗也不算多。可有一条我们占先了，拍电影。一个《董存瑞》[1]，再一个是根据翠微峰剿匪拍的《翠岗红旗》[2]。

老将军说，48军这个小兄弟，在这上头"争"了个头名，想起来也怪有意思的。

---

[1] 1955年上演的由导演郭维拍摄的电影。
[2] 1951年导演张骏祥拍摄的电影。

# 6. 将军竹

1950年6月，贺晋年调任东北军区副司令员兼参谋长。

4年后，出了"高岗事件"。

当时，贺晋年在沈阳，太忙，开头没去北京参加揭发高岗问题的座谈会。有人揭发他与高岗关系密切，一个电话，把他连夜调去北京。

在北京开了十几天会回来，有人召集政治部的干部开吹风会。贺晋年想传达刘少奇的讲话，刚讲几句，就被人制止了。

有人说贺晋年与高岗关系密切，和反党集团是一伙的。

一些不明真相的人鼓噪起来：贺晋年，你要交代和高岗反党有什么关系，把你们的反党计划交出来！

1930年春，贺晋年到宁夏投军时，高岗是学兵队分队长。这是他们初次相识。之后，高岗任红26军政委、西北局书记，接触不多。到东北后，高岗主要在东北局工作，没什么交往。他调来东北军区时，高岗是东北局书记、东北军区司令员兼政委，接触自然多了。

蒋介石跑去台湾，当时的前线，有仗打的地方，是东南沿海和华南。东北背靠苏联，面对朝鲜，是大后方。他不想来东北，可这是他想的事吗？

东北工作搞得比较好，发展快，经济建设走在全国前面，中央已有定评。1952年冬，高岗调去北京，担任中央人民政府副主席，兼管计划经济建设，可谓受到党的重用，怎么突然反党了呀？

开头，贺晋年是震惊、懵懂、不解，也不能不想到自己的命运。

榆林桥战斗中，他俯身挂在崖畔上，抱着机枪向敌猛扫，原因之一，是宁可牺牲在战场上，也不愿不明不白地死在自己人手里。

劳山战斗前开始"肃反"，抓人杀人。在驻地附近，他常见到从前线、从哪儿押来的"反革命"，戴着头套，眼睛处抠两个窟窿，有的关押审讯，有的押赴刑场。榆林桥战斗前，已经传出话来，战后就抓他和张达志。连刘志丹都抓起来了，还有什么人不敢抓呀？

而今，从他来东北，到高岗调北京，3年间，高岗每年只来部队一次。高岗的主要精力在东北局，把军区一摊子具体事情都交给他了。而他自然专管部队，工作上向高岗请示报告，这不就是正常的工作关系吗？

这个人有能力，也能干，也有些毛病，有的毛病百姓群众都有耳闻。在北京开了十几天会，让贺晋年领教了什么叫"知人知面难知心"。但是，具体到他自己，党性加天地良心，他实在揭发不出高岗搞了哪些反党勾当，又如何交代他和高岗的"反党关系"，交出"反党计划"呀？

都是从陕北出来的，贺晋年不清楚这种关系、因素，在这次决定了他的后半生命运的调动中，是否起了什么作用。可即便是高岗有这个意思，那命令不也是中央军委下的吗？就凭这一点，共产党员贺晋年，就得是高饶反党集团中的一员吗？

　　1957年7月，南京军事学院战役系第一期学员毕业合影：前排右起谭希林、谢振华、匡裕民、张祖谅、张震、刘忠、杨得志、陈伯钧、钟期光、孙继先、刘震、李作鹏、郭鹏、张翼翔、曾思玉，中排右起邓少东、查玉升、詹化雨、贺晋年、周志坚、刘永源、李成芳、肖文玖、王道邦、赵俊、刘转连、罗元发、吴克华、李夫克、贾陶，后排右起桑子贞、肖全夫、陈宏、李化民、何以祥、黄荣海、罗通、谢明、肖永银、黄新廷、秦基伟、江燮元、卢胜、贾若瑜、梁仁芥、丁盛、吴富善、刘贤权

1954年秋,中央军委决定贺晋年到南京军事学院战役系学习。他依然是东北军区副司令员兼参谋长,学员也大都是与他差不多职务、资历的将军,一切好像都没发生。但是,第二年授衔时就不一样了,而且差多了。与他差不多的,或是职务、资历都比他低的,是上将,最低也是中将,他是少将——共和国唯一的一名副兵团级少将。

我和高岗到底是个什么关系、怎么回事儿呀?上个世纪80年代初,贺晋年向有关部门讨要说法,结果让他哭笑不得:祸害他30多年的这个简直是天大的问题,档案中竟无一字记载!

什么事儿也没有——本来就没有什么事儿。

1987年冬,笔者采访时,年逾古稀的贺晋年老将军正在挥毫作画,画竹。

老将军生性喜竹,70岁学画亦画竹,颇受好评,人称"将军竹"。

黄镇[1]为其画集《将军竹》所作序中写道:"他笔下的风竹战狂飚,光竹迎朝阳,雨竹披滴露,雪竹洁白清气千丈,人们说他的竹别具一格,凝结着他一生战斗的经历。粗壮的青竹顶天立地,刚劲挺拔,具有宁折不弯的豪气,给人一种积极向上的力量,画如其人,他画的竹确有高风亮节的将军气质。"

---

[1] 黄镇(1909-1989),安徽桐城人。画家。曾任中国驻法大使、外交部副部长、文化部部长等职。

# 第十章 黄永胜曾获免死牌

跟着毛泽东上井冈

党代表罗荣桓

红星奖章

一直是军事干部

三战三捷

『这个黄永胜，真有一手！』

浮沉

黄永胜将军（1910-1983）

## 军职简历

湖北咸宁人。

1927年入国民革命军第二方面军总指挥部警卫团。参加秋收起义,随部上井冈山。同年加入中国共产党。历任红31师、红66师师长。

抗日战争时期,任晋察冀军区第3军分区司令员,教导第2旅旅长。

抗日战争胜利后到东北,任热辽军区司令员,东北民主联军8纵司令员,东北野战军6纵司令员。1949年先后任四野45军军长,第14兵团副司令员,第13兵团司令员。

建国后,任志愿军第19兵团司令员,中南军区副司令员,广州军区司令员。

"文化大革命"期间,任广东省革命委员会主任、解放军总参谋长、军委办事组组长。参与了林彪反革命集团篡夺党和国家最高领导权的阴谋活动。1973年被开除党籍。1981年最高人民法院特别法庭确认他为林彪、江青反革命集团主犯,判处有期徒刑18年,剥夺其政治权利5年。

1955年被授予上将军衔。

# 1．跟着毛泽东上井冈

1927年6月的一天，一位身材瘦长的农村青年，急匆匆地来到驻武昌的国民革命军第二方面军总指挥部警卫团、亦称武汉国民政府警卫团的招兵处，报名当兵。负责招兵的军官，先简单地询问了他的籍贯和家庭情况，接着又问他叫什么名字。

这位青年稍一迟疑，然后语气坚定地说："黄永胜！"

"哪几个字？"

"黄颜色的黄，永远的永，胜利的胜。"

军官笑了："永远打胜仗，这名字好，你一直都叫这个名字吗？"

"我在家叫黄叙全，是为参加革命军，才改了名字的。"

"你当兵不怕打仗，不怕死吗？"

"怕死就不来当兵了！"

招兵军官对这个青年产生了好印象，当时部队还要继续北伐，正在广收兵员，当即表态："好，你就留下吧。"

以上为笔者非常尊敬的一位老前辈，1997年前写的《黄永胜传》的开篇文字。

黄永胜，1910年生于湖北咸宁县高桥镇黄铁村普通农家，读过5年私塾，1922年夏考入武昌国立张之洞学校，第二年12月辍学，回家种田，并学会编竹篾的手艺。

1926年秋，北伐军攻占武汉后，咸宁地区农民运动兴起，黄永胜参加农民自卫队，之后又到武汉参加北伐军。

卢德铭

1927年9月初，毛泽东受中共湖南省委派遣，到江西铜鼓县领导湘赣边界秋收起义。黄永胜所在的警卫团，原准备参加8月1日南昌起义，没赶上，这时正在修水，与铜鼓为邻县，团长卢德铭[①]应召与毛泽东商讨起义计划。起义军约5000人，编为工农革命军第1师，下辖3个团。卢德铭为工农革命军总指挥，警卫团副团长余洒度[②]为师长，黄永胜是3团9连士兵。

① 卢德铭（1905-1927），四川宜宾人。黄埔2期毕业。历任国民革命军第4军叶挺独立团连长，1营营长，武汉国民政府警卫团团长。参加领导秋收起义，任总指挥。后任中国工农革命军第1军第1师师长。1927年起义军向井冈山进军途中，遭国民党军伏击，在掩护部队突围时英勇牺牲。毛泽东痛惜不已："还我卢德铭！给我3个师也不换。"

② 余洒度（1904-1934），湖南平江人。黄埔2期毕业。在校期间加入了中国共产党。历任武汉国民政府警卫团1营营长，工农革命军第1军第1师师长。上井冈山后，毛泽东派遣余洒度前去与中共湖南省委和湖北省委报告工作并请示工作方针。在上海，对革命逐渐产生了悲观失望情绪，最后发展到脱离党组织。1929年，他参加了谭平山、章伯钧等人组织的中华革命党。1932年，余洒度加入复兴社，任第61军政训处少将处长。后他利用职权，走私并贩卖毒品，被北平宪兵团团长蒋孝先检举此事，余洒度旋即被逮捕押往南京，被蒋介石亲自下令枪决。

11日起义，各团按计划分头行动，先后失利。由安源工人和醴陵农军组成的2团，竟全部溃散。

军心也散了。

3团在浏阳山区的一个小村宿营，黄永胜所在班好不容易买到个南瓜煮了吃。同连的几个咸宁老乡来了，喊着：黄永胜，走吧，不干了。

当时，开小差、逃亡已成公开现象，连师长余洒度、1团长钟文璋等起义领导人，都先后不辞而别了。

黄永胜说：你们要去哪儿？

几个人七嘴八舌，都说这枪杆子扛不得了，死人不说，吃顿饭都这么难，回家随便干点什么，也比当兵清闲、享福。

黄永胜说：在革命军当兵确实很苦，可回家那日子真就那么好过吗？再说了，咱们这些人在家时打土豪、分田地，回去后无依无靠，那些土豪劣绅能饶了咱们吗？

又道：革命军也不会总打败仗，只要死不了，总有出头的一天。

起义军陆续到达文家市，毛泽东在一所学校的操场上给官兵讲话。毛泽东分析了形势，讲胜败是兵家常事，只要善于总结经验教训，革命就能取得胜利。又讲进攻长沙的计划行不通，现在要避开城市，到湘赣边界南部山区去发展革命力量。

站在队伍中的黄永胜，第一次见到毛泽东，后来每每想起，终生难忘。毛泽东讲话通俗易懂，其鼓动性、感召力，黄永胜此生少见。

起义军沿罗霄山脉南下，在萍乡芦溪遭敌袭击，总指挥卢德铭牺牲。9月29日到达永新县三湾村，毛泽东清点人数，原来的5000来人，剩下不到1000了。

毛泽东主持召开前委会议，提出部队改编的意见、方案，并公开宣布，不愿留队的，可以离队，发给路费。最后剩下700多人，编为1个团，下辖1营、3营。黄永胜被编入3营9连4班，任班长。

几经曲折，队伍上了井冈山。

参加北伐军，无疑是黄永胜人生中的第一个重要转折。所幸他入伍的是卢德铭的警卫团，这个团与众不同，从团长到基层军官，共产党员很多。这就使他有了从士兵、班长、排长、连长，一路走到共和国的总参谋长的机会。如果他去了别的师、团的招兵处，比如夏斗寅①的独立第14师，那情形可能就截然不同了。

如果说参军入伍到警卫团，不无撞大运的成分，那么秋收起义后的道路，就是黄永胜主动的选择了。

大浪淘沙。在那主要因开小差而造成的80%左右的减员中，应该说黄永胜的革命性是挺坚定的。

---

① 夏斗寅（1885-1951），湖北麻城人。1906年加入同盟会，后任国民党团长、旅长、师长、军长、湖北省政府主席、武汉警备司令。武汉解放前夕，曾欢迎解放军进城，1949年去香港。

# 2．党代表罗荣桓

上井冈山不久，毛泽东给9连派来个党代表，戴副眼镜，挺斯文的样子，一看就是个读过很多书的人。那时的知识分子，常带有一股酸腐气，瞅人往往一副居高临下的样子。但这个党代表那副近视镜片后面的目光，却让人觉得热乎乎的，一下子就把人的距离拉近了。

又不久，黄永胜入党了。党代表罗荣桓主持入党仪式，再就其入党介绍人1排长王良。一面小红旗，上面写着"CCP"，举手宣誓，黄永胜感到很庄严、神秘，当然更有责任。

1928年刚过新年，毛泽东亲率革命军南下遂川。途中一个大坑镇，有地主武装靖卫团200多人，前卫9连一下子冲进去。部分敌人逃过遂江，连长陈正春和党代表罗荣桓举着驳壳枪，带头跳进齐腰深的江水追击敌人。

下山旗开得胜，缴获好多枪弹、被服，黄永胜说每人还缴获1挺机关枪，大家哈哈大笑。江水冰凉刺骨，衣服湿漉漉贴在身上，北风一吹，那牙齿"得得得"的打机关枪似的。

第二天又拿下遂川县城。

江西当局调集正规军两个团兵力，进驻泰和、宁冈新城。宁冈新城位于井冈山北麓，直接威胁井冈山根据地，毛泽东决定打掉这个敌人。

2月28日拂晓，革命军急行军隐蔽下山，赶到那里时，敌人正在城外列队出操。枪响人冲，敌人逃进城里，关上城门，革命军开始攻城。

任排长时的黄永胜（1929年长汀）

黄永胜率领的4班，4人一架竹梯，有人中弹倒下，马上有人接上。冲到城下，竖起梯子，就往上爬。罗荣桓在爬城，营长伍中豪[1]在爬城，负伤了也往上爬。

黄永胜没看到他们，但他知道他们在与他并肩战斗。

革命军南下遂川，为的发动群众，筹粮筹款。

打下遂川，部队以县城为中心，散到周围圩镇活动。9连进驻藻林镇，黄永胜掌握了几家土豪的情况，在镇北一家高墙大院门上贴张告示，限令几天内缴纳两千大洋。期限到了，土豪逃跑得没影儿，黄永胜知道土豪的长工在哪儿，抓了1个，绑上，一路吆喝着押回连部，马上松绑。罗荣桓让长工别害怕，告诉他把你绑来，是为了你的安全，怕土豪报复你。根据长工的情报，把土豪的小老婆抓来，大洋就如数到手了。

这年冬天，4班在个隘口放班哨。一天晚上，在驻地，一个士兵抱回一捆柴火，让大家烤火取暖。黄永胜问柴火哪来的，士兵支吾一气，说是从老乡家拿的。黄永胜命令他送回去，士兵不动。

---

[1] 伍中豪（1903-1930），湖南耒阳人。1922年考入北京大学，1923年加入中国共产党。1930年10月，职务为20军军长的伍中豪带领队伍途径安福县城时，突遭袭击后牺牲。

黄永胜又说了一遍，士兵不但继续不动，还把柴火点着了。黄永胜火了，扬手就是一个耳光。

第二天，罗荣桓问黄永胜：昨晚你们班吵吵嚷嚷的，怎么回事儿？

听黄永胜讲罢，罗荣桓道：你说如果我们是老百姓，军队拿了我们的东西，我们会怎么想？这话一点没错。可我问问你，如果你是士兵，犯了点错误，班长张口就骂，举手就打，你心里又会怎样？

一时间，黄永胜说不出话来。罗荣桓又道：我再问问你，你当班长，如果不打人，能不能把全班管好带好？

见黄永胜面显愧色，罗荣桓说：毛委员再三告诫我们，不能用打骂代替管理教育，打骂不能解决思想问题。要讲道理，以理服人，懂得了道理，思想通了，才能自觉地遵守纪律。你回去好好想想，是不是这么个理儿？

1959年，广州军区司令员黄永胜，写篇近万字的关于井冈山连队生活的回忆录，三分之二篇幅讲罗荣桓怎么帮助、教育他成长、进步。

晚年保外就医的黄永胜，接受一位作家采访时，提到罗荣桓颇动情地说："罗帅对我的教育，我是刻骨铭心的，终生不忘的。罗帅逝世，我是很悲痛的。"

## 3 . 红星奖章

1933年12月下旬，第五次反"围剿"中，红一军团在永丰以南的丁毛山地区，与敌93师和美械装备的税警总团"堡垒对堡垒"，进行"短促突击"。红1师担任主攻，黄永胜任团长的红3团，又在1师的主攻方向。打了10天，前仆后继，上去下来，红3团光连级干部就牺牲了13个。战斗最激烈的一天，营长牺牲，刚提的营长又牺牲了。

敌人居高临下，有强固工事，红军地势不利，兵力不占优势，又没有重武器，这仗怎能这样打呀？可这是"左"倾冒险主义者的决定，就得这样打。

1934年春的广昌保卫战，由攻转守，依然是扬短避长的消耗战。黄永胜多次亲率部队反冲锋，战斗间隙还和政委邓华抬担架，往下送烈士、伤员。损兵失地，红3团伤亡三分之一。

第五次反"围剿"期间，黄永胜多次受到上级表扬，他也觉得自己指挥作战没什么失误，却从未打过那样的窝囊仗、亏本仗。

此后漫长的岁月中，一提起广昌保卫战和丁毛山战斗，黄永胜就欷歔不已。

长征途中的湘江阻击战，2000来人的红3团，打剩不到千人。红3团先后在潇水、脚山铺、夏壁田拒敌，黄永胜常到一线阵地指挥、坐镇。他身材高大，提支驳壳枪，穿一套缴获的国民党军官服装，特别显眼。敌军官就喊，抓住那个当官的，有重赏！

营连干部推他搡他，要他回团指挥所，他不走。仗打到这份上，他知道官兵看到他们的团长和他们在一起，会是什么感觉——就跟当初他看到罗荣桓、伍中豪冲锋在前一样。

从江西兴国出发后，作为军团主力团之一，红3团或先锋，或后卫。一渡赤水后，又奉命做疑兵，迷惑尾追之敌，将其引入歧途，保证主力安全。人生地不熟，要比其他部队多走许多路，补给困难，伤员难安置。赤水河畔数万敌人，随时可能与敌遭遇，有时还要故意弄些响动，诱敌来追。半个多月间，红3团几次陷入敌围，队伍被打散，与主力失去联系，详情难以细述。已知的是最终完成任务，率团归建。

四渡赤水后渡乌江，红3团为前卫团，奉命抢占对岸渡口。两岸高山，江水流急，无桥无船，对岸有中央军1个营守备。黄永胜和政委林龙发①，隐蔽在岸边草丛中观察地势水情，决定制作竹筏，利用夜暗偷渡。1营战斗力最强，2连战斗作风最硬，就把这个任务给了2连。

江水滔滔，江风扑面，漆黑的夜色中，黄永胜不眨眼地盯着对岸。

长征途中，这是黄永胜最紧张、焦灼的时刻之一。追兵将至，中央红军主力和中央机关能否过江，脱离险境，在此一举呀！

忽然，对岸电筒一闪一闪，2连过去了。

登岸后，搭人梯攀上峭壁，悄悄摸近敌人，将1个前哨连歼灭。红3团主力陆续过江，全歼守敌，牢牢控制了渡口。

---

① 林龙发（1914-1936），福建上杭人。1929年参加红军，参加过中央苏区历次反"围剿"作战和中央红军长征。1936年5月由山西西渡黄河时牺牲。

"林彪反革命集团"主要成员，左起李作鹏、
吴法宪、林彪、黄永胜、邱会作

1934年，在瑞金召开的中华苏维埃第二次全国代表大会，黄永胜获得一枚红星奖章[1]。

前面说过，红军时期获得红星奖章的人很少。

据说，获得这种荣誉的人，犯了死罪，可以罪减一等。

应该说，47年后在给黄永胜、吴法宪、李作鹏、邱会作量刑时，肯定会想到他们与"四人帮"的不同——他们是开国将军，是为共产党打江山的人。

---

[1] 黄永胜获得的一枚红星奖章是三等红星奖章，同年获得三等红星奖章的人还有肖锋、陈正湘等人。

# 4 . 一直是军事干部

读5年私塾（笔者在20年前的一部作品中，曾说是1年），又到武昌国立张之洞学校学习1年多，在红军中，黄永胜属为数不多的有文化、又见过世面的一类。

有这样的条件，又聪明、勇敢，战争年代曾6次负伤，只要没被击中要害，自然升迁很快。

参加北伐军，受过比较正规的训练，执行命令坚决。胆大心细，战前认真勘察地形，研究敌情，抓到俘虏、重要人员，亲自询问。精明、果断，决心快、硬，轻易不会改变，又能根据战场变化，冷静地机动灵活行事。时间允许，常把作战部署、方案讲给部下，听取大家意见。战后总结经验教训，打好了，没打好，为什么？刨根问底，跟大家商讨。

打土豪或作战缴获书籍，把自己喜欢的留下先看。据说，红军时期他看过《孙子兵法》、《三国演义》、《水浒传》、《西游记》、《红楼梦》等书，看完了给大家讲。为人随和，平时和官兵有说有笑，没什么架子。行军时常和官兵边走边唠，他的马常给伤病员骑。性情活泼，和官兵一起唱歌曲小调，晚会上还演小戏、活报剧，据说还挺有模有样的。

到一个地方驻上几天,他就要政治机关找些群众开个座谈会,了解民情社情敌情。据说，这是他在井冈山时期做群众工作时养

黄永胜在白田庙下之战中（1943年4月）

成的习惯。座谈结束，有时还会请群众吃顿便饭，或是给点零钱。

如此看来，黄永胜应该很适合做政治工作了。可从士兵到总参谋长，他这辈子都未与政工干部沾过边。其实，战争年代是否"改行"，好像也难言什么规律。有政委牺牲了，你是副团长，或别的什么军事干部，领导一句话，立即顶上去，你就"改行"了——黄永胜好像没有碰上这样的机会。

黄永胜很注重军人仪表。有人说一群人中，不用看个头，哪个衣着最整洁，那就是黄永胜了。一仗下来，脸上身上汗呀土的，军装挂得烧得窟窿眼子的，到了驻地，一会儿又成"正规军"了。

还追求时尚。拿下一座城市，有工夫，好玩的地方一定去逛逛。有人说他会工作，也会玩。1950年春玩出格了。13兵团文工

3分区司令员黄永胜（1940年在3分区驻地）

团派人去香港买西洋乐器，兵团司令员黄永胜自作主张，和一位军政委换上便装，借机去香港玩了3天，被中南军区第三政委①谭政狠批一顿，并通报全区。

晋察冀军区第3军分区，地处平汉铁路保定至新乐以西及部分路东地区，包括阜平、曲阳、唐县、完县、望都、新乐等县及定县一部。由于晋察冀军区和边区党政机关常驻阜平一带，这里就成了敌人重点"扫荡"对象。1940年9月，日军得知军区后方机关和边区政府在县城东北的神仙山里，便调集3000余人进山"扫荡"。3分区司令员黄永胜，指挥只有4个连的42团和民兵，地雷战，麻雀战，夜袭，抓住小股敌人猛打，打完就没影了。敌人进山12天，伤亡200余人，3分区仅伤亡17人。

10月底，敌人再次进山"扫荡"，并有飞机助战。黄永胜指挥42团，利用有利地势抗击4昼夜，掩护党政军机关人员突围，自己也安全转移。

50年后，有曾在晋察冀边区工作的老人说，后方机关转移通常都是化整为零，在山里转来转去，有时就从敌人鼻子底下跳出包围圈。那时许多地方干部都爱跟黄永胜走。这人胆大心细，遇事不慌，有办法，跟他走比较安全。

---

① 当时中南军区第一政委罗荣桓、第二政委邓子恢。

# 5 . 三战三捷

1947年8月，8纵刚成立就赶上秋季攻势。

为了打通锦（州）承（德）线，确保北宁线安全，9月初，锦州地区国民党暂50师、暂22师（各欠1个团），兵分两路向热东建昌方向攻进。

国民党军在东北屡吃败仗，刚换了主将陈诚。前任杜聿明吃林彪围点打援的苦头太多，陈诚还没尝过什么滋味儿，也是新官上任三把火。送上门的敌人当然好打了，遂令迎击，秋季攻势开始。

刚升级的主力，通常都要整训两个月，8纵不到1个月就出战了。

9月14日晨，8纵24师师部和22师1个团，在梨树沟门与左路暂50师遭遇。24师师长丁盛，急令部队抢占制高点，向敌攻击。24师主力陆续赶到，战至黄昏，歼敌千余。

从锦西来的右路暂22师，见势不妙，拔脚就往回跑。黄永胜命令22师、23师和独1师追击。15日晚，23师在杨杖子追上敌人，立即攻击，同时以1个团迂回敌后，将其拖住。

16日上午，黄永胜率纵队指挥所赶到杨杖子西山。察明敌情地形，即以22师、23师分别由北、南两个方向攻击，独1师1个团由东向西助攻，1个团断敌退路，1个团和24师阻援。

下午两点攻击，黄昏结束战斗，暂22师4500余人，只跑掉千把人。

3天两战连捷。

有老人说，连打胜仗，那人是越战越勇，越跑越来劲，那千把敌人眼看叫我们追上了，敌人扔的枪炮耽误事了。刚从地方部队升级主力，还有些地方习气，也是没见过那场面。那枪炮什么的到处都是，见到好枪好炮，谁不眼馋哪？一个人去捡，大家伙就都捡起来了，就顾不上敌人了，不然就把敌人"包圆"（即"全歼"）了。

暂22师被围打之际，陈诚急令在锦州的49军增援。

为诱敌深入，黄永胜率8纵及独1师，退至新台边门隐蔽待机。

20日，49军两个师4个团，进至杨杖子、毛祁屯地区。而侦察报告是1个师约8000人，黄永胜就是据此进行判断、部署的。

21日凌晨开始行动，中午对敌完成合围，两小时后发起攻击。

敌已占据有利地势，构筑工事。其中323高地，山高坡陡，可以俯视整个战场，对攻击威胁最大。23师69团3营，在纵队山炮营掩护下，从正面攻了一下午，伤亡过半，毫无进展，直接影响了整个战局发展。

黄永胜让师长张德发①调整部署，改变战法，并下了死命令：今晚必须拿下323高地！

就有点"拿不下来，提头来见"的意思。

张德发重新部署，换上2营。2营长几天前在杨杖子牺牲了，由教导员带队攻击，张德发告诉他如此这般。这时2营还有8个比

---

① 张德发（1906-1965），河南新县人。1928年参加中国工农红军。1932年加入中国共产党。历任红四方面军独立师师长，八路军129师的团参谋长、团长、旅长，东北野战军4纵师长，新疆建设兵团副司令员。

1947年9月我军向杨杖子进军。

较完整的排，以1个排正面佯攻，集中全营号兵猛吹冲锋号。主力7个排，每人背上几袋手榴弹，从左侧迂回，在细雨蒙蒙中悄悄爬上山去。几百颗手榴弹在敌人阵地上连续爆炸，差不多也赶得上一个炮群一阵猛轰了，最关键的是爆炸声中那人就冲上去了。

拿下323高地，少许改变被动局面，并未动摇敌人的决心和防御体系。在敌正面和两侧交叉火力下，各攻击部队依然进展艰难。而且，查明守军是两个师4个团，1.2万人，敌两路援军正在赶来。从锦州出动的49军26师，已经进至距杨杖子20多公里的江家屯了。

东北野战军进关时，每个纵队4个师近6万人，差不多赶上华北军区的1个兵团了，装备就更好了。而此时，民主联军主力纵队4万来人，纵队炮兵团，师有炮兵营。刚成立1个多月的8纵，纵队才有个炮兵营，3个师不足3万人，可以用于攻击的不过1万多，攻守比例1：1。在江家屯负责打援的，只有24师1个团。

还打不打？能不能打？——本书写到的名将，大都曾经面对这样的时刻。

黄永胜毅然决定：把预备队调上来，最后一锤子。

22日10时，下令总攻。又是战至黄昏，守军全线动摇，向东南方溃逃，被从冀东赶来的9纵堵住，1.2万敌人悉数被歼，连军长王铁汉都被活捉了。这小子原是东北军的，一口地道的东北话，装成个伙夫，混在俘虏堆里，晚上钻高粱地里跑了。

8纵开门大吉，三战三捷，而且步步登高，改变了热河局面，一下子发展到4万人，装备也鸟枪换炮了。

林彪挺高兴，说：这个8纵，还真有点主力样子。

战斗到了关键时刻，有人会不停地蹰步，有人会一支接一支地抽烟。

黄永胜也想抽烟，一屁股坐在山坡上，从衣袋里掏出盒揉搓得纸团似的10支装"小粉包"：抽支烟，神仙神仙。8纵副政委邱会作和参谋长黄鹄显①见了，上去就抢。黄永胜大喊：别抢，我不是土豪呀。黄鹄显按着，邱会作搜身，一盒"小粉包"变戏法似的不见了。3个人嘻嘻哈哈滚成一团，参谋、干事和警卫员哈哈大笑。

指挥所距敌只有几千米，一阵炮弹飞来。1发据说口径不下100毫米的炮弹，就落在离他们不到10米处，溅起的泥土石块，冰雹样砸在身上。是发臭弹。不然，"9·13"事件后林彪的"五虎上将"，可能就缺头没尾只剩吴叶李了。

这是拿下323高地后发生的一幕，从中也见黄永胜性情之一斑。

---

① 黄鹄显（1914-1986），福建上杭人。1931年加入中国共产党。历任红军总部1局作战科参谋，红四方面军总指挥部作战科科长，红30军参谋长，晋绥联防司令部作战科科长，冀察热辽军区独立13旅旅长，东北民主联军8纵参谋长，四野45军134师师长。1955年授予少将军衔。

# 6."这个黄永胜,真有一手!"

1948年秋,辽沈战役攻克锦州前,5纵、6纵(欠17师)、10纵和1纵3师,以及稍后南下的12纵,被置于彰武、新立屯以东地区,

在东北民主联军工作时期的赖传珠

准备阻击从沈阳出援的廖耀湘兵团。"林罗刘"在电报中,命令以上部队"统归6纵首长黄赖(即司令员黄永胜、政委赖传珠①)指挥"。

10月15日,拿下锦州后的辽沈战役,就是全力以赴对付廖耀湘兵团了。而要吃掉这个有国民党五大主力中的两个的精锐兵团,就不能让它南逃营口,或东退沈阳。

廖兵团在黑山、大虎山一线,被10纵坚决拒止。向台安撤退又被辽南独2师截击,遂掉头东奔,25日夜在北宁线上的厉家窝棚、姚家窝棚一带,迎头又

---

① 赖传珠(1910-1965),江西赣县人。1927年加入中国共产党,解放战争时期,任山东野战军1纵政委、四野43军政委、四野15兵团政委等。1955年被授予上将军衔。

撞上6纵。

而这时，6纵却在"林罗刘"的视野里没了踪影。

锦州攻坚，塔山阻援，一堆一块，就那么个地方。"林罗刘"部署停当，各就各位，一声令下，你就按着预定路线、指定位置猛攻死打，把自己那明摆着的"一亩三分地"经营好了就行。这辽西会战就全然不同了。西进锦州？南下营口？东退沈阳？廖耀湘出沈阳后迟疑迟缓，连蒋介石都难搞清他怀的什么鬼胎。实际上，一直认为去营口才是上策的廖耀湘，在得知锦州被攻克后，这一头那一头地撞墙，乱了分寸，那心脑与脚步没协调起来，也根本不可能协调起来。

后面将会写到林彪在电报中常说的"密息"，即截听、破译敌人电台信号，获取情报。因了这一手，林彪在解放战争中，时常越过兵团、纵队（军），直接指挥到师。有时还忽而让你向东，忽而"前电作废"，让你奔南，甚至调头往回跑。敌变我变，他情报及时呀！只是林彪的"密息"再及时、准确，也不可能全部替代在前线直接指挥作战的指挥员的分析、判断和决心。

包括攻坚、防御，任何战斗、战役，都给各级指挥员提供了施展才华的空间。不然，1955年就用不着授那么多上将、中将、少将及校尉了。而像辽西会战这种运动战，这种空间就更广阔，更需要发挥各级指挥员的主观能动性了。待到后期纯粹的"打乱仗"，林彪的电报也少了，你们就各自为战、机断专行吧。

10月20日，"林罗刘"电令6纵"应暂在彰武以东隐蔽，准备待命突然包围彰武之敌，但如发现该敌撤退时，则应机断包围彰武"。24日又命令6纵"应以强行军插到半拉门以西郭家窝棚、靠山屯、刘家窝棚一带，防敌向西南撤退"。25日又电示"途中遇小敌歼灭之，遇大敌则首先将敌退路切断"。

电报不止这些,有时一天几封,包括"前电作废",让部队多跑许多路。而主旨当然未变,那就是无论敌人南逃营口,还是东退沈阳,都要不惜一切代价坚决堵住,待攻锦主力赶到后歼敌。

当日黄昏,6纵两个师分作两路,以应战姿态并肩前进。接敌时为加大攻击正面,尽快投入兵力,两个师又各编成两个行军纵队。黄永胜还指令各级指挥员靠前指挥,同时加强前卫营连火力。

此前此后,黄永胜都想了些什么,恐怕没人能够说得清楚。而在这个即将被炮火映红的战局诡谲的夜晚,在辽西那些大都叫作"窝棚"的村镇间,廖耀湘兵团这条大鱼到底还是被6纵逮住了。

此前两天一夜,6纵行军100多公里。有人说光顾赶路了,在此期间一直没有机会架设电台,有人说是一天,有人说半天。笔者曾认为是前者,这次写到这里查阅资料,有些叫不准了。而无论如何,6纵只顾抢时间、赶速度,未与总部联系,也就在"林罗刘"那儿把自己弄丢了。

大战在即,瞬息万变,没抓住廖耀湘兵团,倒把个主力6纵弄丢了,而且6纵两位主官还要统一指挥在辽西的4个多纵队,这可怎么得了呀?

"林罗刘"的焦灼可想而知。

刘亚楼恨恨地说:"这个黄永胜搞的什么名堂,误了事非杀他头不可!"

终于接到电报,报告已经截断敌人退路,自然如释重负。

刘亚楼更是喜形于色:"这个黄永胜,真有一手!"

26日4时左右,6纵16师前卫46团越过北宁铁路,进至厉家窝

四野攻城部队爆破组向天津守敌城防工事冲击。

棚、姚家窝棚一带，与廖耀湘兵团先头部队新3军14师遭遇。

敌人是逃营口，还是回沈阳，一时还难以断定。黄永胜命令部队尽量扩展阵地，迅速抢占一切可以阻击敌人的制高点，坚决顶住敌人。

终于顶住了敌人的厉家窝棚阻击战，堪称辽沈战役和东北解放战争中最惨烈的战斗之一。126师有9个连打剩10来个人，46团牺牲300多人，伤亡过半，牺牲团政委、参谋长和两个营长。

战斗打响，黄永胜扫视着身边的人员，"这些日子该说的话都说了，等的盼的就是这个时刻。眼前的形势大家都清楚，我就说一句话：我的指挥位置就在这里，打剩一个人也在这里！"

黄永胜要求各级指挥员靠前指挥，这时他的位置是在16师指挥所。

天津攻坚战，8纵一鼓作气扫荡外围据点，尖刀连3分钟突破民权门，各师团猛打猛冲，在金汤桥与友军胜利会师。

打锦州出纰漏，挨批评，杀了人（处死1位连长），3个月后打天津就像换了一支部队。再想想8纵开门大吉的三战三捷呢？没人说这都是黄永胜的功劳，却有谁能忽视司令员的作用呢？

# 7.浮 沉

　　1949年5月，黄永胜被任命为14兵团副司令员，之后为13兵团副司令员、司令员，15兵团司令员兼广东军区副司令员，华南军区副司令员，中南军区参谋长、副司令员兼参谋长。1955年2月，中南军区改称广州军区，黄永胜任司令员，直至1969年7月。

　　"文化大革命"中，对黄永胜震动最大的事情之一，是陶铸被打倒。

　　陶铸原是四野政治部副主任，这时是华南局书记、广州军区政委，住在军区大院。两家比邻而居，中间院墙开个栅栏小门，常来常往。陶铸年长两岁，参加革命也早些，黄永胜对他很尊敬。陶铸主要精力在地方，政委只是兼职。军区重要工作，黄永胜都要求军区机关向陶铸报告，重要会议请陶铸到会。作为地方党委一把手，陶铸对军区工作大力支持。黄永胜常讲：有陶政委这个班长掌舵，工作好做，放心。

　　陶铸是1966年5月调中央工作的，仍兼任广州军区第一政委。8月，陶铸当选政治局常委，排名在毛泽东、林彪、周恩来之后。1967年1月4日，江青、陈伯达、康生在接见群众组织代表时，突然宣布陶铸到中央后没有执行"以毛主席为代表的无产阶级革命路线"，"实际是刘、邓路线的忠实执行者"。一夜之间，陶铸沦为"中国最大的保皇派"，由"红桃四"变成"黑桃三"（即刘少奇、邓小平、陶铸）。

黄永胜目瞪口呆。

这也是两年半后，他不愿进京履职的重要原因之一。

1967年1月，毛泽东一声令下，军队介入"文化大革命"。3月15日，根据中共中央、中央军委命令，广州军区成立军事管制委员会，黄永胜为军管会主任，对广东省实行军管。

4月14日，周恩来为处理春季交易会问题来到广州，用3个晚上25小时，同广州两派群众组织代表200多人座谈，了解广州的"文化大革命"情况。

据说，周恩来高超的革命斗争艺术，给黄永胜留下深刻印象。

这期间最使黄永胜震惊的，是武汉的"7·20"事件。武汉军区司令员陈再道奉召进京，造反派得知他住在京西宾馆，强行冲入，在楼内到处搜抓。当时黄永胜就在京西宾馆，还有中央文革为声援武汉"造反派"组织的百万人大会的疯狂场面，都不能不使他感到下一个"7·20"事件会发生在哪里。

8月10日，中央发出《关于湖南问题的若干决定》，湖南省军区因为不支持"造反派"的打砸抢烧杀行为而被改组，几位领导人被"造反派"抓去批斗、关押。湖南省军区是广州军区下属单位，广州军区能没有责任吗？

他知道，信手拈来的任何一件什么东西，都可能成为压倒骆驼的最后一根稻草。

一些人劝他：别上火，没事儿，你是林彪的老部下，是毛主席司令部的人。

在黄永胜的老领导中，对他影响最大的莫过于林彪、罗荣桓了。对于林彪的治军之道和指挥艺术，黄永胜佩服得五体投地。

可林彪的孤僻性格，让他感到拘谨，有些难接近。每次进京，倘非召见，很少登门，有事求见，也要预先联系。而对罗荣桓，除崇敬外，又多几分亲情，几乎进京必去。罗帅跟他谈工作，唠家常，对于他的毛病也毫不客气地提出批评，他领会老领导的苦心。罗帅到湖南考察，顺便回家乡探望，他全程陪同。1963年12月16日，罗帅去世，在北京举行葬礼的同时，广州军区也在军区礼堂举行了历史上规模最大、给人印象最深刻的追悼会。

1968年3月23日，黄永胜突然接到紧急通知，要他去北京"受领任务"。当天深夜，乘北京来的军用专机进京。

24日晚，驻京军事机关、部队团以上干部近万人，齐集人民大会堂。待到21时30分，林彪、周恩来和中央文革小组、军委办事组成员，挥动《毛主席语录》，依次走上主席台。明眼人立刻发现没了军委办事组组长、代总参谋长杨成武，却出现了身材高大、一些人并不熟悉的黄永胜，就听到有人情不自禁地道：这人是谁呀？

林彪主持会议，并作报告。开口就讲杨成武和空军政委余立金、北京卫戍区司令员傅崇碧出了问题，宣布经毛泽东批准的对杨、余、傅的处理决定，和任命黄永胜为总参谋长、任副总参谋长的温玉成兼任卫戍区司令员的决定。然后，江青、陈伯达、康生、姚文元依次讲话，揭发批判杨、余、傅。这就是当时的"杨余傅"事件。会议进行4个小时，将结束时毛泽东亲临会场，接见与会人员，让人感觉是一锤定音了。

黄永胜什么感觉、滋味儿？

有人说，黄永胜接到紧急通知，要他去北京"受领任务"，他以为是有重要军事行动，立即要作战部门为他准备了有关资料。

当时珍宝岛已经打了起来，中苏边境局势吃紧，越南战争不用说了，东南沿海也不平静，广州军区护卫祖国的南大门。他曾经说过，现在全国乱成这个样子，万一敌人再进来搞一家伙，可怎么得了呀？

24日上午，黄永胜奉命去中南海开会时，才得知党内又出现"阶级斗争中间新的情况"，出了"新的二月逆流"。

关于"杨余傅事件"，有人已经并将继续写出真相。而似乎与此无关的黄永胜，是在林彪宣布决定的那一刻，才知道自己已经成了京官吗？

从大区司令员到总参谋长，他没有权欲吗？陶铸被打倒，他想到了自己的命运，与他私交挺好的杨成武被他取代，又能让他想到什么？"三家村"，"四家店"，他已经看得太多了，特别是走马灯样倒来换去的京官。此时与此前此后，他曾认为林彪这棵大树底下好乘凉，期求林彪的庇护吗？那么陶铸呢？他当然清楚陶铸与林彪的关系。

之后，黄永胜陆续当选中央委员、中央政治局委员、军委办事组组长。

青云直上。

1971年"9·13"事件后，就一下子摔了下来。

1981年1月23日，中华人民共和国最高人民法院特别法庭，认定黄永胜为林彪反革命集团案主犯，判处有期徒刑18年。不久即监外执行。

# 秋季攻势三战三捷战斗序列表
## （1947年9月14日–11月5日）

### 共产党军队

东北民主联军 司令员林彪

  第8纵队　司令员黄永胜

  第9纵队　司令员詹才芳

### 国民党军队

东北最高指挥官 陈诚

  第93军　军长盛家兴

  暂22师　龙泽汇

  第49军　军长王铁汉

# 第十一章 『林罗刘』刘亚楼

又是政工干部

在伏龙芝军事学院

名将之恋

司令部正规化

极具个性魅力

天津战役前线总指挥

空军司令员

刘亚楼将军（1910—1965）

## 军职简历

土地革命战争时期，任闽西游击队排长，红4军随营学校学员班长，红12军连长、营长兼政委，红4军3纵8支队政委、12师35团政委、11师政委，红一军团2师政委，1师师长、2师师长。

抗日战争时期，任抗日军政大学训练部部长、教育长。

解放战争时期，任东北民主联军、东北野战军、东北军区参谋长，14兵团司令员。

中华人民共和国成立后，任空军司令员，国防部副部长。

1955年被授予上将军衔。

# 1．又是政工干部

刘亚楼，中等个头，英俊潇洒，精明干练，性格火烈。任空军司令员时，人称"雷公爷"。

1910年生于福建武平县桃澜区湘店乡大洋泉村，1927年冬从事地下革命活动，1929年入党并参加红军，不久即到红4军随营学校学习。

丁盛被送去公略学校读书，除了培养，还带种扫盲性质，刘亚楼就是明摆着的深造了。他读过两年私塾，又读小学、中学，之后又当教师——前面说过，那个年代，在红军中这就算大知识分子了。

当时称作"红校"的随营学校，140多名学员分作3个区队，刘亚楼被分在2区队，任5小队副小队长。有个学员陈志刚，鼾声打雷似的，吵得大家睡不好，他就硬挺着，每天晚上等大家都睡着了再睡。有时晚上再轮班岗，上课就打瞌睡，有时还打起呼噜。教员火了，一巴掌抡起来，就被一只手在半空中抓住了。

刘亚楼说：革命队伍，官兵平等，不许打人。

当时一些军官军阀习气，打骂士兵。那时读私塾要挨打，学徒要挨打，当兵更是家常便饭，"马鞭子下出好兵"，"三句好话不如一个巴掌"。而这教员既是长官，又是先生，自然更是神圣不可侵犯。虽然这时古田会议已经召开了，反对极端民主化，反对打骂士兵，废止肉刑，可即便会议决议传达下来了，也不是立竿见影的事呀？

教员怒不可遏，喝令：放手！

刘亚楼道：放手可以，不许打人。

反了你了。教员扔下句话：你等着处罚吧！

处罚就处罚，刘亚楼才不管那一套呢。

1960年，中苏关系破裂，苏联撤走专家，军内外一大批翻译没事干了。空军有关部门也拿出一套方案，转业一部分，改行一部分，少数留下做外事工作。刘亚楼说不行，昨天还是宝贝，今天就成废物了？中国现在有多少翻译人才？指示有关部门举办英语、德语培训班，让翻译人员学习掌握第二外语，翻译外国空军资料。

毛泽东说：刘亚楼，你这是跟中央唱反调，另搞一套。

刘亚楼说：我这是坚持科学。

毛泽东道：是啊，就你刘亚楼讲科学，你是国防科委副主任嘛。

毛泽东生气了，刘亚楼请周恩来、罗荣桓、罗瑞卿等人劝"驾"。

毛泽东道：刘亚楼喜欢说了算，空军就让他说去吧。


红校开设军事、政治和娱乐课。军事课讲授枪支构造、射击、刺杀，步兵攻防战术。政治课讲授社会发展简史，什么是封建主义、资本主义、帝国主义、社会主义。娱乐课主要学习吹拉弹唱，开展各种游戏。

学习4个月，毕业考试分三级。一级由教员考，合格后当班长。二级由区队考，合格后当排长。三级由学校考，合格后当连长。

刘亚楼没费劲通过全部考试，被分到红12军3纵1营2连当连长。

　　两个月后，升任营长兼政委。

　　参加正规红军前，刘亚楼曾在武平游击队担任班长、排长，再连长、营长应该顺理成章了。没想到这营长兼政委才个把月，就拐弯成了支队政委，接着是团政委、师政治部主任、师政委。

　　长征，红一军团2师为左前锋。师长陈光和政委刘亚楼，率部血战湘江，突破乌江，取遵义，夺娄山关，逢山开路，遇水搭桥，多少好仗？

　　军政主官，共同指挥，当然没错。却也分工不同，各有侧重，军政主官都在，哪一仗是政委具体指挥的？怎么写？

　　1935年7月，长征到达毛儿盖，刘亚楼"改行"调任红1师师长（政委黄甦 ①）。3个多月后任红2师师长（政委肖华），率部参加直罗镇战斗，再渡黄河东征。翌年6月入红军大学学习，毕业后任训练部长，改称抗大后任教育长，1939年4月去苏联学习。

　　关内8年抗战，刘亚楼基本都在苏联度过的。

---

　　① 黄甦（音"苏"，1908-1935），广东佛山人。1925年10月参加中国共产党，1930年参加中国工农红军，1934年参加长征，任红一军团师政委，陕甘支队第二、第五大队政委。1935年11月21日在直罗镇战役中牺牲。

## 2 . 在伏龙芝军事学院

刘亚楼、李天佑、钟赤兵（军委1局局长）、杨至成（抗大校务部部长）等人，作为中共首批出国学习军事的专派人员，进入莫斯科伏龙芝军事学院——苏军培养诸兵种合成军队军官的高等军事学府。

人与物，目光到处，都是异国情调，却是多少年来就心向往之的社会主义的苏联。风尘仆仆的抗战军人，摩拳擦掌要大学一番，回国后大干一场。

学院要求学员具备高中以上文化，中国学员有的只读过几年书，刘亚楼这位红军中的"大知识分子"，初中也没读完。从数理化基础课开始，记公式，背定理，做作业，其难度又不同于跟小鬼子拼刺刀。

而这一切的前提，当然首先是学习俄语。

踏上异国的土地，就成了"瞎子"、"哑巴"，连饭都不会吃了。饭堂食谱上，都是"洋字码子"。刘亚楼热情、开朗，这种天性很适于学习外语。孔子说"三人行，必有吾师焉"，在刘亚楼眼里苏联人都是老师，见人就问，连说带比划，他又聪明，自然长进很快。

开头在外籍学员的特别部学习，半年后正式进入学院，与苏军学员共读。俄语现买现卖，文化课是速成的，课程内容倒不算陌生，但层次高，系统性强，土八路就有点跟不上。而教员要在限定的时间内把规定内容讲完，不会照顾谁，就更增加了难度，许多时候连课堂笔记都记不下来，课后用大量时间拾遗补漏。

第二学年开始就完全不同了。一是有比较充裕的时间坐在图书馆里，阅读更多的学术期刊、专著。二是在以年级为单位的课堂上，刘亚楼举手报告提问的时候越来越多，那问题也常令教员耳目一新。在合同战役战术想定和学术讨论中，他的观点、主张常受好评。

刘亚楼是较早熟谙大兵团、诸兵种合成作战的为数不多的中共将领之一——有后来的实践为证。

1941年6月22日凌晨，德国军队突然袭击，侵入苏联西部地区，并迅速推进。

德军的重要目标，当然是占领莫斯科。关于德军的进攻路线，斯大林认为希特勒还会沿着当年拿破仑的老路，沿着乌克兰和顿涅茨河流域东进，一路占领经济作物地区，掠夺乌克兰的粮食、顿涅茨克的煤和高加索的石油，逼近莫斯科。

苏军将帅没有疑义，刘亚楼觉得不妥。

1938年3月，林彪在山西隰县被晋军误伤，到苏联疗养，住在莫斯科近郊的库契诺庄园。伏龙芝军事学院培训外籍学员的特别部，也设在那里，在特别部学习结束后，刘亚楼仍是那里的常客。

刘亚楼和林彪分析研究，认为乌克兰、顿涅茨河流域农田、水网较多，拿破仑以骑兵为主的远征军，选择这条路线自有许多便利。而希特勒德军是机械化部队，从白俄罗斯到莫斯科距离最近，更适合希特勒的闪电战。两个人把自己的见解报呈共产国际，待到被实践证明后，自然被刮目相看，据说斯大林亦赞赏有加。

在苏联伏龙芝军事学院学习时期的刘亚楼

消息传到中国，版本有些变化也属自然，待到林彪"永远健康"时就神乎其神了。说斯大林要用5个师的苏军换林彪，还说要用15个（还有说3个、5个的）苏联将军换林彪。

比较准确的情况是，1960年春，空军在杭州召开的一次会议上，刘亚楼讲了这件事，但他并未提及自己在其间的作用。

# 3 . 名将之恋

1945年8月，苏联出兵东北。月底，刘亚楼随苏军到大连，供职警备司令部，化名王松。

12月初的一天，大连市委书记韩光[①]，邀请刘亚楼参加市委发起的一个群众大会，控诉日军、汉奸罪行。一个身材修长、脸庞俊俏，明显带着俄罗斯血统的姑娘，声泪俱下地控诉后，呼吁人们警惕日伪残余势力造谣、破坏，号召大家为恢复、发展生产尽心尽力，会场上不断响起口号声和鼓掌声。

"言之有理，言之有情，言之有力。"刘亚楼随手在张纸上写下一行字，递给韩光。

韩光告诉刘亚楼：她叫翟云英，是香炉焦小学教师，大连市的妇女代表、先进工作者。

刘亚楼问：她是俄罗斯人？

韩光道：算半个吧。他父亲是东北人，母亲是俄罗斯人——一言难尽，一个苦命的姑娘。

又道：王少校，你是不是看上她了？

刘亚楼点点头，又摇摇头。

---

① 韩光(1912-2008)黑龙江齐齐哈尔人。历任共青团满洲省委秘书长，东北抗日联军第1军政治部主任，中共中央统战部秘书长，大连市委书记、旅大地委书记，关东公署主席，中纪委常务书记。

像他这样的干部（包括本书中的几位名将），许多是在延安结婚的。枪林弹雨中冲杀到那里，自然法则已经到了、甚至过了这一站了，又有那样一个相对比较安定的环境。进入抗大训练部长视野的，是第二期学员员凌漪。刘亚楼赴苏学习，员凌漪留在延安。1941年9月，德军经白俄罗斯突入莫斯科，根据苏军总参谋部安排，刘亚楼等人结束学习，参加苏联卫国战争。而天各一方的员凌漪，听说刘亚楼牺牲了，十分悲痛，后来再婚了。

之后，刘亚楼与陪伴贺子珍在苏联休养的苏兆征①之女结婚，并生有一子，后来也离婚了。

散会后，刚成立不久的大连县委的县委书记王西萍，又给刘亚楼当红娘：这翟云英可是个好姑娘，白天给小学生上课，晚上办工人识字班，每次评先进都少不了她。

刘亚楼叹口气：我不是没想过这事，是受不了婚变的折磨了。再说了，我都35岁了，那姑娘顶多不过20岁。

王西萍说：年龄不是主要问题，我看你们俩挺合适，这事就这么定了。

几天后，翟云英来到县委书记的会客厅。之前她作为香炉礁的妇女代表，在这里开过座谈会，这次怎么就她一个人呀？

王西萍满面春风：今天不是开会，是要给你介绍一位白马王子。

一辆汽车驶到门前，门开处，韩光陪着一身黑色西服的刘亚楼，走了进来。

王西萍迎上去，为双方介绍。刘亚楼向翟云英伸出手，那手还没握上，姑娘俊丽、白皙的脸就变成了红苹果。

---

① 苏兆征（1885-1929），广东香山人，是中国工人运动的著名领袖。苏兆征的女儿苏丽娃为刘亚楼前妻。

刘亚楼与夫人翟云英

第一次见面无话，二次谈家事身世。

翟云英的父亲翟凤岐是山东人，闯关东到东北，又独自去俄国谋生，先后在海参崴、赤塔、伊尔库茨克、斯维尔德洛夫斯克打工。参加了十月革命斗争，加入中国红军团，与高尔察克匪帮作战。战斗负伤，被安排到伊凡诺沃纺织厂工作，同青年女工安娜·卡兹米洛芙娜结婚。1930年来大连省亲，赶上"9·18"事变，回不了苏联，在香炉礁安身。父亲参加反日活动，被宪兵队抓去，惨死狱中。母亲给附近渔民磨米，收点加工费。翟云英从小捡煤核、挖野菜。

刘亚楼说：我家也是一样，都是苦命人，才参加红军闹革命。

两个人开始心心相印了，可一谈到两人的关系，翟云英就心里敲鼓了。母亲不同意这门婚事，嫌他比她大17岁。

第一次见面，如果说刘亚楼有点不像他自己了，那么这一次，他的个性就展示无遗了。

他痛痛快快地道：我去和你妈妈见一面，如果她老人家仍不同意，那就是我没这个福气了。

他不能不想到那个"万一"，却又对自己充满自信——就像面对无论什么样的难题一样。

"妈妈莎。"按照苏联人对女性长辈的尊称，刘亚楼进屋后亲切地叫了一声，用俄语跟老人唠了起来。

如果说这遥远的乡音，已经缩短了他们之间的距离，接下来这个中国小伙子的学识、热情、坦诚和落落大方，就让这位苏联老人十分欣喜了。

1947年5月1日，刘亚楼与翟云英结婚。

一年前的5月，他已就任东北民主联军参谋长 ①了。

---

① 1946年1月14日，东北人民自治军改称东北民主联军，肖劲光兼任东北民主联军第一参谋长，伍修权任第二参谋长。1946年5月，肖劲光不再兼任东北民主联军第一参谋长，由刘亚楼任第一参谋长，伍修权仍为第二参谋长。

# 4．司令部正规化

民主联军总部，设在哈尔滨南面的双城县城双城堡。挺气派的有钱大户的大院，院内又有两个四合院，中间一道月亮门，东院为林彪等人的办公、住处，西院为参谋处。

林彪到东北不久，就带着个不超过10个人的指挥班子去辽西，又辽北、吉南地转悠，指挥作战。毛泽东对这个轻便的指挥班子挺欣赏，1946年4月曾专电询问，让林彪介绍说明。现在虽然不再到处游击了，人员也有增加，毫无疑义，这是一个精干、高效的指挥机构——有此前扭转东北战局一系列胜利为证。

刘亚楼认为还不行。

关内八年抗战，除百团大战外，八路军、新四军较少大规模的阵地战和攻坚战。红军时期也是如此，敌强我弱的情势决定了这一点。而且根据地这一堆，那一块，也无法统一作战，基本是你打你的，我打我的，打得赢就打，打不赢就跑。

解放战争就不同了。共产党闯进关东不久，毛泽东就命令林彪，在锦州地区拉开架势打大仗。像后来的鞍海战役、新开岭战役，四平保卫战更是依托城市的大规模阵地战。但是，一些指挥员仍然习惯于过去的独来独往，驳壳枪一挥"冲啊"。四平保卫战期间，某师从长春增援四平，战斗积极性很高，却不请示报告，当晚赶到就去偷袭新1军，伤亡一大堆，被林彪斥为"游击队的小家子气"。

用"小米加步枪"形容共产党军队装备之落后，是再准确、形象不过的了。用"小米加步枪"来形容解放战争初期一些部队的司令部工作水平，也同样准确而又形象。

游击战和正规战的司令部工作，是有很大区别，甚至是截然不同的。即便是游击战，一些参谋也不能说是称职的。该参谋的不参谋，不该参谋的瞎参谋，有的甚至不经请示就擅自调动部队。一些堪称游击战专家的师团长和纵队司令，也不习惯于司令部的参谋。打游击打惯了，有的打仗扔了司令部，独往独来，"我就是司令部"。

刘亚楼说，有人可能觉得我去趟苏联回来，是不是看什么都不顺眼了？是，也不是。东北战场马上就要开始反攻了，用林总的话讲是打堂堂正正之仗。司令部是首长指挥部队的机关，是首长决策的助手，部队要打正规仗，司令部不正规起来怎么行？

打白军，打鬼子，我就这么打的。敌人那一套倒是挺正规，结果怎么样？一些人转不过弯子，刘亚楼就讲道理，讲通了就照办，讲不通也得照办。这是命令，"林罗刘"的命令。不是我刘亚楼嘴大，而是咱们都得听真理的，这是打胜仗的真理。几个师、几个纵队作战，你早了，他晚了，你上他没上，锣齐鼓不齐，那仗怎么打？

直到今天，一些老人还记得"刘亚楼的'三部曲'"。一是部队到了什么位置，20分钟内师向纵队报告，1小时内纵队向总部报告，超过时限，他那通报就到了。二是他发了电报，你马上就得回复，没有回音，那通报马上就到了。三是一仗下来，2至4小时要简报，6至8小时要详报，你没报告，或是晚了，或是没报告明白，批你个茄子皮色。

东北民主联军参谋长刘亚楼

新任参谋长大刀阔斧的第一个动作，是在参谋处增加个地图科，在哈尔滨办起个印刷厂，不久又成立个测绘学校。

走走转转，听听看看，刘亚楼发现作战必须的地图奇缺。总部尚且如此，下边可想而知。"没有枪，没有炮，敌人给我们造"，民主联军越来越多的美械装备，那是只能由敌人造的。可一些自己能造的东西，用起米不是更方便、顺手吗？而且又能少流多少血呀？

接下来是举办参谋训练队。总部有专门的训练队，刘亚楼亲自去讲课。各纵、师司令部也按规定,抽调有文化、又有作战经验的营连排长进行培训。而他就在上任伊始的千头万绪中,点灯熬油地翻译了苏军的《红军野战参谋业务条令》。当然不是照本宣科,而是根据我军的特点有增有删。像那测绘学校一样,应为我军的首创、第一了。

各级司令部人员按编制配齐了,素质也提高了,各级主官也在实战中尝到了甜头,可参谋人员的政治待遇和物质待遇还上不来。我军的政治工作独树一帜,政工人员有很高的地位,已经形成了一整套体系和经验,司令部工作相应得就逊色了。在一些人的心目中,有意无意、有形无形地,仍把参谋人员视为旧军队的副官、随从之类。这可不行。"林罗刘"几个电报下去,问题很快解决了。还明确规定参谋人员下部队发现问题后,有权向该部队领导提出建议,并报告本级首长。这下子谁还敢不把参谋当盘菜?司令部的权威立刻上来了。

1948年3月底至4月中旬,在东北军区第二届参谋工作会议上,林彪指出:大兵团、正规化、攻坚战将成为今后的斗争方式,各级司令部必须在组织上、制度上、权利上、威信上都要适合于走向正规化,使司令部成为一个有科学头脑的、有组织能力的能干的指挥机关。

林彪说这话时,东北野战军各级司令部,已经正规化得有模有样了。

许多老人说,也就是刘亚楼那性格,风风火火,又狠又硬,换个人什么时候才能正规化起来?司令部正规化不起来,那仗怎么打?

刘亚楼告诉参谋处人员,敌情我情,装备士气,机动能力,兵员成分，战斗与非战斗人员比例，敌方指挥官的性格，这支部队的历史、特点，作战区域地形、气候、道路、群众条件，一个参谋人员，无论带长不带长，必须随时了然于心，特别是你负责的那摊子业务。一个参谋要敢于承担责任，明白什么时候、什么事情，应该向首长参谋、建议，并且语言简练。首长向你了解情况，你不懂，说不清楚，已经失职。如果不懂装懂，明不知以为知，那就是犯罪。首长要根据你的情报作出判断、决心，调动千军万马，指挥作战。记住，参谋人员必须永远老老实实，一是一，二是二，精细、严谨、准确而又明确，嘴里不能有"大概"、"可能"、"差不多"。

第二次世界大战中德国陆军总参谋长古德里安①说："一个理想的参谋本部军官应该具有下列各项美德：忠于自己的信仰，机智，有节制，有牺牲小我的精神，具有强烈的个人信念，并且有才能将各种信念告诉他的指挥官。"

这些美德，应该说刘亚楼都具备。

海因茨·威廉·古德里安

有的老人说，刘亚楼的建议，几乎没有不被林彪采纳的。

①  海因茨·威廉·古德里安（Heinz Wilhelm Guderian），1888年生于但泽。第一次世界大战期间，他在骑兵部队担任指挥官。1939年他任第19军军长，1940年被任命为第二集团军司令，1944年7月出任德国陆军总参谋长。1954年病逝。

都说他是林彪的好帮手，有人还说他是林彪的几任参谋长中最出色的。

这不难从林彪那儿得到佐证。

1949年7月21日，已经南下到武汉的林彪，致电14兵团司令刘亚楼，要他"不要去担任航空方面的工作，早日来武汉"。

3天后，又直接致电中央：

> 听说中央拟调刘亚楼担任航校工作，我们建议亚楼仍来前方指挥作战。因肖劲光须留湖南改造起义部队。邓华须去广东作战。程子华回山西。如亚楼留中央不来，则我们前线指挥甚感困难。

同一天，林彪还致电在天津的罗荣桓，说明"亚楼必须回前方才能应付得开"，好像是希望罗荣桓也能助他一臂之力。

在苏联学习时，苏联曾希望刘亚楼能加入苏联国籍，被他一口回绝了。可现在是毛泽东点将，让他组建空军，叫他如何南下呀？

# 5.极具个性魅力

刘亚楼能干会干，还能玩会玩，玩起来像干工作一样精力过人。被战争兴奋得连梦乡也硝烟迷漫的军人，也真该调节调节气氛。跳舞，打猎，"吹牛"（这是一些老人原话，相当于今天的"神聊"，"侃大山"）。双城那么个小地方，有舞没处跳，到了哈尔滨有机会是必跳的。打猎可以，也只能忙里抽闲玩玩。"吹牛"最大众化，又方便。往那儿一坐，古今中外，海阔天空，一会儿就聚一堆人。

到苏联学习，入伏龙芝军事学院不久，就住进了医院。急性阑尾炎，要动手术。苏联药品比较缺乏，特别是麻醉药，不过对外籍友人还是有保障的。手术前医生征求意见，问他需不需要麻醉。刘亚楼俄语学得很快，但这时对"麻醉"、"麻醉药"也实在难以用肢体语言表示明白。一会儿好像明白了，就点头，再比划一阵子又糊涂了，再摇头。点头不算摇头算，这规矩好像全世界通用，抬上手术台就动刀了。

我的妈呀。刘亚楼说，红军时期动手术，几个人按着，杀猪宰羊似的。这回我咬紧牙一声没吭，小护士那手差点儿叫我掐断了。完了，医生护士翘起大拇指，意思是说我好样的。我心里话，这"娘卖×的"哑巴亏吃的呀，就凭这一刀，这俄国话也得快点学会呀。

大家哈哈大笑。

也不能在床上干躺着呀，看书。只有一个枕头，又薄，看书不得劲。就跟护士比划，先拍拍枕头，再伸出两个手指，意思是请你再给我加个枕头。护士以为要她跟他睡觉，气得扭头走了。

护士长来了，刘亚楼又跟他比划，护士长虎下脸来，确认护士讲的没错。用中国人的话讲，是这个中国人"耍流氓"。

院长来了，粗通汉话，两个人连说带比划一阵子，院长命令护士：给这位病人拿个枕头。

大家早笑得东倒西歪了。

苏联出兵东北，少校参谋刘亚楼随军渡过乌苏里江，在虎林开设指挥所。这天下半夜，他在作战值班室值班，接到参谋长电话命令，空军轰炸佳木斯日军外围"407"高地的时间，定在6时50分，地面部队据此相机行事。他边听边记，看看表，两点整。一会儿正式文件命令送来了，要通有关部队司令部的电话，一五一十地传达了命令。

7点钟交接班后，刚想眯一觉，进来几个人把他扭住了。为首的军务参谋马卡维奇上尉说：你贻误军令，准备上军事法庭吧。

原来，地面先头部队6时40分就冲上高地，空军6时50分按时赶到，炸弹就倾泻到了自己人头上。

刘亚楼把如何接到电话命令、文件命令，自己又如何电话传达的，如实讲述一遍。那也是空口无凭呀？结果一查，他几时几分接到、传达的，有关空军、陆军部队司令部什么人接听的，记录一点不差。几方再一核实、对证，一模一样。

刘亚楼说：如果是我搞错了，造成这等后果，只有脑袋搬家。所以干咱们这行的，必须严谨、缜密，一丝不苟，万万不可粗心大意。

罗荣桓、刘亚楼、林彪在锦州前线。

辽沈战役攻打锦州前，刘亚楼（左一）和林彪、罗荣桓看地形。

这回谁也没笑。

刘亚楼，热情、爽快、勇敢、潇洒、机智、幽默，嬉笑怒骂，皆形于色，是东北野战军将军中最活泼、活跃的一个。

参谋洗澡，他去帮忙，烧水端水，那水不凉不热，一瓢瓢浇得你这个受用呀。有人就揣摸着参谋长要"使坏"了，还未明白怎么回事儿，他一瓢凉水从头顶浇下来。据说他喜欢洗凉水澡，并号召部下向他学习，有人不干，他就这么"提倡"、"引导"。

他讨厌几棍子打不出屁的人，讨厌懒散、不学无术的人。谁睡得早了点，他也不说话，进屋把灯打着，再把抽屉拉得"稀里哗啦"响，把你折腾醒。谁起来晚了，他进屋把窗打开，再拽一阵抽屉走人。

对人严，对己严，说干就干，干就得干出个样儿。布置任务，一条一条，精细严谨，明明白白。讲完了，问你有什么困难，要求。合理的，能够解决的，要人给人，要物给物，而且是马上就给，从不"研究研究"。点子又多，主意又快，放手让你去干。干得好，大会表扬，小会表扬，功劳全是你的。干砸了，大会批评，小会批评：你有困难找我呀？我这个参谋长是吃干饭的呀？不就是给你们解决困难的吗？你提出来解决不了算我的，现在哭爹叫娘算什么？你以为这是小孩子过家家呀？这是打仗，要死人的，人死了就活不了！

东北局到哈尔滨后，分成前方后方两部分，部分党政军领导机关要转移到佳木斯去，有人把公家的东西也搬走了。刘亚楼火了，赶去火车站，见到一位老资格领导，问他知不知道东北局的规定。那人说一点家具，问题不大吧。

规定就是规定，原则没有大小。同志哥，对不起了。刘亚楼说着一挥手，士兵们上车就往下搬。

二下江南，攻打德惠，有人不懂集中使用火力，把两个炮团平均分配下去。刘亚楼火了:你当是司务长发衣服，一人一套呀?

辽沈战役期间，来往于黑土地和西柏坡之间的电报，篇末和篇首大都是"林罗刘"，有时是"林罗刘谭"。

据说，电文署名，开头曾把老资格的政治部主任、后来被授予大将军衔的谭政，写在前面。当时的参谋长，后来被授予上将军衔的刘亚楼，毫不"谦让":什么"林罗谭刘"? "林罗刘谭"!

换个人，可能就这么"林罗谭刘"下去了，直到"刘"以外的某个人，觉得不合适再更正过来。可那就不是刘亚楼了。

一个才气横溢的，与中国传统风格不大协调的东北野战军参谋长。

# 6.天津战役前线总指挥

在15倍望远镜里，天津城防工事历历在目。

鹿砦都是碗口粗细的木头，2米来长，一排排成45度角迎面插埋地上。后面是铁丝网，有的地段用木桩拉扯成一排，有的还是滚筒状的。前后有300米左右的平坦地，那应该是雷区了。接下来是错落有致、可形成交叉火力的地堡群，最高的也不过两米左右，其间有交通壕通联。最后就是环城碉堡工事线的主阵地，碉堡更大也更坚固。城墙上下还有两三个人高的红砖水泥碉堡，显然是很久以前修筑的，只能成为炮兵的活靶子。

天寒地冻，护城河水结冰，侦察报告人可通过。守军在3米多高的城防线外斜墙上泼水，形成瀑布似的冰墙，在阳光下直刺眼睛，上面还拉着近两米高的电网。

为了扫清视界，同时防备我军攻击时利用作隐蔽物，西营门监狱附近南运河两岸栉比相连的民房，已被拆毁一空。在宜兴埠一带竟然纵火焚村，十余里一片焦土。

这帮狗东西！刘亚楼一边移动着手里的望远镜，一边在心头恨恨地骂着。

天津之战，是东北野战军首次在水网低洼地形条件下实施的大规模攻坚战，也是解放军步兵、炮兵、装甲兵、工程兵等诸兵种规模最大的一次协同作战。打下天津，这没说的，他刘亚楼敢打保票,此刻堑壕中的每个士兵也都坚信不疑。问题是要打好仗,又要减少伤亡,避免各种意外的突发事件。作为前线总指挥,光在屋里听汇报是不行的,必须到实地走走看看。

围着天津转了大半圈,天黑回来路过复兴门外时,突然与一股敌人遭遇。对方手电筒直射过来,大声喝问"什么人"。趁敌人还未辨清的工夫,刘亚楼骂道:浑蛋!乱嚷嚷什么?叫共军听见了怎么办?话音未落,几支枪同时喷出火舌。

回到杨柳青指挥部,赵长青等几个警卫员把脸拉得老长:不让你去你非去不可,去也不能走那么远啊?真要出个三长两短可怎么办?

刘亚楼哈哈大笑:好兆头,好兆头,陈长捷没抓住我,他这回肯定没个跑了。

天津城北地势平坦,又无河流,便于大兵团展开。陈长捷便判断这里是共军的主攻方向,将62军①和86军②主力部署这里,加强防守。

刘亚楼将计就计,在北部组织重炮试射,以总部警卫团进行威力侦察,同时在城北大筑工事、挖交通壕。天津市参议会代表团出城谈判,其间混有军官、特务。刘亚楼故意在城北接见,使陈长捷愈发相信自己的判断。

1月7日,刘亚楼致电攻津部队"各首长并报林",提出攻津作战战术三原则。

一是"克服护城河,突破前沿这一阶段",炮兵、坦克的火

---

① 该军前身是粤军第151师、第152师。1947年3月由台湾海运至天津,隶属第17兵团,林伟俦任军长,莫汉英任参谋长。

② 该军前身是国民党新编第5军。1948年11月由东北调至天津,改称第86军,隶属华北"剿匪"总司令部,刘云瀚任军长,范玉书任副军长。

力掩护，爆破组、架桥组和尖刀连的动作，务必密切协同、配合。
"在总攻前，最少联合演习四次五次，师、团、营各级干部必须
亲自计划布置和检查督促，这一演习务使每个干部和战士都明了
自己的任务和动作次序。"二是"应在思想和部署上有打退敌反
冲锋的准备，必须按照去年四月哈尔滨军事会议上林总提出把对
付敌反冲锋看成是消灭敌人的一种手段之原则和方法来组织打坍
敌之反冲锋"。三是"先分割，后围歼，先吃肉，后啃骨头，锦
州战斗所以解决得那么快，就是因为分割战术使用得好"。"必须
高度发挥猛烈穿插的分割战术"，"突破前沿后无数小部队穿墙越
顶，像水银一样无孔不入，把敌人搞得稀烂，把敌人防守不过来
的地方都占领起来，然后再攻击坚固据点和房屋"，"攻下一点再
攻一点，以致全城扫清"。

参加过攻津作战的老人，都说当时我们就是这样打的。

"东西对进，拦腰斩断，先南后北，先分割后围歼，先吃肉
后啃骨头。"老人们唠起来就像唱小曲似的。

半年学习，红大毕业，刘亚楼准备回去当师长，接到命令，
留校任训练部长。

看到许多同学都回部队了，刘亚楼嘟囔道：有理论的办学校，
没理论的上战场。

校务委员会主席毛泽东，找刘亚楼谈话：听说你不大安心工
作，还有一套理论？

毛泽东亲自找他谈话，刘亚楼有些吃惊，听说他有套理论，
我能有什么理论呀？

毛泽东道："有理论的办学校，没理论的上战场"，这不就是
你发明的理论吗？

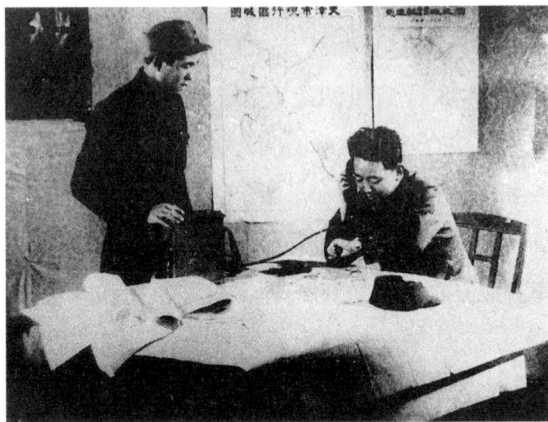

天津战役前线总指挥刘亚楼下达攻击命令。

天津攻坚战四野炮兵集群。

刘亚楼赶紧解释：我的意思是觉得带兵打仗，对我可能更合适些。

有几个将军不渴望统兵打仗？

"林罗刘"，"林罗刘谭"，上至中央，下至师团，"刘亚楼"无处不在。而自1947年夏季攻势后，共产党人在黑土地上的胜利，也无不闪耀着他的智慧的光芒。而从东北到华北，则可以说是他战争年代最辉煌的时期。可具体到那一个个胜仗，又有哪个是他指挥的呢？

有人说：一些人去苏联学习回来，也没见有多大长进，刘亚楼则是最成功的将领之一，这主要得益于他的个人天赋。天津战役使用兵力之大，参战炮兵、工兵、坦克兵等特种部队之多，在解放军战史上是首次，也是少有的。刘亚楼对大兵团、正规化、攻坚战有独到见解，思想比当时许多人都先进。而且红军时期就当师长，原本就是带兵打仗的人。

有人说：林彪对刘亚楼是深知其人，平津战役中委以重任，是对他的信赖，也是让自己的爱将露一手，以便将来更担大任。

1月10日，淮海战役结束。

1月14日，平津战役中的天津攻坚战开始。

清晨有雾，愈来愈重，将座天津城围裹得朦朦胧胧。

雾对步兵冲击有利，却会影响炮兵射击，看不清炸点，难以修正目标。

9时后，雾气开始逐渐消散。

10时，刘亚楼下达了命令：总攻开始！

5发红色信号弹腾空而起，500多门大炮同时轰鸣。

第二天下午3时，即将天津拿下。

# 7. 空军司令员

1949年4月中旬，四野南下先遣兵团的两个军已经逼近武汉，主力4个兵团兵分三路，从平津地区浩荡南下。

14兵团司令员刘亚楼正在收拾行装，接到中央军委电话，说毛泽东要他去一趟。

这工夫还有什么事呀？到了毛泽东的住处，敬礼的右手还未放下，毛泽东即笑吟吟地道：刘亚楼，你仗打得不错嘛，又在苏联吃了几年面包，这回让你上天，组建空军，怎么样？

刘亚楼毫无思想准备，愣了一下，道：主席，我在苏联学的是陆军，这空军怕是干不了。

毛泽东的手指指点着他的脑袋：好嘛，我就是让你这个认为干不了的人干。

那我就干，在干中学，学中干。

一向乐观、自信的刘亚楼，这次回答得也挺干脆，这天晚上却翻来覆去有点睡不着：就这么一下子飞上天去了？

一切从零开始——也不对，还有东北老航校，他是航校校长。

日本投降后，东北各地街头颇卖阵子日货，从铺盖到穿戴、各种日用品都有。有的是日本人逃跑时丢弃的，有的是抢的。日本侵略者在东北统治14年，各地都有军需仓库，粮食、被服、枪炮、弹药等等，"满洲国"一下子垮台了，无政府状态，有的就被老百姓抢了，东北人称之为"捡洋落"。也有捡抢军火的，主要是有政治目的的人和"胡子"（东北人管土匪叫"胡子"）。普通百姓更关注的是汽车、大炮、飞机轮子，卸下来安在大车上，跑得飞快，笔者小时候见过。

延安炮校1000多人大搬家闯关东，别说炮了，连手枪都没带几支。当时《我东北现况通报》中说，各地仓库中有"大炮数千门"。这"大炮数千门"，实在是有点刘姥姥进大观园花了眼，而且没弄出多少，苏联红军就不让动了。

东北局有文件，要求部队和地方党注意收集散落民间的武器，主要是火炮，坦克、飞机当然也要。看到老乡车上有火炮、飞机轮子，上去商量买下来，再问从哪儿弄来的，日本鬼子和苏联红军在附近哪儿打过仗。打过仗的地方，日军撤退、逃跑路线，往往都有收获。炮校警卫连副连长周天才，一人就搜集20多门，被命名为"搜炮英雄"。

日本关东军在东北修建许多机场，有的县就有几个。再多也有数，明晃晃的大家伙摆在那儿，难题跟火炮一样，缺东少西，完整的很少，许多都是几架（门）才能凑成1架（门）。

东北野战军枪多炮多，而且枪好炮好，主要靠缴获，开头则靠"捡洋落"。只是同样的"捡洋落"，且不说延安炮校有人才，就算同样的生手门外汉，要把飞机鼓捣到天上去，还能作战，比之操练1门火炮，那也是天差地别了。

强大的东北野战军炮兵，摧城毁寨，发挥了巨大的威力，进关后还支援兄弟野战军作战。纯粹"捡洋落"起家的东北航校，自成立后也一刻未闲着，且在开国大典亮相。可直到海南岛战役，出现在战场上空的，始终都是敌机。

刘亚楼在福建漳州观看被我导弹部队击落的美制国民党空军U-2型飞机残骸。

击落美制U-2高空侦察机的红旗二号系列地对空导弹和被击落的U-2高空侦察机

1931年11月10日，红四方面军发起黄安战役，围打黄安城。守军被困10来天后，粮弹补给靠空投。决定22日发动总攻，21日通知部队，明天有红军的"列宁号"飞机助战，别打误会了。胡奇才惊喜中，跟大家一样乐得合不拢嘴：咱红军也有飞机了，这回让白狗子尝尝咱红军飞机下的"蛋"！

这是架德国容克双翼教练机，一年前因机油耗尽迫降于河南省光山县陈家河，连机带人被当地赤卫队擒获。经过教育，飞行员表示愿意为红军效力。这天上午10点来钟，"列宁号"飞来了，胡奇才和官兵站在阵地上挥手、欢呼，只见机翼一歪一歪，"蛋"就一颗颗地下来了。城里敌人以为炸错了，根本不信红军也会有飞机。

"列宁号"轰炸黄安，不知道是不是中国共产党的武装力量，战争年代唯一一次使用飞机作战，第一次应该没错。

正在赣西南反"围剿"的刘亚楼，没经历这种激动人心的时刻，有的只是战友在敌机俯冲、扫射下流血牺牲的记忆。多少次，望着在空中肆无忌惮、耀武扬威的飞机，他眼里喷火冒烟："娘

红军的第一架飞机——列宁号

卖×的",有朝一日老子飞上天去,把你们都揍下来!

而今,一夜之间,他就要一步登天,而且成为即将诞生的新中国的空军司令员了——虽然还未下命令,那不也是明摆着的事吗?

1949年1月8日,中央政治局在《目前形势和党在1949年的任务》中,第一次正式提出建立空军的任务:"1949年及1950年,我们应当争取组成一支能够使用的空军。"

这时中国共产党的全部空中力量,为东北航校的可以参战的飞机30余架,经过短期训练可升空作战的飞行员50余人,能够组建两个战斗机中队、1个轰炸机中队的混合大队。"林罗刘"准备令其飞赴济南、徐州机场,用于支援渡江战役。

7月,中央决定派人去苏联学习,同时购买飞机,连同先有的空军,组成一支攻击部队,掩护陆军渡海作战,明年夏天夺取台湾。

31日傍晚,毛泽东召见刘亚楼,让他谈谈关于组建空军的意见。

在具体分析、说明了国民党现有空军的实力后,刘亚楼认为需要建立一支300至350架飞机的作战部队,能够完成掩护渡海作战任务。

他说,1名飞行员要飞150至200小时,才能达到作战水平,1所航校能培训60名飞行员。我们现在只有1所航校,远远不够组建空军,当务之急是组建航校,培训飞行员。

这时,刘少奇率中央代表团正在苏联访问,请苏联帮助建设空军,苏联同意了。中央在发给刘少奇的专电中,要苏联帮助培训1700名空军人员,其中飞行人员1200名,地勤人员500名。东北航校校长告诉中央军委主席,应该是飞行人员少,地勤人员多,

刘亚楼向航空军部队下达命令

比例1∶2比较合适。

8月1日,刘亚楼率领尚未正式成立的中国空军的一个小型代表团,赴苏会谈关于开办航校、聘请专家、购买飞机及相应设备问题。草签协议后,刘亚楼率团马不停蹄地考察了苏联空军总部、飞行航校、航空工程学院、飞机制造厂、飞行部队基地等等。毛泽东说咱们是贷款建空军,花钱买经验,来一趟那么容易呀,得多听多看多取经呀。

来去在苏联境内都坐飞机。刘亚楼第一次乘坐飞机,自然兴致很高。谁知赶上气流,晕机,先食物,后黄水,吐得一塌糊涂。代表团成员、东北航校训练处长吕黎平①说:你是要当空军司令的人,可不能这么带头吐呀。

看来这个空军司令还真不好当噢。刘亚楼苦笑着,又哇哇吐起来。


万事开头难。

从陆军到空军,飞行员速成训练时间为10个月到1年,距明年夏天解放台湾已经不到1年了。先航校,后机关,除东北航校外的6所航校,从选址、建设到开学,限令1个月。

刘亚楼说:办好航校是当前压倒一切的任务。总部机关的主要精力要放在航校上,干部调配、兵员调遣、经费开支、物资保障,都要优先满足航校建设。总部也好,航校也罢,有什么困难尽管讲,但是谁也别跟我叫苦说难,要讲这个,当年连陆军、步

① 吕黎平(1917-2001),江西兴国人。1932年加入中国共产党。历任红军总部1局参谋,红四方面军总指挥部1局作战科副科长,西路军总指挥部情报科科长,东北民主联军航空学校飞行教员队队长、训练处处长,南京航空器材接收处处长,沈阳军区空军副司令员。1961年晋升为少将军衔。

空军司令员刘亚楼与志愿军空军研究战法。

兵也没有了。咱们有人，只要有人，共产党就什么困难都能拿下。

各航校每天都几十上百地来人报到，大都是从野战军选调的干部、学员。苏联专家也一批批到位了，各航校也全部按时开学了，想到想不到的难题又接踵而来了。

没有专业翻译，不懂航空术语，将"飞机座舱"译成"飞机上的小房子"，"电压"译成"紧张"，发动机"散热片"成了"暖气片"，"飞机在空中做横滚动作"，变成了"圆桶在空中旋转"，苏联专家急得直敲教鞭。学员文化水平本来就低，这么一折腾，就更云里雾里找不着北、摸不到门了。

刘亚楼先在1航校试验，给每个苏联教员配个中国助教、翻译，3个集体备课。上课时，教员讲，翻译口译，助教监听。后来又改为教员先帮助教备课，由助教讲课，教员监听，有不妥之处当场纠正。

堂堂空军司令员，还得管这种事，连他自己都觉得好笑，可不管行么？

况且他早已管了。

在苏联访问期间，刘亚楼打听到一个叫唐铎[①]的湖南人，在乌拉尔一所航校任少校军械教员。这可是宝贝呀。请来莫斯科见面，谈得投机。回国后报告中央，经与苏联交涉，已经加入苏联籍的唐铎，回到祖国，在著名的哈尔滨军事工程学院空军系任主任。

前面说过的志愿军一级战斗英雄王海（上世纪80年代曾任空军司令员），在东北航校时的老师，日本关东军第2航空军第4飞行训练队队长林弥一郎[②]，在辽宁凤城县被俘后被送到沈阳，受到共产党东北两位最高领导人彭真、林彪的接见。

---

① 唐铎（1904-1983），湖南益阳人。参加过五四运动。由法国回国后被录取为国民革命军军事飞行学校学生。1925年赴苏联入苏联空军第2、3飞行学校、空中战斗学校、飞行观察学校学习飞行和通信技术，毕业于茹可夫斯基空军工程学院，获航空军械机械工程师学位，任苏军少校、中校教官。参加过苏联卫国战争，荣获列宁勋章、红旗勋章、红星勋章、苏联卫国战争勋章等多枚。1926年在苏联加入中国共产党。1953年回国，任军事工程学院空军工程系党委书记、系主任。1955年被授予少将军衔。

② 林弥一郎（1911-1999），生于日本大阪。中学毕业后入航校，学成后曾任飞行驾驶教官。1941年任陆军第1师团第54航空队中队长。不久被派往中国，参加武汉的防空作战，继而到广东、广西担任防空任务。在日本侵华战争中曾与中国空军和美国空军进行空战，犯下不少罪行。日本关东军第二航空军团第四教练飞行队驻扎在沈阳东南的奉集堡机场。后来他的大队被东北民主联军21旅解除了武装。之后协助民主军创建空军的工作，帮助训练我军的飞行人员。直到新中国成立，林弥一郎总共培养、训练了百数十名的中国飞行员，王海、刘玉堤、张积慧等人都是他培养的空军英雄。后曾任日中和平友好会会长。

一直在敌优势地空火力打压下的共产党人，最清楚自己急需的是什么，并千里之行始于足下地向着明天的宏伟目标迈进。

1950年6月19日，中国人民解放军空军第一支航空兵部队，空军第4混成旅，在南京正式成立。

10月5日，第二支航空兵部队驱逐第3旅，在沈阳成立。

31日，上述两个旅依次改称3师、4师。

而在此前的9月17日，空军第一支空降兵部队陆战第1旅，在开封成立。

抗美援朝战争开始后，原准备用于台海作战的年轻的中国空军，转移战场。刘亚楼将"积蓄力量，选择时机，集中使用"的作战方针报告军委，亲赴前线运筹指挥——这里不多写了。

# 天津攻坚战战斗序列表
## （1949年1月3日-1月17日）

### 共产党军队

天津攻坚战 总指挥刘亚楼

> 第1纵队（38军）司令员李天佑
>
> 第2纵队（39军）司令员刘震
>
> 第7纵队（44军）司令员邓华
>
> 第8纵队（45军）司令员黄永胜
>
> 第9纵队（46军）司令员詹才芳

### 国民党军队

天津 警备司令陈长捷

> 第62军 军长林伟俦
>
> 第86军 军长刘云瀚
>
> 第94军 军长朱健民

第十二章　参谋长解方

解方将军（1908-1984）

# 军职简历

曾任东北军51军参谋、副旅长、师参谋长。

1941年到延安，任军委情报部3局局长，中央党校军事训练班秘书长，八路军120师358旅参谋长。

解放战争时期，任东北人民自治军副参谋长兼参谋处长，辽北军区副司令员，辽宁军区副司令员兼参谋长，12兵团参谋长。

中华人民共和国成立后，任12兵团参谋长兼40军副军长，中国人民志愿军参谋长，总参谋部军训部副部长，军事学院副教育长，高等军事学院教育长、副院长，后勤学院副院长。

1955年被授予少将军衔。

# 1．大医医国

在本书所写的名将中，论年纪，解方算是老大哥了。

1908年11月，解方出生于吉林省东丰县小四平街。父亲清末曾任奉天省税捐局长，民国初年为奉天省议会议员，常驻北京。袁世凯称帝，解散议会，他回沈阳候职，1930年出任河北省涿鹿县长。据说解家为东丰县第二号有钱人家，在小四平街则有"解家趟子"之称，即有一条大山沟的地产。

解方刚懂事时，父亲娶了二房。这个被解方称作"小妈"的女人，颇有姿色，能说会道，却喝酒、抽大烟，性情粗暴，父亲常年在外，家里由她把持。解方和母亲、奶奶受白眼，每天和伙计吃大锅饭。

小妈的儿子不学好，十几岁就抽大烟，解方从小学到中学全是拔尖生，父亲就不能不对他刮目相看。每次见他，都会偷偷多给些钱，他把钱放到亲戚家，再转交给母亲和奶奶。

解方中上个头，一表人才，且极聪慧。小四平街大庙前是个热闹去处，有人在那儿摆棋摊，一盘残棋，黑红两方，任人挑选，赢了赢钱5角，和了输了也是5角，没有赢的，顶多和棋。12岁的解方看了一会儿，明白这是一盘和棋，即问你这盘棋是活招，还是死招？摆棋摊的道，活招咋的，死招咋的？解方说走和了，算我赢，咱就来一盘。摆棋摊的当然不干。有看出门道的人就说：

这个小孩了不得，聪明过人。

解方7岁时，父亲给他和小妈的儿子请的家庭塾师，两年后读公立小学，15岁考上奉天三中。奉天三中是东北有名的贵族学校，学生皆为高官、富豪子弟，解方的家庭算是最贫寒、无势力的"土包子"之类，却是人人瞩目的品学兼优的全能型高材生。门门都在98分以上，数理化和英语、日语尤好，语文全省统考也是第三名。小提琴拉得好，唱戏是青衣，男中音更是令人倾倒。又是篮球、网球校队主力，足球右前锋，200米低栏全校冠军。

张学良、张学铭[①]、荣臻[②]（东北边防军总参谋长），都曾想把自己的妹妹、或是小姨子嫁给他，他都拒绝了。张家不但不怪罪他，反而更敬重他，认为这个人不同凡响。

1927年春，一天傍晚，解方在宿舍看书，有同学来找他，说张大帅要选一批学生到日本学军事，张学铭也去，并要解方和他一起去。

这奉天三中颇有些通天的人物，只是解方与张家素无关系，他与张学铭虽是同学，但不同班，从无交往，这是从何提起呢？他的理想是将来当个医生，济世救人。就让捎话的同学转告张学铭，他要报考医科大学，不想学军事。

张学铭径直找来了，说同学中我最佩服你，咱们一起去，相互有个照应，学成回来同为桑梓出力。

① 张学铭（1908-1983），辽宁海城人。张学良胞弟。东北讲武堂毕业。1919年毕业于日本步兵专门学校。曾任驻日使馆见习武官，1929年回国，任天津市警察局局长，天津市市长，七七事变后旅居欧、美、香港。1941年归国，任国民党政府东北长官司令部参议室参议，东北行辕参议室副主任、总参议。建国后，历任天津市建设局副局长，天津市市政工程局副局长、顾问。

② 荣臻（1891-1952），河北枣强人，保定军校毕业，国民党将军，曾任东北边防军参谋长。

见解方不吭声，张学铭说：我把你的想法告诉了大哥，他让我转告你4个字：大医医国。

到日本陆军士官学校读书，先在东京成城学校学习半年日语，正式入校前，还要在日军第3师团第6联队当兵。联队长冈村宁次，也是该校毕业生，后来当了侵华日军总司令。解方到这个联队不久，侵华日军制造了"济南惨案"，联队奉调增援侵华日军。解方闻讯，这个一向谦和、沉稳，甚至可谓深藏不露的人，怒发冲冠，愤而离队，表示抗议。

蒋介石、阎锡山、何应钦、张群①等等，看看这些中国现代史上的重量级人物，就知道进入这所学校的人，在国内等待他们的将是什么样的前程。而校规也好，军纪也罢，那是极严的，自不待言。许多同学好友都为解方提心吊胆，捏着把汗。

日本军方表面未动声色，但却牢牢记住了这个品学兼优、出类拔萃的中国学生，认为他有"反日倾向"。毕业考试，解方本来名列第一，硬给降为第三名。

---

① 张群（1889-1990），四川华阳人。中国国民党元老。先后担任上海市市长、湖北省政府主席、国民政府外交部长、四川省政府主席等。到台湾后曾任"总统府"秘书长等。1990年12月病逝于台北，享年102岁。

## 2.没想到学生打老师打得这么狠

"九一八"事变后不到两个月，日寇又策动了"天津事变"。

这回不是"演习"，日军开头也并未赤膊上阵，而是让汉奸便衣队打头阵。

根据1901年的"辛丑条约"，日英法德意有权在租界内驻扎军队，中国军队只能驻在离市区10公里以外，市内治安靠警察和治安队维持。这治安队刮地皮、抽大烟，行贿走私，自然谈不上战斗力。天津市长兼警察局长张学铭上任后，深感危急，邀请解方、贾陶、孙铭九、黄冠南帮助整饬军备，以防不测。

解方等人是东北军中的少壮派，后来被称为张学铭麾下的"四大金刚"。他们大刀阔斧整顿治安队，淘汰兵痞、不法分子和年老体弱者，招募一批年轻力壮的青年，又从东北军中抽调有实战经验的老兵充骨干，严格训练，同时注意搜集情报，了解日军动态。

日寇豢养一些有奶便是娘的败类，没军装，有武器，老百姓称之为"汉奸便衣队"。"九一八"事变后，又从冀鲁豫招募两千多这类东西，在日租界内进行训练。同时给"在乡军人"（即复员军人）和日本、朝鲜浪人发放武器，组织"义勇队"。

11月8日，解方接到密报，汉奸便衣队晚上暴动，目标是市政府和公安局。这天张学良的三弟张学曾①结婚，张学铭在"戈登堂"主持婚礼。解方立即找来贾陶②、孙铭九③、黄冠南④和治安队的3位大队长，决定下午5时起在日租界周围戒严，防止敌

---

① 张学曾，1911年生，张作霖第三子，曾留学英国、日本，二战后定居美国。曾在联合国总部秘书处任职。

② 贾陶（1909—1976），辽宁开原人。1928年毕业于东北陆军讲武堂炮兵科。1936年入党。历任东北军110师629团团长，东北军114师342旅副旅长。1939年率部脱离东北军。1941年任中央军委4局教育科长、120师独立1旅参谋长，八路军东北军区炮兵副司令员。中共七大代表。1955年被授予少将军衔。

③ 孙铭九（1909-2000），辽宁新民人。1927年加入东北军，孙铭九先后担任了张学良的机要随从参谋、卫队营营长等职，成为张学良的心腹嫡系之一。张学良在南京被蒋介石扣押后，孙铭九等力主武力救张，与主张和平解决西安事变的东北军高级将领于学忠、王以哲、何柱国等人发生激烈冲突，最后竟派人将王以哲枪杀，酿成了令亲者痛仇者快的"二二事件"。事发后，东北军极为愤怒，要求惩办凶手。1937年，周恩来命刘鼎将孙铭九等送入红军苏区，后来孙铭九离开苏区，到天津、上海租界暂避。再后来，干脆投靠汪精卫政府做了汉奸。据应德田1956年的交代材料，孙铭九于1943年春在汪政府参赞武官公署任参赞武官，同年任豫北抚安特派员和抚安专员，次年跑到山东任伪保安副司令。抗战后，孙铭久由汉奸又投降了国民党。他于一九四五年冬，在东北参加国民党反动派的先遣大队，曾经带队占领宾县，据说意图谋杀陈云。被我军俘房后到哈尔滨，始向李兆麟投降。全国解放后，孙铭九受聘担任了上海市政府参事。孙铭九与张学良感情颇深，1990年曾有人问张学良将军，如果他重访大陆要见些什么人，张学良第一个便提到了孙铭九。1991年，沉默多年的张学良在台北一家饭店接受日本ＮＨＫ电视台导演长井晓的专访，首次向外界披露了当年的风风雨雨。此后不久，长井晓来沪，给孙铭九放映了采访张学良的录像带，并说："张将军很关心你的情况。"孙铭九看着几十年未曾谋面的少帅，忍不住老泪纵横。

④ 黄冠南，江苏泰兴人，日本陆军士官学校毕业。曾任黄埔军校桂林分校总务处长，天津市保安总队教官，抗日先锋总队第2支队支队长。后参加过抗日，曾任团长等职。

在天津时期的张学曾

解方、孙铭久、黄冠南、贾陶在天津保安总队任职期间留影，上图左起：王一民、齐岱、李雨林、宁向南、贾陶、孙铭久，下图左起李雨林、黄冠南、宁向南、白伦壁、解方

人潜入华界里应外合，打起来也使地方百姓少受战火祸害。

当晚10时半，海光寺日军兵营突然响起警号声，汉奸便衣队随即从日租界出动，兵分三路向市政府、公安局攻击，占领一些警察所。解方从公安局赶到前线，指挥1大队、3大队猛烈反击，战至拂晓，将便衣队赶回日租界。

9日6时30分，日军向公安局和特二区三马路口发炮，便衣队在日军炮火和装甲车掩护下，卷土重来。

解方不慌不忙，命令准备好手榴弹，待敌进至30来米时，一声令下，一齐向敌群投去，机枪步枪随即刮风般射击，敌人死伤惨重。如是反复，越打越顺手。

张学良当天就"天津事变"通电全国，南京政府也向日本提出抗议。两天后，天津双方开始谈判，谈谈打打，边打边谈。

26日又一次大打。日寇派人潜入华界，里应外合，发动猛攻，仍未讨到半点便宜。

白天打，晚上谈判；晚上打，白天谈判。能操英日两种语言的解方，就真刀真枪、唇枪舌剑地轮番上阵。如是打打谈谈近一个月，日寇什么便宜没得到，不得不罢手。

日本陆军士官学校第16期毕业生，以天津驻屯军高级参谋身份出现在天津的沈阳日本特务机关长土肥原贤二，评说"天津事变"时，说他有两个"没想到"：没想到学生打老师打得这么狠，没想到天津治安队能做这样的抵抗。

解方闻知后，就传过话去：中国不是印度、朝鲜，天津也不是北大营。

## 3．忧国救国

解方第一次见识铁血，是1927年的涿州之战[①]。

在东京成城学校学习半年后，张学良调留日学生回国，到他的卫队旅体验士兵生活，着意培养。正赶上奉晋两军大战涿州，张学良九攻九挫，用上飞机、坦克，还把卫队旅拉上去打头阵。解方拿着一支奉天造步枪，跟着队伍上前线作战，双方官兵和涿州百姓死伤无数。

区区岛国日本，自明治维新后，先败大清，再败俄国，把两个强邻都打败了，这个小日本到底是怎么回事儿？士官学校两年多学习，解方门门皆优，战术想定作业常被列为范本。人们都用"如饥似渴"形容对知识的渴求、迫切，在这方面怎样形容解方都不过分，可在那课堂和图书室里，他却时常走神儿——他总是忘不了涿州之战的血火。

那个年代在东北，大帅、少帅的话就是最高指示了。而解方听命去日本学军事，关键还在于他认为这"大医医国"很精辟，

---

[①] 涿州之战，1927年10月，山西军阀阎锡山与奉系军阀张作霖为争夺涿州而发生一场激烈的攻防战。张作霖亲自调兵遣将，组织反攻涿州总指挥部，由张学良任总指挥。奉军动用了飞机、大炮、坦克，甚至燃烧弹和毒瓦斯弹。但一万余晋军在傅作义的指挥下，硬是顶住了五万余奉军对涿州长达三个月的反复攻击。是役之后，傅一举成名，成为闻名中国的"守城名将"。

确实有道理。这4个字改变了他的人生、命运，把他的一生和国家、民族的前途、命运系在一起。可军阀混战，中国人打杀中国人，这是医国，还是误国、害国？

"天津事变"，日寇阴谋未能得逞，即通过外交手段要求治安队和警察撤退300米，否则将"采取自由行动"。为避免事态扩大，东北军第2军军长兼河北省政府主席王树常<sup>①</sup>，下令治安队撤退300米。如果说这只能使解方和治安队官兵更加同仇敌忾，那么接下来有人为了迎合日寇，要把他和孙铭九送给日本人呢！

日寇说"天津事变"是治安队挑起来的，是解方、孙铭九、贾陶、黄冠南4个人挑起来的。有人吓破了胆，认为把解方和孙铭九送给日本人，或是把他俩枪毙了，日本人就不会寻衅滋事了，就了事了。

几千年的封建社会，一下子没了皇帝，好像有点不大习惯。而那些有野心、有权势的人，就大打出手，都想在中国弄个老大。可现在，日寇占了东三省，"九一八"事变中不抵抗的东北军，却被调去了鄂豫皖"剿匪"。山河破碎，中华民族已经到了最危险的时候，怎么还中国人打中国人呀？

> 我的家在东北松花江上，
> 那里有森林、煤矿，
> 还有那满山遍野的大豆、高粱。
> ……

---

① 王树常（1885-1960）辽宁辽中人。国民党陆军上将。日本陆军士官学校第8期步科、日本陆军大学第1期毕业。历任奉军27师参谋长，镇威军司令部参谋长，黑龙江督军公署参谋长兼步兵22旅旅长，第16军军长，北京政府陆军部次长，安国军第三方面军团第10军军长，东北防俄军第1军军长，天津卫戍司令部司令，甘肃绥靖公署主任。

这支歌常会在心头、耳畔油然响起，可他更喜欢的是令他热血沸腾的《义勇军进行曲》的旋律：

　　起来！不愿做奴隶的人们，
　　把我们的血肉筑成我们新的长城。
　　……

奉系集团在日本成立个"东北将校委员会"，张学良还出资在士官学校附近开办"同泽俱乐部"，内设运动场、子弹房、健身房、餐厅等，联络国内各地实力派留日学生的感情。解方是俱乐部的活跃分子，又沉稳、敏捷、精明干练，谦恭有度，无论晋鄂皖滇桂川宁粤汉学生，还是像宋希濂、孙元良这样的黄埔生，对他都很信赖、敬重。利用这种关系，1935年12月后，张学良曾三次派解方南下广西，与李宗仁、白崇禧商谈联合抗日，他自然不遗余力地奔走。李、白对他很是赏识，同意合作抗日。

"西安事变"前，解方的职务是51军军部参谋，实际是张学良的联络员。而连张学良和51军军长兼甘肃省主席于学忠都蒙在鼓里的，是这时解方加入共产党已经8个月了。

事变爆发几小时后，张学良紧急密令51军，立即在兰州采取行动，切断朱绍良的甘肃绥靖公署与南京的一切联系，将中央军及警察、军统特务武装一律缴械，软禁中央系统军政要员，通电拥护张学良、杨虎城联共抗日，停止内战。

作为张学良的联络员，只有解方掌握这份密电的密码。

"西安事变"，当然不是张学良脑瓜一热就搞起来的。东北军、西北军受到两倍以上中央军的威胁，风险极大。兰州是张、杨两

解方为医国而东渡日本学习军事（1927年）

解方以东北军少尉军官身份在日本陆军实习（1930年）

解方1936年4月加入共产党，是当时东北军51军唯一的地下党员

军的后方关口，占住兰州，事变成功，全局稳固，失败了也可从容退入新疆。

当时，兰州城内驻扎胡宗南的两个团，中央军的骑兵团、炮兵团，以及国民党警察和特务武装，周围各县驻有国民党7个师。而51军军长和3个师长，正在西安参加蒋介石召集的"剿共"会议。在家主持军务的军参谋长刘忠干①和参谋处长张熙光②，看了电报大惊失色，不知如何是好，更何况参谋带长不带长，都没有调兵权，部队会听命吗？解方简明扼要，说明眼下已无两全之策，国民党军很快会发动进攻，必须先下手才行，各师参谋长都和军长一样忠于副司令（张学良），部队调动不成问题。

作为"西安事变"的组成部分，"兰州事变"解除了西安的后顾之忧，壮大了"西安事变"的声势，增强了张、杨的谈判地位。因为事变的指挥者是一批没有兵权的参谋、参谋长，时称"参谋造反"。

之后，张学良送蒋介石去南京，东北军群龙无首被分化，抗日联合阵线不复存在，解方在51军做地下工作。当时派进51军的党员，大都为士兵，少数基层军官。当兵的发展当官的入党很难，下级军官发展上级军官，也是一样。解方精明、精力过人，利用各种关系、方式，和同志们一道，先后发展包括几位旅长、团长在内的约300名党员。在国民党军事系统中，这是人数最多、力量最强的一个党组织。

---

① 刘忠干（1896-1989），山东潍坊人。保定陆军军官学校5期毕业。历任东北军旅长，平津卫戍司令部参谋长、东北陆军第51军参谋长、副军长。

② 张熙光（1898-1978），河北大城人。历任直隶第7师第1旅旅长，直鲁联军第8军参谋长，平津卫戍区司令部参谋处科长，51军参谋处长。

1940年6月，曾任51军工作委员会书记的项迺光[①]叛变，地下党暴露，不得不紧急撤离。

解方认为项迺光思想作风不正派，且有动摇表现，曾向上级提出意见，未被接纳。

51军军长牟中珩[②]，怀疑解方是共产党，向苏鲁战区司令长官于学忠[③]告状。于学忠问解方是不是共产党，解方否认。于学忠说：凭出身、经历、相貌，你怎么会是共产党呢？

于学忠未免好笑，张学良却是独具慧眼。奉天三中，那样一所几乎集全省官宦子弟的贵族中学，自然也是张氏集团的人才基地，那"大医医国"岂是轻易予人的？"天津事变"，给日寇阴谋迎头痛击，则使他成为东北军少壮派的代表人物。而随着张学良的思想变化，主张停止内战，联共抗日，解方更是成了他的心腹干才。就是在这种背景下，1936年4月，解方加入共产党。

忧国救国，崇仰真理。

---

① 项迺光，辽宁开原人。早年参加中国共产党，中共华中局友军工作部部长。抗战时期，他是中共中原局的工作人员。1939年，项迺光在老河口叛变。供出了一批在西北军中的秘密党员。后逃往台湾。

② 牟中珩（1898-1981），山东黄县人。国民党将领。1939年至1942年任51军军长。

③ 于学忠（1890-1964），山东蓬莱人。国民党将领。1933年至1939年任51军军长。

# 4.韩解组合

　　本军奉命参加琼崖登陆作战，这是一个很光荣的任务，却又是一个新鲜的问题。由于缺乏经验和知识，必须很大努力做调查研究及战前演习，现在初步想到以下问题：

　　一、登陆季节与登陆点的选择：（一）北风、浪小、多雾的季节，则有利我者多；（二）登陆点应是宽正面，有重点的突击，选择敌未设防或离设防位置较远，或敌外围薄弱之处，甚至就是有浅滩之一般海岸亦可。海南岛公路，环岛一线修筑，纵贯者不多，又靠近海岸线，易为我切断，使敌军各据点的相互机动支援不易实现。

　　二、航进战斗队形的组成：（一）加大横宽，还是增强纵深？一般地说应该是加大横宽，齐头并进。好处是：同时展开多数火器与兵力，互相策应方便；侧面短，防敌舰袭扰之目标减少。（二）突击队（船）的编组，应赋予独立战斗能力，能攻能守，既能对付陆上，又能对付海上敌舰之拦阻为原则，因此，工、炮不能少。（三）侧翼掩护船队，主要是防敌舰袭扰，应以平射炮为主，有必要的中等口径炮，一般是一船一炮为好，适合火器分散、火力集中的原则。还要调查了解敌舰的种类、性能及其活动圈大小等情况，以便对其作战。根据以上情况组织船队。

三、登陆作战的战术与技术问题：（一）抢占登陆点，应是夜袭动作。抢上岸后"先宽后深"，巩固立脚点（滩头阵地）；破坏公路，修筑野战工事，防敌反击；挡住、抓住敌人不放，掩护主力登陆；分一部分兵力于正、侧三面扼守，准备机动反击。（二）主力到达后，除留一部分兵力掩护侧翼外，全部寻敌攻歼之。（三）岛上我游击队的内外配合问题，应考虑佯动、迷惑、钳制敌人的方法及直接接应我登陆部队的时机、地点。还有对敌空、敌舰和对敌探照灯、水雷的处理，对向导、联络信号的准备，以及计算渡海人数、每人装备之武器弹药种类与重量和所需船数。

须知，这是12月16日，40军还在开进雷州半岛途中，12兵团参谋长兼40军副军长解方就在日记中写下的几段文字。

林彪是12月10日，下令40军和43军准备攻琼的。而在3天前，解方就对韩先楚说：两广战役已经结束，中南大陆已无大仗可打，只剩下个海南岛还未解放，应趁敌立足未稳时攻取。渡海作战是个新课题，我们没有经验，应尽早补上这一课。

当即让侦察科在南宁街头书摊上，买些介绍海南岛风土人情的书籍，还有当地的《潮汐表》，连清朝海军提督的《航海手册》也买了回来。

12月31日，40军刚在雷州半岛集结完毕，解方就拟定了《渡海作战准备工作指示》，指出收集和管好船只、船工和领航人员，是当前最主要的工作。渡海工具，主要靠民船。军事训练要根据渡过海面实行敌前登陆的要求，争取一次渡过全军主力，一夜完成登陆，整个过程均须战斗。要从演习中熟悉船的性能，即什么风向、风速，船由何地到何地需要多少时间，以此为据编组战斗序列。从演习中了解气象情况，潮水起落时间，起落中对船只航行有何利害。从演习中达到多数人不晕船，部分人能撑船，并以此选定指挥作战的干部和代理人，作战力量力求精干。从演习中确定渡海船只的战斗队形，大体区分为突击船、警戒搜索船、指挥联络船和救护船。

1950年4月11日，在40军团以上干部会上，解方作了据说是关于渡海作战的最后一次报告，题目是《几个战术思想问题》，主要内容为：一、起渡必须"等风等流，就风就流"。二、船队队形一定要"摽在一起，不要走散了"。三、坚决打击敌舰，"叫敌舰怕我们，我们不能怕敌舰"。四、"宽正面，多箭头，重点突破"。五、"连续作战，勇猛发展"。

一位听过解方作报告的老人，谈到听解方讲战术、讲训练，用了个似乎不雅的比喻：就像老牛进了白菜地，口口不带闲着的，那才解馋解渴呢。

40军的老人都说，那时解方讲得最多的话，就是"到海上去，到船上去"。

还说，凡是渡海作战该讲到的事情他都讲到了，因为该去的地方他都去过了，该知道的东西他都知道了，面面俱到，又重点突出，简单扼要。

　　海流：每十三天一大变，每天两小变。海峡两面的水，每天对流一次；每十三天的开始为新流，最后三天为尾流，故每十三天中的前十天对航海有利，后三天不利。这个变化是每十三天一个周期，周而复始有固定规律，只每天递错一小时。

　　海潮：是随着海流而变化，尾流三天的潮水也小。每月：1日-4日潮大；5日-12日潮小；13日-18日潮大；19日-26日潮小；

27日-30日潮大。

　风向：旧历11月18日至11月22日（阳历2月6日至2月10日）
五天的风向情况：18日1时至24时，东北风；19日1时至12时，
东北风；12时至24时，东风；20日1时至15时，东风；15时至24时，
东北风；21日1时至24时，东北风；22日1时至24时，东北风。


　当"海南第一楼"里的薛岳，被"金门大捷"鼓舞着，轻蔑
地视琼州海峡对面的对手"出山是虎，下海是虫"时，解方，这
个来自长白山麓的精力过人、精明过人的兵团参谋长兼副军长，
就在雷州半岛苦涩的海风中，从这些枯燥的数据里，觅得了渡海
作战、直捣天涯的最佳时机。

　3月5日，当第一批偷渡部队驶离雷州半岛时，夺取涠洲岛的
战斗也要打响。解方要去北海指挥夺岛战斗。水路比旱路远，单

解方战时日记

解方（左二）率40军119师356团乘船去解放涠洲岛途中

涠洲岛敌人用以运输和准备逃往海南岛的300余只船被40军登岛部队缴获。

船在海上也不安全，可他偏偏走海路。他要抓紧任何机会亲近大海，和大海交朋友，求得海战的科学与缜密。

到4月20日谷雨，只有3个多月时间，共产党建军史上从未有过的这场大海练，只能算作个速成班。连速成中学都不算，只能算作速成识字班、扫盲班，却必须拿到即将开始的渡海作战的全部大学文凭。不然，就只有望洋兴叹，葬身大海。

古人说："边域之胜负，地方千里，制在一贤。"

提起海南岛战役，许多老人说是"两贤"：一个韩先楚，一个解方，韩的决心，解的谋略。

有人说，没有解方具体操作的那些方案、数据，韩先楚的决心也不会那么硬。


1941年解方到延安后，任军委情报部3局局长，中央党校军事训练班秘书长，八路军120师358旅参谋长，东北人民自治军副参谋长兼参谋处长，辽北军区副司令员，辽东军区副司令员兼参谋长，12兵团参谋长，后来又兼任40军第一副军长。抗美援朝是志愿军参谋长，之后是军委军训部副部长，军事学院副教育长，高等军事学院教育长，后勤学院副院长。

从八路军到解放军，战争年代，解方的任职，除了不多的副职，基本上就是参谋长了。而他参与组织、指挥的那些战斗、战役，有熟知内情的老人说，一些仗打得好，就是解方的一个建议，一个方案。

有人说，有人曾听某人称：就这仗没听参谋长的，这仗就打成了这个熊样。听到的人赶紧去找解方，解方赶紧采取补救措施。

"天津事变"时，解方是治安队教官兼公安局特务总队主任，张学铭这位市长兼公安局长，还兼治安队长，实际是解方怎么建议，张学铭基本就点头就干了。

到东北军后，先是51军驻武汉办事处长，负责该军与张学良及武汉行营间联络，然后是军部参谋、113师337旅副旅长、114师参谋长。由副旅长而师参谋长，却是明升暗降。因为从大别山向山东敌后挺进途中，旅长开小差逃跑了，是副旅长解方把部队带到鲁南，这旅长顺理成章就应该是他的了。可有人怀疑他是共产党，就让他当了有职没权的师参谋长。

他渴望带兵打仗。

在辽东军区时，他曾多次提出要求到部队去，当军长、师长都行。

有人说，他在国民党那边就当参谋长，到这边还当参谋长，那参谋长当得太好了，也很难找到像他这样的参谋长了，那参谋长就当起来没完了。在司令部建设上，他的贡献像刘亚楼一样突出，可刘亚楼还当了把天津战役前线总指挥，他有什么？打完仗了，像他这样有文化、懂外语，又是正规军校出身的人也不多，他就去院校了。看他那儒雅样儿，皮肤也白白的，有人就觉得他就是当参谋长、办院校的料。有人也确是这样，讲理论头头是道，让他统兵打仗就蒙门儿。可解方不是这样，他是个真正的军人。一个真正的军人、将军，那心头又怎能不激荡着统兵疆场的渴望和激情？

有人称他为"老牌参谋长"。

# 5 . 志愿军参谋长

广西战役结束，解方想到了海南岛。海南岛战役结束，朝鲜战争爆发，一颗心又被拽到了炮火连天的朝鲜半岛，意识到中国可能出兵，而且预见到了美军可能在半岛蜂腰部登陆。

解方给林彪等四野首长写信，要求去东北。具体时间笔者未能查到，也不清楚他是否为最早请缨的将军，接下来就是12兵团参谋长改任13兵团参谋长、志愿军参谋长。

8月，解方到达设在安东的13兵团司令部，即到作战室了解情况。兵团所属各军师位置、部署，朝鲜人民军和敌军情况，朝鲜的地形，我军渡江作战的准备工作，等等。

作战处副处长杨迪①，谈罢入朝作战计划，解方提出了几个问题。一、朝鲜人民军已经打到了洛东江，战事如果胶着，敌援军到达后不从釜山登陆，而从人民军侧后登陆，我们怎么办？二、我军现有兵力、装备，如何阻止敌机械化部队在海空军支援下的进攻？三、我军过江后，如何隐蔽开进，又能保持与各军师通讯联系？四、夜间过江的各项具体细节，都落实得怎么样了？

---

① 杨迪（1923-2006），湖南湘潭人。1938年加入中国共产党。历任八路军排长、连长、总部作战参谋、作战股长、副科长，东北民主联军团参谋长、团长，43军司令部作战科科长、15兵团司令部作战科科长、13兵团司令部作战处处长，志愿军司令部作战处副处长等职。

杨迪由衷地敬佩：参谋长，有些问题我们还没想到，给我们半天时间，研究后再向你汇报。

解方道：咱们现在就一起研究。

一位陌生的领导，第一次见面，就要跟大家一起研究这等重要的问题，那是谁都免不了拘谨，乃至心头敲鼓的。可在解方面前，这种心理障碍，很快就会不知不觉地消失了。

研究结果，一是人民军几乎全部投入洛东江地区作战，似要迅速突破敌人防御，占领釜山，解放半岛全境。这种孤注一掷的战法，固然可能速战速决，也潜伏着很大的危险。美军总司令麦克阿瑟，很可能在人民军空虚的后方，选择薄弱的要害处登陆。二是13兵团渡江后，后方也一样空虚，须建议再调部队担任安东至辑安的鸭绿江防务。三是如果美军从人民军侧后登陆，战局将急转直下，人民军会处于极其不利的困境，我军将会很快出国作战。司令部的一切工作都要立足于应对最不利的局面，提前做好应急准备。

兵团部在安东，38军、42军在吉林通化、辑安地区，39军、40军在辽宁宽甸、安东、凤城、本溪、辽阳、海城地区，3个炮兵师在铁岭、辽阳一带，25万人马要两个夜晚全部渡江，而且不被敌人发现。

鸭绿江上有安东、辑安、长甸河口三处铁路桥，解方命令工兵团铺上枕木、木板，以便车辆人马通过。命令作战科、侦察科带工兵团干部，立即寻找合适地点架设浮桥，要求两个小时即能架通，1个小时即可拆卸，并将器材隐蔽起来，以防敌机轰炸，暴露我军企图。

各军开进计划，根据浮桥、铁路桥宽度，应该几路纵队通过。过江后为防拥挤，各部如何分路前进，天亮后应该到达什么位置。

朝鲜多山，白天如何在山林里隐蔽休息等等，一切都算计得周密、具体。

25万大军越过鸭绿江，拥有各种现代化侦察手段的敌人，竟然毫无知觉——也算得上战争史上的奇迹了。

"叫诸葛亮来谈谈情况。"这是彭德怀常说的一句话。

志愿军入朝后，深感后方兵力不足。解方认为必须增兵新义州方向，防备敌人截断我安东方向的后方运输。当时准备入朝的9兵团尚在山东集结，建议就近从华北调1个军，彭德怀、邓华等首长采纳了这个意见。66军从天津赶来了，解方又建议在鸭绿江北岸布防的50军，立即过江，加强新义州方向。

第一次战役发动前，战局急剧变化，敌人猖狂北进。解方向彭德怀说明敌人的战略、战术，推进的路线、速度，各路敌人兵力、装备，沿途地形、地貌，各路敌人主要指挥官的姓名和性格、作战特点，都讲得清清楚楚。在讨论作战方案时，他具体比较、分析敌我的优劣长短，建议扬长避短，发挥我军近战、夜战和善于穿插迂回的特点，减低敌人空中、地面优势火力对我军的危害，在运动战中歼灭敌人。

这一刻，或是后来的什么时候，当麦克阿瑟的参谋长在履行同样的职责时，会是一种什么情形、表现？在一片陌生的土地上，面对一个陌生的对手，即便只能谈谈印象什么的，甚至有些懵懂，似乎也不应苛责。

首战告捷，根据彭德怀的意图，解方口授，参谋记录，又形成了第二次战役的作战方案：在敌开始试探性进攻后，我部分兵力节节抗退，并逐步减少阻击时间，丢弃些破烂枪械，主力则在崇山峻岭间隐蔽待敌。这是个周密、详细而又大胆的诱敌深入战

彭德怀在前线指挥所召开会议，正面左起彭德怀、
解方、李志民、秦基伟、宋时轮（1951年）

法，其中对执行各种任务的部队行动步骤，都有具体安排——麦
克阿瑟也"不客气"，断定中国军队是"怯战退去"。

第二次战役成败的关键，是113师能否按时赶到三所里，切
断敌人后路。解方平时强调"综合运用各种通讯设备"，"必要
时可越级联络"，"战斗打响后指挥员可亲自上机讲话"，并亲自
上机示范。113师该到位了，怎么还没消息呀？彭德怀焦灼万分，
解方命令各种电台、报话机，一起开通对准113师，终于在第一
时间收听到讯号，并迅速传达了彭德怀的命令。

第四次战役，关于主攻方向的选择，有两个方案。彭德怀要
与东线指挥员邓华交换意见，决定取舍。总部与"邓指"没有建
立有线联系，无线电话战役打响前不能使用，只能靠电台联络。
而这种战役部署电文很长，一个来回通常要两天时间。解方已有

成竹在胸，命令总部与"邓指"的作战、机要、通讯电台人员同时上岗，每岗两人值班。彭德怀口述电文后，拟一组，译一组，传一组，一刻不停，流水作业，两小时完成任务。这种通讯方式属我军首创，解方称其为"救火车"，意即像救火车疾驰救火，谁也不能阻拦，一路绿灯。

抗美援朝战争，对志愿军威胁最大的是敌人的空中优势，特别是狂轰滥炸后勤补给线。解方从一开始就限定部队人员和车辆的活动时间，须在黄昏后和拂晓前开进，不准住宿民房，要在树林中伪装隐蔽。隐蔽前要清除车辆辙印，以防被低空飞行敌机发现。有司机在车后拖拽树棵子能扫辙印，立即通报全军推广。

这支部队从诞生之日起，所谓"后勤供应"，基本是走哪吃哪。原以为这回出国作战，也能在当地解决一部分，结果大失所望。特别是南朝鲜，家家户户连烧柴都难得见到，更别说购买粮食了。解方就提出把炒面装在米袋子里，携带方便，吃也方便。"打过三八线，凉水拌炒面"，当年的志愿军官兵，没有没说过这句话的。可要没有解方的这个点子，又会怎样子？

应该说，彭德怀爱"训人"是有名的，却从未"训"过"诸葛亮"。

将13兵团部改编为志愿军总部，是1950年10月25日，即第一次战役发起当天，在志愿军入朝后的第一个总指挥部大榆洞宣布的。司令员、政委、副司令员、副政委、参谋长和政治部主任，也是这一天正式任命的。①

这是一个边打仗边组建起来的司令部，加上入朝前从东北军区抽调的干部，彭德怀到任后，又带了个工作班子，就成了两套人马。兵团党委开会决定，由彭德怀带来的人任各职能部门正职，13兵团的人为副职。有人不服气，说四野从长白山打到海南岛，三大战役打了两个，我们是四野的主力，是军委的战略预备队，进入情况又早，我们又没犯错误，凭什么降职使用？解方跟这些人谈话，说同志们过去作战有功，工作能力很强，但是更要思想过硬。有本事在工作上争高低，不能在职务上争高下。若在个人利益上斤斤计较，就不是真正的共产党员了。

在司令部召开的第一次会议上，除了部署工作、明确任务、提出要求外，解方着重强调了团结问题。他说，司令部是志愿军的首脑机关，是彭总的参谋部，责任重大，完成任务靠什么？首先是团结。同志们来自各个方面，许多人没在一起共事，会带来一些不便，但是只要大家团结一心，这点困难算什么？我先把话说在前头，大敌当前，如果有人不顾大局，闹意见，搞纠纷，破坏团结，影响了工作，我解方决不轻饶。如果我解方危害了团结，那就请彭总拿我开刀。

每个老总都有自己的工作习惯、指挥特点，四野的人比较熟悉的是林彪的那一套。一道命令下来，有的差不多就能掂量出林彪下一步的路数。对于彭德怀的指挥特点，使用司令部的方式，

---

① 当时任命的详细情况是，彭德怀的司令员兼政委是1950年10月8日由毛泽东签署命令任命的；10月25日，中共中央决定，13兵团部改组为志愿军总部，邓华为志愿军副司令员兼第一副政委，洪学智、韩先楚为副司令员，解方为参谋长，杜平为政治部主任。并决定以彭德怀为书记，邓华为副书记组成志愿军党委。

就有个熟悉、适应过程。而对于解方这样品德高尚、机敏过人的参谋长，这些原本就不成问题的。

志愿军兵力最多时百多万，司令部最多时百余人。每次战役最紧张时期，解方把张行军床架在作战室，随时处置情况，也减少参谋跑来跑去请示报告的时间。

解方说，每个参谋都有一摊子业务，一个好参谋要成为本职业务的专家，接近、相当于领导水平，不然你怎么参谋？

解方要求参谋人员，"读、记、算、写、画、传"样样精通，并为司令部制定了"严、细、快、准"的4字工作标准。"严"是严守纪律，服从命令听指挥。"细"是精细，完成首长交代任务滴水不漏，不能有半点粗心大意。"快"是迅速参谋和建议，因为时间就是军队，就是胜利。你这儿慢1分钟，一级级传达到具体执行的部队，有时1小时也抢不回来。"准"是准确，参谋嘴里永远不能有"可能"、"大概"、"差不多"。而要做到这些，一是平时加强学习，二是有机会多到部队去，到最基层去，了解第一手资料。

志愿军首战就重创了美骑1师，一支绝对现代化装备的部队。怎么叫个"骑兵师"呀？没人知道。解方告诉大家，这个骑1师是华盛顿的开国部队，当年是骑兵，因为能征善战，功勋卓著，就一直保留着"骑兵第一师"的番号，臂章上仍是当年的马头符号。

都说解方博闻，记忆力惊人。

解方口碑极好。笔者采访到的在他身边工作过的老人说，解方那种风度、气质，是不多见的。为人他是楷模，作为参谋长他走到哪里，哪里就是支参谋训练队。在他手下工作，心情舒畅、痛快，能学到好多东西。如果谁有不同的感觉，那只能是这个人的问题了。

# 6．"主要对手是解方"

　　1951年7月10日，"联合国军"首席代表、美国远东海军司令特纳·乔埃中将，带着他的一干人们，打着一面白旗，来开城进行停战谈判了。

　　中朝方面谈判代表，是邓华、解方和南日①（首席）、李相朝②、张平山。

　　半个月唇枪舌剑，达成五项议程。一是通过议程，二是确定双方军事分界线，以建立非军事区，三是在朝鲜境内实现停火与休战的具体安排，四是关于战俘的安排问题，五是向双方有关各国政府建议事项。

　　谈判进入第二项议程时，之前本来也主张在三八线停火的美方，突然提出个"海空优势补偿论"——前面已经说过了。

---

　　① 南日（1913-1976），朝鲜劳动党和国家领导人之一。朝鲜人民军大将。生于咸镜北道庆源郡。历任朝鲜教育省副相，朝鲜人民军总参谋长，外务相，内阁副首相兼外务相。朝鲜停战谈判期间任朝中方面首席代表。

　　② 李相朝，1913年生，朝鲜庆尚道人，祖籍韩国釜山。后移居辽宁沈阳。曾加入中国共产党。在莫斯科中山大学、延安抗日军政大学学习，毕业后在八路军总部机关工作。曾任朝鲜义勇军第三支队司令员，该部后来发展为人民解放军164师。返回朝鲜后，任朝鲜人民军副总参谋长兼侦察局长，被授予中将军衔，参与人民军的组建。后任朝鲜驻苏大使。1989年逃往南朝鲜，成为所谓的"朝鲜民主统一救国战线"头目之一。

朝中方面谈判代表，左起解方、邓华、南日、李相朝、张平山

哑巴仗的枯坐后，又是喋喋不休的"补偿论"。平时话语也不算多的解方，开口了：我们坐在这里，到底是讨论停止战争，以和平方式解决朝鲜问题，还是在讨论停火一下，再打更大的战争呢？

对方哑火了。

8月15日后，转入小组谈判，中朝方面是解方、李相朝，"联合国军"是美第8集团军副参谋长霍治少将、美远东海军副参谋长勃克少将。听罢老调重弹，解方道：你们是陆海空三军参战，我承认你们的海空优势。但是，你们不要忘了，我们一军对三军，就把你们从鸭绿江边赶到三八线，如果是三军对三军，今天还用坐在这里谈判吗？

之后，美国人仍不断为"海空优势补偿论"寻找借口，解方说：既然你方说你海空军强，我方说我陆军强，我们是否可以这样设想一下：停战时，只让双方数目相等的陆军停火，我方多余的陆军不停火，你们的海空军也不停火，这样好不好？

在场的人都笑了，连霍治也笑了。

美国人嘴里没了"海空优势补偿论"，又要求中朝方面让出开城地区，说：开城之所以被你们占领，是我们没有进攻，这表明了我们停战的诚意。

解方笑道：你们没有进攻鸭绿江，也是你们停战的诚意吗？

美国人急了：开城要不是中立城市，我们可以很容易把它拿过来。

解方道：在所谓的秋季攻势中，你们曾企图绕过开城，进犯该城东北，结果是你们的骑1师大部分军人丢失了生命，这就是你们的"很容易"吗？

美国人胡搅蛮缠的又一个话题，是停战后限制朝鲜民主主义人民共和国在自己的国土上修建机场。解方毫不客气地回敬道：朝鲜人民在自己境内修不修机场，这是主权国家的内政，谁都无权干涉。你们提出这种要求，这是有意给停战谈判设置障碍。你们已经把谈判拖延了这么久，当然你们还可以继续拖延下去。但是我们认为，必须把我们争议的问题公之于世，让世界人民知道谁在拖延朝鲜停战谈判。

美方代表费伦堡高声道：我们永远不会同意在停战期间发展军用机场，永远不会，地狱结了冰也不会。如果你们不同意，那就让大炮、飞机和炸弹去继续辩论！

解方也提高了声音，"我要你解释，你方是否不愿意谈判？

你今天的发言是否为最后的发言？如果你方拒绝以公平对等的态度进行谈判，完全可以走离会场，宣布终止谈判。"

美国人本来是被打到谈判桌前的，岂能轻易走开？那你就老实点，按程序来。

美方代表腾纳又谈起"中美友谊"来。解方有理有据地回敬了他的"中美友谊"后，连提6个问题，腾纳一律回答"没有"，引起包括一些美方代表在内的全场大笑。腾纳如坐针毡，对费伦堡道：有什么可笑的，讥笑真理而已。

解方笑罢，从容道：谁也没有权利讥笑真理，人们是讥笑你竟然当面撒谎而不脸红。我刚才提的几个问题，是你方公开说过或做过的，你却一个也不敢承认。我举一个例子，"联合国军"飞机轰炸安东这一事实，美国驻联合国代表奥斯汀已在联合国大会上承认了，你却说没有，难道你不觉得挺好笑吗？

临阵指挥，但未公开露面的外交部第一副部长兼中央军委情报部长李克农，后来评说这次唇枪舌剑的谈判时，给予解方的评价是："立场坚定，善于动脑子，讲话有水平，非常机敏，是个难得的人才。"

彭德怀则不止一次地对他的办公室主任杨凤安说："回国后，我要把'诸葛亮'推荐给周总理，让他干外交，这样的军事外交人才不多呀。"

美国军事史专家赫姆斯说，解方在谈判桌上"足智多谋"，令人"望而生畏"。

而亲身领教了解方厉害的"联合国军"首席代表乔埃，在他的回忆录中说，中朝方面谈判的"主要对手是解方"，解方"思维敏捷"，"很难对付"，"有外交才华，无八股气"。

# 7."外圆内方"

1955年，解方被授予少将军衔。

据说，最后审定时，有人说他是旧军人出身，背景挺复杂。

彭德怀听说了，火了，说：我也是旧军人出身，元帅中有几个不是旧军人出身？

见到毛泽东，彭老总说：司令员是元帅，参谋长是少将，我就当个中将，顶多上将吧。

毛泽东道：你还是要当元帅的嘛。

10年"文化大革命"，解方蹉跎、磨难14年，仅在秦城监狱就待了8年。

离休前为40军作训处长的吕效荣老人，当年是40军作战参谋。"文化大革命"中，听说解方从秦城监狱放出来了，买车票去北京看老首长，正巧碰见解方在院子里散步。解方眼睛一亮，点点头，又摇摇头，转身走了。吕效荣瞅着老首长的背影，心如刀绞。

和解方打过交道的人，无论上级、下级，还是同级，难得有说他个"不"字的。这不但是因为他的能力、为人，还因为他好像永远都夹着尾巴做人。

即便在狱中，对那些审讯他的人，他也不会像有些人那样声色俱厉地痛斥，把他们比作当年的国民党。当年在开城、板门店，面对那些谈判老手的那种机智、幽默，没有八股气，好像也没了踪影。而只是说：我相信党，相信党组织一定会搞清楚我的问题。

出狱4年后，有人找他谈话，要他去南京高级步校当校长。他很感动，又很激动。可他觉得自己已经10多年未工作了，现在部队、院校什么样儿都不知道，都断捻了，一点数没有，一下子就当起校长来，能干好吗？能不能先下去搞搞调研，了解、熟悉一下情况呀？

有人专会拐着弯儿听话，结果就听出什么来了：解方嫌官小了。

不少人埋怨他：给你官，当就是了，当上再说，哪有像你这么死认真的呀？

他说：我是从旧军队出来的，我们是共产党啊！

除地下党的51军工作委员会书记，解方到延安后的第一个职务，是中央军委情报部3局局长兼1科科长，专职研究日军。科里除1人稍懂日语外，全是新手，而解方在延安那方天地里，无疑是这方面的专家、权威了。他认为研究日军首先要掌握基本情况，从日军序列、建制、编制、装备、将领素质、驻地分布等等，到与日本军力直接相关的国力情况，都须心中有数，而他自己就是个活的"资料库"。几近从零起步的1科，解方领导下，很快迈入一片新天地。

无论怎样渴望统兵打仗，解方都不能不为共产党的知人善任折服，那也是他一生中最心情舒畅的时期之一。

因为"天津事变"，张学铭辞职，解方与张学铭共进退，到北平闲居。就在这时，媒人接踵而至，先后给他介绍的小姐，有张学铭的小姨子，荣臻的女儿，张学良的妹妹，等等。他从来不是攀龙附凤之人。至于抽大烟、逛窑子、赌博之类，这些旧军人习以为常的劣性，更是与他绝缘。忧国忧民，报国无门，军人解方就在那些痛苦的时日里，潜心研究日本这个对中华民族危害最大的对手。

从国民党少将师参谋长，到共产党情报局长，一身灰军装永远是那么清爽，办公室兼宿舍的物品井然有序。而在有的人眼里，他就是个"旧军官"，包括他的整洁，注意军容风纪，都是"旧军人习气"。争论问题不占理，就拿"你是旧军官"压人。他给党校校长彭真写信，请教像自己这样的"党的丑女婿"，究竟应该如何自处。不久，周恩来召集原东北军地下党的一批同志开会，申明中央的"一视同仁"政策。

倘若只是他一个人的问题，他不会给彭真写信，但这是涉及相当一批人，关系到党的政策问题。在原则问题上，他是从来都不让步的。就像有人用"你是旧军官"压他，并不妨碍他据理力争，一定要明辨是非。只是他的据理力争从来都是"解方方式"，不会面红耳赤，让对方下不来台——那是一种内质的强硬与坚韧。

解方将军的座右铭是："贞不绝俗，伙不同流，外圆内方。"

日本陆军士官学校的高材生，刻苦攻读，学习军事，研究日本，认准了自己将来的作战对手就是日本。"九一八"事变，军人解方认定要救中国，首先要把日寇赶出去。国民党腐败，东北军"剿共"，他痛恨国人自相残杀，认为只有共产党能够救中国，就成了东北军51军的第一名共产党员。

在军事上常有预见性的名将，万万没想到建国后，还会有那么多"运动"和"阶级斗争"，更没想到他和许多打江山的将军，都成了"革命对象"。关进秦城监狱快半个月了,还有点莫名其妙:我怎么会被送来这种地方呀?

在日本,他琢磨资源匮乏的小日本,明治维新后为什么变得那么强大。朝鲜战场上武打文斗,美军以钢铁为代表的综合国力,美军代表谈判桌上的傲慢无礼,更是让他刻骨铭心。中国必须富国强兵,而这一切的前提,是国家安定,人民团结,齐心协力搞建设。家不和,外人欺。"文化大革命"把国家折腾成这等模样,如果再有居心叵测的什么鬼子乘乱打进来,那可怎么得了呀?

解方在日本养成冷水浴习惯,在秦城监狱也在水龙头下冲。怎么能让"日本特务"洗澡呀?水龙头给关死了,他就在不足10平方米的牢房里做俯卧撑、跑步。精于算计的当年的参谋长计算过,8年间在牢房里跑的路程,可以绕地球赤道两圈又四分之一。

苏联卫国战争开战失利,原因之一,是之前"肃反"杀了许多优秀的元帅、将军。解方想的是,万一有什么鬼子打进来,他就要求上前线——前提当然是得有个强壮的身体。

出狱时的解方,壮健如牛——谁都说这哪像蹲了8年监狱的人哪?

吕效荣与解方见面而未能说话,那情景与邓华与彭德怀的那种咫尺天涯自然类似。

解方入狱8年,出狱后又闲待4年,出狱后来看望他的人,入狱后不能探望,给家人捎话、打电话询问、安慰的人,应该是那个年代罹祸的老干部中最多的之一。

1979年2月,解方重新恢复工作,担任后勤学院副院长不久,又来了一个人。解方立即安排这人住进医院，又买些营养品去医院看望。

之前，这个曾在解方身边工作、远在外地的人，来信说他得了癌症，希望老首长能在北京联系一家部队医院治疗。

"文化大革命"中，正是这个人给了解方致命一击。揭发解方与当年日本陆军士官学校的老师一直不断联系，并带头批判解方"里通外国"的"罪行"，"走资派"解方就凭空多了两顶帽子："叛徒"、"特务"。

这件事在解方周围激起一阵波澜。几乎众口一词的意见是，你掏腰包支援灾区和困难地区，我们都跟着往上上。可对于这样个人，这与人为善得有些过头了。

解方到延安后，党组织曾对他的历史作出结论，说他是"旧社会的好人"。

而今，这个从来都是好人的人说：人都病成这样了，还说这些干什么？再说他已经认识错误了。他是革命队伍中的一员，咱们都有责任关心他。

4年后，解方一病不起。悲痛中，一些老部下又想起这个人，恨恨地道：若不是这小子坏了下水，参谋长能得这种病吗？

解方说：这话不能这么说。那时那人像吃错了药似的，这是历史的错误，我们都要总结教训。

接到去13兵团报到通知，身为12兵团参谋长兼40军副军长的解方，连刚生产的妻子和刚来到这个世界的儿子都未及看一眼就走了。

自入党之日起，党叫干啥就干啥，打起背包就出发。

1954年夏，越南、法国日内瓦谈判停战协定签字，应越南党和国家邀请，周恩来点将，解方去越南担任顾问，协助人民军处理停战协定执行事宜。在此前后,解方调去外交部工作风声日甚。那也许是军人解方最不想去的地方之一。可果真让他去了,也绝不会有二话,照样会干得非常出色。

更不用说蹲8年监狱,出狱又干待4年后,重新开始工作了。

健壮如牛的后勤学院副院长,依然是那么干练、稳重,只是走路仿佛脚下生风,让人感到一种与时间赛跑的急不可耐。

其实,那健壮只是表象,那病根应该是早坐下了。

无论解方将军怎样坚强,那度日如年的12年,那心情能好吗?笔者不懂医道,但敢断言,致他于死命的那种病,绝对与心情有关。

4年后的8月,解方患感冒,感觉吃饭困难,去医院检查,食道癌。

他很平静,请教医生:像我这种情况,能否再延续3年生命?

这时,解方刚接受一个任务,由他牵头组织一个写作班子,撰写抗美援朝战争史,计划3年完稿。

一个多世纪来,中国逢洋必败,一摞摞丧权辱国的条约写就了一部近代史。抗美援朝,志愿军雄赳赳、气昂昂跨过鸭绿江,把以世界头号强国为首的"联合国军"赶过三八线,打到谈判桌前,这是一种什么力量?刚从战火中诞生的一穷二白的共和国,何以能爆发出如此巨大的能量?这场战争像一面镜子,照耀历史与未来。而他作为志愿军参谋长和停战谈判代表,无疑是最了解这场战争的人之一。而且,离休后,他还准备编写《中共东北军党史》、《西安事变》、《东北军史》等等。人生在世,原本是有几条命也有干不完的活的呀。

从确诊之日起,留给解方的生命,还不到7个月。

钟伟罹祸时44岁,邓华49岁。可他们"转业"到地方后,毕

解方将军主持编写的《抗美援朝后勤经验总结》，在他去世后（1986年）终于面世。

竟还有职务，还能工作。而解方几顶帽子就被打入监狱，在秦城待了个8年抗战，出狱后又干待了半个8年抗战。人生有几个12年啊，那又是多少个3年啊，况且那又是人生最成熟、最能为富国强兵施展才华的时期啊！

呜呼！一代名将，一个好人。

# 第十三章 『苏静能当十万兵』

学生兵

『坐机关』

『抓人容易放人难哪！』

『密息』

高参

『联络员』

『我与林彪关系最密切』

苏静将军（1910-1997）

## 军职简历

土地革命战争时期，任红一军团司令部作战参谋、侦察科副科长、科长。

抗日战争时期，任八路军115师司令部2科科长，东进支队司令部秘书长兼军法处处长，115师政治部保卫部部长兼敌工部部长，山东军区政治部秘书长。

解放战争时期，任山东军区司令部参谋处副处长兼情报处长，东北民主联军司令部情报处处长、作战处处长兼情报处处长，中南军区司令部作战处处长兼队列处处长。

中华人民共和国成立后，任中南军区副参谋长，总参谋部军务部部长。

1955年被授予中将军衔。

# 1．学生兵

苏静老将军，中等个头，清瘦儒雅，讲话一字一句，不紧不慢，双目炯炯有神——我很少见到那样有神的目光、眼神，也很少看到这样儒雅的将军。

苏静和刘亚楼都是福建人，一个海澄（今龙海）县，一个武平县。同为四野高参，两个人家境相似，与解方又截然不同。

刘亚楼来到这个世界第三天，母亲产后高烧不退，去世。刘家家徒四壁，是邻居铁匠刘德香掏出把铜板，安葬了母亲。父亲刘克芳抱着刘亚楼，东家西家吃百家奶。快40岁的人了，那也是晚来得子，宝贝呀，那人却一下子苍老了。刘德香夫妇看着可怜，把刘亚楼抱来收养。刘德香家也不富裕，把个女儿卖人当童养媳，苦劳苦作，省吃俭用，把刘亚楼养大，再送去读书。

比刘亚楼大1岁的苏静，祖上是兰州人，在朝廷做官。不知多少代，也不知什么原因，被流放到福建海澄，到苏静这一辈，苏氏家族已繁衍36个村庄。祖宗为官，深知读书好处，立下规矩，宗祠有专门30亩地为"书田"，用来奖励后代子孙求学上进，考取功名。实行新学后，又规定初中毕业生，可按秀才标准奖励书田。苏静4岁时，父亲去了缅甸，是祖父把他拉扯大。家有几亩薄田，仅供糊口，好在还有条小木船，为人送货。为了获取那份书田，祖父累倒在送货路上，被送回家已奄奄一息。

苏静（1927年福建）

目睹这一切的苏静，读私塾时，能把文章倒着背下来，还能横着背下来。

1924年，苏静考入漳州省立第八中学。学校从来都是各种思想的汇集地，自然受到熏陶。1927年加入党的外围组织"反帝大同盟"，贴标语，撒传单，演剧、演讲，给闽南特委送信。1929年中学毕业，回家乡小学任教，第二年又考入漳州第二师范学校。警察抓走1名党员学生，苏静领导学生上街游行，去警察局交涉放人。警察局要抓他，地下党让他转移。回到家乡，密探接踵而至，不得不走当年父亲的老路。连夜赶往厦门，乘船经香港、新加坡、马来西亚，辗转到了缅甸仰光附近的英脉镇。

英脉镇是华侨聚集区，是苏静父亲曾经侨居过的地方，有许多耳熟的人。也巧了，华侨小学正好缺个教师，就是他了。

当地颇富足，种地粮食吃不完，而华侨多做生意，更富。华侨尊师重教，教师薪金颇丰。苏静出逃，母亲用地契作抵押，借的路费几十块大洋，很快就还上了。那前景是明摆着的，把母亲和祖母接来，娶妻生子，一种宁静而又富裕、体面的生活。

可是，"九一八"事变发生了，他就回来了。

笔者问：就这么简单？

老将军说：这有什么复杂的，我是中国人嘛。

上个世纪80、90年代，笔者采访老将军不下10次，所谈一切，都是轻描淡写，语调语速总在一个平面上运动，让人难以想见当年那个热血沸腾的救国青年。

　　离开祖国一年多了，警察局不知道漳州二师那个领头闹事的学生哪去了，仍在打探他。漳州待不得，海澄也不行，苏静来到厦门，找到曾经教过的学生苏精诚、苏梦梅，开家照相馆，暂时安顿下来。

　　第二年春，以红一军团为主力的东路军打下漳州，3个人决定回家乡参加红军。苏静和苏精诚早走一步，苏梦梅第二天被捕——警察局早就盯上他们了。

　　不知道红军在哪儿，他们找到一些老同学和穷苦农民组织一支40多人、30多支枪的游击队，苏精诚任队长，苏静为政委。苏静去漳浦、海澄，找到了红军，游击队编入独立3团。他和苏精诚几个文化高的人，被挑到宣传队，写标语，演讲，宣传红军，扩大红军。红军官兵管他们叫"学生兵"，老百姓见到他们，也说"学生兵"来了。

　　这时的林彪26岁，军团长已当快两年了。22岁才参加红军的苏静，年纪应该说正经不小了，在家乡、在缅甸还当过"先生"（教师），况且他原本就很沉稳、干练，那时的人对读书人也很敬重。只是一穿上军装，再拿着笔去写标语，"先生"级人物就变成"学生兵"。有道是"秀才见了兵，有理说不清"，这"学生"和"兵"好像自古就对不上茬口，一对上，那学生和兵就都轻飘起来。

　　东路军很重视这批学生兵，红一军团政治部主任罗荣桓，逐一跟他们谈话，询问愿意做什么工作。苏精诚喜欢政治工作，去了政治部。苏静似懂不懂中，以为做军事工作就是带兵打仗，就说愿做军事工作，就去了司令部，被分配到通讯科当参谋（当时叫科员）。

　　从此，由参谋而"高参"，从未带过兵。

## 2．"坐机关"

飞机没有前后方。从土地革命战争到抗日战争、解放战争，敌机说来就来，投弹、扫射，已经习以为常了。苏静第一次见识飞机，是当参谋不久，在粤北的水口战役期间。听到轰鸣声，就见飞机顺着阳光扑来了。学生兵有些害怕，也有些好奇，也看出点门道。人们四散奔跑、躲藏，他站在那儿大喊：往两边跑！往两边跑！

事后，科长批评他：你不躲避，瞎喊什么？用你指挥呀？

苏静说：我觉得躲飞机不能乱跑，这里面有个窍门。什么窍门？它飞机是奔人来的，得看清是从什么方向来的，迎着它跑不行，顺着它跑怕更危险，应该横着往两边跑。你跑得再快，也跑不过它。你往两边跑，他一下子就过去了。他来不及拐弯，轻易也不敢拐弯，因为他是俯冲，拐弯可能就撞山上去了。

后来林彪听说了，挺高兴，说这个学生兵挺有脑袋。

苏静心里话：你没有脑袋呀？

1933年2月，部队缴获1架德国造的相机，上交军团部。谁会用这东西呀？苏静说我会。在缅甸教书时，跟个开照相馆的漳州同学学的。同志们好奇，都说给我照一张。这怎么行呀？直到长征到陕北，也没舍得给自己照一张。胶片珍贵，那时胶片是玻璃的，笨重，还易破碎，行军打仗，精心巴意背着。长征打下遵义，才有机会洗出第一批照片。

苏静从小跟爷爷在船上,练得一身好水性,顺水能游出几十里。建国后,中南军区游泳比赛,已经40出头的苏静是第一名。江南水乡,江河很多,行军时他把不会游泳的人,一个个带过河去。

长征路上,苏静被称作"道路专家"。

这时他是红一军团侦察科参谋,每天带人前出距离大部队几十公里远,侦察敌情、道路、地形,有时还与敌人、土匪遭遇。回来已经很晚了,还要把明天的行军路线图画出来,分发给部队,第二天又早早起来,提前去侦察、探路。

红一军团一路总在前面,苏静实际上也是为红军长征执行侦察开路任务。

一次迷路了,天也黑了。苏静说别急,让大家下马,放开缰绳,让匹老马在前随意走着。老马识途,真就走回来了。

苏静拍摄的朱德在红一军团机枪手集训队开学典礼上讲话

红军长征两万五千里，"坐机关"的苏静，走得就更远了——每天走出去，还得走回来，差不多走个来回了。

《聂荣臻回忆录》中写道：

> 离开毛儿盖北行四十里就进入草地。草地可以说根本没有路，当时由侦察科苏静同志，带了一个指北针，找了一位藏族老太太当向导，在前面为部队开路。那位老太太有病，我们派人抬着她走。红军过草地，苏静同志在前面开路是有功的。

总参测绘局的同志看到这段文字，找到苏静，想写篇《红军长征的开路人》。苏静认为题目太大，不谈。

笔者也是看了聂帅的回忆录，才提起这事的。

老将军谈别人很多，谈自己很少，甚至不谈。

他说：一个参谋，上有科长，再上面还有处长、参谋长，叫干什么就干什么呗。不带兵，有时上前线送个信，也不用你打仗，用现在的话讲，叫"坐机关"，比部队官兵享受多了，有什么谈的？

"坐机关"，容易让人想到喝茶看报聊天，可他那叫什么"坐机关"呀？平时在一地住上个把月算长的，打起仗来就是坐山头、蹲树林了，还要躲飞机。湘江阻击战，敌人端着刺刀都冲到军团部门口了。

我说：就说过草地吧，多少人都陷里面牺牲了，你带人在前面探路，那不是更危险吗？

他说：那不也就那么一会儿吗？

# 3．"抓人容易放人难哪！"

1967年春，中央军委任命总参军务部长苏静为铁道部军管会主任。铁道部长吕正操正被批斗，无论造反派怎么喊"打倒"，苏静就是不表态。后来是中央专案办公室直接插手，把吕正操抓走的。

铁道部成立革命委员会后，周恩来总理让苏静到国家计委任军代表。计委第一副主任余秋里也被批斗，"二月逆流"中又敢说话，更被江青视为眼中钉。批斗大会上，造反派举手喊"打倒余秋里"，坐在台上的苏静，就是不举手。后来他说：群众看我不举手，劲头就不大了，有人就朝我使劲了。

军代表内部出现两种意见，有人觉得江青得罪不得，主张撤掉余秋里。难得发火的苏静发火了：撤掉余秋里，你行，还是我行？国家计委没个懂业务的人掌舵，国家经济不乱套了吗？

革命委员会成立前，国务院各部委人选都由军代表确定，很多部委正职是军代表。苏静看到上报的计委革委会主任是自己的名字时，立即划掉，写上1955年授衔时与自己同为中将的余秋里。

提名余秋里为九大代表，周恩来感到为难，苏静说这是我们军代表的意见。周恩来还是认为希望不大，苏静说由我们向群众做工作。

1967年8月下旬，全国到处"揪带枪的刘邓路线"，陈伯达带谢富治和"文革"小组的人,到铁道部召开群众大会。会一开始,谢富治点名,让一派群众组织的头头上主席台就坐,等于明白宣布这一派是革命派。军管会主任苏静当即起立,让另一派群众组织头头也上了主席台。会场大乱,陈伯达和他带来的人下了主席台,把苏静一个人留在台上。

"打倒苏静"的大标语、大字报,当天就上街了。

后来老将军说:铁道部分成两派,军管会从未表态,说哪一派是革命派。这样很难,连跟我们比较接近的一派,对我们也不满意,可是没别的办法。那时两派对立,到处武斗,有的地方连枪炮都用上了。你支持一派,打压一派,激化矛盾,铁道部乱了,铁路运输瘫痪了,国民经济也就崩溃了。

将军心头明镜儿似的,这回注定在劫难逃了。批斗、抄家、关押,孩子们也马上从"红五类"变成"黑五类"了。

依然是那么沉稳、儒雅,只是抽烟比过去多了。

老将军说:奇怪得很,第二天孩子们上街看大字报,"打倒苏静"全被覆盖了。这是股什么风呀?几天后,毛主席关于两派都是革命群众的最新指示发表了。

到计委任军代表,赶上清查"反动组织""5·16",陈伯达点了计委一些人的名。苏静说我们调查了,现在还缺乏证据。中央专案办公室的一位副主任来了几次,训斥计委清查工作不得力,苏静只派一般的干部应付他。军代表内部出现分歧,苏静给大家讲道理,讲战争年代"兔子吃鸡"的教训。

他说:抓人还不容易吗?可你想过没有,抓人容易放人难哪!

前面写过梁兴初等人被错抓错杀的"湖西肃托",罗荣桓带领苏静等人赶去施救,指定苏静负责善后工作。

苏静与夫人冯澍芬（1943年在山东）

115师部分领导干部在鲁南合影。（左起陈光、赖可可、肖华、罗荣桓、梁必业、王秉璋、陈士榘、王立人、杨尚儒、苏静、张雄）

"兔子吃鸡!""兔子吃鸡!""兔子吃鸡!"

一向沉静、安详的老将军,连道3个"兔子吃鸡"。

他说:有道是"能错抓,不能错放",共产党错了就改。可脑袋不是韭菜,割了还能长出来吗?这善后工作怎么做?就是那些被救下来、感激涕零的人,瞅着那心里又能是什么滋味儿?能轻易就抓个人吗?还有株连呢?有同事,有部下,有的还有一家子呢。

来湖西前的115师敌工部长,这时成了保卫部长兼敌工部长。

红军时期,苏静没见过"兔子吃鸡",也听说过。而自他任保卫部长后,这类事情,无论大小,及时向罗荣桓报告,一律从轻从慢,从不轻易抓人。

就明白"文化大革命"中,他为什么会那么硬了。

儒雅苏静!

# 4. "密息"

日本投降时，苏静是山东军区参谋处副处长（处长李作鹏）兼情报处长。

情报处 ①有100多人，分3个科。一科为管理科，二科为侦察科，直属一个侦察队，三科为技术侦察科，有3部电台。所谓技术侦察，就是侦听敌人电台，破译密码，获取情报。

到东北后，罗荣桓去苏联治病，包括情报处在内的参谋处，就成了林彪的指挥班子，一直跟在林彪身边。

苏静那红一军团通讯科参谋没干多久，就到了侦察科，由参谋而副科长，1937年初任科长。

1938年3月，在晋西孝义，国民党军派个参谋带部电台和几个人，到115师做联络工作，不久即发现这个人还有不可告人的使命。代师长陈光和政委罗荣桓，让苏静负责与之联络，并做接待工作。这个友军参谋收买了师部一个译电员，打算窃取密码本。苏静看在眼里，不动声色地要回密码本，处理了变节分子。

这时的侦察科长苏静，一反常态，不拘小节，大大咧咧，一副心不在焉的浪荡样。这个参谋爱喝几口，苏静就不时弄点酒。二两酒下肚，苏静就"无话"不说。这个参谋如获至宝，用电台

---

① 情报处与参谋处平行，同属司令部。当时的情报处处长为邝任农。

把"情报"发回总部。两人同住一室，苏静假装睡着了，一只拿笔的手在被子里，把这小子所发的电码都记了下来。

1949年10月28日，林彪、谭政在给军委的电报中说：

> 估计广西作战，多为追击性的运动战，此种作战，特别需要对运动情况的及时了解，和能直接指挥各路作战部队先头的行动。我们在武汉，因距广西太远，因此收听敌方密息，已感到困难。野司与各师小电台的联络，已不易听清。为了方便听取密息与联络师的电台，四野指挥机关推进衡阳。

这里所说的"密息"，即从敌人电台中获取的情报。

当科长后，战争年代，苏静的相当精力，都用在这上头了。

八路军、新四军一部闯到东北后，影响较大的第一个胜仗，是秀水河子战斗。

林彪到东北不久，奉命去锦州西部打大仗，打不了。从辽西转到辽北，就想在运动中抓个机会，给敌人点颜色瞧瞧，让他知道辣椒不是巧克力。这时的敌人很猖狂。全美械的13军1个加强团，由阜新、彰武向法库攻击前进，占领广裕泉、鸳鸯池，孤立突进到了秀水河子镇。当然是情报处搞的敌情。可光有这些还不够，敌人分三路向沈阳进犯，这只是其中的一路敌情，另两路的兵力数量、装备如何，到了什么位置？不能刚打起来，敌人援军就上来了呀？苏静和他的情报处都搞清楚了，林彪就下定决心，调集兵力，在秀水河子把这个加强团吃掉了。

两个月后，情报处又以准确的情报，保障了大洼战斗的胜利，歼敌71军87师4400余人。

1946年2月上旬，东北民主联军取得秀水河子大捷。此图为祝捷大会场面。
此战苏静提供情报准确，出力甚巨。左上图为在东北时的苏静。

战后，林彪对秘书季中权说："苏静能当十万兵。"

从东北到江南，林彪经常越过兵团、纵队（军），直接指挥到师。
原因之一，是他有个可靠的情报处，可以源源不断地获得"密息"。

苏静经常和二科的人研究破译敌人密码，特别是在一场大
胜，或连战连胜后。敌人也不能不觉得自己的密码出了问题，就
改换密码——这是苏静和情报处最紧张、忙累的时候。

# 5．高 参

林彪指挥作战、思考问题时，不喜欢别人多嘴。平时问个什
么情况，叫谁去，讲完了，你就自动走人。

据说，苏静是被林彪叫去最多的人之一。

而且，他知道什么时候必须主动找上门去。

号称"第二凡尔登"的锦州要塞配水池，它的周围遍布
我军的交通壕、散兵坑。

辽沈战役，首攻义县，先是2纵5师，接着是所有攻城部队，大挖交通壕。壕宽深各1.5米左右，人猫腰在里面行进，外面看不到。壕是蛇形的，挖起的土扔到朝向敌人一侧，直挖到敌人阵地前，以手榴弹投不到为准，既增加了攻击的突然性，又大大减少伤亡。

苏静被派去义县前线了解战况，回总部向林彪汇报，自然谈到交通壕，林彪未置可否。

苏静当然知道林彪一句话不想听两遍，但他必须讲。

这次，正踱步的林彪突然停住了，再踱步时就开始口述电报，命令攻锦部队每个师用三分之二兵力，今天晚上即开始挖交通壕。

而锦州守敌司令范汉杰，看到城下那么多蛛网似的交通壕，就知道守城无望了。


前面说过，辽沈战役的关键是拿下锦州，而拿下锦州的关键是守住塔山。

林彪、罗荣桓让胡奇才到塔山前线坐镇，又派苏静带部电台到4纵指挥部去，不参与指挥，但要随时与总部保持联系，随时报告前线战况。

围歼廖耀湘兵团，不能让它跑回沈阳，尤其不能逃去营口。

10月20日10时，"林罗刘"关于战役部署给军委的电报中说：

> 辽南独立二师，应即以四天行程赶到营口布防进行对付海、陆两方顽强防御，决以一个重炮营附属该师，并归本部参谋处长苏静统一指挥。

苏静和独2师师长左叶①商量，要准备打大仗、打恶仗、打乱仗，以攻为守，遇到敌人就打。

25日晚未放一枪，摸掉49军105师前卫团一部，又攻击105师师部，再攻击49军军部和105师。地方部队1个师，与包括了国民党五大主力中的两个的廖耀湘兵团对阵，简直是拿鸡蛋碰石头。可黑灯瞎火中，这种攻击攻击再攻击战术，让敌人搞不清对手实力，那重炮的轰鸣声，则把廖耀湘彻底打蒙了。在东北打了3年，有重炮就是共产党主力。一直想退营口的廖耀湘，遂改变南下计划，掉头向东奔沈阳了。

而这次指挥独2师和1个重炮营，则应该算是他战争年代的唯一一次带兵打仗了。

首战义县，派他去观战。热点中的热点塔山，让他去联络。围歼廖耀湘兵团，又去堵截敌人退营口，成为独当一面的指挥员。历时52天的辽沈战役，东北野战军"坐机关"的人中，苏静应该是最忙最累的人了——也足见"林罗刘"对他的信赖了。

---

① 左叶（1910-1992），江西永新人。1927年参加中国工农红军，1928年加入中国共产党。解放战争时期曾任辽西军区第1军分区副司令员，东北民主联军第3纵队第8旅旅长，第8师师长，东北野战军独立第2师师长，41军第154师师长等职。

# 6 . "联络员"

北平和平谈判，苏静是唯一秘密进城的解放军代表，与傅作义的代表共同起草了《关于北平和平解决问题的协议书》，并在协议上签字。

他的儿子苏晓林，看了他写的一篇《回忆北平和平谈判》，结论是3个字："流水账。"

父亲说：我只是个历史见证人，领导派我去，我执行命令，就去了，就是这么个过程，还能怎么写？

儿子说：你当时总有些思想活动吧？再说了，一个人独闯国民党占领下的北平，能没有危险吗？

父亲说：有什么危险的？兵临城下，是傅作义邀请我的，跟着他的谈判代表进去就是了。"两国交兵，不斩来使"嘛。

儿子说：话是这么说，可古今中外，斩的还少吗？再说，城里特务那么多，当时力主和谈的原北平市长何思源①的家，不就被特务炸了吗？一家6口，1死5伤。不管怎么说，也不管我是不是你的儿子，实事求是，北平和平解放，你是立了大功的。

---

① 何思源（1896-1982），山东菏泽人。1927年加入中国国民党。1946年任北平市市长，1948年秋被免去北平市市长职务，北平解放前夕，他是北平市和平谈判首席代表，为促进北平的和平解放积极奔走，因此遭到国民党暗害，寓所被炸，小女儿被炸死，他和家人全部被炸伤。

苏静（左二）接待傅作义的谈判代表

父亲说：那时双方都希望和平解决，所以不会有危险。我只是一个联络员（在这篇回忆录中，他也说"我只是一个联络员"）。如果没有我，领导换别人去，也是一样的。

有件事，如果换个人，那结果可能就不一样了。

第三次谈判后，林彪交给邓宝珊①一封信，是毛泽东以林彪、罗荣桓的名义写给傅作义的。毛泽东就和平解决北平提出两个办法前，历数傅作义追随蒋介石打内战的累累罪行，措辞相当严厉、

① 邓宝珊(1894-1968)，原名邓瑜，甘肃天水人。国民党军陆军中将。辛亥革命时，参加新疆伊犁起义。历任靖国军第4路营长、团长、副总司令，冯玉祥部第2军旅长、师长，杨虎城部新编第1军军长等职。1949年起义，和傅作义一起促成了绥远起义。

尖锐。当时双方气氛挺融洽，信未封口，邓宝珊急于知道写了些什么，看罢大惊失色，说这封信太出乎意料，傅作义不一定会受得了。

又道：我回城后，打算暂不交给傅作义看，以免节外生枝，把事情搞僵，甚至推翻协议，使谈判功亏一篑。

苏静没看这封信，他也不能看这封信，不知道究竟写了些什么。他感到了问题的严重性，就去宋庄向林彪汇报了。

林彪说：是啊，那封信是有些严厉呀，他要暂时不交也可以。

原来早在1946年10月11日，傅作义攻占解放区重镇张家口后，曾得意地写了一封侮辱性的《上毛泽东书》，登在报纸上，声言如果共产党打胜了，他傅某甘为毛泽东执鞭——毛泽东当然不会忘记的。

《关于北平和平解决问题的协议书》登报了，苏静奉命出城向林彪、罗荣桓、聂荣臻汇报城里情况。一进门，罗荣桓便问他：由邓宝珊带给傅作义的那封信，交给傅作义看了没有？苏静说，不清楚。聂荣臻接着说：你今天还要回去问一下邓宝珊，若还未交给傅作义，你要催促邓宝珊，同他一起去见傅作义，务必要告诉邓宝珊，今明两天要让傅作义看到那封信。

这时，苏静还未看到这封信，也不知道傅作义的那封《上毛泽东书》。但他明白，罗荣桓、聂荣臻如此重视这封信，很可能是党中央，甚至就是毛泽东查问了此事。

傍晚，苏静回到城内，找到邓宝珊，说明情况。邓宝珊困惑不答，迟疑良久，才拿上信，两个人一同去了中南海居仁堂。傅作义情绪很好，问这问那，与苏静热情交谈，苏静绝口木跟傅作义谈这封信的事。

这时，邓宝珊去到内屋，将信给了傅作义的女儿傅冬菊[1]，算是"交差"了。而傅冬菊看罢信，也没敢交给傅作义。

苏静明白邓宝珊会怎样处理这封信，当然也明白自己如此"交差"，如果上头追查下来，会是什么后果？如果苏静和邓宝珊去到傅作义那里，就让邓将信给傅看，或是向傅讲起这封信，或是追问邓是怎么处理这封信的，非要邓立马给傅作义看信不可，傅作义会不会拍案而起，撕毁协议，鱼死网破，血战一场？

2月1日，《人民日报》全文发表了这封信。傅作义看后，果然情绪异常激动。两天后，他在给林彪、罗荣桓的信中，要求给他指定监狱："两年半戡乱战争的严重灾难，我愿担当全部

晚年的傅冬菊

---

[1] 傅冬菊（1924-2007），傅作义长女。1941年在重庆加入中共领导的进步青年组织"号角社"。她利用自身的有利条件，把了解到的有关国民党的一些机密情报、重要文件，及时提供给中共地下党组织，并交到周恩来手中，对中共同国民党的斗争起到了很大的作用。1947年加入中国共产党。1948年，辽沈战役紧张进行时，晋察冀中央局城工部部长刘仁派人秘密进入天津会见傅冬菊，传达党的指示，要求她做傅作义的工作。傅冬菊立即来到北平，和傅作义谈话，明确告诉父亲，她是共产党派来的代表。平津战役期间，傅冬菊和父亲谈过多次，不时把解放区出版的报刊和小册子放到傅作义的办公桌上。同时，傅冬菊将了解到的情况，及时报告给中共北平地下党组织，为解放军统帅部作出正确判断、制定正确决策提供了重要依据。在整个平津战役期间，傅冬菊始终工作在傅作义身边，为北平和平解放作出了贡献。北平解放以后，傅冬菊到天津任《进步日报》副刊编辑。1951年，被调入人民日报社。1982年，借调到新华社香港分社，任编辑部副主任，从事统战工作。

1948年12月，傅作义派"追云号"飞机将邓宝珊接入北平，邓就任华北"剿总"副总司令，二人经过反复商讨，决心走和平解放道路。1949年1月31日，中国人民解放军举行正式入城仪式，北平宣告和平解放。

责任，愿意接受任何惩处。"

此时，距林彪将信交给邓宝珊已经半个月了，北平和平也已生米做成熟饭了。

邓宝珊当然是深知其人的，傅冬菊更是深知其父的。

苏静知道自己什么时候该说什么、做什么——无论会承担什么样的责任、风险。

而现在，他要做的，就是无论如何也要促成北平的和平解放。

"苏静能当十万兵"——北平和平，"联络员"苏静又当多少兵？

## 7.  "我与林彪关系最密切"

1955年，中国人民解放军第一次授衔时，许多老资格的机关干部授衔大校。

苏静是中将。

回顾历史，一些赫赫有名的将军，那名气其实并不是在战场上打出来的。即便要将对将捉对儿厮杀的冷兵器时代，将军的主要职责仍是行兵布阵，运筹帷幄。夫妻俩上街买双鞋，有时也难免意见分歧。一个战斗、战役打不打，怎样打，同级之间，上下级之间，见仁见智，公公婆婆，实在是自然、正常而又经常发生的。既然世上没有没打过败仗的将军，那么这次我对了，你错了，那次我错了，你对了，也无损名将风采。

都是名将，等于都不是名将，没有名将。

"9·13"事件，那架256号三叉戟一声巨响，苏静可差点出名了。

听说江青把他的材料直接送给毛泽东了，在"引火烧身"大会上，这位严谨、精明、精细、机智、灵活的原四野副参谋长，仍然直通通地说："我与林彪的关系最密切。"

妻子气坏了，说你傻到家了。

他说，我参军后，从红一军团到115师，从东北野战军到四野，除平型关大捷后他负伤，在后方、去苏联养伤外，战争年代都在他身边工作，关系能不密切？那时没有"9·13"，那时他是共产党，党中央和毛主席都信任他，关系密切怎么了？

周恩来问苏静："你就去过林彪家两次？你夫人和孩子就没去过林彪家？"

苏静回答："据我所知，他们都没去过。"

苏家和毛家湾林彪住处，只隔一条街，晚饭后散步10多分钟就到了。可解放以后，他只去过林家两次，一次是编写《毛泽东选集》四卷有关东北战场的注释时，罗荣桓让他找林彪征求意见。一次是九届二中全会后，林彪召集参加军管的干部了解军管情况，他去前还特意请示了周恩来，回来后未对任何人讲。

在铁道部支左差点被打倒后，有人知道了他和林彪的关系，说这事你怎么不早说呀？凭这个，你注定就是毛主席司令部的人了，谁也打不倒了。

苏静笑笑道：那时在林彪身边工作的人多了，我和他就是工作关系。

老将军说，战争年代，很难找到像我这样在林彪身边工作那么久的人了。无论什么时候，我都认为他在战争年代是有功的。还有，在他身边那么久，是有感情的。那时，他去我们情报处的时候最多，我去他那儿的时候也非常多。可以说，无论毛家湾多么戒备森严，我想去见他是见得到的。但我不会去。一是没有直接工作关系，二是他过去受伤，身体不好，不便打扰。特别是当了副主席，成了毛主席的接班人后，就更不能去了。

他若是趋炎附势之人，不会那么淡泊名利。

罗荣桓与参加第一届全国政治协商会议的四野代表合影。（一排左起：李天佑、钟赤兵、罗荣桓、张轸；二排左起：苏静、韩先楚、丁志辉、刘梅村；三排左起：黄达宝、胡奇才、曾泽生、刘白羽）

# 第十四章 群像：吴克华及其他

吴克华机断专行

李作鹏当机立断

徐国夫抢得先机

『攻坚老虎』

吴克华（1913—1987）

李作鹏（1914— 2009）

徐国夫（1914—2004）

龙书金（1910—2003）

吴克华（1913-1987），江西弋阳人。1929年加入中国共产党。历任红10军政治部特务连连长，红七军团20师60团1营营长，红五军团13师37团团长，八路军山东纵队第2支队司令员，山东纵队第5旅旅长，山东军区第5师师长，东北民主联军4纵司令员，四野41军军长，15兵团副司令员，炮兵司令员，广州军区司令员。1955年被授予中将军衔。

李作鹏（1914-2009），江西吉安人。1930年参加红军。1933年加入中国共产党。历任中央军委2局参谋、2科科长，八路军115师侦察科科长、作战科科长，山东纵队参谋处处长，东北民主联军参谋处处长，1纵副司令员兼参谋长，6纵副司令员，四野43军军长，15兵团参谋长，海军副司令员，副总参谋长兼海军政委。1955年被授予中将军衔。"文化大革命"中积极参与林彪篡夺党和国家最高权力的阴谋活动。1973年被开除党籍、撤销党内外一切职务。1981年被中华人民共和国最高人民法院特别法庭确认为林彪反革命集团主犯。被判处有期徒刑17年，剥夺政治权利5年。他经常戴着副墨镜，是为了保护他在抗战时期被日军毒气弹伤害的眼睛。

徐国夫（1914-2004），安徽六安人。1931年参加中国工农红军。次年加入中国共产党。历任红四方面军骑兵师1团团长，抗大总校队长，八路军129师骑兵团参谋长，新8旅22团副团长，东北人民自治军3纵23旅副旅长，东北野战军3纵9师师长，40军119师师长，40军副军长。1955年被授予少将军衔。

龙书金（1910-2003），湖南茶陵人。1930年参加中国工农红军，1932年加入中国共产党。历任红一军团政卫连连长，八路军115师343旅685团团长，115师教导6旅7团团长，东北民主联军7师副师长，东北野战军17师师长，第四野战军43军副军长，军长。新疆军区司令员。1955年被授予少将军衔。

# 1. 吴克华机断专行

1948年初冬的华北大平原，一支戴着狗皮帽子，军装颜色也有别于华北部队的黄色的有些草绿色的部队，由三河、蓟县出发，经密云、怀柔间直插延庆、怀来。

这是东北野战军4纵。

11月29日，华北3兵团进至张家口外围地区，拉开了平津战役的帷幕。傅作义即令他的起家部队35军，从北平驰援张家口。12月6日，35军从张家口回返，傅作义派出104军、16军，分别由怀来、南口西去接应。作为最早秘密进关的东北野战军先遣兵团的主力，4纵的任务是穿插到平绥线，攻击在康庄接应35军的16军，使其不能与另一路援军104军会合，更不能同35军靠拢。

35军被阻于新保安后，华北2兵团主力3纵、4纵，既要阻击35军向东突围，又要抗击104军向西进攻，两面作战，打得很苦。就在这时，戴着狗皮帽子的4纵，经4昼夜急行军，出现在平绥线上的怀来、康庄、八达岭一线。

4纵司令员吴克华即刻下令：11师切断康庄与怀来间联系，12师切断康庄与八达岭间联系，主力10师包围康庄之敌，迅速查清城内守敌情况，做好攻击准备，并随时准备追歼逃窜之敌。

天亮后，11师报告，说敌16军先头团已经过了康庄，进到怀来了。吴克华心头一紧，敌人动作挺快呀。一会儿，10师也打来电话，说部队已经包围了康庄，16军大部还在康庄一带。吴克华心头一块石头落了地——却也是好险啊，如果自己动作慢了，或是敌人再快点，和35军靠拢了，这仗就不大好打了。

吴克华，江西省弋阳县人，1913年出生，1929年参加红军，在红10军任排长、连长、军部特务大队大队长，红五军团13师37团团长，八路军山东纵队2支队司令员、5旅旅长，胶东军区副司令员。

中等个头，国字形脸的"江西老表"，沉稳、干练，又精灵、善变，脑子转得快，他认准能打的仗——准赢。

与此同时，康庄守敌16军军长袁朴，接到傅作义的电报：

> 确悉，东北共军守塔山的第4纵队业已入关，在北平以北。这是一支打恶仗的部队。望特别注意。

对于顶头上司这封极具广告效应的电报，袁朴的第一个反应，就是趁这个"打恶仗"的"塔山虎"立足未稳，趁黑夜赶快溜回北平。

就让人想起"张飞喝断当阳桥"——只是4纵这只"塔山虎"还未咆哮呢，袁朴那魂儿已经吓掉了。

不过，这只"塔山虎"也委实是太累了。10师赶到待命地域一停下，大冷的天，一身汗水，那人就身不由己地横躺竖卧地睡着了。从辽沈战役开始，3个多月除了行军，就是打仗，又是那样的恶仗，又刚刚经历4昼夜急行军。而且自入关后，所到之处人生地不熟，一时间还真有点摸不到北。这个16军却是以逸待劳，这一带又常来常往，颇有点"地头蛇"的味道。结果，真就让它寻个空隙，趁黑夜撒丫子溜了。

也巧了，10师29团政委刘玲①查哨，捉住个俘虏，一问，康庄已成一座空城。刘玲大惊，大声喊人，一喊十、十喊百地把人喊醒了，抓起枪，跟着就追了上去。

近半个世纪后，笔者采访到的4纵老人都说：那仗打得呀，不叫打仗了。黑灯瞎火追上去，瞅到人影了，枪就响了，敌人就乱了，接下来就喊着"缴枪不杀"，漫山遍野赶羊似的抓俘虏了。

站到怀来城西的农家小院里，吴克华长长地吁出口气，一颗心又猛地被搋紧了。

怀来城北敌人炮阵地猛地响起炮声，弹丸在晴空中划出尖利的啸音，大地一阵抖颤，随即从南新堡方向传来爆炸声——华北军区的热河骑兵旅，就在那一带布防。

15倍望远镜里，怀来城里的敌人闹哄哄的正在集合，火车站燃起熊熊大火。

吴克华顿觉有异：这个104军要干什么？

康庄原为104军驻守，16军由南口推进至康庄，104军再依次向西推进，任务都是接应35军回北平。而今16军被打掉了，104军背后受到威胁，它集合部队是困兽犹斗、孤注一掷，再向西攻一把，与35军会合？还是见势不好，要夺路南逃？

瞬息万变的战场，稍纵即逝的战机，在为将军罗列出一道道难题的同时，也为他们检验成色、功力，展示个性、风采，提供

---

① 刘玲（1922- ），又名刘凌。山东蓬莱人。1938年参加八路军，同年加入中国共产党。历任四野41军121师362团政委，师政治部主任，第41军121师政委，第41军副军长兼参谋长，1958年入高等军事学院学习，1960年任万山要塞司令员，第47军副政委，第47军政委，第21军军长，兰州军区副政委。1955年被授予大校军衔。

东野部队南抵平绥线，华北军区领导迎接东野4纵部队到来。左起第一排：华北军区3纵司令员郑维山、东野4纵政委莫文骅、华北军区2兵团政委罗瑞卿、东野4纵司令员吴克华。

东野4纵出关怀来一役缴获的汽车

了佳机。

吴克华将脑子里的"？"迅疾地搜寻、判断一下，一颗心落定在个"逃"字上。

举着望远镜观察的政委莫文骅，也道：他们是要逃跑，火车站那大火，是在烧毁带不走的辎重。

只是康庄已被我军占领，104军经八达岭回窜北平已无可能，还有什么路呢？

在满是指纹似的等高线的地图上，吴克华的目光引导着手指，由怀来而八家子、横关岭到北平，划出一条曲线。

就是这条路。吴克华和莫文骅几乎是同声道。

又一道谜底破解，又一道难题锁住了眉头。

4纵的任务，是切断平绥线后，就在怀来、康庄一带阻敌西援。可现在104军要回撤南逃，一个热河骑兵旅显然阻挡不住，发报请示上级也来不及了。

吴克华咬了咬牙：敌变我变，打一场没有命令的仗！

对。莫文骅也道：对全局有利，没命令也要打。

继16军之后，104军的厄运又开始了。

3天歼敌两万余人。

# 2．李作鹏当机立断

在闯关东的10万部队中，没有比新四军 3 师 7 旅（即后来的东北野战军6纵16师、第四野战军43军127师——亦即今天国人熟悉的被誉为"铁军"的汶川大地震中抢灾救险的济南军区127师）战史再辉煌的了。

《东北三年解放战争军事资料》中，这样写道：

> 该部队自历史以来参加战斗最多，战斗经验丰富，战斗作风勇猛，能攻，能守，不怕牺牲，准备好，行军力强，能打硬拼仗，战斗力强，有朝气，雷厉风行，但亦存在有些简单化，保守，对新的战术研究与掌握不够，因之进步较慢，该部队为东北各野战部队中之头等主力师，但存在高傲自满情绪。

7 旅是红一军团 2 师老底子。1927年参加南昌暴动，1928年于三河坝失败后上井冈山，抗战后编入115师343旅685团，参加了平型关战斗，"皖南事变"后南下华中，扩编为新四军7旅。

1943年3月，日军3000多人加7000多伪军，由淮阴北犯。7旅19团4连，奉命在刘老庄掩护主力撤退。从18日拂晓战至黄昏，弹药打光了，敌人上来了。"我们死也不投降！"全连82名勇士，端着打弯的刺刀,扑倒在血染的土地上。

一支敢于刺刀见红的部队:打日本刺刀见红,打国民党军刺刀见红。

能打硬仗,也打了许多硬仗,只是战绩不大。

三下江南主攻焦家岭,7旅连打七次冲锋。一般部队,三次冲不上去就怵了,松了,软了,冲不动了。7旅的字典里没有"熊"字。大雪没膝,血飞肉溅,照样打,生死不怕嗷嗷叫。

几天不打仗,"病号"一个个倒下了。听说打仗了,"扑棱棱"爬起来,都好了。

行军路上,飞机轰炸扫射。打倒了,抬走。队伍不停不避,照样前进。就有这么股劲头。

在阿城,7旅教导队和东北局的人打篮球。7旅犯规不服判决,打球变打人。高岗上去劝架,也吃了两拳。高岗说:我是你们副政委。兵们说:就打你这个鸡巴副政委!打骂东北局副书记、民主联军副政委,这还了得?!7旅把那几个兵绑上,送去请罪。高岗说:连我都敢打,打仗肯定是好样的,快放了。


关于辽沈战役围歼廖耀湘兵团,10月20日10时,"林罗刘"给军委的电报中说:


　　此次大战,全局关键在于是否能截断新立屯,彰武之敌的退路。


9月中旬,6纵(欠17师)从吉林进至长春南,作攻击长春状,掩护主力南下,廖耀湘兵团出辽西,6纵也出辽西,协同5纵与敌周旋。9月24日,廖耀湘兵团猛攻黑山,6纵隐蔽地进至彰武、新立屯。然后调头南下，强行军向台安急进，准备堵截廖耀湘南逃营口。

前面说过，6纵司令员黄永胜要求各级指挥员一律靠前指挥，他则跑去16师指挥所。

6纵副司令员兼16师师长李作鹏靠前指挥，通常都是副连长带前卫排，副营长带前卫连，副团长带前卫营，以此类推。这回16师是副团长、营长跟前卫排，团长、政委跟前卫连，他带着个临时指挥所随前卫营行动。

夜色蒙蒙，繁星满天。嚓嚓的脚步声中，是呼哧呼哧的喘息。俗话说"二八月乱穿衣"，行军腊月天也恨不能乱穿衣。走起来穿单衣也嫌热，停下来穿大衣裹条被子也打哆嗦。马更骑不住，寒气逼人，个把里路两条腿就麻了，赶紧下来。走出一身汗再骑上去，那滋味儿更难受。

一天两夜行军100多公里，26日凌晨抵达北宁线。过铁路时，与姚家窝棚敌人遭遇。

46团向前猛扑，全歼新6军14师前卫营，抢占姚家窝棚，并攻下厉家窝棚车站。

据说，正打着，"林罗刘"来电：继续前进，不要与敌纠缠。

李作鹏回电：敌情严重，不能继续前进，待查明情况后再告。

有的老人说，枪一响，就听出是敌主力，李作鹏就判断情况可能有变，决定停止前进。

从长白山打到海南岛的四野名将，没一个是只会执行命令的。

战斗打响，师骑兵侦察连就撒出去了。天刚亮，捞回条大鱼，一个换了便衣的少将参议。那参议说，廖耀湘已经改变南出营口计划，决定东退沈阳了。

一个极为重要的情况，宣告了一个难逢的战机和严峻的时刻。

# 国民党第八、九兵团被围战斗要图

1948年10月20日—11月2日

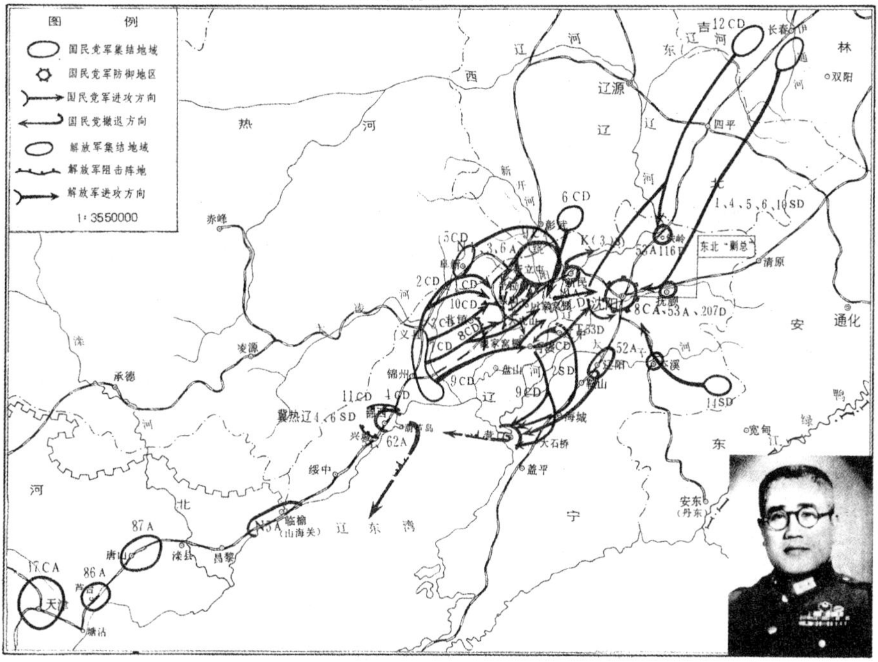

《国民党第八、九兵团被围战斗要图》，图中所标示的"6CD"即东野6纵，几乎是孤军楔入敌阵，断敌后路。右下为第九兵团司令官廖耀湘。

厉家窝棚车站、半拉门、姜屯一线，是敌退沈阳必经之地，守住这里，就能切断敌人退路。但是，仓促占领阵地，面对绝对优势的敌人兵力、火力，在攻锦主力赶到之前，这里将要承受难以想象的压力。

设在小于家窝棚的前指，距前线 2 里远。美式重炮发出的炮弹，从头上掠过，爆炸的气浪将黑黄的窗纸撕扯成条条片片，呜呜作响。屋顶的蜘蛛网、烟灰和泥土，像流沙样泻落。

性情暴烈、很注重军人仪表的李作鹏，站在炕沿下，一件黄呢大衣快要从肩头滑下去了：向总部报告，准备战斗！

有的老人说李作鹏当时"毫末犹豫"。有的老人说他"很冷静、果断"。有的说是"一副胸有成竹的样子"。有的说"也看不出什么表情"。

战争中，主动和优势的得失，经常取决于瞬间的决断。将军的功业，就在这瞬间的决断中成就，或者毁弃。

有的的老人说：16师这块好钢，这下子算是用到刀刃上了。

好钢能不能用到刀刃上，"用"字是大有讲究的。


如今一提到"李作鹏"这个名字，50岁以上的中国人，眼前就会出现一副墨镜，并能在那两面镜片上幻化出林彪和"黄吴叶李邱"一串并不陌生的形象来。于是，那双藏在镜片后面不知是什么样儿的眼睛，就愈发深不可测，那目光就充满阴谋味道了。

他的一只眼睛瞎了，据说是抗战时期在山东被日军毒气弹熏的。

1914年生于江西吉安的李作鹏，其与众不同之处，不在于当时在中国都少见的那副墨镜，而在于他的出身和经历。中央军委2局参谋、2科科长，抗日军政大学参训队长，八路军115师侦察科长、作战科长，山东纵队参谋处长，到东北后任东北民主联军参谋处长，然后是1纵副司令员兼参谋长。梁兴初等人是班排连营团，从战斗部队出生入死一路打上来的。李作鹏在战争年代，大多时间是"坐机关"了。

据说，林彪和罗荣桓挺器重他。

打海南岛时，船队在海上，风突然停了，帆船走不动，半路上要回来。当时是43军军长的李作鹏立即报告兵团，兵团还未回话，他这边决心已经定了：用桨划也得给我划过去！

有的老人说，营以上单位才有电台，连以下联系不上，怎么回来？那不乱套了吗？这个人精明强干，火气来得快，脑子转得快，叫你怕，也叫你服，叫真格的不含糊。

有的老人说，他当参谋处长是有贡献的，跟罗帅、林彪学到不少东西。

有的老人说，16师在东北换了四任师旅长，比较之下，资历并不深的李作鹏能辖住这样个两头冒尖的师，打得这么出色，那是得见点真功夫的。

# 3．徐国夫抢得先机

衡宝战役中，就在丁盛率135师在黄土铺一线，截击敌7军172师和138师一部时，四野40军119师在不知不觉中，又成了一枚举足轻重的棋子。

7日晨，获知白崇禧全线撤退情报后，林彪即下令中路各军全线追击。

40军从渣江地区出发，左路120师向大水缸、洪桥、官山坪方向追击，主力118师随后跟进，右路119师取捷径向文明铺、祁阳方向追击。

演陂桥、井头江、关帝庙、石狮岭，119师昼夜兼程，两天追出100多公里。细雨绵绵，道路泥泞，官兵消耗体力特别大。有人说歇会儿喘口气吧，师长徐国夫说兵贵神速，这"广西猴子"人熟地熟，行军力又强，不能让他跑了。

只是一路也没见到敌主力影儿，徐国夫不免有些着急：敌人会不会早跑了呀？

政委刘光涛①摇摇头：不会，他们没我们快。

9日16时，部队进至杨家桥生火做饭。

---

① 刘光涛（1920- ），陕西三原人。1938年加入中国共产党。历任冀东军分区12团团政委，东北民主联军21旅政委，东北野战军3纵8师政委，四野40军119师政委。1964年晋升为少将军衔。

师部在村东几户人家休息。徐国夫问房东老汉,这几天这里过兵没有,老汉连说没有,没有,你看我才给儿子办完喜事,过兵还能有心思办喜事呀?

参谋长夏克说:与军、兵团和总部联系上了,都没说这一带有什么敌情。

饭做好了,大家正要吃饭,就听房后北山响起一阵机枪声。

有情况!徐国夫拔出腰间驳壳枪就往外跑。跑上山顶,就见约一个连敌人正往山上爬来。脚跟脚赶到的师警卫营一起开火,就势一个反击,捉住几个俘虏。一问,是7军171师的先头部队。

20倍望远镜里,北边起伏地3000多米外的一个大川子里,一顶顶全是白色、黄色的帐篷,一缕缕炊烟从川子里袅袅升腾。敌人也饿了、累了,看样子今晚是要住下不走了。

天哪! 119师师长抓着望远镜的手,激动得有些发抖:这回看你往哪跑!

近半个世纪后,徐国夫老人说:敌7军主力在西边被135师顶住,动弹不得,杨家桥一带就成了经祁阳退往广西的唯一通道,结果又让我们堵了个正着。

又道:135师是无意中成了一把插入敌人心腹的尖刀,我们则是跑得太快了,赶到敌人前边去了。


徐国夫是两天前,也就是这次追击途中,才被正式任命为119师师长的。

他是40军老人,到东北后就任3纵9师(即40军120师)副师长,然后是师长。辽沈战役后,调去42军124师当师长。安新战役后,听说42军要留在河南剿匪,就给12兵团写报告,要求回40军,过江打白崇禧。在汉口见到肖劲光,12兵团司令说你跟我去趟长沙吧。他说你去长沙谈判，我哪会干那活儿呀，我就会带兵打仗。肖劲光说：给你一连人，我需要你这员虎将。

打起仗来，经常像个连长似的提支驳壳枪的徐国夫，也真担心陈明仁会搞什么鬼名堂，去那虎狼窝里闯一闯，保卫首长安全，挺重要，也挺有味道。结果当了回"警卫连长"，或者说"卫士队长"，什么事儿也没有，又去找老首长12兵团副司令兼40军军长韩先楚。

韩先楚说：哪有位置呀，先到兵团直工部当部长吧。

他急了：你让我当参谋长我都没干，我是干什么的，你还不知道吗？

也巧了，119师师长拟提军参谋长，他就急不可耐的赶来了。

更巧的是，上任两天就赶上这样一场大仗、硬仗、胜仗。

战后，119师和135师同被四野通电表彰。


徐国夫边向军、兵团、总部报告敌情，边部署兵力迎接这场恶战。

也不用看地图了，站在房东家北山坡上，周围山头、高地一目了然。

356团抢占腊冲山、毛草岭等制高点，357团扼守兴龙山、松山亭等高地，炮兵营在杨家桥西侧占领发射阵地。355团是主力，最能打，留作预备队。7军是条疯狗，又被断了退路，肯定狗急跳墙，关键时刻再把355团这只老虎放出去。

一些119师的老人说，正常行军，我们跑不过白崇禧的桂军，可我们不睡觉，吃饭也是边走边吃，就抢到他们前边去了。遭遇战那就更是个"快"字了，谁先展开，抢得先机，占据有利地势，谁就主动。就像两个枪手打个照面，谁出手快，谁就是赢家。徐国夫这人胆大心细，眼明手快，这一手是很厉害的。那一仗打得那么好，这是很重要的一条。

徐国夫抢得先机，李作鹏当机立断，吴克华机断专行。前面已经写过的名将也是一样。无论时空和具体情景怎样不同，在透视和把握战场的能力上，在最需要，也最能显示一个将军的才华、决心和魄力的时刻，他们都表现了不愧为名将的风采。

当时却有异议。

部署停当，新老师长和政委、参谋长、主任开个碰头会，研究打法，有人说应该主动出击，不能守在这里被动挨打。

徐国夫说不行，敌众我寡，主动出击可能把敌人哄跑了，更可能动摇防线把敌人放跑了。我们现在就是要死钉在这里，坚决堵住敌人，等主力赶到围歼敌人。

政委、参谋长和主任都赞同他的意见，认为这样符合总部的意图，也是眼下唯一正确的打法。

有老人感叹：跟上个能打仗、会打仗的将军，是战争年代最大的幸事了。

## 4．"攻坚老虎"

《东北三年解放战争军事资料》，这样评价6纵17师（即43军128师）：

> 该部队历史不算很老，战斗作风顽强，进步快，善于夜战及村落战斗，战士很勇猛，长于使用爆破，攻坚力最顽强，一九四七年夏季攻势之四平攻坚战斗中，参加主攻，纵深战斗十三昼夜，在战术上颇有成果，为东北各野战部队中攻坚力最顽强之部队，为头等主力师。

简短的文字中，两个"攻坚力最顽强"，道出了"攻坚老虎"的特色。

17师原为八路军山东纵队7师，官兵中煤矿工人较多，善使炸药爆破，就把这东西用到鬼子头上，炸炮楼，攻据点。日本投降后闯关东，在山海关保卫战中，接连两个晚上，用这"手中炮"把全美械装备的13军炸得找不着北，先说苏联人支援了八路军"新式武器"，后来说八路军有"电光炮"。

从东北到华北，举足轻重的攻坚战，林彪曾三次单独抽调"攻坚老虎"，用于关键方向的关键时刻。提起"林彪三调'攻坚老虎'"，笔者采访到的17师老人无不满怀自豪。

第一次就是上面引文中说的四平攻坚战,最终虽未攻克,"攻坚老虎"的美名却是这次打出来的。然后是辽沈战役的锦州攻坚战和平津战役的天津攻坚战,关键时刻把这只老虎放出去打纵深,炸药包、爆破筒一路上轰轰隆隆,无坚不摧。

"攻坚老虎"17师师长,是左臂伤残的开国少将龙书金。

在东北野战军12个步兵纵队的28个师中,率领这样一支最具特色的部队的将军,自然名将无疑。

自1987接受一项写作任务后,有机会采访一些当年四野的将军。有些虽未谋面,通过其部下介绍,也逐渐熟悉,在脑幕上生动鲜活起来,就有了这本书。

前13章写了13位四野名将,这一章不及前面每章一半的篇幅,却写了4位。不是"有话则长,无话则短",而是由于各种原因,采访、收集到的素材、资料太少。

徐国夫将军原本可以独立成章的。1998年秋,在沈阳老将军家正谈得兴致,笔者计划写作的另一部作品中的一位老人病了,邀我采访,匆匆赶去,即与徐老将军失之交臂。

而龙书金将军,连间接的机会都没有。

四野战将如云,当然不止本书写到的这些,有机会当会补充、再写。

# 参考书目

（1）第四野战军战史编写组《中国人民解放军第四野战军战史》，解放军出版社，1998年10月。

（2）《中国人民解放军第四野战军征战纪实》（共五部，依次为董殿稳著《挺进东北》、《决战辽沈》，马云鹏著《会战平津》，凌行正、黎品纯著《进军中南》，刘振华著《解放海南》，辽宁人民出版社，1998年1月。

（3）刘统著《东北解放战争纪实》，人民出版社，2004年5月。

（4）任桂兰、李宗儒著《统领万岁军——梁兴初将军的戎马生涯》，中国青年出版社，2004年9月。

（5）刘天野、夏道源、樊书深等著《李天佑将军传》，解放军出版社，1993年12月。

（6）中共平江县委党史办、平江县民政局编《中国人民解放军平江将军传》（第一卷），海潮出版社，1991年11月。

（7）胡奇才著《坎坷的路》，白山出版社，1995年9月。

（8）韩先楚传记编写组《战将韩先楚》，湖北人民出版社，1993年1月。

（9）何念选著《百战将星韩先楚》，解放军文艺出版社，1998年2月。

（10）刘振华著《跨海之战》，辽宁人民出版社，1988年3月。

（11）《刘震回忆录》，解放军出版社，1990年10月。

（12）罗印文著《邓华将军传》，中共中央党校出版社，1995年8月。

（13）张纪、兵者著《邓华画传》，中央文献出版社，2005年4月。

（14）易莎著《将军竹——贺晋年将军传》（下），打印稿。

（15）衡学明著《生死三八线》，安徽人民出版社，1992年12月。

（16）杨万春、齐春元著《刘亚楼将军传》，中共党史出版社，1995年6月。

（17）《志愿军第一任参谋长解方将军》（上、下），军事科学出版社，1997年8月。

# 关于采访（代后记）

年轻时，诗歌、散文、小说什么都写，这20多年来基本就写报告文学了。

所以，这里谈的是关于报告文学的采访，苦辣酸甜都是实践中的体会。

## 1. 弄虚作假就没命了

置身于作家行列，难免让写报告文学的人感到不伦不类，却也明白宣示这种文学样式除了虚构外，所有的文学手段都可运用。

《阿Q正传》中的阿Q，鲁迅先生说他是未庄人。未庄在何省何县？没人知道，是虚构的。没有未庄，何来阿Q？可不同时期的读者，多少都能在自己身边看到阿Q的影子。生活中并没有这个阿Q，他是阿Q式人物的集合体、典型形象——这就是小说与小说的真实。

报告文学就不行了。你写个什么人，说他住在什么地方，去到那座城市，找到街道小区门牌号，按响门铃，开门的、或进屋看到的，就得是他，确有其人，确有其事。

542

时间、地点、人物、故事，从情节到细节，以及心理活动，都是具体存在着的、真实的。

1989年秋，我开始采访关于东北抗联的长篇，开篇就是"九一八"之夜。1931年的这一天，是农历8月初7，为上弦月。这天晚上是阴是晴，有没有星星和那弯痛苦地佝偻着的月亮？查阅档案资料，只在时任驻北大营7旅260团3营9连上尉连长姜明文的一篇文章中，见到"夜暗无光"4个字。2000年春在黑龙江东宁县绥阳镇采访，见到一位93岁的7旅老兵陈广忠，他也说记不准了，只记得"那天晚上挺黑的"。

"九一八"之夜阴晴雨雾，军事上并无多少意义。但作为文学作品，有时免不了要写写夜色什么的。

1991年夏，在哈尔滨某集团军采访关于苏宁的长篇《血情》，赶上八一电影制片厂携影片《大决战之辽沈战役》，到那儿慰问参加拍摄演出的部队。听说我在那儿，摄制组的几个同志让我谈谈，我说感觉挺好，真的挺好，又让我谈谈缺点、毛病。

辽沈战役9月12日开始，这时田里庄稼是种收割与待收割状态，影片里的大地光溜溜的，连根庄稼毛也没有。

俗话说"二八月乱穿衣"，如今气候变暖，那时要冷些。可再冷，再乱穿衣，也不能像影片中那人那样穿棉衣、戴狗皮帽子呀？那是奔袭北宁线，别说白天"秋老虎"多毒了，就是晚上行军，那裤裆也一会儿就"抓蛤蟆"了。

还有攻打锦州外围据点配水池，墙上标语"配水池是第二凡尔登"的"尔"，应该是繁体字的"爾"。1987年夏，我实地采访时，还能隐约见到这个"爾"字。

我第一次被指为"失实"，是1981年发表在《解放军文艺》第5期上的《力量》。那时发篇东西不容易呀，高兴劲儿还没过去，杂志社来信了,说有读者来信,指出几处事实是"捏造"的。看信,对照作品,翻看采访笔记,想着采访时的情形,怎么也搞不懂哪儿是假的,那心里也怦怦直跳呀。赶紧报告领导,领导派人调查,结论是事实并无出入,有人对作品主人公(一位副连长)有意见,写了匿名信。

谈到我的某部作品,有人说:你要是弄虚作假,有几处硬伤,坐地就完蛋了。

其实,我也曾"弄虚作假"。

那时我在某集团军宣传处当干事已经11年了,集团军树的先进典型,我大都写过报告文学,所作所为都是事实,问题出在心理活动上。我是"文革"后期开始写作的,那时有句著名的"八字真言",叫"源于生活,高于生活"。事情没假,可先进人物心里怎么想的呀?有时就拔高了、弄假了。有些话也确是采访对象说的,任何人都难免时代的局限,那时报刊也不能不迎合"潮流"。而我为了发表作品上稿子,有时觉得不够劲,也弄出些不着边际的"高大全"的大话、空话。

夸大事实,编造事实,作者心知肚明,主人公也一样。看事迹挺动人,心理活动就悬天悬地腾空了。这属"高于生活"的说好话,主人公一般说不出"不"来,可读者的感觉呢?感觉好像挺虚空,不是硬伤,可文学就是一种感觉,总让人感觉不舒服,那还能读得下去吗?

今天弄虚作假,还可能成被告,肯定败诉。

比之其他的文学样式,真实是报告文学的生命和魅力所在,弄虚作假就没命了。

## 2. "怀孕"——采访自己

决定写个什么东西了,立刻把她揣进心里,我称之为"怀孕"。

记得是1985年兴安岭大山火前后,解放军文艺出版社来封电报,要我到西藏采写篇东西,待下一封电报立即动身,直接到成都军区报到,再转赴西藏。

如今电话方便,家里放的,随身带的,天南地北全球通。那时不行。那时常拍电报的是上海《文汇月刊》,约个稿子,稿子准备发表在几月号上,也发个电报。我跟解放军文艺出版社打交道最多,这辈子就接到这么一封电报,感觉是十万火急。妻子给我收拾行装,我就把有关资料收集起来,往包里装,往脑子里吃,赶紧"怀孕"呀?结果等来的是军区转来的电话,不去了——刚怀上就"流产"了。

鲁迅先生说他把喝茶、聊天的时间,都用来写作了。鲁迅是天才。我熟悉的作家中,有些人在我眼里也是天才。我不能说我多么笨,一点悟性没有,但我确实没他们聪明、精灵。笨鸟先飞。我的办法是接受任务,或是决定写个什么东西,立即进入情况,从"怀孕"到"分娩"都全力以赴,一点儿也不敢懈怠。

1984年初,我在北京改完一个中篇,《解放军文艺》编辑部主任陶泰忠,让我去山西写大寨。我说怎么写,他说实事求是。

如今50岁以上的人,谁不知道大寨呀?自上世纪60年代成为农业战线的典型,到"文革"结束,报纸、电台哪天不宣传学大寨呀?彻底否定"文革",又批大寨。我觉得这个题材重大、敏感,有点拿不动,又有一种激动、兴奋,令人身不由己,就说试试吧。

他说,大寨当年被捧到天上,后来又被踹到地下,这两年销声匿迹，不知哪去了。所以，这个东西的题目中，最好能有"大寨"两个字。

我脱口而出：就叫《大寨在人间》。

他略一思忖：好，就这个题目。

刚"怀孕"，孩子的名字就起好了。

2000年春，黑龙江省东宁县武装部、宣传部，要我去写当年日本关东军修筑的"东方马其诺防线"。我和妻子乘车前往，脑子里那个车辘辘转哪转哪，写个什么东西呢？突然，想起日本国歌叫《君之代》，日本国旗叫"日之丸"——日本军国主义已经完蛋一次了，如果他不认真反省历史，悔过自新，重走老路，还得完蛋。

我一拍大腿：有了！

妻子说：什么"有了"？

我说：书名有了，就叫《日之完》。

书名、题目，目者，眼睛也。文章的题目、书名，常常是画龙点睛、概括内容、表现主题的。没个好书名，有时拿起笔来就像射击找不到靶子、目标，不能三点成一线，会把子弹打丢了、打散了。

好名字来之不易，有个好书名，文章就活了，老高兴了。

是不是主题先行了？

采访前从未去过大寨，可"文革"前就读过孙谦①的《大寨英雄谱》。后来对大寨的上天入地，平时也不能说一点了解、认识都没有，只是没想过要写东西而刻意地"怀孕"而已。《日之完》也是一样，之前采访抗联，已经占有许多与之有关的素材、资料了。

---

① 孙谦，1920年出生于山西文水。电影剧作家，小说家。他写于1964年的长篇报告文学《大寨英雄谱》是当时描写大寨的作品中影响较大的一部。

就是说，还未动身，就可以调动、发掘过去的积累、库存，已经开始搜肠刮肚地采访自己了。

任何人写任何东西，或多或少，都有个采访自己的过程。

作家常说"写自己熟悉的东西"，原因之一是有丰富的库存，可以大量地采访自己。


## 3. 一听二问三闲唠

写一个人，要采访许多与之相关的人，写许多人就更不用说了。但是，谁也不能代替将要成为笔下人物的采访对象的讲述。

对于一个一无所知的人，开头那是只能听他讲的。即便不是如此，我觉得仍宜先听他讲，而且尽量听他讲完、尽兴。像我多年来主要采写历史题材的军事文学，只要是战争年代的事情、感觉，无论怎样海阔天空，都不离题。就算离点题，老人谈性正浓，也不宜打断。谈到激动处，往往语速很快，记不下来，也不宜截住话头，说你再重复一遍。他感情爆发出来，滔滔不绝，是最易出神来之笔的时候。断了兴致，坏了情绪，就得缓一阵子，效果可能差多了。断了话头，很多精彩处可能就出不来了。

采访到一个了解情况，记忆力好，又会讲故事的人，老高兴了。

有人当领导惯了，讲起来跟作报告似的。但是，战争毕竟是最实际的，通常迟早都会进入境界的。

听得差不多了，就问。

时代的进步与发展，时空与职业的差异，使得这个世界我们不懂的事情太多太多，越来越多。笔下人物五花八门，就不能不对他们从事的职业、专业有所了解，起码别弄出笑话来。而那种年代久远的历史题材，对于你还未来到这个世界时的那个世界，则几乎一切都是陌生的。像东北抗联，由于敌我力量的悬殊和自然环境的恶劣，其斗争的悲壮、惨烈，斗争方式的独特性，别说在中国，就是在人类反法西斯战争舞台上，也是绝无仅有的，是常人、今人难以想象的。而且那时社会大众的衣食住行，别说和今天不一样了，有很多东西已经消失了，像靰鞡、大车店、铁匠炉什么的，还有关东山"三大怪"之类，以及一些方言土语。要把读者带进历史，首先你得"身临其境"。

同样的抗战题材，如果让我这个东北人写新四军江南抗战，要问的就更多了。

在《雪白血红》中，我写刘亚楼在苏联"啃了5年黑面包"，并未说明黑面包是多么粗劣的食品，一个"啃"字已经道白了。新华社一位驻前苏联资深记者写信，告诉我错了，黑面包其实是种挺高档的食品。

不懂的要问，有疑问的当然也要问。

同一个人谈同一件事，这次与上次谈的有时就有出入，通常为细节。几个人谈同一件事，有时出入可能更大，而且不仅是细节。就尽量再找些当事人，或者以多数人的意见为准，或者以主要当事人的记忆为准，或者感觉哪个人讲话更实诚些，记忆力也好，可信度就高。实在搞不清楚拿不准，宁可舍弃。

上世纪80年代有部挺好的电影《归心似箭》，有抗联老人看出毛病、破绽了：那抗联战士在山里睡觉，怎么还盖被子呀？天大房子地大炕，火是生命，森林是故乡。那时就靠火，没火，盖多少被子也冻死了。冬天树皮，夏天野菜，还得打仗，就算有被子，东跑西颠怎么背呀？

"文革"前和"文革"期间，我读过许多散文、特写、报告文学，以及如何写作的理论文章，印象深刻的一句话，是"无一事无出处"。其实，有出处并不一定是对的。你对你所描写的那段时空不熟悉，缺乏判断力，可能以讹传讹。而这里，睡觉嘛，当然要盖被子了。编导这么想着，观众也看不出破绽，可亲历者能看出来。即便亲历者百年之后，还有专家，还有明白人。

事无巨细，我不敢说我写的都准确无误，而只是经常提醒自己认真、深入，鞭策自己写什么就要成为研究什么的专家。这是很难做到的，但是必须为之努力。

对于可能引起争议的敏感问题，尤其要问个明白，抠得仔细。比如关于一次战斗、战役打不打，怎么打，同级之间，上下级之间，仁仁智智，公公婆婆，实在是正常而又自然的事情，你只是如实地记述了过程。但是，这个对了，那个错了，有人可能会觉得没面子，而过去通常都说是"党委决定"（这样大家都是名将，等于没有名将，也就没有这本书了）。采访时一定要较真，尽量多找些知情人，找到当时的文电资料，务必有理有据，四脚落地。

相信许多报告文学作家会和我一样，有时会有种进了"地雷阵"的感觉，有应对作品发表后各种反响的准备，包括打官司。有的问题敏感而无所谓，就权当它没发生，不存在，从这颗"地雷"旁绕过去就是了。有的就绕不过去，因为舍此历史就断了链子，天地良心也饶不过你。任何职业和行为，都须有一种操守和道德义务。这就要求采访时务必慎之又慎，尽力把来龙去脉，把事实搞清搞细搞准，落地生根。这就等于把"地雷"拆解了，它就变成"臭雷"了。即便踏响了，也伤不了人，起码使伤害降到较低水平。

"啃黑面包"，属不能引大多数读者发笑的笑话，至于观众看到影视上半个世纪前的街道、山野间，飘挂块被称作白色垃圾的塑料布，那就集体吃了苍蝇。而把一些比较大的史实、情节搞错了，那麻烦就大了。

觉得没什么可问的了，最好的办法是问人。一起参军的几个人呀，都叫什么名字，谁健在（可以去采访），谁牺牲了，怎么牺牲的？刚参军时全班几个人，当班长时全班几个人，各自的性格特点，副班长是谁，还有排长、连长、指导员、副连长、副指导员，还有当排长、连长时的上下左右的人。不可能都讲得那么清楚,各个时期也总会有几个印象深刻的人,有人就有事,有故事。

觉得实在没什么可问的了，如果条件允许，就跟他闲唠。

任何采访对象,无论是滔滔不绝的,还是茶壶煮饺子的那种,只要有相当阅历，又有条件，我都会采取这种方式。特别是讲述历史的老军人，几年、十几年的战争生涯，记忆力再好，也不可能没有遗漏。况且一些人几十年来在各种场合，对不同对象讲过多少次了，已经形成一种套路，其中一些东西又是报告文学难以表现，或不需要的。提问可以启发回忆和想象，有时又无从问起。这种唠家常式的采访，意在拾遗补漏，常有意外收获。而且再善于说官话的人，在这样的闲唠中，也会表露出比较真实的内心世界。

这种闲唠式采访，有时半天一无所获，有时让你热血沸腾，惊喜连连。

一听二问三闲唠——我的采访三部曲。

## 4. 什么叫"采访完了"？

某集团军大连干休所有个抗联老人曹曙焰，1935年参加4军，4军西征失利后到7军。我是1998年3月知道的，即去采访，有空就去，一次半天。两年间采访多少次，我没查采访笔记，少说不下30次。每天上午8点前到，进屋坐客厅就唠，12点左右走人。

曹曙焰老人不是很会讲故事的人，但记忆力挺好，而且像绝大多数的战争幸存者一样，对战争年代的经历印象深刻。那是把人生中最美好的一段生命献给了人类最美好的事业，日里夜里梦牵魂绕的呀。

他是丹东凤城县人，在那儿过不下去了，10岁随父亲逃荒到黑龙江穆棱县，又辗转到密山县，在密山参加抗联。那时的"过不下去了"是个什么概念、状态？我请他谈谈他家的情况，几口人，几间房，几亩地，院子什么样儿，屋里什么样，地上、炕上、墙上摆挂些什么物件。从辽宁到黑龙江，你见过的最富的人家什么样儿，最穷的人家什么样儿。"家徒四壁"，过年了是不是也买几张年画，那时那年画上画的都是什么，等等。

问日本人怎么欺负中国人，问抗联的密营，怎么打鬼子，负伤了怎么办，老人讲得耐心、细致。密营里大都有缝纫机，问是什么牌子，样子与今天有何不同，他就不大理解，说抗联是打鬼子的，这些写书里有什么用呀？

如今80岁以上的老人，称日本、日本人为"日本子"，称日本侵略军为"日本鬼"，管搞矿山的叫"矿山鬼"，做生意的叫"买卖鬼"，开拓团叫"开拓鬼"或"庄稼鬼"。开拓团是从日本来的移民，搞农场，种地。那是民间没有"农民"一说，种地的都叫"庄稼人"，种地的日本人就成了"庄稼鬼"。像曹曙焰这样土生土长的抗联老人，采访中常冒出些方言土语，像我这等年纪的人还能听懂。新中国成立后推广普通话，如今港澳地区也提倡普通话，可我写抗联的长篇，那人物对话也是现代的普通话，岂不假了吗？

采访回来看笔记，什么问题没唠明白，又引出什么新问题。每次采访完预定明天时间，要是隔上一段时间，提前打电话约定一下。有个细节不清楚，在电话中唠上半小时。后来老人耳朵有点背了，电话中听不清，就跑一趟。

曹老不止一次地说：哪有像你这么采访的，都把我榨干了。

这种"榨干战法"，某种意义上就是闲唠式采访。

所谓听问唠三部曲，不可能泾渭分明，特别是进入闲唠阶段。海阔天空，也不是漫无目的，而是心中有数，限定在一定的时空之内。但也不能一概而论，比如"文革"中的抗联老人，除了被冠上"走资派"及惯常的一些罪名外，比较普遍的还有"胡子"（东北人管土匪叫"胡子"）、"苏修特务"、"×修特务"。提起"文革"，联想这些，就可能再推开一扇、几扇遥远的记忆之门。

如果有读者与我一道采访曹曙焰老人，在曹老貌似平淡的讲述中，相信那体会、感觉只能用"闻所未闻"来形容。而令我兴奋的，则是又发现了抗联的一座富矿，而且这座富矿就在身边。

2005年退休前，我所在的沈阳军区创作室每人每年经费1500元，乘飞机去趟广州，就得一路打工挣钱回来了。报告文学这个东西，大量的工作是采访，没钱就走不动。采写《雪白血红》，是上级给的任务，有文件，拨专款。抗联原本也是一样的，后来因某种原因，成了个人行为。当年抗联活动的地区有40来个市县，采访散落民间的抗联老人，烈士遗属、后人，当地了解抗联的人，县委党史办人员，每个县应个把月左右，吃住行得多少钱？一直打到底的抗联官兵，辽沈战役后许多人随四野进关、南下，大都身居大城市，从哈尔滨到广州，许多城市都有，这又得多少时间？还有写作、修改，100多万字的东西，也得两年左右呀！有出版社愿预支稿酬，也有公司赞助，可一听得这么多年，待到那时，人家干什么还说不定呢。

从1989年到2005年，16年间，除采访别的题材"搂草打兔子"

外，采访抗联多为自费。到乡下采访，为了省钱，大冬天在县城租辆摩的，冻得鼻涕拉耷的。非典时期搬家，妻子划拉一堆各种票据，仅住宿和车票两项就5万多元，且不说还丢了多少。而我10年前每年的工资才多少？还得养活老婆孩子呢？

抗联人本来就少，幸存者更少，像曹曙焰老人这样高寿、又能接受采访的，还要加个更字。我与曹老同居一座城市，换一次公交车就到了，省钱又省时。老人古语讲"丑妻近地家中宝"，而曹老当年是金子般的抗联战士，今天是金子般的采访对象，怎能轻易放过、不把他"榨干"呢？

其实，所谓"榨干"，也就是说说而已。

一个人几年、十几年的战斗经历，在那不行军打仗的日子像节假日一样少的岁月里，就算每天都有日记，能无遗漏？把他榨干，怎么可能呀？

身为军人，常奉命写作。写个中短篇，杂志几月号等米下锅呢，长篇出版社也有时间要求的。编辑打电话问采访完了吗，我说完了，其实什么叫"采访完了"呀？我非常尊崇穷尽一生干好一项事业的人，有些事是绝对值得大投入的。报告文学作品的质量，与采访上投入的大小多少，绝对是成正比的。像东北抗联、东北解放战争、四野进关、南下这样的题材，方方面面的投入倘能再大些，那结果肯定是不一样的，可这些条件是很难得的。


## 5. 主人公已经去世了


1996年夏，有人约我为原人大副委员长、兰州军区、福州军区司令员的韩先楚将军写部传记，我说让我考虑一下，没敢立即应允。一个活接不接，有很多因素，首先是能不能写好，有几成把握。我喜欢在历史的硝烟中走笔，对韩先楚将军很是敬仰，对他率部从长白山打到海南岛的历程也了解些，让我犹豫、忧虑的，是采访的难度太大了。

一个从未见过面的人，一个与你生活在不同时空的人，一个因其社会地位而让你觉得有种无形的沟壑、墙壁阻隔着的人。这些还在其次，关键在于这个人已经辞世了，已经不能与之沟通、交流了，而且没有留下《自述》之类的佐证。

就是一个鲜活的人坐在面前也难"榨干"，这样一个人怎么"榨"？当然可以采访了解他的人，可那不就像没有黄豆榨豆饼吗？

当时，我正在赶写《西部神话》，主人公是新疆一位部队转业的企业家。这年元旦乘机到乌鲁木齐，他说你有什么要求，我说别让我闲着就行。除他本人从头到尾——道来外，还找哪些人采访，制定个计划，每天谈到半夜左右，谈了42天。

同样30多万字，写韩先楚的这本《战将》，采访用了两年。

乘坐各种交通工具，天南地北到处跑，去找韩先楚将军的战友、部下和身边的工作人员，秘书、司机、警卫员等等，当然还有家人。再去他的家乡，中国著名的"将军县"湖北红安，采访他的乡亲。谁也不能代替主人公自己，可除此而外，还有别的途径吗？

无论怎样抓紧时间，也像蜗牛在爬。

还像瞎子摸象。任何采访，开头都有个瞎子摸象的过程，只是不像寓言中的几个瞎子摸的那头活大象，而像摸一堆零乱的肢体。因为你不知道这是个什么东西，也就不知道能组装个什么东西，只能边摸边琢磨。这是个脑袋，这是脖子，这还有条大腿，又摸到一只象牙，噢，原来是头大象呀。如果摸到的是其他有特征的标识性东西，比如像树杈样的角，或是两只毛茸茸的大耳朵，那就是鹿，或是兔子。如果判断有误，本来是梅花鹿，却当成狼了，那就彻底毁了。

回顾"阶级斗争"年代，为了"紧跟时代潮流"，有时硬把先进人物往"纲"上"线"上拉，像把食草动物写成食肉动物，把人糟蹋了。

判断正确，组装无误，还需进入人物的内心世界，人物才能生动鲜活起来。如果把故事、情节，包括细节，比作一部作品的硬件的话，那么最难搞懂搞准的就是软件，即人物的心灵世界。这是一种字里行间的东西，无形，又无处不在。而对于一个已经不能与之交流、沟通的人，一定要找到曾经最亲近的、甚至可以与他无话不谈的人，并尽力将其"榨干"。

其实，就是主人公在你面前，也要仔细分辨他说的话，哪些是那种特定年代通用的套话，哪些是用今天的意识替代了当年的思维、观念，哪些确实属于他个人的、个性的。对于已经离世的主人公，这无疑更难。但你必须竭尽全力地逼近他，才能比较准确地将其呈现在读者面前。

终于走进了、逼近了，那感觉就像在漫长的隧洞中看到了前方的光亮，会立刻激动、亢奋起来，整个身心都沉浸于一种快感之中。

有时又想扭头就跑。


## 6. 陌生的题材


1986年，解放军出版社让我写部关于辽沈战役的长篇（即后来的《雪白血红》），我蒙了。一是之前从未写过长篇，就像赶辆毛驴车，一下子让开大解放，能驾驭得了吗？二是和平年代的军人，不了解战争，除在报刊、小说、电影上了解点外，有关积累近乎零。待到接受任务了，想"怀孕"，又不知"洞房"在哪里。过去采访，就是一个人，一个单位，径直去了。这回过去40来年了，当年的亲历者天南地北哪都有，出门都不知找谁去、往哪走。

1992年夏，正是中国房地产热时，解放军文艺出版社邀我为建设部写部关于中国房地产业的长篇。

我知道这种题材对我有多难。我的原则是，对于完全陌生的题材，轻易不要碰。但由于某种不便道白的原因，我还是接受了这个任务。

结果，不光是瞎子摸象，还成了鸭子听雷。

我是炮兵出身，对步兵、装甲兵、通信兵、防化兵、工兵等等，都不大熟悉，更不用说还有空军、海军、第二炮兵了。可对于有20多年军龄的军人，军旅中自有许多融会贯通之处。就像采访《雪白血红》，无论什么样的时空阻隔，毕竟也是军人与军人对话。而这次，接受任务前，我甚至不知道中华人民共和国还有个建设部。采访伊始，赶上全国房地产业会议，在会前记者招待会上，问答者口中不时出现"楼花"两个字，我怎么也搞不懂这是两个什么字，旁边一位新华社记者给我写下了。"楼"与"花"，楼还有花？这两个字怎么还能连在一起呀？我望着他大惑不解，就觉得他跟我一样是个二百五。

真蒙啊。

中学时代，即得知"文学是人学"，报告文学也是写人的。可对他（们）从事的职业、行当，总得明白个六七八呀？

半年多跑了6个省市自治区，采访几十位房地产企业家和官员，采访笔记40多万字，后来写出副题为"中国房地产业纪实"的《解放》，不到20万字。

一路买、收集有关资料，拿不动，一批批往家寄。从来都是写什么就收集什么资料，妻子、孩子上街见了也买，20多年了。

还要采访有关专家。这在许多时候是必不可少的。第一次这么干，是采访《雪白血红》，快结束了，有些问题不大懂，特别是些敏感问题拿不准，就去了军事科学院。这回请教的是建设部和清华大学的专家。在他们帮助下，赖在脑子里的那些个"蒙"字，好歹算请走了些。

采访《大寨在人间》时，就想给此前的大寨画上个句号。采访描写苏宁的长篇《血情》时，给自己定下个目标，写什么就要成为研究什么的专家。我的体会是，采访完了，有点专家的感觉了，这个东西就有点希望了。

采写《解放》，始终没有这种感觉。

四野从长白山打到海南岛，天候地理，对手同为国民党军，其主将（杜聿明、陈诚、卫立煌、傅作义、白崇禧、薛岳）的性格、用兵特点，都不断变化，就有个不断熟悉的过程。至于从土地革命战争到抗日战争，新中国成立后又跨过鸭绿江，与以美国为首的"联合国军"对阵，那变化就更大了。作家也一样，写完这个写那个，要不断地变换战场。现在让我再写四野和东北抗联的东西，就比较容易，处理其他战争，或东北地区的题材，进入也会较快。如果是像房地产业这样的题材，冷丁闯入一个完全陌生的领域，一切从头学起，那就难了，而且可能费力不讨好。就像一支没有重火器的部队攻坚，伤亡大，又难成功。

在田径场上比拼速度的项目中，人们把金牌连同鲜花、掌声，献给那个跑得最快的人。其实，落在最后边的那个人并未偷懒，有的甚至是最累的。

## 7. 听听不同的声音

去大寨采访，开头没人理睬，许多人甚至躲着我。

这是我第一次被人拒绝采访。

如今，记者、作家被拒绝采访，甚至被打，已不算新鲜事了。上世纪80年代前，没听说这事。那时出现在书报和各类媒体上的，几乎都是正面的好人好事。说他好还不高兴吗？孙子表扬爷爷，爷爷也高兴的。而大寨人不理睬我，则是因为我到那里时，"批大寨"高潮刚过，以为我又是去"批大寨"的。

那个年代找不到哪一群农民像大寨人那样，见过那样大的世面，又那样大起大落了，他们受的伤害也最大。这当然不仅是因为"批大寨"，就是在"学大寨"热潮中被捧上天去时，绝大多数大寨人又怎么的了？不也照样是土里刨食的农民吗？"阶级斗争"年代，一些"罪该万死"的人，不也就是下放到农村当农民吗？

那之后，在我经历的被拒绝采访中，有的人会说你要采访的那个人已经死了，你要让他活了，我就没法活了。有人这样说着，会情不自禁地讲起来，讲着讲着，猛然醒悟，戛然而止。大寨人不属这种。他们不理睬我，除了误解外，还有太多的东西要倾述，一旦爆发就不可扼止了。

我曾觉得我去的不是时候，其实正是时候。如果不是在那种历史的起落点上，而是在"学大寨"热潮中，听到的不也只能是几近千篇一律的东西吗？

10多年后，我到处跑着采访一部长篇，采访工程近一半时，去见邀请我写作的那个人。他问我都采访了些什么人，我一一道来，被他打断了：你采访他们干什么？还想写吗？这两个人有问题，有问题!

我说：写不写，怎么写，还不好说。人难免有缺点毛病，我想听听各个方面的意见。

写个中短篇，容量有限。一部全景式长篇，就需要全方位展示了。还说东北抗联、东北解放战争和四野进关、南下这样的题材，战略决策、战役指挥有何失误，失利的战斗，意见分歧，"路线斗争"，有的是不是能写？有些时候，有些东西是不能写的，有的叫你写也不能写。生活中有些东西是难以逾越的，有时愈是命运攸关的东西愈得回避，起码在一段历史时期内如此。古今中外难免。但这并不意味省事了，而是仍要采访，有时甚至更要扎实、深入。因为有些东西不能写，也得心里有数才行。像传记类通常要写写传主的爱情，你只听他和一些人讲，如果他也有另一面的东西，而你木匠斧子一面砍，有知晓内情的人，会骂你捧臭脚。你左顾右盼，心里有数了，再听到"夫妻恩爱"、"家庭和睦"什么的，写不写，怎么写，下笔就有分寸、底线，不至于写满了。

听听不同的声音，可使作品客观、公允，经得起历史检验。

采访《解放》时，深圳一家房地产公司的老总已经采访过了，印象挺好，想起件事还要问问，给市国土局打电话。负责安排我采访的那个同志说，我正想找你呢，这个人出事了，你别写他了。《解放》写了一半，山东省建委的同志来信，告诉我在济南采访的一位副区长兼房地产公司老总不能写了，腐败了。2003年夏，我在报纸上看到11年前采访的深圳市长助理、后来事发时为副市长的王炬，被判刑了，也腐败了。

感慨之余，找到《解放》，把写王炬的几页看了看，感觉是被搧了一记耳光。

有时受邀写作，谈条件时就说：我希望能够听听不同的声音。

有些时候，这是不易做到的，有些责任也不是作家能负得起的。但这并不意味着不应尽力，可以不负责任。

## 8. 采访工程过半，作品就要成型了

开头采访听不懂，逐渐明白些了，听进去了，素材在脑子里活起来，就像孕妇感到胎动。

采访工程近半，或过半，作品就该成形了，明确自己要写的是个什么东西了。如果这时仍然心中无数，就意味着接下来的采访仍是被动的，盲人骑瞎马般不知所终，而任何采访都不可能是无限期的。待到回家坐在书桌前，再把主题、构思琢磨出来，会发现采访到的东西，能够用得上的不多，用不着的倒弄了一堆。

主题、构思出来了，听采访对象谈着，就知道这件事应该放在哪章哪节了。这时仍不能自己觉得缺什么就问什么，直奔主题，仍要放开谈，多找些人谈。因为生活太丰富多彩了，在素材占有上，越贪婪越好。打个比方，木匠打个衣柜，需要12根方子，你有24根、48根、96根，可随意选择，挑最好的，打出那衣柜自然美观、耐用。

采访中，思想的轮子一刻不能停歇，始终处于一种紧张、兴奋状态，一种酝酿、孕育的过程。

人不是录音机，只管把声音录下来就行了，耳听手记，眼睛也不能闲着。忙里抽闲，把采访对象的肖像画下来，有特点的部位是什么，习惯动作是什么，激动起来什么样子。客厅墙上一幅条幅，或是别的什么物件，可能引出一个故事。回到住处吃完饭，再翻看采访笔记，想想明天的话题，来回路上也得琢磨。而最根本的是，我到底要写个什么东西呀？这到底是个什么东西呀？摸

到了"大象"的"象牙"没有呀？作品未成形前是最紧张、焦灼的。终于摸到了，悟出来了，应该轻松些了吧？不行，还得不断地否定、逼问自己：你真的逼近了事物的本质的真实了，就是你确认的这一个吗？万一偏了、歪了，甚至错了呢？

谁也不能没有情感、偏见。而同一件事，被搞得面目皆非，或者截然相反，我们这代人是见识过的。

我是把每部作品都当成自己的孩子的。我的感觉是采访工程结束了，就仿佛听到婴儿的啼叫了。

## 9. "四快一慢"

自1987年以来，我的采访大都是在干休所进行的。

什么时间钓鱼、练书法、打门球、打麻将，身上少有不带伤疤的离休老人，生活挺有规律，有的雷打不动。80岁左右的老人，谈话也累，特别是跟我谈话。回忆战争年代，容易激动，血压升高，失眠。所以，每个老人只谈半天，不能连续作战。到一座城市采访，手头有10个采访对象，彼此串开，才能大体保证上午、下午、晚上都有活干。每天采访3个人，提前排定时间，头天晚上再打电话确定一下。还要有"预备队"，物色一位身体好，又爱谈，且随时可谈的老人，不然有人临时变化，那半天就放空了。

采访、写作，没有8小时工作制，也没有双休日、节假日。作家这个职业，完全是个体劳动，不干活就是罢自己的工。我爱看赵本山的小品，每年春晚该他出场了，妻子就喊开始了、开始了。她有提前量，我得把一句话，或一个自然段写完哪？结果难得有看到头的时候。

2002年7月的一天，有个问题还要请教曹曙焰老人，打电话预约时间。接电话的是曹老的夫人，说他"走了"。几个月前还谈过，挺健朗的，一时间竟没明白"走了"的意思，还问"去哪了"。

同年底，为写《枪杆子：1949》，去广州采访20多位老人，记忆、谈吐都好。不久前，广东电视台为庆祝建国60周年搞台节目，再找这些老人，还能接受采访的只有两位了。

老红军（包括1937年"七七"事变前的抗联）90岁以上，老八路80岁以上，参加解放战争的不应低于75岁——想想自然法则？

抢救历史！

我永远忘不了最先率团冲进广州的两位团长。都是山东人，老八路，一位很健壮，另一位就差多了，肌肉松弛，嘴唇兜不住口水，谈话时口水顺嘴角流。最后一次采访，老将军拄着拐杖，颤巍巍送到大门口道：小张，你回去快点写呀，不然我看不到了。

而天南地北采访抗联，有的抱病跟你谈呀谈呀。最早采访的，距今已整整20年了。有人可能早就想了，这人怎么光采访，不写东西呀？

广州那位让我快点写的老将军，本来应该看到那本书的，因为我一点也没耽搁，很快就写完了。而关于抗联的这本《热雪》，如果不差钱，一口气儿采访几年，也早写完了。

林彪的"六个战术原则"中，有个"四快一慢"（即"向敌前进要快"，"抓住敌人后进行准备要快"，"突破后扩张战果要快"，敌人溃退了"追击时要快"，"一慢"是"总攻发起时机这一下要慢"，"上级催骂，派通信员左催右催，这就要沉着，反正我要准备好再打。"），我觉得用在采访上也行。一是进入情况要快，赶快"怀孕"。二是腿脚要快，你得到处跑呀。三是记录要快，慢了不行。除重要、敏感、可能引起争议的问题外，一般我都不录音，就是笔记。不然，采访省事了，回家后还得用相同的时间听录音，谁受得了呀？四是构思要快，尽快明确写个什么东西，搭好架子。当然还可以有五快、六快、七快。一慢，就是在采访上一定要舍得花时间，采访时节奏快，把时间填满，不能慢慢来，把时间放跑了。但在宏观上，一定不能着急，草草收兵。写作报告文学最不能吝啬的，就是花在采访上的时间和气力。

记者下午采访，明天就得见报，新闻嘛。报告文学，特别是历史题材，几十年前的事，你急什么？关键在于掌握素材，看谁走进历史更深，距本质真实最近。

写作报告文学，需要责任感，需要激情，也需要一种平常心。特别是历史题材，由于历史的原因，今天只要采访到位，在某种意义上，能够比较原汁原味地描述下来，甚至不需要刻意地去做什么，即是创作，即能出新了。

1966年高中毕业，然后是红卫兵、下乡知青、参军，再无求学机会。80年代中期兴起自修、函授热，大专、本科、研究生什么的，给同事写了些考试作文，自己却无动于衷。在报告文学创作队伍中，我绝对是个土生土长的土八路，理论根底很浅，以上谈的尽管是些关于采访的ABC，也难免谬误。能够断言不谬的是，报告文学作品的质量，是绝对与采访中下的气力成正比的。


## 10. 关于这本书


一、四野战将如云，本书写了13位名将，在第十四章《群像》里还简要写了4位。当然不止这些。自1987年采访《雪白血红》后，一些将军虽未谋面，也逐渐熟悉些，生动鲜活起来。有的由于各种原因，采访、收集素材、资料较少，难以成章，有机会当会继续采访，再写。

二、本书所写名将，不是"有话则长，无话则短"，而皆在于占有素材、资料的多少。即便篇幅最长的，最能表现其名将风采的情节、细节，有些很精彩的东西，可能也被历史湮没，无从知晓了。

三、前面说过，笔者曾为韩先楚将军写过一部长篇《战将》。他是当之无愧的四野名将，本书少不了的。这是需要说明的，并向买了看了《战将》的读者致歉。

2009年3月27日　大连

# 特别鸣谢

《一将难求——四野名将录》编辑、出版过程中，承蒙贺晋年将军夫人杜影女士、梁兴初将军之子梁晓源先生、李天佑将军之子李亚滨先生、丁盛将军之子丁克云先生、钟伟将军之子钟戈挥先生、胡奇才将军之子胡鲁克先生、邓华将军之子邓穗先生、黄永胜将军之子黄春光先生、刘亚楼将军之女刘煌鸿女士、苏静将军之子苏晓林先生提供大量家庭照片和珍贵历史图片，本书作者张正隆和本书出版方感谢他们的倾情支持，在此也对图片的拍摄者一并表示感谢，并请拍摄者与出版方联系以付稿酬，重印时补上署名。